田青文集

第六卷

散文与评论

文化艺術出版社
Culture and Art Publishing House

目录

一、《历史的性别》

（三）艺海拾残贝

（四）梵音海潮音

三、对话音乐

一、《历史的性别》

（一）

坐看云起时

人书之缘

读书人大概都有这样的体会：书是有生命的。每本书，都有自己的名字、相貌、性格、命运。单说外表吧，同样是精装，有的雍容华贵、大家气象，有的却露出股纨绔气来。都是平装，也有的寒酸，有的朴实深沉。刚出版的新书，那油墨的清香，让人想起“豆蔻梢头二月初”的句子；而一本破旧的线装书，也会使人凭空体味到些许“平生塞北江南，归来华发苍颜”的悲凉来。因此，书斋不在大小，一桌、一椅、四壁书，便是大千世界，便是芸芸众生了。若书是死的，古往今来，又有哪个读书人耐得住孤馆青灯？

有生命，就有缘分，或深，或浅，或平常，或奇特。杨绛的《干校六记》初版，偶购之于肆。回来乘公共汽车，一手扶栏，一手把卷。下车时，那薄薄的一本，竟读了大半。杨先生的文笔，清丽如莲，款款地，娓娓地，又意蕴极深，仿佛《宋高僧传》中的净土名僧少康所述之偈：“非哀非乐，不怨不怒，得处中曲韵。”一时心中欢喜，当即乘回头车又去买了 4 本，打算送给朋友们看。其后几天，谁来了，我便和谁谈《干校六记》，谈得兴起，便拿出一本送人，好像如此好文章，自己不能独吞了似的。现在回忆，却想不起到底送了谁，反正书架上单没了这本书。是真爱，又一下子买了 5 本，竟一本也没有留下，莫不是缘分浅吗？

去夏去武当山听罢道乐下来，取道宜昌乘船进川去考察佛曲。我乘的“江汉 50 轮”，是一条 20 世纪 60 年代的旧船。船上人多，连走廊里都躺满了农民或小贩装束的乘客。船上的阅览室每天只开不大一会儿，却可以交押金借书回舱去看。我翻阅了半天，净是些《东方快车谋杀案》或《法制文学》之类，且不知经了多少人的手，本本又脏又破。蓦地，在书柜的角落里，我看见一本书。它独卧在那里，孤凄得很，虽纸页已发黄，却不残不破，干净得出众。借来一看，是陈垣先生的《释氏疑年录》。

这是一本考证历代僧人生卒年代的专书，成于 1938 年，出版于 1964 年，从始至终全是和尚们的名字和生卒年，一条挨一条，共 2800 人。这样的一本工具书，对绝大多数乘客读者来说，简直是莫名其妙；但对我这个专门研究佛教音乐的人而言，却是踏破铁鞋无觅处的。书扉上，印着“东方红 25 轮”的印章，想必是这条船“文革”时的旧名。高尔基似乎说过类似的话：书一写出，便有了自己的命运。真不知这本书上了这条船靠的是什么机缘？也许是阅览室的负责人错把书名理解成“疑案”之类了？而我又为什么乘上了这条船，单单在这里碰上了它呢？也幸亏陈垣不是柯南·道尔或克里斯蒂，这本书才能在这条拥挤不堪的江轮上，朝发白帝，暮至江陵，风里浪里奔波了 20 多年，终于等来了我，而且，一页不丢，一页不少，还是干干净净的身子。

溯江 3 日，船到重庆。思想斗争了大半夜，终于携书下了船。我想，反正交了高出书价的押金，没占公家便宜。而且，既见了，我实在不忍心再让它孤凄在这船上，被千百名乘客匆匆翻一下，又扔到角落里，夜夜独听那船下的涛声。跟了我，才是它的归宿。

还有另一种书缘。1955 年，中国音乐家协会四川分会编印了一本《寺院音乐》，是几位音乐家记录的五台山、峨眉山寺院音乐的曲谱集。30 年过去了，当初颂赞歌呗的僧人们已大都圆寂，此书便越发珍贵。因是内部出版，印数又少，现在已绝难找到了。三年前，中国音乐学院的一位朋友特意将他的一本送我，说："这书对你比对我有用。"接过来一翻，扉页上几乎题满了款，像是一幅传世的古画。原来，此书是本书的编者之一送给其友某甲的，某甲又转赠某乙，某乙恰是我这位朋友的老师，又送给他。待他再赠我时，此书已数易其主了。"书世"沧桑，载浮载沉，辗转多年而终于进了我的书斋，亦不知是书之幸，还是我之幸。夜阑之时，摩挲书扉，看着一个个相识或不相识者的签名，心中便有股暖意，觉得书与人，人与人，乃至人与宇宙万物，俱是相契相通的。眼下，这书又被香港的一位新知同好借去复印了，但厚厚的一册，何时复印得完？是此书的宿缘未尽，也未可知。

至于我的书斋，其实只是办公室，还兼着卧室和厨房。两地分居，锻炼了我烧饭的本领。过去一点煤油炉，总怕那油烟熏了我的书。时间一长，这担心不知不觉地淡了，忘了。熏就熏吧，甭管是人是书，吃点苦也好。再说，读书人，也还是吃饭要紧。

（原载《光明日报》1988 年 1 月 23 日《我的书斋》）

琅琊神韵

这个题目，是借笛子演奏家俞逊发的。他爱琅琊山，多次去那里聆听“天籁”，寻求乐思。在山上，他创作了一首笛曲，就叫《琅琊神韵》。今年农历二月十九，是佛教传说中的观世音菩萨的寿诞，他约我去琅琊听佛曲，没想到，他因故不能成行，倒是我独自去了。

琅琊山，有座琅琊寺。山，在安徽滁县；寺，就在山上。滁县，因欧阳修的名文《醉翁亭记》而声满天下。初中时听老师讲“环滁皆山也”，并不觉得有多好。大了，自己也写文章，才慢慢觉出这是大手笔。无论何种艺术的追求，似乎全有一个相同的过程：初慕浓烈，后求清淡。其实，在这短短的五个字中，深蕴着一种难以言传的壮阔。仿佛欧阳修写这五个字时，不是在琅琊山上，而是在这个星系之外的某颗巨星上，端着酒杯，凝视着小小的地球微笑似的。

乘京宁快车抵滁县，天还没亮。步出车站，迎面可见一条白生生的大路，笔直地铺向暗夜的深处。顺着这条大路向前走，晨光熹微的时候，便到了琅琊山脚。离开北京的时候，绿色还躲在春天的门楣里偷窥着世界；而在这里，春的颜色却像我在东北插队时村里那些刚做了母亲的大嫂一样，一夜之间，便丢弃了过去所有的羞涩，漫山遍野，都是不遮不掩、敞胸露怀的绿意。当初让欧阳修陶醉的，莫非就是这相同的山色吗？过了醉翁亭，正在心里背诵着“醉翁之意不在酒”的名句时，我听到了钟声。

钟声浩荡。我仰望山顶，想觅到钟声之源。但是，无所不在的绿意裹住了一切，这隐隐约约的钟声，竟也似乎无所不在了。

我爱钟声。只有在中国，钟才发展成为旋律乐器。我曾在湖北随县出土的那套被称为“世界第八大奇迹”的曾侯乙编钟前流连忘返；我曾在舞台上欣赏过誉满京师的《编钟乐舞》；我也曾在其他寺庙里记录过佛曲，见识过多少次撞钟击磬的场面。但是，像现在这样在包围着你的青碧之中，让满山满谷的钟声包围，却还是第一次。

两个在寺庙门前扫地的小沙弥引我进了山门。在大雄宝殿，见到了方丈果圆法师。法师是一个慈祥淡泊的人，斋饭之后，与法师在方丈室谈天，谈佛法，也谈社会。法师说，三中全会之后，党中央落实宗教政策，文管部门把寺庙交还给僧人管理。现在全寺共有 12 名僧人，每天除早、晚功课及正常佛事外，还要接待大量游人。寺里原有个十几张桌子的素餐馆，但僧人少，管不过来，便交给几个园林局的职工承包了。

晚上，宿在寺中的藏经楼上。琅琊寺始建于唐大历年间，寺中的建筑都已很古老，藏经楼正在修缮，只惜经卷俱已在“文革”中丧失，无经可藏了。法师听我说中华书局将重新出版《中华大藏经》，很兴奋地表示，一定要迎请一部住在寺里。

清晨四点，晨课的钟声响了。一百零八记悠悠的钟声，沉着、冷静地分割着黎明。钟声真怪，昨日山下闻钟，离钟很远，觉声颇近；而现在，钟声就在这楼下响，却又觉得山水苍茫，仿佛那钟声是从另一个世界传来的。我不敢到殿上去打扰僧人们的功课，便起身端坐在床上，静听大殿里传来的赞呗声声。

“戒定真香，焚起冲天上……”这首古老的香赞，在迷茫的晨曦里跌宕起伏。唐开成四年（839），一个来唐求法的日本和尚圆仁，就曾在山东听过这唱诵。千百年过去了，在一代代僧人的口口相传中，它的音乐变化了多少？又保留了多少唐代的风貌呢？那维那的散板起腔，难道就是唐大曲的“散序”吗？那入拍后的慢板，难道就是“中序”“歌头”吗？那全曲结尾节奏加快时的“菩萨三称”，难道就是“破”吗？在这样一首全国僧人都会咏唱的普普通通的赞子里，莫非真的积淀着唐代音乐的灵魂？僧人们虔敬地唱着，和一千年前一样，我虔敬地听着，为了弄清音乐史上的千古之谜，寻觅古代音乐的踪影。

中午，观世音圣诞的“大供”开始了。果圆法师身披大红袈裟，率领众僧旁侍在镏金溢彩的佛像下。我打开录音机，录下了这圣典中的音响。典礼开始时，好奇的中外游人挤满了殿堂，但礼仪以佛教固有的速度悠然进行到最后时，大部分观众已失去耐性了。大殿里，香烟缭绕；大殿外的石桥上，几个青年嗑着瓜子儿。在一架他们不辞辛苦、从山下拎上来的四个喇叭的录音机里，程琳用稚嫩的歌声唱着一首深谙世故的情歌。

为了赴洛阳开会，录完音，我便告辞了。法师送我到山门外，几个佛学院的学生一直送我到山脚。又过醉翁亭，艳阳高照，游人们已尽着春装了。遮阳帽与花领带在酿泉边盛开，几十辆大大小小的汽车与十几个花花绿绿的货摊把喧闹的马路夹在中间。改革之风，吹绿了琅琊山。太守倘在，可知今人之乐吗？

（原载《光明日报》1985 年 5 月 25 日）

黑指头，红花瓣

由于工作的关系，常常要到寺庙里去考察。有联曰：“世上善言佛说尽，天下名山僧占多”，因此，便有缘登了不少名山，领略了不少山魂岭魄。看山看多了，便知道人有个性、有风度气质，山也有。就拿佛教的四大名山来说吧，五台山清凉峻伟，着一个“肃”字；峨眉山葱郁雄浑，着一个“博”字；九华山秀雅苍翠，着一个“清”字；普陀山碧海蓝天，着一个“丽”字。山与山，各不相同，正如花有姚黄魏紫，人有燕瘦环肥一样。

今年春夏之交，谒罢弘一大师圆寂的泉州开元寺，曾去武夷一游。登斯山也，便道得一个“巧”字。与他山相比，武夷的确小巧玲珑。我甚至觉得这武夷简直是造物主闲暇之时制作的一件精美的大盆景，处处灵秀，占尽风流。在山顶上歇憩品茗的时候，殷勤的主人讲了一首歪诗，引得众人哄堂大笑。他说：郭老早年游武夷，有感于武夷景色之美，曾题诗一首，其中有两句影响最大，道是“桂林山水甲天下，不如武夷一个峰”。后来，有一个“才子”慕名而来，却大失所望，愤而题了一首歪诗，诗曰：

武夷山上尽日游，
荒山野草乱石头。
只因郭老放个屁，

害得老子热汗流。

大笑之后，忽然觉得有点悲伤。为什么这个可怜的“诗人”眼里的武夷山，会和郭老眼中的武夷山如此不同呢？在郭老眼中比“甲天下”的桂林还美的景色，在这位“诗人”看来，为什么仅仅是“荒山野草乱石头”呢？为什么在这所谓的“荒”“乱”中，他看不到造化的奇工，看不到山水的灵气，看不到自然的格调、韵味，看不到美呢？

从这首歪诗，我忽然想到几年前读过一位知名艺术家写的一篇文章。他说，他曾乘船过三峡，在他陶醉于天下难得的美景，目不暇接的时候，偶一回眸，却见甲板上围坐着几个青年乘客，正埋首打扑克牌，专注至极，不知鸿鹄之将至，更不知身在美景之中。于是，这位艺术家便也觉得悲伤。

这相同的悲伤，是为看不出武夷之美的“诗人”而发的，是为根本不看天下奇景而忙着打扑克的青年而发的，也是为我们的民族、为我们民族的未来而发的。一个不会欣赏美的民族，是不会真正“繁荣富强”的。不会欣赏美，对美无动于衷，首先是没有文化、没有修养的表现。一般来讲，文化程度较高的人，审美的能力也会相应地高一些。在一些发达国家，由于教育的作用和文化的普及，大部分人的审美水准也比较高。我在英法参观博物馆、美术馆的时候，最让我感动的场景，便是一群群孩子们围坐在大厅的地板上，仰着头，瞪大眼，一边静静地观赏墙上的艺术品，一边专心地听老师或阿姨的讲解。文化，是要从小学起的；对美的感受力，也要从小培养。

但，审美的能力与文化程度、受教育程度并不完全同步。记得过去曾有一篇散文，讲一个挑着粪桶的乡下妇女，被墙上挂着的一幅齐白石的墨虾所吸引，以至忘了肩上的重荷，驻足观赏的情景。没有读过书，不识字的人，照样会有对美的感悟，照样会有对美的欣赏与创造。元杂剧《李逵负荆》中，李逵有一曲【醉中天】唱得好：

（唱）：俺这里雾锁着青山秀，烟罩着绿扬州。

（云）：那树上一个黄莺儿，将那桃花瓣儿掐啊掐啊，掐的下来，落在水中，是好看也。我曾听的谁说来，我试想咱：哦！想起来了也，俺学究哥哥道来——

（唱）：他道是轻薄桃花逐水流。

（云）：俺绰起这桃花瓣儿来，我试看咱。好红红的桃花瓣儿！（做笑科，云）你看我好黑指头也！

（唱）：恰便是粉衬的这胭脂透……

李逵是没文化的粗人，可你看，他在桃花瓣前的审美情趣有多高！而他的这个审美过程本身又有多生动、多有趣、多有层次、多有味道！

那么，那些围坐在甲板上打扑克而对三峡不屑一顾的青年和这位“诗人”，除了没文化，还缺什么呢？

我觉得，对美麻木不仁的人，还是缺少感情的人。至少这位“诗人”，就不能说他没文化，但他同样也没有美的感觉。

诗圣说：“感时花溅泪，恨别鸟惊心。”没有情，没有对祖国、对人民、对大好河山的满腔热情，是不会“感时”，更不会“溅泪”的。《乐记》中说：“感于物而动，故形于声”，又说，“惟乐不可以为伪”。意思是：一切艺术品，都是有感而发；而这发自内心的情，一定要是真情。没有真情，对艺术家而言，不会出好作品；对审美者来说，则不会有美的感受。我最喜欢的两句宋词是：“我看青山多妩媚，料青山看我亦如是。”这是一种灵气，一种天分，一种境界。面对青山，如面对丽人、面对挚友、面对知交，可私语、可神交、可亲近。不如此，便不是真懂欣赏美景；没达到这种境界，没有这种体会，便也很难说是真懂了中国哲学和中国文化。

1991 年我出院后，曾有一个强烈的感受，即“吃什么都香，看哪里都美”。与友人出游拍照，别人刚拍了两三张，我的一卷已拍完了。但凡乱石碎瓦、孤坟老树，乃至一扇门、一檐瓦、一个墙角、数层石阶，我都觉得美得不得了。洗出来看，也真的不错。知我者说：“你得道了！”

谈到“道”，仿佛觉得审美能力从根本上说，恐怕不单是文化、修养，也不单是感情、感受，而是一种精神境界，一种内在的、全面的人格和品德，是一个完整的“人”的一部分。中国古代的哲人其实早就一针见血地指出：“仁者乐山，智者乐水。”观山看水，能从中得到审美愉悦和精神享受的，只能是“仁者”和“智者”。

“智”如果是智慧，是文化，那么，“仁”又是什么呢?“仁者爱人”。先贤们所强调的这个“仁”字，是一种博大的爱，是一种对全人类，乃至一切生命、一切自然物的爱。没有爱，不会爱，缺少爱的人，便不可能具有良好的审美能力。反过来说，一个对美麻木不仁的人，也必然对“真”和“善”麻木不仁。当然，一个极端自私的人也会酷爱一件官窑的瓷瓶，但，这“爱”不是“仁爱”，而是“贪爱”，是占有欲。这“爱”与美无关，只与价值有关。

所以，在教育我们下一代学会审美的同时，还要让孩子们懂得“仁”的重要，懂得“仁”与“智”平衡的重要。先学会爱人，自然便学会了爱自然，爱美。那位题诗武夷的“才子”，在生活的其他领域里，恐怕也经常会有心理不平衡的时候。杜甫有个“忠”字，所以他看花溅泪，看鸟惊心；李逵有个“义”字，所以他看自己的黑手指头衬得那红红的花儿可爱。而一个与妩媚的青山心心相印、互相欣赏的人，一定是一个多情、多智、多仁德的全面发展的人。

（原载《艺术世界》1994 年第 4 期）

欧洲地铁里的音乐家

在欧洲，当你踏上地铁的自动电梯，随着自动排成一行的乘客徐徐而下的时候；当你漫步街头，走进一个街心公园的时候，常常会听到乐声从地下、从远方传来迎接你。这不是扩音器里播放的音乐——在欧洲的公共场所，你很难听到那种你听也得听、不听也得听的“广而播之”的音乐——那是一些正在和命运搏斗的音乐家们在现场演奏的音乐。在国内，有时会听到这类谈论，说“某某在国外混不下去了，沦落到地铁里拉琴”，仿佛这不但是一件极落魄、极不光彩的事，也是此人事业失败，甚至人格低下的铁证。及至到了欧洲，亲见了这些同行，才觉得过去的看法有误。

一般来说，当你和人流一起从这些音乐家身边擦身而过时，他们并不在意你是否往他的帽子里扔了钱，更不会卑恭地说什么“谢谢”。他只是自顾自地演奏、演唱，沉醉在自己的音乐中。那些演奏爵士音乐的音乐家，或许会边吹萨克斯边用友善、幽默的目光向你致意，而那些演奏传统音乐的音乐家，则大都像在舞台上、乐池里一样，只用音乐和人们交流。他们的神情、面貌、肤色、乐器虽然千差万别，各不相同，但在他们身上，你都能感到有一种一致的东西，这就是自尊与专注。他们不是“卖艺的”，更不是“音乐乞丐”，对其中有些人而言，这也许是自愿选择的一种生活方式，而在大多数周围的市民看来，他们只不过是一群有点怪癖的艺术家而已。

不能小看地铁里和街道旁的音乐生活，这是一个世界性的庞大的音乐展览。在地铁车站，你可能看到世界各国的乐器，我就在那里看到过澳大利亚土著吹一种长长的空树干，也听到过人们弹带两个大音箱的电子钢琴。

有一次，在伦敦的莱斯特（Leicester）地铁站，我站在下行的自动电梯上，忽然听到一阵澎湃的音浪从下层传来，在管弦乐队的波涛中，小提琴的白帆时隐时现，在风浪中顽强地穿行。我先是吃惊：难道伦敦的地铁站也会放广播吗？顺着电梯下去，我才发现，一个像音乐学院学生模样的青年在拉琴。他微微低着头，双目微阖，非常投入地演奏，在他旁边，一台旧的双喇叭录音机正为他播放乐队伴奏带。这是格拉祖诺夫的《a 小调小提琴协奏曲》的第二乐章，青年陶醉在俄罗斯古老的旋律中，已不知今夕何夕，此处何处。他技巧纯熟，音色优美，绝对是专业的水平。我驻足聆听，直到他二曲结束，与好几个和我同样放弃了对时间的追逐而搁浅在音乐中的乘客们一起，为他鼓掌。他有些羞涩地微笑，并不看人们放到他脚下空罐里的钱，好像自己是在皇家歌剧院谢幕一样，沉浸在难以平息的成功的激动之中。

还有一次，是在巴黎的一个地铁站里。在许多错综复杂的通道中的一个门里，像风一样吹来了一阵清新欢快的乐声。那声音，一听便知道不是业余乐手的演奏，它纯净、和谐，有着极强的感染力。我忘了对着地图去吃力地寻找站牌上的法文，径直向那个通道走去。那是四个拉美的音乐家，他们戴着拉美的宽边帽，两个吹箫，一个弹吉他，一个敲鼓。他们边唱边奏，曲调欢快，人也表情丰富，兴高采烈，惹得匆匆而过的人们差不多每个人的脸上都浮现出一丝笑容。奇怪的是，他们脚下并没有让人们扔钱的罐子之类的容器，而是放着一些激光唱片出售，我拿起来一看，封面上印着他们四位的尊容，原来是法国的一家大音响公司为他们出的 CD。

当然，并不是所有的“地铁音乐家”或“街头音乐家”都具有专业的水平，但他们的演奏，不但丰富了路人的生活，还给过于匆忙的都市节奏和紧张的心理增加了一点儿愉悦，增加了一点儿调节精神的可能。

（原载《音乐生活报》1994 年 1 月 7 日）

牛津听乐记

刚到伦敦，我便一猛子扎进了我神往已久的博物馆、美术馆。连口气儿都不喘地游了几天之后，刚抬头换口气，便又心头一热，忙拽住斯蒂芬的脖领子，说："老钟，我要听音乐会！"

斯蒂芬的中国名字叫钟思第，是我的铁哥们儿，也是个音乐家、中国通，专门研究中国北方的民间管乐。虽然他是个纯种的盎格鲁－撒克逊，可跟我却绝对地"臭味相投"。他眨眨眼，问："你要听什么音乐会？Classic？Jazz？Pop？还是Rock？"我说："莫问这许多，先切五斤上好的牛肉，店里有好酒，尽管上来！"

于是，便又一猛子扎进了音乐会。什么伦敦皇家交响乐团，什么日本尺八独奏，什么印度民间音乐，偷一句俗透了的话说，那才叫"琳琅满目（耳？）"。但那些日子老钟忙着演出和录音，大部分音乐会是我一个人坐地铁去听，只有一次，是他驾车陪我去的。

这场音乐会在牛津，驾车走高速公路，也得两个小时。路上，老钟一边驾车，一边给我介绍这场音乐会独奏的旅英中国小提琴家李佳。他把一个汉学家所掌握的所有汉语中的褒义词全用在了李佳身上，而且表情丰富，感情充沛。我不吭声，光听。一来，我上车就有点儿犯困；二来，我跟老钟虽说"臭味相投"，却在一件大事上常常观点相左：他因为酷爱中国文化，爱得有点儿走火入魔，便坚持认为所有中国女孩都美丽。在伦敦街头，他只要看到黑头发黄皮肤的女孩，便目不转睛地看。然后，极真诚地感叹：“哎呀呀，她太漂亮了！”根本不管对方燕瘦环肥。而我有时赞叹某个英国女孩漂亮时，他却总要耸耸肩，摊开手，极不屑地看着我：“你的品位真的这么低吗？”对他的这种“种族歧视”，我已习以为常，所以，他对李佳的描述赞叹，变成了我打盹儿时的“背景音乐”。

李佳的音乐会在牛津一座原来的教堂中举行。据说，这座教堂的音响效果极佳，绝不亚于专门设计的音乐厅。大厅里，三面是梯形的座席，颇像体育场的看台。我们的座位在最后一排，因此是“高高在上”了。居高临下，圣坛前，只见齐齐摆开一个西洋双管乐队，静静地等着一位中国女孩。

李佳出场了。她看上去只有十七八岁。一瀑黑发、一袭白裙，都长长的，熨帖而自然地垂下来，从头到脚没有任何饰物。身条儿却细细高高的，向上而挺拔，像一枝水仙，清清淡淡的。

大家鼓掌，稍显过分，比平常的礼貌多了一点热烈；她鞠躬，略带腼腆，比一般的矜持少了一点儿矫饰。她拉的是柴可夫斯基的《D 大调小提琴协奏曲》。乐队奏出由弱到强又由强而弱的引子之后，恭恭敬敬地停下来，为李佳捧出一片静寂，仿佛用一把利刃划开夜幕，剥出一轮明月。琴声从乐队止步的地方开始，似乎有一点儿犹豫。孤独的琴声像一个无助的少女，面对着陌生的世界。在短短的徘徊之后，小提琴终于鼓足勇气，敞开心扉，在重新加入的乐队轻声陪伴下，雍容大度地，讴出了如歌的主题。

如泣如诉。没有任何别的词能代替这四个字，整个一个“如泣如诉”。当年苏子在一个月明星稀之夜，泛舟赤壁，酒酣耳热之时，忽闻江上乐声。苏子极天才地将其形容为“舞幽壑之潜蛟，泣孤舟之嫠妇”。百世轮回，当年东坡所闻，莫非便是李佳所奏吗？

世界上的人都知道，英国人最讲礼仪；英国的听众都知道，在一部协奏曲的三个乐章间，是不鼓掌的。但是，当李佳以一个东方人特有的风度、气质、分寸感和一个少女的纯真拉完第一乐章的最后一弓，同澎湃的乐队一起把情感的大旗插上音乐的顶峰之后，听众却不约而同地鼓起了掌，而且，经久不息。我先是愕然——要知道，这是在骄傲的牛津啊！继而感动，然后，是感激。但我不知道该感激谁，是感激这个用她的清纯和音乐征服了牛津的中国女孩，是感激这些难得“破坏”一次音乐会礼仪的英国绅士们、淑女们，还是感激老柴，感激老钟？

那夜是欧洲的圣约翰节，类似我国的“鬼节”——盂兰盆节。李佳的协奏曲之后，还要演奏穆索尔斯基的《荒山之夜》，但我们还是到后台向李佳表示了祝贺之后，便驾车返回伦敦了。

夜色正浓。路面上，一行行反光的行车线在车灯的照射下像一条条闪光的长蛇，拼命向车后奔去。我急着讯问关于李佳的种种情况，老钟却只顾开车，不耐烦地说：“我来时就已经告诉你了——她是最好的，就是这样！”

没办法，我只好把头往后一靠，鼻子里哼着老柴 D 大调的旋律。老钟皱着眉头忍了半天，终于忍不住，用典型的英国绅士的口吻抗议：“我还是比较喜欢听李佳的演奏！”我马上停止“演奏”，说：“那么，你讲讲李佳？”于是，老钟只好又重复了来时他讲过的一切：

李佳是云南人，今年 20 岁，自幼随其父李亮才学琴，9 岁那年，与其父同来英国，入英国一所有名的音乐学校。11 年来，她勤勤恳恳地学琴，她父亲勤勤恳恳地教琴；她出类拔萃，他桃李满门。她的天才，很快被英国人接受，从一个“中国神童”，健康地成长为一个成熟的演奏家。而她父亲，也以他强烈的责任感、卓有成效的教学方式、“诲人不倦”的精神、“传道授业解惑”的道德风范，以及他对学生一视同仁的慈父般的爱，赢得了所有学生和家长们的尊敬、爱戴。李佳以优异成绩从音乐学校毕业后，已经在欧洲音乐舞台上有了一个灿烂的开端，完全可以当个职业音乐家，出大名、过好日子了。但她认为自己自幼学琴，无暇旁顾，耽误了全面学习的机会，便毅然考取了牛津大学，主攻音乐学。那年夏天，她在牛津举办了一场音乐会，晚会后，专程来听她演奏的李亮才驾车返回伦敦。就在我们走的这条路上，一个驾驶集装箱拖车的司机打了个盹儿，用巨大的车轮，碾碎了李亮才的小车，碾碎了这位正值中年的来自异国的音乐家的躯体和他的全部梦想、抱负，也碾碎了李佳母女的心。

李亮才的追悼会，在伦敦郊区的一座教堂里举行。许许多多的人，来自许许多多国家的人，认识的，不认识的，从他最小的学生——刚刚几岁的日本女孩，到白发苍苍、在世界上享有盛名的英国乐团巨擘，都来到他的灵前，来到这个在他自己的国家寂寂无闻的音乐家灵前，献上自己的一份沉甸甸的尊敬和真诚的怀念。所有的人都说着同一句话："太可惜了，这么好的人!"他热诚而寡言，不善客套，不工心计。生前，遇到每一个来自中国的人，便只会问一句："有什么困难我可以帮你吗?"一般的英国教师只要课时一到，便会停下说了一半的话，下课。他却不，他把所有学生都当成自己的孩子，把每一次授课都当成爱的给予。他来英 11 年，他给了女儿一个锦绣的前程，给了学生一个做人的楷模，给了世界一批优秀的小提琴家（不仅他女儿一个），给了祖国一个不大不小的骄傲。追悼会的高潮，是通体皂素的女儿在父亲的灵前演奏其父创作的小提琴曲《故乡》，一位英国的著名钢琴大师为她伴奏。琴音低回，所有的人都哭了，为她的琴，为他的灵魂，为他和她的故乡、祖国。从那天起，李佳母女便沉浸在从天而降的悲痛中。异国他乡，孤儿寡母，其情可知。这期间，李佳辞退了一切预定的演出。整整半年过去了，在这个圣约翰之夜，还是在这个音乐厅，李佳从悲痛中走出来，开了这场专门纪念她父亲的音乐会，用她的音乐、她的心、她的同父亲一样寡言而沉默的风度，追悼自己的父亲，追悼这位在许许多多普通英国老百姓心中的“好人”。我这才懂得，刚才听众为什么鼓掌，而后台，为什么是那样一种沉静中透着刚毅的气氛。我这才懂得，李佳绝不像她外表显示的那般柔弱；而英国人，也绝不像传说中那样冰冷古板，英国人，是多情的。

车已驶入灯火辉煌的伦敦。那晚上，我和老钟再也没有说一句话。躺在床上，我忽然庆幸我们没有听《荒山之夜》。穆索尔斯基嘈杂吵闹的鬼魂中绝没有那个好人的在天之灵。李亮才的灵魂不在“荒山”之上，而在天国之门。

在英国，我只见过李佳两次，一共也没说几句话。一次就是那晚在后台，自我介绍之后，我只说了一句：“你拉得真好。”其他向她祝贺的客人，也都没有多说话。当时，我还不知道她的身世和晚会的意义，但是，在这个清纯、朴素、稳重、宁静的中国女孩面前，你不可能多说一句话。真的，我当时便有一种奇怪的感觉，面对她，你仿佛面对一地新雪，自会踟蹰；你仿佛身在庙堂，自会低声。她靠着她母亲的肩膀，左臂夹着琴，右臂软软地垂着，拎着琴弓。对所有的祝贺，她都礼貌地微笑着，没有一句话，更没有一次成功的演出之后在后台常常见到的狂热和陶醉。她有点儿疲倦，没有化妆。在弯月状的晚礼服领口中，在她少女的细细锁骨上，一块被琴压磨出的、记载着她全部艰辛的深紫色的伤痕触目横斜，像高天中挂着的太阳，沉静地照耀着。

第二次见她，还是在牛津，我讲“中国佛教音乐的历史和现状”。她来听课，坐在靠窗的第三张课桌后，还是那么朴素、安静。我讲课时，她极认真地听，极认真地记。课后，她走过来问了几个问题。她诚恳地说，她觉得自己知道的中国文化太少了，她要好好学习中国的传统文化。她还是那么静静地微笑，仿佛她刚刚走出来的那个噩梦是属于别人的。

我离开伦敦的前一天，老钟为我开 Party，李佳临时有事没能前来。那天，我对着一群笑闹着的英国女孩，问微醉的老钟："你只知道中国女孩美丽，但你知道为什么吗?"老钟睁大眼，摇头。我一手端着酒杯，一手指点着他的前胸，一字一顿地说："因为山，水，因为中国的山水，明白吗?"他继续摇头。我一口气喝干了杯中的威士忌，只觉得胸中满满地鼓荡着中国的灵山秀水，莽莽云烟。我清醒地知道，那是苍山，是洱海。

是夜，吾大醉。

（原载《音乐爱好者》1994 年第 5 期）

阅读死亡

因为去过几次欧洲，所以，朋友便让我说出“欧洲最吸引你的三个去处”。我想了想，说：“音乐会、博物馆、墓地。”

欧洲的音乐会与博物馆去的人多，谈的人也多，似乎用不着再多说。没办法，欧洲文明，乃至全人类最伟大、最珍贵、最富有创造性的精神财富的很大一部分，被展示和保存在欧洲的音乐会和博物馆内。所以，但凡有机会到欧洲去的文化人，恐怕没有不尽情徜徉于此间的。但是，一提起墓地，很多人便感到不解甚至恐怖：“埋死人的地方，阴森森的，有什么好看?”

我原来也不知道欧洲的墓地“好看”，去年去德国参加“国际宗教音乐节”，所有的演员都在巴伐利亚音乐学院的所在地马克欧伯道夫的教堂里。那天傍晚，我们“北京佛教乐团”的音乐会开始之前，准备工作都做好了，离开演还有半个小时，我便独自踱出教堂的边门，打算散散步，静静心。走出门顺着卵石铺成的小道向教堂背后一拐，便看见一座青铜雕像。在苍松翠柏的掩映下，圣母玛利亚怀抱着刚刚从十字架上解脱下来的耶稣。夕阳的余晖，给塑像柔柔地镀上了一层金色。我望着圣母和耶稣本应大悲痛却显出了一种大超脱、大平静的面容慢慢走到塑像下，自觉心境幽幽。待收回目光，向四周望去，才见那莽莽苍苍的墓地，在落日熔金般的旋律中，静谧地、超然地、整齐而又错落有致地铺开在我的面前。

别说落日不该辉煌，别说墓地只有凄凉。那一排一排的墓地，在斜阳的沐浴下矗立着，竟洋溢着一种生机。我说“生机”这两个字，绝不是信口胡言，而的的确确是我当时的真实感受。连我自己也感到奇怪，明明是远离生命、埋葬生命的地方，明明是与“尸骸”“死亡”，甚至“鬼魂”联系在一起的坟场，不但不给人阴森、可怖的感觉，不但让人闻不到一丝一毫“死”的味道，反而让人似乎听到生命的歌声，让人感到生命的无所不在，这的确有点儿不可思议。

我像走进大英博物馆和卢浮宫一样走进这座墓地，像欣赏达·芬奇或伦勃朗的真迹一样欣赏着一座座制作精美的墓碑和墓池。过去，我从不知道欧洲人的墓地如此讲究，如此艺术。我虽然曾在诸如伦敦的威斯敏斯特教堂等那些著名的大教堂里看到过许多保存在那里的“伟人棺”，也参观过一些“名人墓”，但我一直以为那是“伟人”或“名人”的“专利”，不知道欧洲普通人的墓地也如此精美。更令人吃惊和赞叹的是，这里所有的墓碑，竟没有一块是相同的。每一块墓碑，从材质到造型，都充分体现着死者（或更可能是死者亲属）的个性及审美观。这些墓碑，或方或长，或尖或圆，有的造型古朴，有的立意新奇，有的在打磨得像镜子般光亮的彩色大理石上精雕细刻、镶金缀银，有的追求一种返璞归真的效果，故意让花岗岩粗糙的石面裸露在阳光下，“素面朝天”。墓碑上的装饰品，当然以十字架为多，但就是这简简单单的十字架，也被艺术家们（我已经把造墓的艺人和工匠称为艺术家了）独具匠心地用不同的材料、不同的大小比例、不同的细节处理塑造得形态各异、耐人寻味。许多墓前，还立着一些基督和圣母的雕像，与在教堂里常见的一样，更是精美绝伦，个个都是令你驻足的艺术品。墓碑上当然还镌刻着或多或少的碑文，可惜我不懂碑文，只能看看死者的姓名和生卒年月。但是，望着那一排排雕工精细的文字，我相信，那一定是些充满着哲理和诗意的语言，一定是如歌德一般的语言。

夕阳如火，在墓地的墙外灼灼地烧着，这些被埋葬在此处的逝去了的生命，哪个在生前不曾像太阳一般燃烧过？我扬起头，尽力用目光追逐着墓墙外的那缕金色，又想起了我的祖国，想起了北京，想起了十三陵，想起了八宝山，想起了公墓里像士兵一样排列着的一模一样的墓碑。中国人虽然从孔夫子那里都没能问到死的本质和意义，只得到一句“不知生，焉知死”的搪塞之词，但其实是相当重视死后的事情的。从儒家的“三年之丧”到现在民间仍把结婚与丧事并称为“红事白事”，当成人生最重要的两件大事的风俗就可以看出来。陶潜的确说过“亲戚或余悲，他人亦已歌。死去何所道，托体同山阿”的话，但那毕竟只是文人雅士的吟诵之作。问题是，在中国，虽然帝王的陵墓在穷奢极侈上甚至可以和埃及的金字塔相比，但仍然要遵从一定的规矩、一定的格式、一定的礼数，虽然大小繁简不同，但形式上却大同小异：地下的墓室、地上的神道、神道两旁的石人石兽……至于老百姓的墓，不说大富大贵的人家和造不起墓的赤贫人家，大部分普通人的墓，在外观上是造得一模一样的，都是“馒头”状的坟茔，前边竖一块长方形的石碑。碑上的文字，也如出一辙，都是中间竖写“显考（妣）××× 之墓”一行大字，斜下方再用小字写上立碑人（多半是子女）的名字。看着眼前艺术品似的众多墓碑，想着在我印象中闪动的国内公墓里那密密麻麻的、只相距一尺左右的、像工业品一样毫无个性和特色的墓碑，我真的感到了悲哀。听西方交响乐的时候，我可以想：我们有古琴；看毕加索的时候，我可以想：我们有大写意；但此时此刻，我却找不到什么可以支撑我的民族自尊心的东西来。国内公墓里令人触目惊心的仄迫固然与我们的经济发展状况有关，可以用人多地少来解释，但在某些“先富起来”的地区兴起的在祖先坟茔上造屋比富的风气，则实在难用经济的因素来解释。我们为什么不能把墓碑造得小一点儿，但有一点儿个性呢？我们为什么活着时没有个性，拼命把自己淹没在人海里，死了之后，还要把自己淹没在碑海里，不敢张扬自己的个性呢？我想，一个原因是我们的文明程度不够，另一个原因是我们的文明中本身没有与此相应的内容。老的传统让人事事“吾从众”“出头的椽子先烂”“枪打出头鸟”；新的传统让人做一颗“齿轮和螺丝钉”，“不能脱离群众”。活着时尚且谈不到“艺术”二字，到了“万事空”的时候，还谈什么艺术？

“死亡文化”是“生命文化”的折射，一个“至死”都在追求艺术的民族，你可以想见艺术在他们生活中的地位。德国南方小城的墓地用艺术装点着死亡，用艺术把自己的亡灵与别的亡灵区别开来。德国南方小城的房子，也同样各具特色。走在街上，你几乎看不到一样的房子，唯一的共同点便是在每一座房子的窗前，都摆满了鲜花。这个叫作马克欧伯道夫的人口不到 2000 的小城里的普普通通的墓地，还让我看到了普通欧洲人对死亡的尊重。而尊重死亡的实质，其实还是尊重生命，因为死亡实在是生命的一部分。墓地里各不相同、各具特色的墓碑设计，是西方文化中对个性的执着的反映。欧洲人不但在活着的时候要追求与众不同，死后亦然。

演出快开始了，我匆匆离开了墓地。那晚演出的前半场，是法师与乐师们表演的“放焰口”①。在“焰口”里有一段非常精彩的著名唱词据说出自苏东坡之手。在这段唱词里，法师“一心召请”各类孤魂来享用“甘露味”，从“累朝帝王”到“饥寒丐者”，一律平等。过去，每当我听到这段唱词时，我都深深地被佛教“众生平等”的伟大襟怀所感动；而现在，我想，假如我们能把东方文明中“齐万物，等生死”“众生平等”的思想和西

① “焰口”原为《佛说救拔焰口饿鬼陀罗尼经》中的饿鬼名，经云：佛的弟子阿难夜半入定，时见一饿鬼，名曰“焰口”，鬼与阿难言：“却后三日汝命将尽，生饿鬼中。”阿难大怖，疾告于佛。佛即授阿难“阿罗尼”（即咒）及施法之仪，言修此法可免饿鬼之苦，福寿增长。此法于唐时传入中国，“焰口”与“放焰口”遂成为此法事仪轨的俗称。

方文明中对个性的追求结合起来，用“平等”统摄“个性”，同时又在“个性”的张扬中最终达到社会的“平等”，那才是生命和死亡的最高形式！

（原载《艺术世界》1997年第6期）

在凡·高墓前

凡·高毕竟“高”。虽然我在“弘扬中华传统文化”时总爱拿凡·高割了耳朵的自画像和齐白石、张大千鹤发红颜、长须飘拂的画像做对比，借“儒道兼综”的中国艺术家以艺厚生，不但创造了伟大的艺术，也完整、“正常”地享受了人生为例，来说明中国传统文化中庸敦厚的益处并反衬西方文化的“偏颇”。但实际上，每当面对凡·高的作品时，我自己也免不了“偏颇”得一塌糊涂。尤其是面对他的真迹时，更有一种被一枪击中心口的感觉。

三年前，借着到荷兰莱顿大学讲学的机会，曾专程去阿姆斯特丹的凡·高博物馆看画。以前没少看凡·高画的复制品，及至站到他“本人”面前，才真切地感到他的力量，体味到他的情感和精神。看艺术真迹和看复制品，就像面对恋人和恋人的照片。照片中没有了人的氤氲呼吸，没有了人举手投足间瞬息万变的微妙感觉，更没有了交流与肌肤之亲的可能。照片是中学课堂上的蝴蝶标本，照片是时间与生命的“木乃伊”。真迹不同，真迹是活的，是有生命的，真迹就是画家本人。在印刷品中丢失了的浮雕似的笔触，像火一样灼烧着我的眼。

今年 6 月，我去法国参加“圣·佛罗朗艺术节”。一天，在巴黎郊外一个 13 世纪的女修道院听过格里高利圣咏之后，天还早，同行的法国音乐家皮卡尔说："我带你去一个地方，你肯定喜欢。"这个地方，便是巴黎附近的小城奥维尔，凡·高度过生命最后 70 天和死后长眠的地方。

到奥维尔的时候，已是"晚上"8 点了，商店都打了烊，街上几乎看不到一个人。但 6 月的法国，此时却阳光灿烂得如同北京的下午。我们先去看了因凡·高的画而闻名遐迩的小教堂，然后沿着一条土路，向他的墓地走去。

路两侧是麦田，是原本到处可见却因画家的慧眼妙笔而登临艺术之境的麦田。走不多远，在路旁紧挨着麦田的地方，竖着一块方方的、类似中国农村常见的那种"标语牌"似的木牌，但上面写的不是"试验田"或类似"苦干 ×× 天，争取亩产 ××"的口号，而是贴着一张凡·高《麦田》的印刷品。站在这块牌子的位置向前望，便能看到与画中景象一模一样的风景。远处丘陵起伏的轮廓与古老的农舍及在阳光下波涛般翻滚的麦浪，一一对应，景画不二。在感叹画比现实的景物还要生动的同时，"念桥边红药，年年知为谁生?"的句子蓦地浮上心头。

那公墓就在空旷的田野中，四面有一道已破败的矮墙。我们走进空无一人的墓地，自动分散开，在高低错落、形态各异的碑林中找寻凡·高的墓碑。我想，那最高大、最豪华的墓碑，肯定属于这个给小城带来名气、福气和数不清的旅游收入的大画家。但是，我错了。凡·高和他弟弟的墓碑像两个侏儒一样并排立在矮墙边，其"貌不惊人"的程度着实惊人！这两块石碑几乎一模一样，用最普通、最廉价的石灰石做成，上面什么图案也没有，只粗粗地刻着死者的名字和生卒年月。墓碑前也没有长方形的石制墓池，但在墓池的位置长满了青草。不知什么人把一枝向日葵和一把麦穗斜放在墓碑前，才让人最终相信这的确就是凡·高的葬身之地。

又见夕阳，又临墓地。我曾经惊叹于欧洲墓地的精致和艺术，曾经被欧洲的“死亡文化”所感动，以至于把欧洲的墓地与音乐会、博物馆并列为欧洲最吸引我的三个地方，但看到凡·高墓的凋零和破败，我颇感不快。法国人一向是最热爱艺术、最善待艺术家的，这次他们是怎么了?!

除了凡·高兄弟的墓外，墓地里其他的墓都很精致，或高贵典雅，或富丽堂皇。我随便浏览着，发现越是下葬晚的墓，装潢便越讲究。而且，看得出从 20 世纪中叶到现在，墓碑的风格经历了一系列的变化。20 世纪 90 年代的墓碑最时髦的样式是不规则的方形，碑顶常常是一个斜角，在磨制得光可鉴人的大理石中，有意留下些粗糙的石面，造成对比。有的还用激光直接在碑面上“刻”出死者的肖像来。法国人喜欢在墓池上摆许多专门的装饰品，如瓷制的花篮、大理石或金属的雕塑等，以寄托生者的哀思。忽然，我被一座墓吸引了。高高的墓碑和大餐桌一样光洁如玉的墓池都是雪白的大理石制成的，墓池上还摆着许多同样洁白的小天使、花篮和玩具。我不懂法文，我拼不出墓碑上那雕刻精美的死者的花体字名字，我只能读懂死者的生卒年月。那金色的阿拉伯数字写着：

29·10·1996—30·10·1996

我惊呆了！被死者生的短暂和墓的豪华惊呆了。他（她）只在人间生活了一天，却留下了这么美丽、华贵的一座坟墓。在我的国家，尤其是农村，一个短暂如斯的孩子是不会有名字，更不会被如此隆重地入葬的。也许古老的皇家会这样？我不敢肯定。但我想，妻妾成群、子嗣如云的皇帝也未必对一个只活了一天的“讨债鬼”有什么太高的恩宠。对一个夭折婴儿的厚葬和对那个为奥维尔带来了世界声誉的伟大画家的冷落，使我在步出墓地时郁郁不平。我想，奥维尔人难道不能拿出为自己孩子修墓的十分之一费用来稍微修葺一下画家的墓吗？如果在我的老家出了（或死了）这么一位大名人，再穷，当地政府也会为他“重修坟墓，再塑金身”的。

快10点了，天还是不黑。我们从教堂的另一侧走下坡，向停车的地方走去。在走过一个大铁门时，我远远看见了里边高高矗立着的凡·高像。门关了，进不去，我只能隔着铁门眺望里边如茵的草地、葱郁的树木和整洁美丽的建筑。皮卡尔告诉我，这是“凡·高公园”，是奥维尔的居民为纪念这位伟大的画家专门修建的公园。原来，奥维尔有意保存了墓地的历史原貌，而另外辟地建园以表达他们对画家的尊崇和感激。

汽车沿着高速路飞驰，眼前晃动着凡·高兄弟像向日葵和麦穗般朴素的坟和那座雪白、高大的婴儿墓，忽然，我感到一阵莫名的感动，就像当年被凡·高真迹的笔触击中了似的，一瞬间，天地豁然开通。奥维尔人不但懂得尊重历史的真实，他们也懂得尊重生命。婴儿是只活了一天，但生命不是平等的嘛，画家和婴儿对人生的贡献不同，但生命无价，从最本质的意义上讲，他们的生命本无差别。对孩子的父母而言，这个只活了一天的孩子，是同其他孩子一样的孩子，父母不但不会因孩子生命的短暂而减少对孩子的爱，反而会因没有机会让孩子享受父母之爱而心怀歉疚。佛家要人们去掉“分别心”，要普爱众生；儒家要人们“老吾老以及人之老，幼吾幼以及人之幼”。假如我们真的对待所有人都像对待自己的孩子，假如我们真的能记住这些东方传统文明中的不朽精神，这个世界，难道不会像被凡·高画过一样，变得更加生动、浓郁、美好吗？

当汽车驶进巴黎的时候，已经华灯初上了。被灯光装扮得壮丽辉煌的埃菲尔铁塔像一个珠光宝气但神色冷峻的贵妇一样兀立在夜色中。我过去曾惊诧地发现，在凡·高的笔下天地动静都是颠倒的：流云死一样地挂在阴冷的天上，一动不动；而静止的大地却永远像火在烧，像水在滚，像混沌未分时的宇宙一样旋转鼓荡。此时此刻，我恍然大悟，原来他的画才是真实的，世界有时并不是我们常人所看到的样子。

（原载《光明日报》1998 年 2 月 26 日）

祖师洞里听“扎林”

11 月的北京，虽还没有“千里冰封，万里雪飘”，但也已经着实地透着冬意了。这个时候去云南，去西双版纳，光凭可以脱下羽绒服的臃肿，重沾短袖衫的清凉，就够让人神往的了；更甭说在那神奇多彩的山林间，还有神奇多彩的音乐在召唤。因为有“云南省首届宗教音乐学术研讨会”的机缘，我得以暂别冬季，重归春天。

研讨会在思茅和景洪开。会上，各个民族的代表宣读了数十篇论文，涉及汉传佛教、藏传佛教、南传上座部佛教、道教、儒教的音乐，以及各少数民族原始宗教的音乐，如纳西族的东巴音乐、彝族的毕摩音乐、拉祜族的“叫魂调”和“哭丧调”、基诺族的大鼓调、哈尼族的丧礼音乐……这些千百年来鼓荡在哀牢山、无量山、碧罗雪山、玉龙雪山、苍山、怒山、云岭的山之魂，这些千百年来奔流在金沙江、澜沧江、独龙江、怒江、元江、南盘江的水之魄，这些像大山一样古老、像江水一样绵绵不断的音乐，伴随着这块土地上的许多古老民族，从远古走到了今天。这些久被音乐学家忽视的音乐，是活的历史，是音符的哲学，是灵魂的慨叹和吟哦，是一直通到我们血管里的祖先的血脉。更何况，在人类生产力和技术手段、医疗手段极端落后的漫长岁月里，它还是帮助人类得以保证个体生存和种族延续的一种手段，一种在那个时候不得不依靠的、有时是唯一的手段。听着这些论文和谱例，我感到山魂水魄殷殷的呼唤，我知道，我非得亲自面对这些古老神秘的音乐不可。

会刚结束，我便与广东的音乐学家费师逊、《中国民族民间器乐曲集成·云南卷》编辑委员会主任吴学源结伴，踏上了寻乐觅师的路。

先到景谷。从景洪到景谷，长途汽车在雨中颠簸了整整 13 个小时。山高且陡，路窄且滑，还常常有雨天常见的塌方堵塞路面。第一次走这么险的路，心中不禁忐忑，全靠车窗外原始森林无边的绿色，才使我紧张的神经慢慢松弛下来。那绿色，是只有原始森林才有的真正意义上的苍翠。读着这一窗或浓或淡，或深或浅的绿意，发现凡无人烟处这绿意便深厚凝重，凡有村寨市井处这绿意便稀疏寥落的规律，我忽然悟出一个道理：和现代文明在造福人类的同时却不同程度地破坏了自然一样，那些和原始森林同样古老的宗教音乐，不也同遭厄运，在偏见与流行音乐的双重砍伐下几近消亡了嘛。

到景谷的次日，我们和景谷群艺馆的老音乐工作者邵金山同志一道参拜了威远镇大寨官佛寺。这座寺不大，但和一般傣族地区上座部佛教的“缅寺”不尽相同，黑瓦的大檐屋顶，颇有些汉族寺庙的风格。在寺中，两位傣族僧人专为我们诵唱了上部座佛教的经文功课，有早课中的“三皈依”，有晚课中的一段经文，还有一段信众“赕白象”时唱的经文。录音机打开了，两位僧人一老一少，把经卷铺在膝上，盘腿而坐，低吟缓唱。大殿外，一群身穿筒裙的傣族妇女和孩子们挤在窗外观看，我怕她们出声干扰了录音，便把食指放在唇上，示意她们不要出声，她们聪慧地点点头，表示：“知道！”

僧人们朴素的诵经声像一股看不见但能感到的微风，在大殿里高大的廊柱间，在一条条从顶上垂下来的长幡佛画间缭绕。由于寺庙里的住持不在，我们只录了半个小时，便告辞了。

离景谷，经景东、下关，我们三人晓行夜宿，只用了三天的时间，便纵穿滇中，直抵滇西的巨甸。到巨甸，是想造访维西县的藏传佛教噶举派（白教）的寺院祖师洞。据藏族佛徒的传说，达摩祖师在汉地将禅宗衣钵传给慧可之后，便西行至此，在此洞中修行、闭关多年。所以，每年春天达摩的祭日，藏族同胞们便来此朝山。

几天前离开西双版纳时，还是单裤短衫，但一到巨甸，便仿佛一下子过了两季，与北京的初冬相仿了。祖师洞，在离巨甸 42 公里的山上，而公路只通到巨甸，那 42 公里山路不通车。正当我们一筹莫展的时候，吴学源凭着他多年下乡的经验和地道的方言，半个小时便交上了一个年轻的藏族朋友，这位豪爽的藏族小伙子说：明天我有一辆拉建材的卡车去那里，你们搭我的车去吧。

用俗话讲，这叫“天无绝人之路”；用佛教的语言讲，这叫“有缘”。于是，一行人夜宿鸡毛小店，一夜无话。

次日晨，我们乘车上山。为了御寒，我买了两刀草纸，叠成厚沓，塞到我在滇南买的一件军用防弹背心的夹层里，自制了一件“棉坎肩”，但依然挡不住凛冽的山风。车是一辆“超期服役”的老爷车，又拉了整整一车砖和几百斤白菜、土豆。我们三人坐在高高的车厢上，双手双脚或抠或蹬，如“夜半临深池”，每一秒钟都在调整平衡和防备从车上颠下去。车的左侧是陡峭的崖壁，右侧便是汹涌强悍的金沙江。我们贴着山崖，溯着江水，在山路上盘旋颠簸了近一天的工夫，傍晚才到祖师洞的山脚下——其宗乡。下了车，一直悬在嗓子眼儿的心，这才归位。想到路上卡车的后轮突然“放炮”，将我们搁在“一夫当关，万夫莫开”的狭路上，大家七手八脚修了一个时辰才重新上路的经过，却又觉得有趣。

当晚，宿在祖师洞“活佛”王治的家里。王治是祖师洞最大的“活佛”，系藏传佛教噶举派（白教）的“转世活佛”，“文革”时娶了一个昆明下乡知青为妻。我们去的时候，活佛正与其妻在昆明陪一位西藏“活佛”看病，不在家。“活佛”的宅邸是近年新建的，二进院落，三层藏式楼房。楼上，有装饰华美严整的佛堂，听侍奉“活佛”的小喇嘛讲，墙上的壁画，系出自“活佛”的知青妻子之手，不禁赞叹不已。后来，待我们在昆明拜访了王治“活佛”夫妇后，才知道这位有缘嫁给藏族“活佛”的昆明知青，不仅有艺术天分，而且已对佛学颇有研究了。

天刚亮，小喇嘛便穿戴上崭新的袈裟，带我们上山。他刚刚 20 岁，名叫公楚通勇，中等个子，赤红脸膛，满脸透着朴实与憨厚。他用不流利的汉语告诉我们：祖师洞“不远，两个半钟头就到了”。

一爬山，才知道小喇嘛的“时空观”与爱因斯坦的“相对论”是“万法归一”的。他的“两个半钟头”，换算成我们的时间，是五个半钟头。这山，还没来得及被人类固有的贪心和近年来方萌的“旅游热”糟蹋，安静得很，也干净得很。山上见不到一个人，也就没有路。鲁迅关于“世上本没有路，走的人多了，也便成了路”的感喟，在竭力寻路、奋力攀登的人心里回味起来，确是知世之谈。昨晚到王治家，访师不遇，今朝又随小喇嘛上山朝洞，因而想起“松下问童子，言师采药去。只在此山中，云深不知处”的诗句，则更觉贴切。

山虽荒僻，洞虽高深，但抵不住我们心诚。大约午后两点，我们终于爬到了祖师洞寺庙。回首俯视群山，但见群山如奔而无言，千峰耸翠而不语，湛湛青天之下，只见“静穆”二字。这种寂寥空阔的美，这种肃穆庄严的美，这种远绝市嚣，“大道无言”般的美，这种“真水无香”“云在青天水在瓶”的纯自然的美，直指人心，不由得你不超脱，不由得你不感悟。而当你得以直接面对这美的时候，又适逢你在近乎无路的山间攀登了五个半小时，大汗淋漓，终于立足峰顶，一得清凉之时，那么，这种美的感受，便越发刻骨铭心，类似某种宗教体验了。

祖师洞的“春宰”（管事喇嘛）公楚耳崔亲自为我们做饭。他不善言谈，但从他脸上的笑容和动作中，你可以充分感受到他的热诚和发自内心的高兴。

晚饭后，围着火塘，公楚耳崔和几个喇嘛吹起了“扎林”。

“扎林”是藏传佛教里常用的乐器，是一种藏族特色的唢呐。大块大块的松木，在火塘里燃烧，喇嘛们紫赭色的脸庞和扎林上镶嵌的铜饰、宝石，在火光中闪烁不定。

大山静极了。方圆几十里的山林间，除了火塘边上的这几个喇嘛和我们三个来自天南地北的音乐家，再无人迹。扎林呜呜地鸣响着，把人类最古老的信仰、渴望，以及与人类与生俱来、同生同死的喜、怒、哀、乐，甚或超脱了喜、怒、哀、乐的某种平静，融进了松涛林语，融进了茫茫大山，笼罩着茫茫大山的无边暗夜。

松柴明灭，乐流如水。我按下录音机的红键，录下了这大山深处，也是灵魂深处的倾吐。

庙的建筑，紧贴峭壁而修，宿在庙里，觉得自己的身体似乎是悬空而卧。但这一夜的觉，却是无梦而香甜的。

鸟儿的啁啾与喇嘛们的法鼓声，敲响了祖师洞的黎明。我们匆匆喝了点奶茶、吃了点糌粑，便去“转山”和参拜达摩祖师闭关的山洞。

洞在悬崖峭壁之上，后人在洞口修了门、窗，以遮风雨。我们在公楚通勇的引领下进入山洞。洞里很暗，天然地分成里外两窟，内窟极矮，更暗，却依稀可见从远处岩缝中透进的日光。达摩是禅宗初祖，汉传佛教的史籍记载他在河南少林寺面壁九年之后，传法给慧可，后遇毒而逝，葬于熊耳山（今河南宜阳）。但又有一个传说，言魏使宋云自西域归中原的路上，在葱岭遇到达摩，达摩手提着一只鞋，翩翩独逝。但藏族佛徒却认为，达摩祖师西来的路上，曾在此洞“闭关”数年，后圆寂于此。

传说究竟是传说，信者谓真，疑者谓虚，这也如寺庙里的音乐，在听惯流行歌曲的耳朵听来，似乎不够味儿，不对劲儿，但在我的心里，这宁静而又神秘的乐声，却负载着人类的全部历史和憧憬。

像达摩洞中壁隙里透出的一线日光一样，远处又传来了喇嘛的诵经声和法鼓、藏铃的声音。站在洞口的壁脚，我眯起眼睛，眺望日光朗照下的远峰。我不知道达摩是否真的曾在我身后的这个洞里修行，但达摩是否知道，在他逝去千百年后的今天，在这荒无人烟的大山里，还回荡着“不立文字，直指人心”的乐声呢？

（原载《音乐生活》1992 年第 3 期）

孤岛访谈录[1]

黄集伟：在孤岛嘉宾中，您和别人不太一样——您的职业就是音乐研究。

田　青：我主要研究佛教音乐，当然，宽泛地说，我也研究整个宗教音乐。

黄集伟：在此之前呢？

田　青：“文革”前，我是“老三届”。当过“知青”，后来又做过工农兵学员。我是在天津音乐学院作曲系毕业的。毕业后就留在学校教书。后来，我到北京中国艺术研究院研究生部读了一个硕士学位……

黄集伟：请您来孤岛，很合适——读书，或者音乐，您两样都沾边儿。孤岛的情形我事先已向您介绍。您如何看待孤岛？

田　青：昨天，你给我打电话，说到孤岛，我就觉得你的这个设想挺好。

① 这是本书著者回答记者的一篇谈话记录，采访者为黄集伟先生，他要求被采访者为独自去一个想象中的“孤岛”而选择一本书和一盘音乐磁带。

可放下电话，我脑子里想象的那座孤岛，又不完全是你说的那样一种所谓“衣食无忧”的孤岛。我有一个故事。我经常把它讲给来中国学习的外国朋友听。

黄集伟：我也想听。

田　青：它也是一个孤岛的故事。不过，故事里面的人物，不是一个人，而是很多人。故事假定在每一个与世隔绝的孤岛上放上三个人：一个女人，两个男人。

黄集伟：不是一个孤岛——

田　青：对。在第一座孤岛上放上的是三个英国人，第二座孤岛上放了三个西班牙人，第三座孤岛上放了三个法国人，第四座孤岛上放了三个苏联人，而第五座孤岛上放的是三个中国人。

黄集伟：后来？

田　青：一年之后，分别再到这些孤岛上去看看他们生活的情形。

黄集伟：后来？

田　青：第一座孤岛上的三个英国人一看到有人来，就非常气愤地责备道：你们走的时候，为什么不先给我们相互介绍一下？原来，尽管这一年里那三个英国男女彼此都非常愿意结识对方，可出于矜持，他们谁也没把第一句话说出口。

黄集伟：第二座孤岛上的情形如何？

田　青：在第二座孤岛上生活了一年的是西班牙人。一年后，再次上岛的人们发现，在那座岛上，现在只剩下那一个西班牙女人在哭，而那两个西班牙男人却不见了。一问才知道，当送他们上岛的人离开后，那两个西班牙男人就同时爱上了那个西班牙女人，并开始为争夺她而决斗……最后，两个人都死了。

黄集伟：西班牙人把爱情看得很重要？

田　青：是这个意思。

黄集伟：那三个法国人表现如何？

田　青：人们一年后回到第三座孤岛上，只看见一个法国男人，一边吹着口哨，一边在那里种花，很悠闲，很自在。人们问他：和你一起上岛的那两个人在哪儿呢？种花的法国男人说：噢，本周轮到他们两个人在一起——现在，他们正在岛的另一侧。

黄集伟：法国人很浪漫。

田　青：不仅浪漫，而且面对这样的事情，心境很平和。他们在这样的境况下，也能把自己的生活安排得很好。可苏联人就不是这样。

黄集伟：苏联人怎么了？

田　青：到了苏联人的孤岛上，只见那两个苏联男人正在一起喝酒。人们问：那个一起上岛的女人呢？他们说：噢，她正在地里收土豆呢。女人辛苦地劳作，而男人却只知道喝酒。

黄集伟：孤岛上的中国人表现得怎么样？

田　青：不怎么样。在孤岛上，那两个男人正互相指着鼻子骂，而那个女人却挺着个大肚子，站在旁边哭泣。两个男人都指责是对方把女人的肚子搞大的……

黄集伟：原来这样。

田　青：从某种角度说，这样的孤岛好像比你设计的那个孤岛有意思，它有很多戏可以演。当然，毕竟是你的孤岛使我想到了这个孤岛。我记得这个故事是在美国人写的一本书里读到的。你的孤岛还让我想到了另外的一个故事——

黄集伟：你的故事多。

田　青：那个故事是说，两个人打赌，其中的一个人对另一个人说，如果他能够一直一个人与世隔绝，待在一个楼顶上，最后，他将得到一大笔钱。那个人答应了——一个人待在楼顶上没事儿干，就看书解闷。他开始看的都是很通俗的东西，侦探小说、通俗小说，很好读的东西。后来，随着时间的流逝，他开始读一些严肃的文学作品，最后读哲学著作、神学著作……许多年以后，他经受住了寂寞的考验。那个故事的结尾说，当那个人可以得到一大笔钱的时候，他已经觉悟了——他觉得自己并不需要那样一笔钱。也就是说，他打赌打赢了，可他没要那笔钱。

黄集伟：可最初他是为钱去的"孤岛"——一个人与世隔绝，待在楼顶上，和在孤岛上也差不多。

田　青：是读书使他发生了很大的变化。可你让我也去一座孤岛，又没有告诉我要去多长时间。一年？还是十年？还是终身监禁？时间不同，我想我要带去阅读的书也不同。

黄集伟：这个问题很多被采访的人都问到过——对不住，我得耍一个滑头：您在孤岛上的时间，既不太长，也不太短。我显然没道理让您在孤岛上待一辈子，可请您去孤岛，好像也不是去过一个周末。

田　青：如果像你刚才说的，是一个周末，我想谁都不会去看很枯涩的书，很艰深的书。但是如果是很长的时间，找那种很艰深的东西去读，就很有可能——书和音乐都有多重属性，可以给人娱乐，也可以给人思想。深刻的书籍或者音乐，可以不断地给你新的东西。它的容量非常大。如果只让我带一本书，一部音乐作品的话——我昨天晚上还在想这件事。想来想去，我觉得很难有一本书，或者一首音乐真的能让你百听不厌——哪怕是那些最枯燥的书。在平常的生活中，很多书我一直在读，可一直都没有读完。

黄集伟：什么样的书？

田　青：比如黑格尔，我从中学的时候就开始读，大学也读，念研究生的时候还在读，一直没读完。昨天我还想，去你的孤岛，我是不是可以拿上黑格尔？后来一想，我不受这个罪了。我想，一本书，如果读不进去，它再好，我觉得也没意思。很多人都知道有一句关于读书的格言："半部《论语》治天下。"为什么半部《论语》就可以治天下？因为中国，包括整个东方的文化，无论是儒是道，所有的文化都讲究用最简单的语言、最少的话，来说出最深刻的道理。我觉得，这是我们东方文化的一个特点——所以，很多中国人读不下去黑格尔，不光是我。我们这些人不能说不思考，可仍然读不下去，我觉得这是一个文化差异的问题。有的书，我读的时候有一种反感，总觉得说得啰里啰唆，我好半天弄明白的竟是一句废话，或者是一句用我们的话去讲很简单的话。中国道家有句话，说"至乐无乐"。如果真是什么复杂的大道理，实际上是不会用那么复杂的语言去讲的……

黄集伟：这让我想起一句俗话：妙不可言。

田　青：对，"道可道，非常道"，所以黑格尔这么复杂的东西，我的前半生读过几次都没读完。我想，去你的孤岛，我就别受这个罪了，还是读点儿我能够读得进去的吧。

黄集伟：敬而远之？

田　青：对。其实，也许黑格尔确实好，就像一个很漂亮的女人，你看也好，我看也好，可她是别人的老婆，属于别人的，我们只能看看而已。也许别人认为她很好，我们就不能“品尝”了。所以，为了这一本书，我还真费周折。想了半天，我想我还是带一本《金刚经》吧。

黄集伟：为什么呢？

田　青：我觉得它有几条符合我们在孤岛上读书的要求：首先，我带的书不能看一遍就不想看了，那就是说，那种看一遍就懂的书不行，要耐看。不过，光耐看也不行。比如说，我从来不懂天文，我拿一本天文的书，或者是高等数学，也很难，可是我最后会觉得没意思……

黄集伟：你是说，既要耐看，又要有意思。

田　青：是的。我觉得，带到孤岛上去读的书，要耐看，要经得住我反复思考，而且反复思考的最后，我还要佩服它——这样要求，我想也只有佛经了。中国有句话说：“世上善言佛说尽，天下名山僧占多。”我这辈子有几个喜好——喜欢读诗，喜欢听音乐，喜欢和朋友喝老酒，喜欢到名山大川去玩儿，而我的职业与我的性情正好吻合。我觉得这是我一生里很多幸运中最大的幸运——我所从事的工作，正是我所喜欢做的。比如，我搞佛教音乐的田野考察，那么，四大名山，一些有僧人、有寺庙的地方，都是一些风景美好的地方。我的前半生就跑了很多地方。不久前，我刚从西藏回来。中国人讲，行万里路，读万卷书。小的时候，读到这句话，只觉得它给人们提出了很高的要求。如果自己要做，也只是一个宏伟的志向——因为总是隐隐感到这两句话里面包含着困难和艰苦。

黄集伟：不论“万里”，还是“万卷”，对有些人来说，的确不易。

田　青：读书到现在，万卷是差不多有了。读了几十年，我们读的书是不少，而“万里路”也早就超过了。不要说出国，就是在中国，算了算，好像除了新疆、贵州、海南这三个地方没去过，其他的省份我都到过。我的感觉是，读万卷书，行万里路，对于一个人的一生来讲，都是乐事，没有比这更乐的事了。当然，到了你的孤岛上，可能就不能行万里路了，也不能读万卷书——只能带一本书……我想来想去，我还是要带一本《金刚经》。

黄集伟：你这么执着，一定有你的道理。

田　青：《金刚经》是一部在中国很流行的佛经。“金刚”是一种兵器、法器。用这样一个名字来命名佛经，是想说明这部经书道理锋利、坚实，可以摧毁一切。《金刚经》的结尾有这样四句著名的话：“一切有为法，如梦幻泡影，如露亦如电，应作如是观。”其实，整部《金刚经》讲的，也正是这样一个道理，它让你看破一切。它让你明白，你执迷的一切都是虚妄，都是空。

黄集伟：如果要您带一本《花花公子》去孤岛，您是不是会说，它虽然花花绿绿，可其实也尽是虚妄。

田　青：是啊，《花花公子》里那些美女，看透了也都是空。尤其是在你的孤岛上，我想看透这一切，你才不会执着于某些你以为你一定要得到而又确实得不到的东西——我觉得这是所有要到孤岛上去的人都应该有的精神准备——不管那孤岛是精神上的孤岛，还是物质上的孤岛，是真正的孤岛，还是被虚构出来的孤岛，都一样。这种精神准备就是说，你要破除一切“实象”，把那一切实象都看穿、看透，就能到你的孤岛上去生活了。假使到了你的孤岛上，还整天想着《花花公子》杂志上的美女，那孤岛的生活就会过不下去。在佛教里，有一种修行方法，叫“闭关”，就很像你设计的孤岛——就是人为地把自己封闭起来，修炼自己的德行。

黄集伟：那您在孤岛，是不是也会尝试“闭关”?

田　青：那倒不是。不过，我曾经有一年半的时间在一个特殊的环境里——那种没有自由的环境里生活过。那么，现在回忆那一年半的生活，我觉得获益匪浅。我觉得，如果你真的在某种程度上失去了自由，比如行动上的自由，可你在这方面失去自由的同时，会得到另一方面的自由——这也是一种物质不灭定律，我不知道你懂不懂我的话?

黄集伟：不敢说。

田　青：一个人，当你在行动上失去自由后，可能会带来你心灵上的自由。

因为在那样一个环境当中，比如说孤岛环境吧，会让你深思许多你在庸庸碌碌的生活中那些被你随便丢失了的思想，那些根本来不及深思的思想——有句老话叫“三省吾身”。这是咱们中国儒家的观点，就是说，要每天三次反省自己。我觉得，即或是这样，那也是想不明白的。非要到一个类似孤岛的环境中，没有话说，最好连书都没得读，让你苦思苦想，想它一年半载，你才可能把自己的思想真正沉静下来，而且真正往深处思考，不沉、不静就没有办法深入。关于沉静，很多宗教都很讲究，佛教就讲“坐禅”，讲“入定”，包括现在气功讲的益智、开智，就是要求你静。只有静，你才能使自己纷乱的思绪得以调理。所以，我想，在孤岛上，一本《金刚经》能够帮助我沉下心来，把世上的那些空象一一看破。

黄集伟：这样看来，所谓“孤岛”，对于今天我们生活在滚滚红尘中的人们，多少还有一点意义？

田　青：正是这样。“天下熙熙，皆为利来；天下攘攘，皆为利往”，所以在某种程度上说，应该把每天在名利场忙忙碌碌醉生梦死的每个人都送到孤岛上去，起码待上一年半。

黄集伟：为什么是一年半？不是更长，或者更短？

田　青：因为我觉得一年半是一个好时间：太长了，有点儿过分；太短了，什么也体会不到。每个人都到孤岛上待一年半。我觉得，这对我们整个社会、整个人类，都是一件功德无量的事儿。当然，你的孤岛不会有这么大的作用——我只是从理念上这么说。

黄集伟：您的联想丰富了“孤岛”。我想知道，您在孤岛上，一个人读《金刚经》，会不会让您想起自己过去的一些故事或故事里的朋友？

田　青：读《金刚经》的时候我想我谁都不会想，因为一切都是空，都是虚妄。想某一个人，即非想某一个人，那我还想什么想？不想。不过，在听音乐的时候，我可能会想很多人。

黄集伟：您准备好的孤岛音乐是什么？

田　青：就是我昨天也在听的莫扎特的《安魂曲》，也就是《安魂弥撒》。

黄集伟：为什么？我知道，我提这样的问题没什么道理。

田　青：我们现在对音乐有很多划分，如严肃音乐、轻音乐、民族音乐、流行音乐，等等。去孤岛，流行音乐当然不能带。为什么呢？因为所有的流行音乐都只能流行一时。一般来说，它的内涵比较少，而追求一些时髦的东西，很快就会过时。十几年前，港台流行歌曲刚刚在大陆流行——那时的情形，可以用一句唐诗形容，就是“六幺水调家家唱，白雪梅花处处吹”。那时，只要有录音机的人，恐怕都有邓丽君的带子。可到了现在，你看谁还在听。那个时候，对此开展过讨论。很多人把邓丽君的带子看成洪水猛兽——我曾写过一篇文章，也是调侃。我说，这个东西你不容易禁，你禁得越狠，大家越是要听……唯一的办法，我说最好有一个硬性规定，那就是要求每个人一天最少要听三遍邓丽君的歌。那样的话，不用半年，你再看，恐怕没人再愿意听邓丽君的歌了……

黄集伟：就像“文革”时的“天天读”“早请示、晚汇报”，让人快速生厌。

田　青：对。不过，今天被称为所谓严肃音乐中的一部分，可能会让人百听不厌。当然，也没有绝对让人百听不厌的音乐。

黄集伟：还是说相对的吧。

田　青：对于音乐，我们学音乐的人好像都有一个过程——开始的时候接触一些比较容易接触的音乐。入门之前，流行歌曲，或者儿歌，都会给人留下很深的印象。在音乐学院读作曲系的时候，一年级时喜欢的作曲家，到了四年级，听都不要听。那些作曲家是不是不好呢？不是。比如柴可夫斯基那些东西，刚一接触古典音乐的时候，觉得好极了，至情至性，又好听，感情的容量大，浓度也大。但是，听到最后，好比喝咖啡的人，开始时放糖，到后来就不放糖了。严肃音乐也是这样。有的作曲家，在理论上讲，确实不错，有自己的特点。但你不要听他的作品，听多了，听腻了，太甜了，就不要听了。学音乐的人，大概都经历过这样的一个过程。我这样年纪的人开始是喜欢俄罗斯的音乐。俄罗斯的音乐学派，包括古典乐派、浪漫乐派、民族乐派等，听了一段时间后，就迷上现代乐派。可听着听着，现代乐派的东西也听腻了，它也有个够。旋律你会腻，没旋律你就不腻吗？那些“音块儿”，不腻吗？哐哐哐——更腻。所以，听来听去，又听回去了。我发现自己还是喜欢听巴赫、莫扎特，我觉得他们的东西简单、干净，很纯净的。

黄集伟：这对于非音乐专业的耳朵，是要绕很大的一个圈的呀……不过，具体到《安魂曲》，把它选为自己的孤岛音乐，还有什么原因吗？

田　青：没有。第一，我觉得这个音乐耐听；第二，好听；第三，我觉得它的内容和形式都是完美的。《安魂曲》实际上就是“追思弥撒”，死了人才放的。在孤岛上，我先给自己听，因为我不知道会不会死在这个孤岛上。另外，佛教讲普度众生——不管你过去是帝王、乞丐，还是妓女，所有的人都要超度。不光众生平等，而且死了的人也要平等。所以我想，这样的音乐对死了的人和活着的人都有好处。我们把它翻译成“安魂”曲，也有意思，就是让死者的灵魂得到安宁。当然，在你的孤岛上，永恒的安宁我还得不到——我还活着呢。但是暂时的安宁、片刻的安宁，对现代人来说也是非常必要的。

黄集伟：我理解，在这一点上，它与《金刚经》可能起到的作用是相似的，尤其又是在孤岛上。

田　青：对。我觉得，我们现在的中国，缺的正是这样的书，这样的音乐。现在大部分人缺少的，是安静的心灵。我们整天讲安定、讲祥和，但实际上每个人都浮躁得很——用你刚才的话来讲，“毛”得要命。每个人都在那儿“毛”。每天就像动物一样，像蚂蚁一样，清早起来，打着“的”就走了。你看现在二环、三环，堵得一塌糊涂，都是车，都是人，那么，表面看到的是交通问题，更重要的，是现在人们的心啊，心里那种浮躁，那种无限膨胀的欲望，我觉得这个很可怕。现在正处在一个经济发展很迅速的时候，我们可以看到很多过去没有看过的前景，能找到一些过去没有的机会……

黄集伟：可能性大大提高了。

田　青：对。可面对这些，大部分人追求的是物质。我们过去的教育是反对这些东西的。那时，我们虽然还不是一个禁欲主义的社会，但是大部分人对于物质上的欲望被压得很低，而现在一下子膨胀起来了。这是不是好事呢？有好的一面，没有这种物质的欲望，经济就不会发展，社会就不会向前进步。但是，话又说回来了，如果听任人们物质上的欲望无限膨胀，这个社会也会完蛋的。你发展起来的目的是什么？你发展起来是为了让它毁掉吗？发展起来是为了让我们每个人在小汽车里痛哭流涕？还是让我们在一个有空调的房间里打离婚？我觉得，我们现在如果不看到这个问题的严重性，我们会重蹈西方物质发达国家的覆辙。在英国，我曾看到十几个欧洲人，金发碧眼，学着做和尚、闭关，他们学的是东方哲学——在东方哲学里，他们找到了安宁。他们认为，这是他们最大的幸福。

黄集伟：我们现在经历的，是他们曾经经历过的。

田　青：是啊。可我们现在还没有发展到那种程度。现在让我们很多人难过的，要么是什么时候才能攒几十万块钱，买一辆车；要么是快点儿买到房子……但等到你有了汽车，有了房子，物质上的一切都有了，有的人可能才会发现自己并没有得到幸福。

黄集伟：没钱肯定不好。可仅仅有钱，也不是肯定就好。

田　青：是这样。再说，钱多，多少是多呢？希腊船王钱多，可我在《参考消息》上看到，说他的孩子从小就没有幸福。她出去，想和普通孩子玩一下都是不可能的，总有四个彪形大汉跟着她。她连最起码的幸福都没有了。钱是什么？钱就是符号。钱对她来说，已经没有意义了。可很多人在这一点上是执迷不悟的……所以，我建议你让所有的人都到孤岛上去读一遍《金刚经》。

黄集伟：那我岂不是要搞一个工程？那么多的人，怎么送得过来？

田　青：那你就搞一个公司吧。现在，大家都在搞公司，你也注册一个"孤岛公司"。广告词就说，你真正的幸福在孤岛——在那里，你会找到你心灵上的安宁。

黄集伟：那我得请您来当"孤岛大学"的教授，给大家讲一讲《金刚经》。

田　青：那不能讲——因为你的孤岛要求一个人。有人讲课，那还叫什么孤岛？你发现没有，这也是一个悖论。

黄集伟：而且，莫扎特的音乐，如果从美学上说，就是一份安宁，一份幽静的喜悦。

田　青：我觉得，莫扎特、巴赫这些人的音乐，非常接近我们东方哲学的最高境界。它是安静的，纯净的，安详的。它的复杂程度也刚好让你不会听腻，同时，又不会让你像做数学题那样难过。而很多现代的音乐，我觉得就做不到这一点。因为现代音乐从根上说，是对古典音乐的一个背叛——比如像巴赫、莫扎特、贝多芬这样的人，他们每个人都是一座高山，非常高的高山……那么，后来的音乐家不可能超过他们。他们把古典音乐在他们那个年代里已经发挥到了极致，没有给后人留下什么余地。比如说，某一个音乐形式，像主调音乐的交响乐，有了贝多芬，别人就算了。而复调音乐，像巴赫那种程度，现在谁也写不出来了。高山仰止。可是，大狗要叫，小狗也要叫。不能因为生活在贝多芬之后做了一个音乐家就去自杀。那么，在他们之后的音乐家怎么办？面对高山，登山已经很困难，因为你很可能刚登到一半就死了。像莫扎特，7 岁就作曲，那真是天才呀。天才，怎么说呢？我觉得是没办法的事。

黄集伟：面对他们，我们除了长长叹一口气，还能干什么？

田　青：你只能叹一口气。你没有办法了。

黄集伟：可那么多的后来人怎么办？

田　青：面对高山，那就只好把它炸掉，或者烧掉，或者挖一个洞……这就是我说的现代艺术对于古典艺术的背叛。像大家知道的米勒的

"维纳斯塑像"，在维纳斯的肚子上开了四个抽屉，还有给蒙娜丽莎画上小胡子……这种东西实际上是一种无可奈何，是被气的，被逼的，有点儿像流氓行径了。

黄集伟：一种深刻的愤怒，也是一种深刻的无奈。

田　青：当然，也有很多现代艺术家正是在这样的无奈中表露出自己艺术上的才华。他们不是在人家干净的墙上抹点儿屎。相反，即或在无奈中，他们也有自己的火花。可无论如何，以叛逆作为主导的东西应该说只适合某一年龄段的人来欣赏——这是我自己的体会。谁都年轻过。谁的脑袋后面都曾经有过"反骨"。一个人年轻的时候喜欢的东西，到了稍微成熟一些，就会有变化……

黄集伟：在某一个特定年龄段里喜欢的东西，包容性常常很小。

田　青：对。而且，你当初迷恋得越厉害，后来也就抛弃得越彻底。本来古典音乐优美、优雅、有旋律、有和声，挺好的。可忽然有一天，你觉得这些都得打破。不要旋律，不要调性，觉得解恨、过瘾，对，就得这么着！可你听着听着，怎么又整个懵懵的一团糟呀？尤其像我这样眼瞅着就要奔50岁去的人，我会觉得，我不受那个罪了。我的耳朵反倒回过头来要去听那种简单、宁静的东西。我发现，年龄变了，读书的口味变了，就连吃东西的口味也变了。我的孩子喜欢吃汉堡包、肯德基，只要带洋味儿的，他都喜欢吃。我自己年轻的时候，也喜欢吃那些没吃过的东西。可现在，老实说，我最喜欢的是晚上让我太太弄点儿豆，熬点稀饭，就着咸菜或酱豆腐……我觉得这样吃起来特别好。隔一段时间没吃这么一顿我难受。你在外面吃饭，八个菜七个碗的，山珍海味，总觉得吃不饱，总觉得不舒服。可吃家里熬的稠稠的豆稀饭，就着酱豆腐，那是真好。

黄集伟：还记得第一次被音乐感动是在什么时候？

田　青：很难说第一次，而且，因为搞艺术，我又太容易感动。现在想起来，在我上小学一二年级的时候，当时我们表演一个节目，叫《二小放牛郎》，你听过吗？

黄集伟：听过。

田　青：当时，我们班上有一个非常漂亮的孩子被选上，让他扮演王二小——他在台上扮演成王二小塑像的样子，我们其他人都是群众演员，站在后面合唱。我记得当时非常羡慕他扮演成王二小塑像的样子。演出的时候，站在舞台上，看着扮演成塑像的王二小，我掉眼泪了。当然不是号啕大哭，不知道因为什么，眼泪就流了下来。那是一种被感动的感觉。要说究竟是什么把我感动了，我也说不清楚。现在也是——有时候，看一个破电影，挺破的电影，真是差。可是忽然电影里有那么一点儿有人性的东西，有人情的地方，自己就觉得感动，莫名其妙。仔细想想，其实能够被感动的东西常常第一是人性的，这点不用问。第二是简单的。我觉得复杂的东西打动不了我。我记得曾经看过法国一个运动会的开幕式。一般说到开幕式，我们会想到大合唱，或者是 100 架钢琴大联奏之类，那样很有气势。可让我感动的那个开幕式不是这样——它让一个六七岁的小女孩一个人站在运动场的中间，独唱法国国歌《马赛曲》。全场多少万人看着聚光灯下一个非常纯净的孩子在唱着他们国家的国歌，我觉得每个人都会被这个感动。你受不了，非掉泪不可。真正一个精雕细刻的大的艺术作品，它很复杂，也很深刻，也能让你感动。但是，对于那样的感动你有所准备，就好像面对一个人，你要和他拳击，你会感到有重重的一拳打到你的脸上……可简单的艺术作品，比如一个孩子的演唱，她完全是不经意的，就像一片羽毛在你心里搔了一下……而且很可能恰恰搔到了痒处。我觉得自己现在更容易被这种简单的东西所感动。当然，简单不是都好。一加一等于二简单，可我不会被它感动。我觉得，一首音乐作品也好，一首诗也好，它常常是一个很简单的东西。可是由于它真正挖掘出了人性的东西，它就有可能让我们感动。是不是可以这样说，当最本质的人性被用最简洁的形式表达出来的时候，我们最容易被感动。

黄集伟：这样的时候，最简单就是最丰富。

田　青：对。其实，刚才我们一起聊了很多，有关东方哲学，或者佛学，其实都是这样。把最复杂的东西，用最简洁的形式表达出来，这才是最好的。很多中国文人最后都迷恋禅宗，因为它的那种简洁的形式本身就让人迷恋，更不要说它常常还有深刻的内涵。

黄集伟：音乐或者读书，哪一个对你来说更重要？

田　青：这很难说。这两者在我年轻的时候，都是最最追求的，不可或缺的。现在，它们已经变成我生活方式的一部分了吧。也就是说，对于这二者，我已不再刻意追求。比如读书，我不读书干什么呢？我看电视，看广告，可那没意思，不如自己读一本书好。音乐也是这样。我不听音乐我听什么呢？我知道的一些朋友，下海以后，他们的生活也发生了变化。他们不可能读书，听音乐。每天晚上，先是饭局，然后卡拉 OK，再桑拿、按摩……没有这个，他们活不了。就像读书人没有书读、没有音乐听，活不了一样。换过来，你让我天天去按摩，我说累不累呀？我这一百多斤天天让你揉干吗？跟受罪一样。卡拉 OK 我也被人拉去过，我觉得就跟十八层地狱一样，五音不全，拼命发泄，鬼哭狼嚎……花那么多钱做这么一件痛苦的事儿，还当成一种享受。当然，它也是一种生活方式。有些人习惯了，他们必须这样。就像我们读书、听音乐一样，是一种需要。我不认为这里面有高低雅俗之分。每个人都有自己的生活方式。一匹马耕完了地，在地上打一个滚儿，这就是它的生活方式。它浑身沾满了土，再浑身抖一抖，它舒服……任何一种生活方式都有存在的权利。

黄集伟：对您这样的人来说，一本书可能就像一首音乐；而一首音乐，也就像是一本书。关于读书和音乐，你还有什么个人见解？

田　青：做一个概括？

黄集伟：对，我们聊得已经不短了。

田　青：说它们是一种“精神食粮”，是俗透了的话，可是好像也还没有更好的替代。我刚才讲生活方式也是这样。虽然书籍和音乐对于很多文化人来说，的确就像精神食粮一样，可更令人喜欢的，恐怕还是返璞归真。说到书籍和音乐，还是喜欢看那种用最简单的方式表达出最本质的人性的书，或者音乐作品。前面我说，要带一本《金刚经》和莫扎特的《安魂曲》去你的孤岛，这是我能想到的最好的搭配。不过，它实际上也不究竟——因为讲到底，书也好，音乐也好，也无非是另外的一个和你一样的人所表达的他对生活的看法——在孤岛上，你还是一个接受者。你这个“孤岛访谈”是一个题目，就是一定要带一本书和一首音乐……如果是我自己去孤岛，我想其实这些都用不着，就一个人去就行了，也不要书，也不要音乐。道家把音乐分为天籁、地籁和人籁。所有的音乐，包括任何一个伟大的音乐家创作的音乐，都是人籁，是人的声音。比人的声音高的是地籁，是大自然的松涛声、海涛声——松涛林语，那是地籁。还有最高的声音，那是天籁。天籁是充耳不闻，你平常听不见的。如果我真的能到你的孤岛上去，我是不会带书的。因为释迦牟尼说法 49 年，可最后他说他没说一个字，那么，一本《金刚经》也就是虚。“是名佛法，即非佛法。”这样看，书是虚妄，音乐也是虚妄。真去你的孤岛，我想我就赤条条地去。我不带任何一本书，或者音乐。我想那个孤岛本身就是一本书，在那里，我希望我真的能够听到天籁。

黄集伟：祝您如愿！

（原载黄集伟《孤岛访谈录》，作家出版社 1998 年版）

（二）

闻乐如小醉

音乐家的耳朵

《说苑》中说："夫耳闻之，不如目见之。"老百姓也有不少这类的俗话，像"百闻不如一见""眼见为实，耳听为虚"。仿佛在视、听二者之间，人们自古更重视眼睛的作用。但是，对音乐家来讲，耳朵不仅仅是头等重要的器官，有时还成了一种标志。国歌的作曲者聂耳，原名聂守信，因为耳朵非常聪敏，又姓聂，友人便戏称他为"耳朵"。他索性改了名字，在姓的后面再加上一个"耳"字，直凑足了四只耳朵！音乐家有这样的姓名，恐怕是一个难得的巧合和绝妙的隐喻了。

音乐是听觉艺术，耳朵是感受音乐的唯一器官。学习音乐的人要有一个起码的条件，就是聪敏的听觉。人们常常说的"五音不全"，实际上大都是听觉上的原因，应该称为"五音不辨"。

人耳所能感受到的声音频率，大约在每秒钟振动 16 次到 2 万次之间；而音乐中所使用的频率，大约在 16 次到 7000 次之间。这个范围内的声音，一般的人都能听到。但是，对搞音乐的人来讲，不但要能够准确地辨认和记忆音高、节奏、一串相继发出的乐音（旋律），或同时发出的乐音（和弦），还要对音色、音量及声音间千变万化的组合、无穷无尽的色彩，有灵敏的、美学意义上的感受。古今中外许多音乐家都有着超乎常人的听觉。

三国时著名的女学者蔡文姬，从很小的时候便显现出超群的听觉。据

《后汉书》载，蔡文姬刚刚 6 岁时，有一次其父蔡邕“夜鼓琴，弦绝”。小文姬不看便知道断的是哪一根，“曰：第二弦”。蔡邕以为她是偶然猜对的，便又“故断一弦，问之”，小文姬“曰：第四弦”，又说对了。这使精通音乐的蔡邕赞叹不已。后来，蔡文姬创作了传世的古琴名曲《胡笳十八拍》。

18 世纪奥地利著名作曲家莫扎特幼时被称为“神童”，6 岁便登台演奏钢琴。据说他在每次弹琴之后，还有一个吸引人的节目，就是让听众任意敲击一个玻璃杯、一柄小刀或任何一件东西，他能准确地说出这个音高相当于钢琴上哪个键的音高来。莫扎特的这种听觉和蔡文姬一样，都属于固定音高的听觉，也叫“绝对辨音力”，就是不受音乐中音阶、调式的束缚而能准确地辨别任何一个独立的音或若干音的连续、组合，甚至非乐音的自然音响的音高来。这种“绝对辨音力”，是可以在较小的年龄，通过科学的训练在不同程度上建立的。

对于音乐家来说，听觉还包括音乐的记忆力。据《稗史汇编》载，唐太宗时，一个西域的琵琶名手来朝，唐太宗在他演奏时，命令宫女罗黑黑“隔帷听之”。罗黑黑的音乐记忆力确实出类拔萃，从没听过的曲子“一遍而得”，立刻便记住了。西域琵琶名手演奏刚结束，太宗说：“此曲吾宫人能之”，于是唤罗黑黑出来照原曲弹了一遍，竟分毫不差！不但那位西域琵琶名手大吃一惊，甚至消息传出后，“西国闻之，降者数十国”，在政治上也起了很大的作用。

听过一遍曲子便能照弹不误，音乐记忆力可谓惊人。但这毕竟基本上是单旋律。如果要把一首多声部乐曲繁复纷杂的声部统统记住，那就更难了。19 世纪大音乐家门德尔松有这样一段逸事：一次，他的家庭乐队借来的只练习过一次的管弦乐谱丢失了。在大家十分焦急的时候，门德尔松却只用了一个晚上的工夫，便把这首乐曲的总谱根据自己的记忆全部默写了出来。这样的音乐记忆力，是使每一个音乐家，尤其是指挥家，所不能不钦羡的。

音乐记忆力和绝对辨音力，都是可以通过训练逐步提高的。有先天的好听觉固然理想，但听觉条件不算好的人是不是就不能学音乐了呢？不，“有志者事竟成”。先天的某些不足会被后天的勤奋所弥补，甚至创造出奇迹来。人民音乐家冼星海就曾被他的一个同行认为“并不具有聪敏的耳朵与灵活的手指”，但他凭着顽强的毅力，靠着对音乐的挚爱，通过多年苦斗，终于成为我国革命音乐战线上的一面旗帜，创作出了像《黄河大合唱》这样千古不朽的民族史诗。

如果一个人有着崇高的理想和不屈的精神，那么，甚至“聋子”也能作曲。贝多芬的故事是大家所熟知的。他的全部作品几乎都是在耳聋之后写的！他失掉了听觉，却凭着伟大的理想、顽强的斗志、天才的音乐想象和丰富的内心听觉，为人类建起了一座座音乐的丰碑。

贝多芬并不是唯一的例子。大家所熟知的歌剧《被出卖的新娘》的作者、捷克杰出的民族乐派作曲家斯美塔那，也像贝多芬一样遭到了耳聋的打击。但是从他耳聋到逝世的十年里，他创作了三部喜歌剧、两首弦乐四重奏、一本钢琴曲集和著名的交响诗套曲《我的祖国》。1968 年，当苏联霸权主义者的坦克碾轧着捷克大地时，捷克电台不停地播放一首使每一个爱国的捷克人热血沸腾的乐曲，人们在乐曲动人的旋律中不约而同地走上街头，抗议侵略者的无耻行径。这乐曲，就是斯美塔那耳聋后的杰作《我的祖国》。

贝多芬和斯美塔那的杰出成就告诉人们这样一个真理：音乐家需要聪敏的耳朵，但他更需要的却是理想与毅力。

（原载《科学与生活》1980 年第 4 期）

音乐，生活中的挚友

在八小时以外，很多人有一个诚挚的朋友。你冷时，它能使你温暖；你热时，它能使你凉爽；你疲倦了，它像温泉暖风，轻抚你的全身；你颓唐了，它似鼙鼓金角，激励你的精神。它打开你的心扉，陶冶你的心灵，充实你的生活。它，就是音乐。

从电影《冰海沉船》谈起

看过英国影片《冰海沉船》的观众大概都记得这样一个镜头：当冰冷的海水即将吞没巨大的“泰坦尼克”号的时候，在风浪的喧嚣与人们绝望的哭号声中，几个忠诚的乐手站在倾斜的甲板上，沉着、庄重而又一丝不苟地继续着演奏。他们忘却了死神的临近，放弃了求生的努力，坚守在自己的岗位上。那虔敬高尚的音乐，是“泰坦尼克”号的挽歌，是众多濒死生灵的安魂曲，也是使他们得以在死亡面前保持尊严与勇气的精神支柱。

乐手们的坚毅和导演的匠心，固然值得钦佩，而音乐在此时此刻所起的作用，也值得人们深思。

自从音乐诞生以来，它便是人类生活中的挚友。桑间濮上，人们用歌声寻求着爱情；队前伍后，人们用歌声统一着步伐；共同劳作时，“吭唷”之声不断；冲锋陷阵处，金鼓之声齐鸣。在人类历史上，有过多少关于人和音乐的传说啊！伯牙与子期凭音乐的共鸣而肝胆相照；司马相如和卓文君因音乐的媒介而永缔佳缘；智慧的张良，靠一支洞箫，“四面楚歌”，瓦解了项羽的亲兵；大胆的孔明，用一张古琴、两扇城门，吓退了司马懿的大军。放眼域外，故事也不少。从阿波罗到缪斯，从酒神酣醉的高歌到“牧神午后”的短笛。过去，人们曾大谈十字军东征时，一个宫廷歌手怎样靠歌声找到了被秘密囚禁的英王理查德一世。现在，人们又津津乐道伟大的爱因斯坦如何在小提琴优美的旋律中，寻觅着“相对论”的钥匙……

当然，这一切都可能是传说。但是，又有谁能否认《马赛曲》之于法国大革命，《国际歌》之于国际共产主义运动，贝多芬的交响曲之于近现代一切进步事业的伟大作用呢?！又有谁能准确地计量出北伐战争时的《打倒列强》、抗日战争时的《义勇军进行曲》《黄河大合唱》，以及解放战争中的《中国人民解放军进行曲》所起到的伟大作用呢?！

“移风易俗，莫善于乐”

连列宁都曾表示“真想每天都听一遍”贝多芬的《热情奏鸣曲》，托尔斯泰也曾被柴可夫斯基的《如歌的行板》感动得潸然泪下，叹喟：“我已接触到忍受苦难的人民的灵魂深处了。”许多伟人都是音乐爱好者的事实，使人们逐渐形成了这样一种观念，即把一个人是否热爱和理解音乐，作为判断其是否有教养的一个重要标准。其实，早在两千多年前，孔夫子就把音乐放在了他的六门课程“礼、乐、射、御、书、数”的第二位，充分强调了“乐”的作用。中国的传统美学认为，音乐不仅对外可以“征诛”——协助战争，对内可以“揖让”——维护团结，而且是“君子”必需的修养。

孟子认为“仁言不如仁声之入人深也”，音乐可以比空洞的说教更有效地深入人的灵魂，达到“化人也速”的效果，以至“移风易俗”，即通过音乐逐渐改变整个社会的旧风俗、旧习惯。

我们知道，一切有价值的音乐，都是作曲家对现实生活深刻思考的产物，里面凝结着人类优秀的思想、智慧和高尚的道德感情。而这一切，又是通过具有美感作用的艺术形式表现出来的。这样，“寓教于乐”，人们在欣赏音乐的同时，也接触到了作曲家伟大的心灵、深刻的思想，感受到他要倾吐的一切，被潜移默化地陶冶着性情、雕铸着灵魂。

音乐的教育作用是一个复杂的现象和过程。音乐本身，也有高雅与粗鄙之分。常听什么音乐，不仅反映出欣赏者气质、修养、爱好、文化程度的区别，也反映出欣赏者对生活、对社会的不同观点和态度来。最近国外心理学家的研究表明，爱好古典音乐的家庭，大多是和睦的；而爱好狂热节奏的“现代音乐”的家庭，却时常大动肝火。因此，音乐这个“朋友”，也有个择友从善的问题。

音乐的“特异功能”

音乐，是一种艺术。但人们逐渐发现，音乐除了可以满足人们的精神需求，给人以美的享受之外，还有许多特殊的、具体的作用，姑妄称之为“特异功能”吧。

音乐可以治病。现代科研及临床实践证明，听音乐可以治疗耳聋，演奏乐器可以恢复中风病人的肌肉活动能力。而对精神病患者，音乐有时更是灵丹妙药。它不但可以用非语言的方式与讨厌人类语言的患者交流思想，训练患者的专心精神和注意力的集中，而且可以使狂躁者安静、厌世者乐观，对患者的心理及生理施以多方面的有利影响。一个较早而有趣的“病例”是著名哲学家尼采。1881年秋，当他在意大利听了歌剧《卡门》之后就曾亲笔写道：“我近来患病，听了比才的音乐之后，病就愈了。”目前，“音乐治疗学”在国外已成为一门得到社会承认的学科。美国不但在大学专设了系科，其毕业生可以得到学位及挂牌开业，而且于1950年就成立了全国性的音乐治疗学会。之后，欧洲、南美洲及日本，也都成立了类似的组织。音乐与寿命的关系，也成了健康学家们研究的对象。有人注意到多数指挥家的寿命高于平均寿命，因此得出了音乐使人长寿的结论。

人们还发现，“瓠巴鼓瑟而沉鱼出听，伯牙鼓琴而六马仰秣”的说法，不仅仅是诗意的想象，它至少要比人们习惯理解的“对牛弹琴”的含义要更符合实际些。东欧的科学家们早就在用音乐促使乳牛多产奶、母鸡多下蛋。最近，印度德里大学的科学家们又在进行相反的实验：用音乐干扰害虫的交配习惯，从而限制和中断害虫的繁殖。更有趣的是，某些科学家还在动物研究的基础上提出了对人类的告诫：土耳其爱琴大学的一份研究报告指出，盛行于西方世界的“迪斯科”音乐，“引起了老鼠的同性恋和猪的耳聋”。这对那些迷恋强烈音响刺激的“音乐爱好者”来说，可能是一服醒脑剂吧？

特别具有深远意义的发现是，音乐对植物同样起作用。一些现代科学家认为，欧洲古代哲学家关于音乐具有能量（energy）的假设是颇有道理的。音乐的这种“能量”，可以被植物吸收，从而刺激植物的生长。据说，不少实验者用给植物“听音乐”的方法培育出了惊人的成果：2公斤多重的西红柿、30公斤重的卷心菜、小伞般的蘑菇……假如这些报道不是耸人听闻的谎言，假如人们能在个别事例的基础上找到严密的科学根据，并总结出普遍适用的方法来加以推广的话，那将对人类生活起到多么巨大的影响，而人类又将如何感激生活的挚友——音乐的新功能啊！

德国大诗人歌德曾经说过：“不爱音乐，不配做人。”中国古代的哲人也曾说过："知声而不知音者，禽兽是也。"这些话虽然都有些过分，但音乐能丰富人们的精神世界，使生活更美好这一点，却是毫无疑问的。

在你的八小时以外，尽量和它交朋友吧！

（原载《八小时之外》1982 年第 6 期）

金子般的旋律

——听柴可夫斯基的《第六交响曲（悲怆）》

有这样一种人，你与他素昧平生，第一次见面便觉得肝胆相照，仿佛认识了一百年。有这样一种音乐，第一次听，它就钻进了你的心，伴你终生，仿佛这音乐专为你而写。

我第一次听柴可夫斯基的《第六交响曲（悲怆）》，是在东北插队当知青的时候。一个寒冷的冬夜，在一间矮矮的、苫着厚稻草屋顶的土坯房里，我和邻村一位朝鲜族朋友做彻夜之谈。那天傍晚，我接到公社的通知，因为父亲的"历史问题"，贫下中农"推荐"我上大学的名额再次让给了别人。夜已阑，话也尽了，我斜卧在温热的土炕上，听窗外呼啸的风声。这时，他拿出一台破旧的手摇唱机，放上了他唯一的一张唱片。

像是从一个老人胸腔中发出的喉音，大管沉思着，开始了感人肺腑的倾诉。弦乐组痛苦的求索，讴出了呈示部的主题：那弱起强收的、时时被打断却终于一泻千里的激情，像一股被困在岩壁间的旋风，左冲右突，苦寻着自己的出路。终于，高耸的石崖被撞开了。风停了，雨住了，晴空丽日下，涌出了一溪温馨的泉。我永远忘不掉初闻此乐时的激动，永远忘不掉"悲怆"第一乐章呈示部的副题——这金子般的旋律。

乐声如水，从我心头流过，缓缓地，暖暖地。这乐声诉说着什么？是童年的回忆？是未来的憧憬？是爱人的喃喃细语？是母亲的娓娓叮咛？我答不出，但又都真真切切地感受到了。

这部交响曲首次公演（1893 年 10 月 28 日）后没有几天，柴可夫斯基便郁郁地离开了人世。他把自己对人生的全部愤懑与渴求、失望与理想、恨与爱，统统留在这千古绝唱之中了。生活在沙俄最黑暗的时期，偏偏他又是那样一个敏感的知识分子。痛苦与压抑，是他生活的主调。还有什么可希冀的呢？就连唯一可慰藉的与梅克夫人长达 14 年的交往，也永不可解地结束了。高尔基曾把那个时代文学所表现的基本主题，概括为“个人由于意识到自己在社会上的脆弱无力而引起的悲观思想”。是的，在社会上，作曲家是“脆弱无力”的，他改变不了黑暗的现实。但是，他有笔，有线谱纸，他可以创造音乐。

暴风雨般的展开部像雷霆一般从空间滚过，心灵的搏斗结束了，金子般的旋律再现了。这里，是故土，是乡音，是清明的微雨，是冬日的太阳——那样轻柔，那样美，又那样惊心动魄。这是从绝望中诞生出的光明旋律。

窗外，传来此起彼伏的鸡啼。推开门，又是一个东北常见的清晨；干冷干冷的，却分外明亮，充满着生命力。我忽然觉得，上大学念书，是非常好的事，却不是生活的全部。我哼着老柴的旋律，下地扬粪去了。

（原载《光明日报》1985 年 4 月 6 日）

花枝春满　天心月圆

给学生讲莫扎特的音乐时，脱口说出了这八个字："花枝春满，天心月圆。"没再解释什么，学生们都懂了。

我初次见到这八个字时，也很突兀。在一位离休干部家谈诗、谈音乐，他忽然起身，从里屋捧出两卷书轴来，轻轻打开，八个神俊超逸的大字，让我立刻感到一种内在的激动——不是"怦然心惊"的那种激动，而是一种隐隐的、淡淡的、不可名状，但又确确实实的感觉。

据说，弘一法师（李叔同）圆寂之前的一段日子里，很喜欢写这八字偈。法师的深意，我不敢妄测。但我觉得，这八个字却是对艺术意境的高度概括：达到这一层次的艺术，是属于钟嵘所谓"神品"一类的。它脱却了一切人为的痕迹，清新、质朴，不矫饰，不过火，浑然天成。国外一位莫扎特的研究者说过：贝多芬的成就完全是人与自然搏斗的结果，但贝多芬倾毕生心血才能得到的，对莫扎特来讲，却是与生俱来的，是自然的赐予。他的音乐，得天地之钟。

李叔同（1880—1942）是两者兼之。他出生在天津一个进士、盐商家庭，少年时即才华夺人，以诗文治印擅名当世。1905 年至 1910 年，李叔同留学日本习西洋画及音乐，并与曾孝谷、欧阳予倩等人在日本创立了我国最早的话剧团体"春柳社"，在话剧《茶花女》《黑奴吁天录》中饰主角。

1906年，他创办了中国最早的音乐期刊《音乐小杂志》。他还创作了我国最早的一批学堂乐歌，最早的合唱曲，最早的钢琴伴奏谱，其中如《祖国歌》等，风靡一时。晚年他出家虎跑，后圆寂于泉州开元寺。

李叔同的填词歌曲与音乐创作，和他的书法一样，有一种清新、超逸的美。一曲《送别》，海内外的炎黄子孙唱了半个多世纪。前几年，电影《城南旧事》上映时，又有多少人听到“长城外，古道边，芳草碧连天”的歌声而潸然泪下。

李叔同的成就，一半是天成，一半是奋斗。在当时的中国，他写歌，是最好的；写字，是最好的；当和尚，也是最好的。你能说这里边没有奋斗吗？但奋斗，不是蝇营狗苟，更不是追名逐利，甚至踏着别人的肩膀往上爬。他的奋斗，更多的是内向的，是改造自己，和自己斗，而不是枪口对着别人。他早就超脱了名利，超脱了功利，他所追求的是宁静、自然、纯真。“花枝春满，天心月圆”这八个字里，包含着一种比字面意义更广阔、更深邃的东西；它是理想，是艺术的至境。在莫扎特与李叔同的音乐中，我都感到了这种难得的意境。

（原载《光明日报》1985年4月13日）

蓬舟吹取三山去

——听何树凤琵琶独奏音乐会

她上台了，长裙拖地，风姿绰约。看着她那副标准江南女子小巧的身材，再看看节目单上豁然印着的第一个曲目《霸王卸甲》，我不禁为她捏着一把汗。西楚霸王，生为人杰，死亦鬼雄，就凭她这把琵琶，能奏出那裹雷挟电、吞天吐地的气势来吗？

但是，她坐下了，款款地抱起了琵琶。在她凝神欲弹而未弹的一瞬间，我忽然感到一种大家风范、一种特殊的魅力。这是一种第一流的艺术家天生就有的对观众的吸引力。这种罕见而难以解释的力量，使他们只要一出台，便能把观众的注意力集中起来，并掀起一种巨大的期待，不需张口，也不劳举手投足。

弦，振动了。她以惊人的爆发力，刹那间唤出了乌江风雨。十万甲马从她指间冲出，往来奔突；十万雷霆从她指间劈下，翻腾鼓荡。“力拔山兮气盖世，时不利兮骓不逝”，楚囊摇曳、虞姬垂泪，我服了。

《彝族舞曲》，这是我希望中的声音，又似乎超出了我全部的希望。听着这纯净、美好的声音水一样汩汩地流着，我苦恼地想起了白居易。尽管无论多么美妙的诗句也经不起人们的反复引用，我却不得不承认，把颗粒状的、似断似续的、圆润而有弹性的琵琶声比喻成一串上下迸落的“大珠小珠”，的确是瑰丽而贴切的想象。千百年过去了，听着何树凤的琵琶声，我依然不知道有什么更新鲜的比喻可以替代白居易这被人用滥的、老而又老的句子。

《茫》是一首新作。琵琶与人类最古老音色的——埙、口哨、打击乐一起被现代作曲手法组织起来，令人印象深刻地表达了一个超越了时间的主题——人类的空间感。假如在这部作品中演奏家向人们显示了琵琶音乐表现力的无限性，那么，在《查尔达斯》中，演奏家则充分表现了她高度的演奏技巧。

当报幕员报出琵琶协奏曲《梁祝》的时候，我已经毫不怀疑她能把这首妇孺皆知的小提琴协奏曲弹出新的、独特的韵味来了。乐队奏响了，长笛迤逦的乐句之后，琵琶清丽的轮指开始了温柔华美的倾诉。我一下子悟出了“揉弦”这个词的含义：她用她敏感的手指，直接在千百个听众的心弦上吟揉，毫不留情地让听众随她的音乐忽喜忽悲，潮涨潮落。我不知道有多少痴情哀怨从她指下流泻了出来，我只是觉得《梁祝》这首曲子，原本就该是琵琶演奏的。我仿佛看到了梁山伯，儒雅温文；我仿佛看见了祝英台，风华绝代。

乐队全奏的大波，高高托起了沉浮在音浪中的琵琶声。琵琶，像一叶帆，时隐时现，闪闪烁烁，顽强地驶向彼岸。在音浪中，我仿佛听到另一位中国妇女的声音，在云涛翻卷、千帆竞渡的天河上吟诵着：“九万里风鹏正举。风休住。蓬舟吹取三山去。”

祝愿她，风休住。

（原载《北京日报》1986 年 11 月 25 日）

马三立教导我们说……
——听王时室内乐作品音乐会有感

都说今天是入冬以来最冷的一天。从音乐厅出来，缩着脖子等10路公共汽车的时候，我想起了马三立。

打倒“四人帮”不久，在天津开文代会，马三立代表天津曲艺界发言，老先生飘然上台，说了这么一段“单口”：

> 咱天津是工业城，市领导们懂工业，懂技术。可技术不是艺术。比方说吧，听京韵大鼓，《剑阁闻铃》，小彩舞唱，卖八毛一张票，大伙儿还不嫌贵；可换个人唱，还是这段，一个词儿，一个曲儿，就只能卖四毛！为嘛呢？这是艺术。可我们出门上电车，卖票的上来就说：“对不起啦，平常五分一位，今儿老师傅开车，一毛一位啦。”就多五分钱，您也不给。为嘛？这是技术，谁开都一样。

多年过去了，那个会上的一切都忘光了，唯有马三立的这段话，每忆起，则恍如昨日。艺术不仅仅是技术，听王时音乐的时候，除了技术的铺陈，我总觉得少了点儿什么。也许，少的就是灵魂、生气、情感，还有那个现在一提起就要挨骂的老调子——生活。

当然，音乐天生非靠二度创作不可，演奏得不充分，曲子再好也要打折扣。但即使在表达得最成熟、最有光彩的两首作品《大提琴奏鸣曲》和《第二弦乐四重奏》中，也感到作曲家对技术的追求大大超过了他对心灵的探索。我不认识王时，在他的音乐中，我能看到他可敬的坚忍，看到他一锄一坑的辛勤，但看不清他本人的眉眼轮廓。

世上没有不想打动人心的艺术家，就像世上没有不想卖光自己包子的包子铺老板一样。但人们却常忘记：对吃包子的人来讲，卖包子的如何辛劳，如何剁馅烧火，如何在冷水里洗白菜，是毫无意义的。吃的人只需要：一咬就流油儿。

人们对音乐的要求其实也很简单：第一，是活人写的；第二，好听。至于创作过程与手法，是你自己的事。

相声大师不是理论家，但他毕竟为我们指出了艺术与技术的不同。

（原载《中国音乐报》1989年1月6日）

巴赫与亨德尔孰美？

有位朋友的亲戚在某理工科大学读书，一天，朋友拿来一张该校的“音乐知识测验”的卷子，求我捉刀。他把印得满满的卷子往我桌上一拍，说：“你是专家，这是理工科大学生的题，你用不了3分钟就划拉完了，来，积点德……”

不得了，我定睛看去，才知这德不好积：

……

36. 巴赫与亨德尔的区别是什么？

37. 贝多芬与舒伯特的区别是什么？

38. 柴可夫斯基与穆索尔斯基的区别是什么？……

呜呼呀哈！普天之下，谁能在几行字的空间里写出答案来?！中学时读《战国策》中“邹忌讽齐王纳谏”的故事，知道我这位貌美而睿智的老乡曾一日三窥镜，问妻，问妾，问友，耿耿于怀于“吾与城北徐公孰美”。本来，人对美的感受，就有很大的主观性。再加上妻之私、妾之畏、友之求人之心，就更不好比较。好在我的这位山东老乡比目前许多美学家们更早地接近了美的真谛，并让他的美学结论从正面影响了当时的政治，造成了齐国的强盛。但巴赫与亨德尔孰美的问题，却使我颇费神思。我对这二位骨灰已寒彻的外国古典音乐家，无私无畏，亦无所求，所以，茫茫然，不知所从。我不知道出题的先生是何方神圣，也不知道他曾如何为学生们讲课，我只知道假如一定要回答这几个问题的话，只可能有两种答法：

第一种，“巴赫与亨德尔的区别是：巴赫是巴赫，亨德尔是亨德尔。”这等于没说，先生肯定不给分。可第二种答法却不但难以在卷子上完成，也不是理工科大学生应做的事，那就是为每一道题写一篇专门论文或一本书。

早听说不少大学热心美育，开设了音乐教研室，为非艺术学科的大学生开音乐欣赏课，这当然是大好事。但音乐的教学与理工科的教学不一样，不能让学生像背数理公式一样去背音乐习题。多听，多接触活的音乐，有条件的话，学一点儿乐器，甚或学唱一首歌，都比背下贝多芬年表强得多。假如一个人能把贝多芬的故事讲得生灵活现、激昂慷慨，但在演奏贝多芬的音乐时悄声问邻座：“这是什么曲子？”那么，他等于根本没有学过音乐。

无论如何，音乐更是一种感受，而不仅仅是一门知识。

（原载《中国音乐》1989年2月10日）

假如阿炳还活着

记得“文革”时，三五知交曾偷偷议论过：“假如鲁迅还活着……”甲说：“就凭他的骨气，肯定走老舍的路，投水了事。”乙云：“不，他可能会取代郭沫若，甚至成为中国的第二号神。”丙云：“得了吧，依我看，他连1957年那道坎儿也过不去……”众说纷纭，亦无定论，因为鲁迅先生终归是不在了。

现在，我倒想问诸公类似的一个问题：假如阿炳还活着……也许，你以为他又创作了什么“三泉映日”；也许，你以为他已当了音协副主席、政协委员什么的。可倘若我说：“他现在可能还没有正式工作，也没北京户口，暂时借调在某文艺团体工作。”不知你信不信？

我的猜测未必是妄语，吾友杨秀明君的状况，就是一个活证。

杨秀明，男，52岁，潮州古筝演奏家，自幼习筝，其音乐超凡脱俗，有独特的风格和深厚的修养。年轻时，因“冤假错案”而失去工作，生活多年无着，独身一人至今。8年前，因古筝前辈曹正教授力荐，被借调中国音乐学院工作。但八度春秋已过，虽然他育桃培李，兢兢业业，但仍未能解决工作问题，仍是借调人员，每月几十元的临时工工资。所以，那位和他同样既非音乐学院毕业，又无“固定职业”的阿炳假如活着，恐怕也无力解决什么“户口”“指标”“名额”之类的难题。

这类问题之难，似乎难于上青天。甚至一直很关心杨秀明的李西安君，在野时即为此事多方呼吁，及至他主政中国音乐学院，却也一筹莫展。可见此类事光有同情心不够，个中苦衷，亦非外人所能料的。布衣之怒，只不过是“以头抢地耳”。官袍加身，也未必管用，除非官至一品。但一个区区民间音乐家的事，也要劳动“至尊”吗？

或曰：“杨秀明不如阿炳名气大，假如真是阿炳……”且慢！阿炳生前，也无几人晓得，也是在苦寂中死去的。说到这里，我倒为杨君想出了一个法子，虽然这法子不够哥们儿到了极点，那就是杨君趁早了却此生，只留几首筝曲于世。这样，几年之后，或许会有人说：“杨秀明的事，该办一办了吧。”或许还可以不大不小地热闹一场，发一两篇“谈杨秀明的古筝艺术”之类的文章。

天地昭昭，吾心可鉴。秀明兄，莫骂我齿冷心黑也。

（原载《中国音乐报》1989 年 3 月 24 日）

不会水的游泳教练及其他

记得在一本杂志上曾读到过一则趣闻：美国某游泳队的队员们在获得胜利后的狂热中，为了表达内心的激动，按惯例把教练扔到了泳池里。谁知道，这位以往一遇胜利便逃之夭夭的教练这回却露了馅，他千呼万唤不出来，直到队员们困惑地发现他不会水而把他救上来为止。

我不知道这则趣闻是否属实，但我却相信此类现象的存在。因为前两三年，在学术界鼓荡“方法论”之风时，音乐学界也有一些青年学者或著宏文，或播高论，羽扇纶巾，指点江山，横刀立马，说道论法，张口“系统”，闭口“工程”，很有一番“教练”的风采。一时间，很多长期埋头从事具体研究工作的同志们发蒙了，失落了，心理不平衡了。有的，也不免愤愤然：自己一生扎在这个调、那个腔、这个戏种、那个乐种里，耳濡目染，身浸体淬，早年也曾四书启蒙，晚年更是呕心沥血，未承想出师未捷身先死，成果还堆在案头，就已被“儿童团”们讥为雕虫，视为粪土。而这些自恃长缨在手，掌握新方法、新武器的人，又偏偏没有一篇有具体研究对象的文章发表过，怎不气煞人也么哥?!

换了谁也一样，骑了一辈子马了，却被三尺童子说：“你骑马的姿势不对！”炒了一辈子菜了，却被新过门的儿媳妇说：“这菜不该放味精。”不但绝难接受，也的确有点儿天道不公。可再一想，又不免失了向人家大吼一声“少说空话，拿一篇真东西出来”的勇气，谁让你40年来还停留在“上句落在re上，下句落在sol上”“以徵调式和宫调式为主，偶尔也有羽调式和商调式”呢？

那个不会水的教练，也许是个运动心理学家或生理学家，也许是个电脑专家，他虽然差点儿淹死，可他的队胜了。那么，没写过一篇有具体研究对象的文章的人，该不该先建立自己的一个什么“论”呢？这问题也真难答。虽说一生没有结过婚、生过孩子，并没有妨碍林巧稚成了中国最好的妇产科专家。可我总觉得，假如那位教练会游泳，则更合乎情理，而且，也许他的队会更早一些得到桂冠。美国有一句谚语：“会的去做，不会的去教。”我们的青年学者们，倘若能有一两篇用自己的“方法”炒成的菜端到桌上来，总比单给人家一张食谱好。

我不能肯定“述而不作”是不是只有孔子这样的圣人才行，但我敢肯定那位教练在水池子里的滋味，是一定不怎么好受的。

（原载《中国音乐报》1989年7月7日）

谁的误区？
——听理查德·克莱德曼音乐会

法国人会选节骨眼儿，北京的 3 月底正是春意拱得人心动，少男少女们“春服既成”，憋着劲想玩一把“浴乎沂，风乎舞雩”的时候，他来了。他还真懂“先声夺人”的功夫，就像探母途中的“杨四郎”在上场门唱的那句西皮导板一样，人没露面，先来了个满堂彩。克莱德曼访华的宣传，绝不亚于某大国元首访华的宣传。他老兄来华前半个月，首都大大小小的报纸便开始敲锣打鼓，掀起了一阵“克莱德曼热”。过去，他只能抱着一架“雅玛哈”电子琴，在报纸下方的广告栏里腼腆地微笑；可这些天，他的尊容不但登堂入室，甚至还独霸了某报头版一整版的篇幅，真可谓占尽风流。

首演的那天晚上，首都体育馆门前人头攒动，沸沸扬扬。一万八千人的座席挤得满满的。门口，还有人举着一把 10 元一张的钞票喊：“哪位有富余票？”

我是陪太太去的。太太是工程师，除了机械图，就爱听克莱德曼。太太爱听，你能不陪着去吗？一进体育馆，看着周围那种乱劲儿，太太就问：“怎么不大像听音乐会，倒有点儿像看体育比赛？”

“比赛”一开始，乐队先奏乐，立在乐台四角的四个小伙子操动鼓风机，施放干冰，眼见四条白色的烟龙腾空而起，顿时云蒸霞蔚，混沌一片。

突然，灯光大亮，聚光灯的强光束中，“浪漫王子”在一大群侍从的簇拥下步入大厅。他身着深色礼服，金发微拂。法国不愧是欧洲的礼仪之邦，看他鞠躬、行礼、举目四顾的样子，虽算不上“玉树临风”，倒也颇有风采。

终于，掌声寥落，他坐下弹琴了。他那双惹人羡慕的大手像鸟翅似的落在琴键上，一支熟悉的旋律响了起来。

但，从那乐声鸣响的第一个瞬间开始，我便隐隐感到一丝失望。而后，随着乐曲的变幻，这失望便越发明显、清楚了。

首先，这不是我听过的声音，更不是我希望听的声音。坐在一万八千人中间，我竭力想回到我第一次听到他音乐的环境中去。那是改革开放的初期，在北京一家大饭店的咖啡厅里，没有耀目的电灯，只有每个餐桌上那一小盏烛光和那隐隐飘来的、似有似无的乐声。我看着坐在餐桌对面友人迷蒙的面孔，漫不经心地听着如水般柔和的乐声、话语，觉得周围的一切，甚至自己本身，都变得柔和，变得似有似无了。那是一种轻松，一种宁静。对累惯了的中国人来讲，对在“大风大浪”中听惯了扩音器的喧嚣的耳朵来讲，这份儿难得的轻松，是一种超脱，是一种享受，甚至是一种新生。但在这阔大的体育馆里，那电声设备中传出来的琴声，却失去了宁静，只留下平庸和造作。

掌声不算不热烈，但与他上场前巨大的期待比起来，却明显显得有些勉强、有些“礼貌性”。他弹了几曲之后，演起了中国人熟悉的“小品”。这是法国式的哑剧，但不够中国观众在电影《虎口脱险》中看到的水平，“默”而不“幽”，既无卓别林的天才，又无王景愚的灵气。在音乐会中，由演奏家和指挥“搭档”演哑剧，可能是克莱德曼的发明，但这发明，让我想起中国电影界流行的一句“戏不够，爱情凑”的套话。我觉得“通俗”不等于“媚俗”。大部分慕名而来的听众，是在心里抱着一种对“雅”文化的向往而来的，但在法国人看来，他的音乐，却是地道的俗文化。而他的哑剧，则俗之又俗了。直到他又在干冰造出的云雾中弹起那首《太阳最红，毛主席最亲》时，场上的气氛才又升高了几度。

但无论如何，我初闻此乐时的感受，在首都体育馆里最终没有找回。走出体育馆的时候，我的感觉是：他浪费了他的浪漫，我们浪费了自己的金钱和时间。我想，大多数听众会同意我的结论：这 40 元钱花得冤，不如买一盒磁带回家听。

我说，这是克莱德曼的误区，他不该抵制不住直接面对听众的诱惑，他应该有自知之明，知道自己的音乐是“背景音乐”“环境音乐”“陪衬音乐”，最好是卖磁带，最好是保持“若有若无”的本色，最好是徜徉在饭店、机场、咖啡厅或友人们的聚会上。而在音乐会上，他的演奏对音乐行家来讲太业余，太海，太没内容，而对青年人来讲，又太温，太软，太没激情，既无古典音乐的深度，又达不到流行音乐如“摇滚”的力度、烈度，总之，是不文不野，非雅非俗，穷嫌富不爱。

太太说，他才没有误区。他一场净赚 20 万元，还来回坐特等舱，住五星级饭店，到北京后，乘凯迪拉克，还有警车开道，多自在、多威风。是咱们有误区，想看名人，想风雅，愿意花这份儿钱。对于克莱德曼来讲，艺术不过是商品，只要能卖出去，能卖好价钱，他就是胜利者。你说他不是好钢琴家，但他是好艺术商。

对于克莱德曼的音乐，爱也罢，厌也罢，他还是他，我们还是我们。

究竟是谁的误区？

（原载《音乐生活》1992 年第 6 期）

民歌恰是穷乡好

自打从音乐学院毕业，上学时搜集的那些乐谱，便大半陆陆续续地送给了比我更需要的人。这其中，有当时以为再也用不上的“莱比锡”版钢琴谱，更多的，是光华出版社当时用普罗米修斯的手段影印的“光华版”袖珍总谱。但是，有一本简谱的曲集，这么多年了，我却始终未送人，也不轻易借人，只是秘藏笈中。偶尔，或月白风清孤枕难眠之夜，或三五知交酒酣耳热之时，便捧将出来，低吟浅唱。而结果，则每次都一样：独自默唱，良久，必泪湿青衫；当众而歌，须臾，定满座唏嘘。这本曲集，即音乐出版社 1956 年版的《河曲民间歌曲》。

打开乐谱，仿佛来到了晋西北黄河角上这个历史上有名的穷乡。在这个连黄河到此都“曲”折而去的地方，被口外的寒风裹挟着，飘来了这里人人会唱的山曲：

> 大青山上卧白云，
>
> 难活不过人想人……

——这是一个汉子在唱，高亢、辽远中，带着无限的凄凉！

山在水在石头在
人家都在你不在……

——这是一首女人的歌，先扬后抑的旋律，一下子便把心掏了出来。天下民歌何其多，但可曾有过用如此直白的语言，表述过如此震撼人心的思恋吗？

灯盏盏点灯半炕炕明，
烧酒盅盅淘米不嫌哥哥穷。

——这是何等真挚、纯粹、坚贞的爱！

你还说妹妹不想你，
半碗那捞饭泪泡起。
想你想你实想你，
三天那没吃半碗米……

——一连说上三遍“想你想你实想你”，好像在你心上扎上一刀之后，又拧了三下一样。

听见哥哥唱一声，
支棱棱耳朵吊起那心。
听见哥哥唱一声，
圪颤颤断了一根二号号针。
听见哥哥唱上来，
热身子扑在冷窗台。

——从远远地听到“哥哥”的声音，到确认是“哥哥”的声音，到急切地盼望“哥哥”的动作，三段唱词，把“妹妹”的三个心理层次刻画得如此细致、真实、生动，仿佛那个唱曲的姑娘就在人们眼前。一个“热”字，一个“冷”字，被一个“扑”字串起来，有内涵，有动作，有形象，有韵味。这随口唱出的三个字，不是足以使讲究“炼字”“苦吟”的文人骚客们忌妒得要死吗？

不知别人怎么样，我反正是服的，而且，五体投地，从心底里觉得文人的诗是“作”出来的，而民歌，才是天籁。明人李开先说的“真诗只在民间”，确实是独具慧眼之语。冯梦龙也说得好：“世但有假诗文，无假山歌，则以山歌不与诗文争名，不屑假。”

那么，为什么民歌能达到如此炉火纯青的艺术高度呢？它如莲花不着水，如日月不住空，天真自然，无斧凿之痕。难道仅仅因为民歌“不屑假”，仅仅因为民歌的主人真有情、有真情吗？反复吟哦山曲，我忽然明白了一个道理：民歌的质高，是因为在民歌的“生产过程”中投入的“成本”高。文人以文为生涯，民歌的主人以民歌为生命。诗人可以今天一首，明天一首，洋洋洒洒，染景煽情，有人一生可以写上成千上万首诗。而这些唱“山曲”的农民、农妇，他们没有生花妙笔，只有苦生活。他或她在一生中，可能仅仅唱出了一首歌。更确切地说：他或她，是把自己一生的苦痛、一世的恩怨、一生一世难以割舍的情、一生一世难以抚平的伤，化成了仅仅四句歌。你想，它能不好吗？马克思在研究商品的性质时，有这样一个公式：“商品的价值量与体现在商品中的劳动量成正比，与这一劳动的生产力成反比。”当然，民歌及大部分艺术作品都不是作为“商品”生产出来的。但是，万物同理，艺术品的价值，难道不也是与体现在艺术品中的“感情量”、劳动量（当然是脑力劳动）成正比吗？

河曲的民歌，还让我明白了这样一个道理：民歌恰是穷乡好。因为同是民歌，由于地域不同，由于各地物质生产和物质生活的水平不同，而存在着性格、风貌，甚至性质上相当大的区别。我们可以拿河曲民歌和江南民歌做一下比较。比如，同是相思之情，河曲的民歌唱的是：

天天刮风天天凉，天天见面天天想。
想亲亲想的见不上，白泥墙上画下个人模样。
想亲亲想的见不上面，白脸脸想成个生黄片。
麻阴阴天气雾沉沉，想亲亲哭成个泪人人。

而江南民歌则唱的是：

一更里个相思未等郎子个来，呆呆地思想，手托腮……今朝勿来勿应该，叫奴到底啥人陪？

同样是恋爱，同样是“相好”“为朋友”，河曲人是用整个生命去爱，而江南民歌中所表现出来的爱情，则带着更多的轻佻和“风月”的味道。请听这样的“山曲”：

亲亲亲亲你不要抖，咱二人顶上两颗头。
腰别上刀子手提上锹，顶上生死和你交。
咱二人相好一对对，铡草刀剜头不后悔。

而江南最著名的情歌唱的是：

好一朵茉莉花，好一朵茉莉花，满园春色谁也比不上它。我有心摘一朵戴，又怕看花的人儿骂。

鱼米之乡的民歌，自然没有山曲那种震撼人心的、苦涩的、强烈的、深刻的爱与恨，它们像江南的水一样，温柔、轻灵、活泼。谁也不能否认，在富庶的江南，即使是最下层人民的生活，相对而言，也还是比北方穷山沟里的阶级弟兄们好过一些。至少，江南的大自然，远没有北方的大自然那样严酷。青山秀水，总会为人民苦痛的宣泄、移情、升华，多提供一点点可能。而在“河曲保德州，十年九不收。男人走口外，女人掏苦菜”的穷山恶水间，阶级压迫再加上大自然的严酷，使爱情与民歌成了人民惨痛生活中唯一的享受与慰藉，成了许多人生活中最重要和最珍重的部分。“心上难活唱一声”，是大部分人唱曲的原因。在那样的生存环境中，他们不能不爱，不能不唱，“泪蛋蛋本是心上的油，谁不难活谁不流；泪蛋蛋本是心上的血，谁不难活谁不滴”。这些用心上油和血酿成的民歌，当然与水和蜜调成的味道不同。“诗穷而后工”的话，不仅仅指文人的创作，这个“穷”字，也真的可以仅指它与“富”字相对的那层含义。而民歌恰是穷乡好，也许正是对穷乡受苦的人们的一种补偿。

（原载《艺术世界》1992 年第 6 期）

清溪浅水看小荷

——听章红艳琵琶协奏曲音乐会

音乐圈的人都说：这年头，开场个人音乐会，不死也得扒层皮。还是春天的时候，章红艳随黄荟来看我，说是想开场个人音乐会。我看着她那双天真清纯的眼睛和学生气的脸说：你甭往那里跳，那是火坑。

可没多久，一册粉红色大理石纹封面的节目单便送到我这里，上面赫然印着“章红艳琵琶协奏曲音乐会”的字样。封面上的她，还是那张典型的“学生脸”，却抱着琵琶，沉静中透出些坚毅。她 1967 年生于浙江嵊州一个越剧家庭，幼年随父学琵琶。1978 年考入中央音乐学院，经历了从附小、附中、大学本科直到研究生的长达 14 年的“一条龙”学习生涯，先后从学于孙维熙、林石城等琵琶前辈。这次的音乐会，是她的硕士研究生毕业音乐会，也是她学习生涯的一个总结。

6 月，北京最热的时候，她的音乐会终于举行了。这期间，我不知道她遇到了多少麻烦和挫折，但她终于从火坑里跳了出来，并推出了一台绚烂和辉煌。

这场音乐会，四首大曲子，又都是协奏曲，难度相当大。在中国的民乐界，一场独奏音乐会全部是大协奏曲，这还是第一次。但章红艳以她十余年坚实夯就的基本功，完整地把四首首演的新曲介绍给了北京的观众，同时，也介绍了她自己，介绍了她文静、典雅、矜持、清淡的演奏风格。

林石城整理、蓝音编配的古曲《汉宫秋月》写得诗情画意。乐曲一开始，打击乐、管乐器和女声伴唱便先渲染出一派深宫幽院、暗恨长长的背景。琵琶演奏，则充分发挥了琵琶“文曲”的特点，闲吟慢捻，轻勾淡挑，把深居宫中的不幸妇女在那个特定年代、特定环境中的特定情绪，精致地表现了出来。中间一段写得尤为出色，笃笃的木鱼声，伴着幽怨悱恻的琵琶，描绘出一派冷寂、凄清的氛围，人们仿佛看到白头的宫女，伴着黄卷青灯，在难挨的秋夜里，任凭岁月吞噬着她们的生命。

假如说《汉宫秋月》是一首淡雅精致的音诗的话，那么黄荟改写的《塞上曲》则充分发挥了叙事曲的特长，把“昭君出塞”这样一个在中国家喻户晓的故事，用音乐的手段娓娓地讲述了出来。该曲原出于华氏琵琶谱中的“武林逸韵”，后由李芳园摘记整理，并冠以《塞上曲》之名。经黄荟改写的琵琶与交响乐队的《塞上曲》，充分利用交响乐队的表现力，把原曲的意境和内容在更深刻、广博的程度上进行了一次“深加工”。胡笳、马队、大漠孤烟、长河落日，还有那种对故国的思念，那种被史家称为“绞肠滴血般的痛苦”，皆化成浓淡有致的乐声，在琵琶与乐队的问答应和中得到了再现和升华。

音乐会压轴的节目，是作曲家杨立青根据琵琶古曲《霸王卸甲》创作的交响叙事曲《乌江恨》。杨立青出手不凡，乐曲一开始，定音鼓便击出了一种紧张、急迫的战争气氛。交响乐队的鸣响，则把一世英雄“力拔山兮气盖世”的气概和“时不利兮骓不逝”的悲怆，表现得淋漓尽致。章红艳在这最后一首乐曲中，也露出了锋芒，发挥出最佳的状态和水平。作曲家充沛汹涌的感情大潮，最终带动了年轻的演奏者，使她多少冲决了十几年正规“学院派”教育带给她的甲壳，奏出了一段段有血肉、有感情的音乐。

章红艳是幸运的，她所受到的教育，那么多关心她、帮助她的朋友，都是许多人难以企及的。所以，在她的音乐会成功之后，她该怀着一种虔诚，感谢她的母校，感谢她的教师，感谢那些竭诚地帮助过她的人，并努力上进，超越技术的层次，在艺术上多有追求。她还太年轻，这样难度的四首大曲子，对她来说显得过于沉重了。而且，四首乐曲除了“怨”，就是“恨”，不但不太符合她清淡、典雅的风格，作品的内容本身，也不是她这样一个从校门到校门的学生所能理解、表达的。也许，她弹一些清丽平和的乐曲，效果会更好些。她心里只有阳光，只是一方不挂纤云的蓝天。清溪浅水，还载不动这许多愁呢！

（原载《人民音乐》1993 年第 3 期）

歌者为谁而歌?

音乐是“为什么人”的问题，似乎早就不必再问了。我们的文学艺术是为人民大众的，这不仅在中国是一个经典答案，而且是古往今来一切有理想、有抱负的艺术家的共同追求。但有了经典答案，并不意味着一劳永逸地解决了问题；就像有理想、有抱负并不意味着一定能实现理想抱负一样。而且，过去我们在强调文艺为人民大众的时候，常常忘记了“我”——艺术表现的主体，同样也是人民大众的一员。因此，这便造成了一个误区：把艺术的主体与客体，即艺术的表演者与欣赏者割裂开来。我以为，这是我们目前的大部分演员表演程序化和缺乏感染力的症结所在。

促使我重新思考这个“为什么人”的问题的契机，源于一场音乐会的感受。

1995 年 9 月，在荷兰鹿特丹，在以“东亚之声”为题的国际学术研讨会上，会议的组织者精心策划了一场音乐会。音乐会的节目不多，但都很精彩。给我留下最深刻印象的是这样两个节目：一个是来自中国、现定居德国的蒙古族歌手乌仁娜·察哈图姬（Urna Chahar-Tugchi）的蒙古族民歌，另一个是一个日本女艺术家表演的佛教声明。

乌仁娜上台了。她看起来只有 20 多岁，根本没有化妆，也没有穿演出服，甚至连稍稍漂亮一点的衣服也没有，只穿着普通得不能再普通的衣服。黄黄的脸，细细的眼睛，羞涩地笑着；往台上一站，似乎手也没处放。老实说，她不但没有我们在电视和舞台上常见的那些演员们的风采，简直连起码的艺术家的“范儿”都没有。作为一个中国人、一个音乐家，我不由得为我的这位同胞、同行捏一把汗。

她唱了，轻轻地。一丝悠悠的歌声从远远的地方传来，在单纯与宽广之中，稍稍带着几许惆怅、几许忧伤。这是内蒙古的长调，草原的呼吸。没有伴奏，没有表演，甚至没有表情。但是，刚刚上台时的羞涩从声音一出现便不见了。她那么自如，那么自然，那么自得，仿佛睡了一般，闭着眼，只唱给自己听。她不计较你听不听，不计较自己唱得怎么样，更不计较自己漂不漂亮。她只是唱着，就仿佛在草原上，在毡房前，一个人，唱给蓝天、白云、羊群一样。

悠长的慢板结束了，在伴奏奏出第一个和弦时，她猛地睁开眼，和着同时加入的伴奏唱起了欢乐的快板。就在这一瞬间，她仿佛变了一个人，单调的面孔变得神采飞扬，就连一双细细的眼睛，也忽然顾盼有神。

歌声结束后，有十几秒钟的沉寂，当掌声把观众和她自己一起从草原和梦幻中带回到欧洲这个现代化的剧场中来时，她羞涩地鞠躬，又恢复了土土的样子。

另一个引人深思的节目，是一个日本女学者兼艺术家表演日本佛教的声明。声明，是印度佛教的“五明”之一，类似中国佛教中的唱颂和梵呗。她岁数也不大，长发披肩，黑裙拖地，也没有化妆，黑漆漆的，没有一点风度和光彩。她一个人上台，根本没有伴奏。她上台后，端坐在台中间，然后便闭着眼，盘腿，入定。几乎两三分钟之后，才从丹田之中，发出一种低沉、浑厚的声音来。她的入定，已使满场观众大气也不敢出，及至歌声盈耳，又是这样男性化的、出人意料的声音，不由得你不觉得耳目一新。老实说，声明的旋律，对音乐家的耳朵来讲，绝对是单调的。可问题是，全场的听众（请不要忘记，其中大部分是来自世界各地的、见过世面的专业音乐家）都像被她施了魔法似的，不知不觉地被她拖进了古老、神秘的旋律中去了。值得指出的是，自始至终，她都没有换一下姿势，没有做一个动作，甚至没有抬眼看一下听众，就像一个木偶似的，呆呆地坐着唱。

音乐会过去很久了，但当时的感动和疑惑却久久不能忘怀。我不明白，为什么这两个在某些人看来是违背了表演规律的节目，却偏偏打动了我？这两个歌者上台之后，都以自己为中心，她们“目中无人”“素面朝天”，不与听众交流，只唱给自己听，只沉浸在自己的心境与思绪之中，仿佛根本不在乎观众的好恶甚至存在。奇怪的是，那晚的音乐会也有比她们更著名的音乐家的演出，但恰恰是这两个节目最不讨好观众，观众却最容易地进入了她们苦心营造的艺术氛围，进入了她们的音乐之中。而我们的许多演员却不懂这个道理。他们上台之前，唯恐观众觉得自己不漂亮，上场前一秒钟，还在问：“我的耳环怎么样？”上台之后，唯恐观众不感动、不投入，手舞足蹈，搔首弄姿，泪眼婆娑。结果，丢了自我，丢了音乐，也丢了观众。

当然，我的感动也许出自我的偏见。她们的音乐，都是属于单纯的一类，而我自己一向最容易被单纯所感动。另外，她们的音乐和歌唱，本身也非常好。但抛开这一切，我仍然得到了一个启示：我们的文艺，是为人民大众的，但首先是为你自己的。你首先被感动，听众才会被感动。我真想对上台前的所有的歌唱家们大声说：“拜托了，甭管我们，为你自己唱吧！”

（原载《东方》1997 年第 1 期）

“三合一”与“五项全能”

——听武秀之教授学生音乐会有感

假如有人对你说：一种新发明的茶壶有三个壶嘴儿，倒进水之后，从第一个壶嘴儿里会倒出意大利的“卡布奇诺”咖啡；从第二个壶嘴儿里会倒出西湖龙井；从第三个壶嘴儿里会倒出热腾腾的河南红焖羊肉的汤汁。你会相信吗？

当我应武秀之和居其宏之邀去中央音乐学院听“河南大学艺术系‘三合一’唱法汇报音乐会”之前，我绝对不信世界上可能会有这样一种茶壶。但听过这场音乐会之后，我信了。武秀之，这位年逾花甲的老太太、河南大学艺术系的声乐教授硬是让一批（请注意：是一批，而不是一两个）来自中州大地的姑娘、小伙子每人长了三个喉咙：一个唱美声、一个唱民族、一个唱戏曲！但凡懂一点儿音乐的人都知道，学西洋的美声唱法（意大利歌剧唱法）与学中国传统的戏曲唱法，是水火不相容的两件事。我至今记得“文革”时京剧团的“老生”领着喊口号，一张口就像要唱《四郎探母》；而那些唱“美声”出身的歌唱家一唱“样板戏”，能把听众“哆嗦”得后脊梁发麻！而“民族唱法”，老实说，至今也成不了系统。而武秀之的这批学生，那天每人都唱了三首歌，一首西洋歌剧选曲，一首民族歌剧选曲或中国创作歌曲，一段豫剧或京剧选段。平心而论，这的确不简单。假如有一个人可以这样唱，你可以称他是“天才”。但有意识地按这种模式去培养，而且种一棵活一棵，就让你不得不佩服这位武老太太：亏她做得到，亏她坚持得下来！

看着满台能唱三种唱法的年轻人，我想：假如我是某个歌剧团的团长，我肯定高兴坏了。这批孩子唱什么都行——不管是《茶花女》，还是《白毛女》《七仙女》。而且，还会表演，盘儿靓条儿顺，要啥有啥。我们不就是缺这样的演员嘛。但假如我是学院的声乐教师，我可能就有点儿发怵，要是都这么教，那国际声乐比赛让谁去呢？人家可没让你每人都唱三种不同的唱法呀！对新事物，不可能人人说好，也不可能人人说坏。好像肖斯塔科维奇在他那本曾引起过轩然大波的《回忆录》里说过类似这样的话：一部作品如果人人说好，那未必真好；人人说坏，也未必真坏；但假如一半人说好极了，一半人说糟透了，那这部作品肯定不错。武秀之的这种教法，恐怕就属此例。

至于所谓“假声位置真声唱法”的名称是否科学，武秀之的教学法在声乐界的评价如何、前景怎样，我不知道。我也不懂声乐。但我觉得，武秀之称自己的体系是“三合一”，恐怕是说反了。我以为，假如把三种唱法融会贯通，真正像“三合一”哔叽那样把毛、涤纶、腈纶“混纺”在一起，创造出一种不同于毛、涤、腈的第四种面料来，这才叫“合”。而现在，她能让学生唱什么像什么，恐怕叫“分”才更准确。因为，你只有能非常清楚地分得开这三种唱法歌唱的不同要领，比如分清唱哪一种唱法时喉头该如何打开、共鸣位置在哪里等，你才能分别自如地用不同的唱法歌唱。所以，我认为武秀之的最大贡献，可能是将声乐界三种不同的唱法“分”得一清二楚，总结出可以分别掌握的规律，而且让它们不打架，和平共处，还进行了“批量生产”，用实践证明了她这一套方法的可操作性与可重复性。而可操作性与可重复性，是任何一种科学与非科学的最大分野。

当然，也有人认为这些学生唱哪一种唱法也都没有“十分到位”，对此我毫不奇怪。运动场上的“五项全能”运动员，哪一项的成绩也不可能和单项运动员比，但“五项全能”毕竟是一个单独的、重要的项目。只要萨马兰奇没有发疯到要取消单项比赛，而让人们全玩儿“五项全能”，那么我就始终认为武秀之是一个了不起的教练，她的运动员，也是大有可为的优秀运动员。

说到这里，我忽然有点儿害怕。天哪！千万别让所有运动员都转到“五项全能”这一个项目上去！我们的这类教训，可实在太多了。

（原载《音乐周报》1997 年 10 月 17 日）

浸在音乐中的灵魂
——兼评青主的美学观

一

琴弦响了，从我的灵魂，
经过我的手指，
发出几个甜蜜的和音，
这样恳切，这样真挚。
我重新得到人的信仰，
我不觉转悲为喜。
啊，神圣的音，我要凭借你的法力，
把人类改变成尽真、尽善、尽美。

这是黎青主在大革命失败后写下的诗句。震响着的琴弦，使他“重新得到人的信仰”，使他“转悲为喜”。他脱离了革命队伍，中断了戎马生涯，但他“把人类改变成尽真、尽善、尽美”的理想，依然“这样恳切，这样真挚”。

人，是复杂的。人的道路，更是百转千回。在动荡的社会生活中，既有投笔从戎的文墨书生，也有弃剑学琴的少壮军人。中国的知识分子，历来不都是讲究“达则兼济天下，困则独善其身”吗？音乐，常常是慰藉心灵的妙药，是远避尘嚣的港湾。

对于一个盖棺之后也难以定论的人物，人们可能会诧异：决定了他一生道路的，究竟是他难移的本性，还是社会的力量？对于一个在特殊的年代，以特殊的身份，写下了许多音乐文字的理论家，人们也可能会疑惑：在他的著述中，为什么会如此明显地良莠混杂、瑕瑜互见？但是，有一点可以肯定：卑劣的灵魂，绝无可能长期混迹于“美”之中，唯有正直的、始终挚爱人生的人，才可能像狂热地投身于革命大潮一样，狂热地献身于艺术、宣传美。

他把音乐当成他的信仰，他的生命。他真诚地相信，音乐，可以挽救全人类。他也同样真诚地希望，所有的人，都能像他那样热爱音乐、尊崇音乐。

只有了解这一点，才能了解他的美学观。

二

“音乐是上界的语言”——似乎一提到青主的名字，人们就会立刻想起这句著名的乐话。而且，一提到“上界”，人们又很容易继续联想到“上帝”，联想到“唯心主义”。但是，青主的“上界”，究竟指的是什么呢？

他在《音乐通论》中写道：“音乐是一种灵魂的语言，只在这个意义的范围内，我们亦可以把音乐当作是描写灵魂状态的一种形象艺术。如果我们把我们的灵界当作是我们的上界，那么，我们亦可以把音乐当作是上界的语言。”①

黎青主写得明明白白，他所谓的“上界”，只不过是人的精神世界、感情世界的代名词。他认为音乐是“描写灵魂状态的一种形象艺术”，说明他所谓的“灵界”也好，“上界”也好，并不完全是神之又神、玄之又玄、不可捉摸的概念。同样，音乐本身也不是一种无法把握的、空洞的抽象。他在介绍欧洲流行的两派音乐美学观时写道：“不论怎样的一篇音乐作品，都有它的内容，它的内容虽然不比一篇文学作品的内容这样确实，但是我们决不可以把它说到渺渺茫茫，由无定说到不可以把它说定。”② 对于音乐的内容与形式，音乐形象的“确定性”与“不确定性”这样一些音乐美学的关键问题，青主的看法，还是比较客观的。音乐，是社会意识形态的一种，从根本上说，它是客观世界在人头脑里的反应。但是，作为人类审美意识的一种特殊表现形态，音乐又和其他艺术不同，它所借助的物质表现手段，仅仅是现实世界中并不存在的乐音。因此，音乐所表现的主要是人们对现实生活的主观感受，而不是客观世界本身。

青主的“上界语言论”，主要是针对传统美学中的“模仿说”而发的。他曾诘问：“如果艺术的能事不过是用来模仿自然界，那么，又何贵乎有艺术?”③ 他把人的精神世界称为“内界”，把自然界称为“外界”。他认为音乐非但不应模仿外界，反而应当成为人们精神的支柱，成为帮助人们反抗外界恶势力的“伟大的神”。他用含情的笔触写道：“比方你受了外界的压迫，不能够满足你的某一种心愿，你可以用一个个的音响把你的心愿唱出来或奏出来。那个压迫着你的外界是不能够禁止你唱奏。你除把你心中的湮郁宣泄出来之外，兼同你自己树立了不少的威势，那么，那个压迫着你

---

① 黎青主：《音乐通论》，商务印书馆 1930 年版。

② 黎青主：《音乐通论》，商务印书馆 1930 年版。

③ 黎青主：《音乐通论》，商务印书馆 1930 年版。

的外界不是被你征服了么?”[①]

写下这些话的1930年，青主还是被国民党政府通缉的政治犯。我不敢肯定青主笔下的“外界的压迫”一定指的就是黑暗的社会势力和反动统治阶级，我也不敢苟同这种祭音乐为“泰山石敢当”的精神胜利法。但是，哪一位读者在读到这段话的时候，会感受不到作者心中那一股抑制不住的湮郁不平之气呢?我们又怎能要求一位“亡命乐坛”的知识分子，在风雨如磐的暗夜里，在一本音乐理论书籍中，写出更鲜明、更有“革命性”的言辞呢?

从大革命失败后他避难香港、脱离政界，一直到中华人民共和国成立，这位在辛亥革命中亲手击毙清朝潮州知府，第一次国内革命战争时任第四军政治部主任的“革命功臣”，虽已失去了早年的雄风，却始终保持着他的气节操守，从未与反动派同流合污。

“却将万字平戎策，换得东家种树书”的苍凉悲怆，不是肤浅的庸人所能体会的。

对青主来讲，音乐是“上界的语言”。这上界，是至高无上的，是纯属精神领域的，是不惧刀剑枪炮的，是不能通缉监禁的，是任何“外界”也无法征服的。它存在着孤傲、冷峻、脱离现实、脱离群众，但像昏夜中的一盏荧灯，荒漠中的一茎绿叶，给他以慰藉和希望。这希望，是属于他自己的。

“音乐是上界的语言”——在哲学上，这是唯心主义；在政治上，这是独善其身；在艺术上，这是天人合一；在人情上，这应当是可以理解的。

---

① 黎青主:《音乐通论》，商务印书馆1930年版。

三

青主还有许多有益的见解，但都说得早了些。

在那个血与火的时代，在那个交织着呻吟、呼喊、咆哮与枪炮声的时代，他也在大声疾呼。他高踞象牙之塔上，向饿殍、文盲、流血的战士挥舞着莫扎特、贝多芬、亨德密特伟大的总谱。

伟大的音乐永远不朽。但是，“人们首先必须吃、喝、住、穿，然后才能从事政治、科学、艺术、宗教，等等”[①]。而当被压迫的人们，为了获得自己起码的“吃、喝、住、穿”的权利而浴血奋战的时候，“为艺术而艺术”的口号，从主观上讲，是他幼稚的幻想；从客观上讲，是对当时“左翼”音乐活动的一种反动。

但是，历史又常常开一些小玩笑。假如我们把他在50年前写下的文字拿来与当前的音乐生活做一番比较的话，我们就会发现这位“唯心主义”理论家，确实是“先验”的。针对风靡一时的“流行音乐”，他说：“那些电影戏院里面的艳歌，以及跳舞场里面的舞曲，除足以使你的神经蠢动不安以外，兼足以使你荡心丧志，像这一类世界公有的音乐，是否值得你把它研究?”[②]“音乐是由灵魂说向灵魂的一种语言，用来改善我们的精神生活，并非只用来刺激我们的耳朵，使人人都觉得它是很好听，便算尽了它的能事。”[③]

为了使人们能够鉴别这些艳歌舞曲的低下，他身先士卒，竭力宣传莫扎特、贝多芬“这一般先进艺人的艺术”。他专门写了《怎样认识 Mozart

① [德]恩格斯:《在马克思墓前的讲话》，载《马克思恩格斯选集》第三卷，人民出版社 1995 年版。

② 黎青主:《音乐通论》，商务印书馆 1930 年版。

③ 青主:《给国内一般音乐朋友的一封公开信》，载《乐艺》第 1 卷第 4 号，上海国立音乐专科学校 1930 年版。

的伟大?》《论印象派的音乐》等文章，致力于音乐普及的工作。他呼吁在各级学校中加强音乐课，建立合唱队。他提醒学习音乐技能的人们注意“在各种艺术之中，音乐是最容易沦为手作机械的一种艺术”，不要成为可怜的“乐匠”。他写作《作曲和填曲》《怎样发现出好的曲调》，普及作曲常识，提倡新的音乐创作。他还身体力行，创作了一批优秀的艺术歌曲。如雄浑壮阔的《大江东去》，轻盈空灵的《红满枝》，深沉清丽的《我住长江头》，尤其是大革命失败后他为怀念战友而创作的《我住长江头》，更是难得的杰作，至今还是我国歌唱家们的保留曲目。不单曲中深蕴的情感如长江之绵长，如长江之跌宕，仅就创作技巧而言，那旋律的自然质朴，也仿佛水出夔门，一泻而下千里。

他期望音乐在中国普及，期望音乐能改变中国人的精神生活，期望中国能成为一个音乐大国，为此，他提出了一个措辞很不严谨的口号：“向西方乞灵”。这句话，和“音乐是上界的语言”一样出名，也一样在音乐理论界成为被批判了几十年的靶子。

四

“向西方乞灵”的口号，其实并不是青主的发明。“自从 1840 年鸦片战争失败那时起，先进的中国人，经过千辛万苦，向西方国家寻找真理。”① 就连鲁迅先生也在青主点出这个口号之前五年左右，应《京报副刊》的征求，对青年提出他的劝导：“我以为要少或者竟不看中国书，多看外国书。”②

导师们没有错，青主也没有错，错的是那个时代，是那个时代里“口

① 毛泽东:《论人民民主专政》，新华书店 1949 年版。
② 《鲁迅全集》第 7 卷，人民文学出版社 1958 年版。

口声声地叫着‘保古！保古……’”的“保古家”们。

那是个什么时代呢？“中国废止读经了，教会学校不是还请腐儒做先生，教学生读‘四书’么？民国废去跪拜了，犹太学校不是偏请遗老做先生，要学生磕头拜寿么？外国人办给中国人看的报纸，不是最反对五四以来的小改革么？而外国总主笔治下的中国小主笔，则倒是崇拜道学，保存国粹的！”①

显然，在那个时代里提倡“向西方乞灵”的人要比那些外国人讲卫生，比声言我偏要吃苍蝇的“爱国者”们更接近真理些。而且，一直到现在，向西方学习的号召也还有其现实意义。肯学习，才能进步。问题的关键在于学习的目的、内容、方法，也就是为什么学、学什么和怎样学。

中间一个问题是很清楚的，青主反对“艳歌舞曲”，反对使人“荡心丧志”的靡靡之音。他推崇的，无非是欧洲 18—19 世纪专业作曲家的创作，即所谓“正统音乐”或“古典音乐”。这，无可厚非。

为什么学的问题，其实也很清楚。青主认为，一方面当时中国的社会“缺少产生自由的艺术的各个重要条件”，而中国旧日的音乐，又被文人儒者包办，做了声韵的附庸，“得不到独立的生命，完全被征服在诗的艺坛底下”。② 另一方面，青主认为音乐是一种“世界的艺术，有如人们的眼波眉语，不论在世界上哪一处地方都可以使人会意”③，是没有国界的。他引用威柏的话来支持自己的观点：“凡属美的艺术，不问它是在世界上哪一处地方产生出来，都是有最高的价值。”在这点上，他是一个彻底的“拿来主义者”。他举出唐诗中“胡琴琵琶与羌笛”的句子来说明“为我所用”的道理。他慷慨地宣称：“我在钢琴上奏出来的曲乐，就是我的艺术……不管用

---

① 《鲁迅全集》第 3 卷，人民文学出版社 2005 年版，第 46—47 页。

② 青主：《作曲和填曲》。

③ 青主：《我亦来谈谈所谓国乐问题》，《音乐教育》1934 年第 8 期。

来演奏的是什么乐器，亦不管所唱奏的是什么歌或乐曲，只要是中国人做出来的音乐且确有艺术的价值，凡属中国的爱国男儿都应该把它当作是国家的光荣……”①

对于音乐民族性的问题，青主并没有完全否定。他在《给国内一般音乐朋友的一封公开信》中说：“人类公有的正当的音乐，虽然可以包含着一种民族的色彩，但是这种民族的色彩，不过是音乐的一种附属品，并不是美与不美的唯一条件。”就像鲁迅先生讽刺那些认为“无名肿毒，倘若生在中国人身上，也便‘红肿之处，艳若桃花，溃烂之时，美如乳酪’。国粹所在，妙不可言”的国粹派一样，青主也颇为生动地劝喻人们：“比方贪官污吏是一样顶坏的东西，一般爱国的人士决不应该因为这些贪官污吏是中国的贪官污吏，所以亦从而爱之。”②

那么怎样学呢？是“全盘西化”吗？青主郑重声明：“我虽然反对中国人排斥西乐，但是我并不反对中国人研究国乐。”③“我相信一个只晓得接受（指接受外来音乐），不晓得把它化为己有的人，最高限度，是好像一间博物院一样。博物院里面虽然是陈列着许多有艺术价值的东西，但是我们怎可以承认它的自身就是一个艺术作品呢？”④

青主并不像许多人以为的那样，无保留地跪倒在西方音乐脚下。不，他很清醒，他不但有深藏于心的爱国热情，也有决定判断力的足够的技术知识。他批判了莱布尼茨等人“不论在哪一个三和音里面，他们都要把那种所谓形而上的道理寻出来”的谬误。他强调音乐中不能没有情感，反对

---

① 青主：《我亦来谈谈所谓国乐问题》，《音乐教育》1934 年第 8 期。

② 青主：《给国内一般音乐朋友的一封公开信》，载《乐艺》第 1 卷第 4 号，上海国立音乐专科学校 1930 年版。

③ 青主：《我亦来谈谈所谓国乐问题》，《音乐教育》1934 年第 8 期。

④ 青主：《论中国的音乐》。

和声“役使曲调”，把和音“变成一种情态的唯一表现”，而把曲调“当作是一种无足轻重的音乐原素”。[①]

50年过去了，越来越多的中国人在国际舞台上演奏钢琴、小提琴，演唱西洋歌剧而为祖国赢得了荣誉；许多我们自己培养出来的作曲家运用“西洋”的作曲法写出了一大批激荡着中华之魂的优秀作品；青主关于改革民族乐器、建立民族乐队的设想，也都在中华人民共和国成立以来的音乐实践中得到了证实。而同时，在我们社会主义的舞台上，却出现了这样一种现象：20世纪30年代就被“资产阶级音乐理论”的代表人物青主斥为“荡心丧志”的陈旧“艳歌”，又在某些演员的嘴里“借尸还阳”了，每曲必奏的电子琴在某些“民族乐队”里飞扬跋扈地僭越了“家长”的地位。我不知道假如青主还活着会怎样，也许，这个“全盘西化”的理论家，会在他自己90周年诞辰的今天，再另写一篇《给国内一般音乐朋友的一封公开信》?

五

……
我心弦乍响，我心血如潮，
我心火爆发，我放声大笑，
举头只看见一座最神圣的艺星，
为人世照出长在的光明。

人是复杂的，但其实又很简单，简单得就像青主写下的这几句诗。

（原载《人民音乐》1983年第10期）

① 黎青主：《音乐通论》，商务印书馆1930年版。

十面埋伏

——记琵琶演奏家何树凤

似乎从远古开始，在中国人的“集体潜意识”里，便有种朦朦胧胧的感觉：音乐来自西方。于是，当黄帝命伶伦作乐的时候，伶伦便去西方寻找。他一直走到昆仑山的懈溪之谷，在那里，凤凰美妙的啼鸣给了他极大的启发，使他终于做出了12根竹制的律管来向黄帝交差。不知道黄帝对他的发明是否满意，我们倒是可以确信周穆王对自己的西行是始终抱有浪漫主义感情色彩的。据说，他走得相当远，到了与里海相连的黑湖（Karakul）之滨。他在向西王母求爱的同时，向西方展示了中国的乐队，而当他恋恋不舍地东归时，也没有忘记把他所喜欢的外国音乐家带回中国。

而本文的主角——琵琶演奏家何树凤的西行，却不但与伶伦、周穆王不同，也与自己的丈夫傅庆裕不同。曾在中央音乐学院与她同学过的小傅，目前在美国的一所大学读“比较音乐学”。而小何去美国的目的，用她自己的话来讲，就是：“我要让琵琶成为世界性乐器。”

她佩服印度音乐家拉维·香卡，因为他使一种叫作“西塔尔”的印度民族乐器，成了国际性的乐器。欧、美、日的很多人着了迷似的学习西塔尔的演奏方法，拜倒在西塔尔的弦下。她觉得，她和他一样，都是东方人，都是东方古老艺术的代表。

她相信，他能办到的，她也能办到。

她来了。当她离开北京时，还裹着厚厚的羽绒服，缠着长长的拉毛围巾。而现在，当休斯敦市的市长郑重而热情地把她介绍给欢迎会的来宾们，当一束梦幻般的追光把她从贵宾席引向舞台的时候，她虽然只穿着一件高雅中透出几分华贵的白缎子旗袍，却感到薄妆的脸上，已沁出了几滴细汗。这不是怯场。从她第一次登上舞台，她就不知道什么是怯场。她只是有点儿激动，有一种处在命运的某种边缘的感觉。这是一种熟悉的感觉。以往，每当命运把她抛在一个十字路口的时候，她都有这种如临深渊的感觉。而且，每一次她都迅速而正确地选准落脚点，咬牙闭眼，一跺脚便跳了过去，没有一次像魏晋时的阮籍那样，“车辙所穷，辄恸哭而返”。

她怀抱琵琶，低头向琴，端坐台中，像一尊清丽的宋瓷观音。她知道，当掌声与嘈杂没有像海潮一样落尽的时候，千万不要拨动琴弦。音乐开始前的片刻沉寂，是绝对必要的。这几小节乐谱上没有的休止，会使你弹出的第一个音符像子弹一样打进听众的心里。

“这不可能！”哥哥说。

哥哥是对的。要是没有哥哥，她也许今生也不会弹琵琶。哥哥有个朋友徐子仁，原来是上海魔术团乐队的。有一天他忽然对哥哥说：“你妹妹得学点音乐，我教她。”她去了，听徐老师弹琵琶，一听，她便觉得这乐器是她的乐器。

“三天？”哥哥又补充了一句，“这不可能！”

她听哥哥的。她还小，只有16岁。许多年之后，她依然觉得哥哥是最可信赖的人。是不可能，那个来招文艺兵的穿军装的人说，三天后听她弹《塞上曲》。只三天，要弹会从未弹过，甚至也没听过的曲子！而且，这还是一首最吃功夫的文曲，是一首由《思春》《昭君怨》等五支小曲组成的套曲。推拉吟揉，细腻委婉，三天，能行吗？

光凭苦练不行。她弹得苦，从她学琴，在淮海路宝庆路口走过的人，每天从早 5 点到夜 11 点，总能听到楼上传来的琴声。那声音不大，不吵人，但音色极怪，发闷，发苦，仿佛是从石缝中钻出来的声音。同学们下乡的下乡，就业的就业，只有她在“待业”。爸爸又“有问题”，下放离开了上海。她觉得低人一等，白天不敢出门，连声音也怕人听见，只好用手绢塞在弦下。弦的振动被抑制了，但血却依旧从被磨破的指尖流下来，点点滴滴，像一粒粒血的音符。

光凭聪明也不行。这次考兰州军区空军文工团初试时弹的那首《天山之春》，听的人都说不错，可谁知道她是怎么学的？她家对面有家电器商店，有一天她下楼买菜，偶然看见橱窗里的电视机在播这首曲子，一下子忘了买菜。好在当时电视台没节目，过几天，又回放。她提前知道了，拉着哥哥去看橱窗，两人一起记旋律，记指法，回来再在琴上摸。还真像那几年的口头禅：“一无图纸，二无设备”，硬是靠钻劲儿和聪明学会了这支曲子。

但，三天，能拿下这首《塞上曲》吗？

那时，她又瘦又小。即使现在，她也属于那种典型的江南女子，袅袅婷婷的，似乎一阵风便能吹跑。但是，谁也不知道是哪一代祖先的哪一种遗传基因埋在她体内，她成了一座潜藏的“核电站”，一旦遇事，便随时可以爆发出惊人的能量来。她可以不吃饭，不睡觉，连续弹——后来还加上“谈”（北京叫“侃”）——24 个小时，依然“神采奕奕”。

她跟哥哥说：“我试试。”

他看了妹妹一眼，什么也没说，摸了摸口袋便下楼上街去了。他知道，妹妹要“拼”了。他得尽量给妹妹买一点儿她爱吃的小菜。等他回来，楼上已飘来《塞上曲》泠泠的琴声了。

三天后，她熟练地给那几个军人演奏了《塞上曲》。他们吃惊，看样子也很满意。他们走时留下了希望："你等消息吧！"

这一等，便是八个月。度日如年的八个月呀！她几乎天天到街道办事处去问："兰州军区空军文工团有消息吗？"每次去时都编织着梦想，回来却吞咽着苦果。这期间，又有好几个文艺团体来考试，都愿意要她，但她的档案被兰州军区空军文工团拿走了，她只能在这一棵歪脖树上吊死……

她坐在轮廓清晰的光轮中间，四周是一片黑暗。但是，她能感觉到台下的观众，感觉到观众们热烈而复杂的情绪。虽然，她过去曾访问过美国，演出轰动，还灌了唱片。但对今天来欢迎她的大部分美国人来讲，琵琶与中国音乐，还是像火星人与飞碟一样陌生和遥远。她调顺呼吸，把"气"慢慢运到指上，意志的闸门，牢牢控制着胸中滔滔翻滚的音乐之潮。一秒钟，或者一个世纪之后，第六感官告诉她：是时候了！

于是，像电影中常见到的"慢镜头"一样，她缓缓扬起手臂，然后，白光一闪，猛地劈了下来。刹那间，仿佛有十万甲马从她指间呼啸而出，在大厅里往来奔突；仿佛有千万雷霆从她手中轰然而降，将音符的暴雨洋洋洒洒地倾注在听众心上。这是《十面埋伏》，一首中国古曲。印刷精美的节目单上，英文的说明把这首乐曲与公元前 3 世纪末发生在中国的一场战争联系了起来。这场战争是如此深远地影响了中国的历史，以至在每一副中国象棋的棋盘上，都留下了对这场战争的回忆。

当满大厅金发碧眼的听众陶醉在东方音乐独特的魅力之中，甚或惊诧何以这样一件可以抱在怀里的乐器竟能奏出如此辉煌的效果，何以这样一个玲珑小巧的东方女子，竟能用四根丝弦淋漓尽致地表现一场战争的时候，何树凤的眼前，却浮现出另一场"战争"……

等了八个月，毫无音信的八个月之后，街道的老大娘们突然通知她："你的档案退回来了。"什么？为什么？简直莫名其妙！如果不要，为什么调档案？如果不要，为什么要扣压档案八个月，让人家空抱着一个热罐子，然后，一下子摔碎它？这一手，绝了她所有的后路，使其他所有想要她的单位都没法要她。她知道自己被愚弄了，但她怎么也想不通原因何在。直到有一天，兰州军区空军文工团派了几个人来调查她"受迫害"的情况的时候，她才知道，拨弄她的不是命运，而是疯狂、变形的时代和这个时代造就的疯狂、变形的人性。她做梦也想不到，上次来招生、考她的那个人，竟是她在公安局工作的父亲从前处理过的一个人……

她愤怒、她失望、她痛苦、她焦急，她无辜地成了人卑劣心理的牺牲品。但是，她没有颓唐；她还只有 16 岁，她爱音乐，爱生活，爱每一个人。她此时还不能理解，这世上并不是每个人都像她这样随时准备把心掏给别人而不图回报。她只知道弹琴、弹琴、再弹琴。那梨形的、弧线优美的乐器，成了与她朝夕相伴、生死相依、知她、爱她、慰她的挚友。她的血，通过磨破的手指渗透到它的纹理里。每天每夜，她对它说，她听它唱。"低眉信手续续弹，说尽心中无限事。"当她尖尖的指肚磨起一层厚厚的老茧之后，她与它，已融成一体。琵琶之外的世界，似乎已不存在了。

何树凤，只有晚上才敢出门看看月亮，白天整天躲在家里练琴。她怕碰到熟人，她怕别人问她："怎么没考上呀？"她更怕街道办事处的老大娘们催她："你怎么还不上山下乡？"她当时绝不会想到，正是这种难熬的境况，造成了一种机缘，使她有朝一日能成为从唐代开始直到现代，中国历史上赫赫有名的那些琵琶大师中的一个。

她不停地练琴，也只有不停地练琴，她才能暂时忘记被歧视的滋味和前途无望的烦恼。

——《列营》《排阵》《走队》，唱过“大风起兮云飞扬”的刘邦，在检阅他的大军。凝重的和弦，像千万将士一起顿足似的节奏，撼天动地。何树凤时而埋首，时而昂头，瀑布似的长发，在激荡的音潮里飘浮。每当她挥手猛扫琴弦的时候，那紫檀木的琵琶，便敏感地发出深沉的低鸣……

她自己也曾经多少次“列营”“排阵”“走队”，不过，她不是点将的刘邦，而只是百万貔貅中的一个无名小卒，她得振奋精神，一次次地让人家考她。

1974 年，她抱着琵琶几乎考遍了上海的文艺团体，还考上了上海音乐学院。中央音乐学院到上海招生，她也去了。所有的考试，她都名列前茅；所有听过她弹琴的人，都被她文静坚毅的气质和早熟的、沉郁的音乐迷住了。但是，他们谁都难以录取她。考官们爱莫能助，谁让你选择了一个“有问题”的爸爸?！谁让你在别人玩锄头的时候玩琵琶?！

但是，总有一些人，识才、爱才，虽然也许并不识时务。1974 年底，一个听过她弹琴的中央音乐学院的老师找到她家，用炽热的情肠劝说她：“你该到北京来，听听名家们的演奏。”他的直觉告诉他，这个眼下还默默无闻的小姑娘是一块难得的璞玉，倘经名手琢磨，一定会光彩照人。

她当时是凭着一股什么力量、怀着一种什么信念才背起琵琶，千里迢迢，不名一文地孤身跑到北京来的呢？是一种要在艺术上开眼界、见世面的强烈学习欲望的驱使，还是自信“天生我材必有用”，隐隐感到命运的召唤，甚或只是走投无路，想躲开令人窒息的上海，哪怕几天，换一口新鲜空气呢？这些都不得而知；反正她来到人文荟萃的首都，来到了一个机会更多，同时竞争也更激烈的大舞台。她借住在朋友家，朋友对她很好，但终归是寄人篱下。每天一早她便跑出去，挨门挨户地去拜访她心目中的星辰泰斗。她什么客套也不会，也什么都不怕，只会开口叫声“老师”，坐下便弹，然后，睁大眼睛听别人弹；牢牢记住一点一滴对自己有用的东西。

她在朋友家住了一个月。这一个月，彻底改变了她的生活。过去许多在她头顶耀眼的明星，现在就在她面前。她清楚地看到自己和他们之间明显的差距；同时，也看到这差距并不像过去自己想象的那么巨大。她在巨人的身后，但她可以看清巨人后背的经络，甚至伸手便可以摸到，假如她有足够的胆量的话。

一个月之后，她满怀信心地开始了一个城堡一个城堡地进攻：总政文工团、战友文工团、工程兵文工团、中国歌剧院……琵琶，终于为她轰开了命运的大门。不过，这扇门开得太窄了，只开了一道缝，刚好把她夹在中间，进出不得。

她在工程兵文工团考试的第二天，部队便派车把她接走。她高兴极了，她以为从此可以穿上军装，“三哥哥吃上八路军的粮”了；寄人篱下的生活结束了，从此，她可以和她心爱的琵琶同登舞台了。

但谁能想到，这竟又是命运开的残酷的玩笑。命运给了她一点儿甜头，为的是再从她嘴里夺走。她只在工程兵文工团待了三个月，这三个月里，部队两次派人到上海调她，可街道的老大娘们斩钉截铁地说：“你们不要再来了，这么多单位来要我们都没放，谁来也不行！她得上山下乡！”

那天，她梦见自己被罩在了一张大网里，她要飞，但翅膀太沉重了，她拼命挣扎，却无法动弹一步。

天无绝人之路。就在她确信工程兵也斗不过老大娘，灰心丧气地准备“打道回府”的时候，一个关心她的老师打来电话，让她第二天到中国广播民族乐团考试。老师说：“无论如何你得去一趟，我都跟人家说好了，即使白去一趟也得去，别让我食言。”

她去了，权当散散心。那天，是 1975 年 1 月 29 日，天特别冷。她穿着一件军棉大衣，背着琴，找到广播乐团。一进门，便遇着一个同行；

一听她弹琴，同行就说：“你别走了，晚上我请你吃饭，吃完饭咱俩去找团长。”

多少年过去了，小何跑遍了大半个地球，不知道参加过多少次宴会，记不清吃过多少种名菜，但无论什么时候，只要回忆起那天那顿晚饭，她总会神往地说：“太丰盛了！”她重情，凡是帮过她的人，她总记着。当然，也有客观原因，三个月的部队生活，大锅饭，清汤寡水的，熬坏了。

第二天，这位朋友来电话：“晚上有场演出，广播局局长要来看，我的琵琶独奏不上了，你替我上！”

她想都没想便答应了。但凡成功的人成功之后，总会忆起一些类似这种也许是命运特意安排的大事，当时的一念之差，足以改变人一生的道路。

演出在广播剧场，节目挺多。上场前，她模模糊糊地掠过一个念头：也许，这是在北京的也是今生的最后一场演出了。她当时真的是想用音乐向她逗留了几个月的首都告别，向自己还未真正开始的艺术生涯告别。弹琴时，她心潮起伏。几个月来，她奋斗、她拼搏、她努力、她挣扎，但孙悟空一个筋斗十万八千里，仍然逃不出如来佛的手心。几个月来，她认识了这么多人，接触了这么多事——这么多的好人，这么多的难事！她可能今生再也到不了北京的某个文艺团体，再也登不上北京的舞台了，但她将永远记住这个多雪的冬天，永远记住这么多关心和帮助过她的朋友、老师、同行。也许是她太激动了，也许是那根弦该换了，也许是台下坐着真正的知音，一曲终了，只听“啪”的一声，弦断了。

次日，广播乐团的团长亲自找到她，说：“昨晚局长说了，一定要把你调来，不惜一切代价……”

山重水复疑无路。音乐，九曲八拐之后，终于冲出一条坦路来，噔噔嗒嗒地鸣响着。“鸡鸣山小战”，项羽与刘邦的将士们，在四根弦上杀得正欢。战争是残酷的，但有时，战争也是欢乐。

屈原不是高唱过“操吴戈兮披犀甲”嘛！何树凤似乎也被自己创造出的这场战争激动了，她高昂着头，用她出色的轮指，把音符的士兵均匀地、疏密有致地洒成一线，洒向声波震荡的空间。

广播乐团真有魄力，大年初二，两位同志带着不惜一切代价也要把她调来的硬任务赶赴上海，坐飞机走的。同时，小何先“借”到团里工作，来了便上台，春节演出。头一个月，发了她 23 元工资——学员的标准；独奏演员的工作。

“23 元呀！”一直到今天，小何一提起她平生第一次拿到工资时的感受，便禁不住神采飞扬。在当时，这笔钱不但让小何有了饭吃，而且还让她为自己做了一套被褥——不做不成，这位未来的琵琶大师没铺没盖的。

就在她演出结束，躺在自己亲手缝制的新被子里做梦的时候，去上海的两位同志垂头丧气地回来了。“别提了，求爷爷，告奶奶，就是不行……”他们想尽了办法，市里、区里都挺好，说“能为中央输送人才，是我们的光荣”，可一到街道，就碰个大钉子，县官不如现管，一共谈了五次，好话、坏话都说尽了，就是不行。

团长说：“先回去吧，不管今后你去了哪儿，我们也继续调你，我保证把你调来！”

自古居京华便大不易。白居易不服气，起了对着干的大号，结果还是落了个“江州司马青衫湿”，贬来贬去，一辈子也没拿到长安的“绿卡”。

项羽没辙了，四面楚歌，兵败如山倒。何树凤弹的这段“楚歌”，她用过不少的脑筋。武曲文弹，凭的是大感觉。艺术家要投入，可投入也得有控制。光激动，还用得着“十年磨一剑”？妙在似与不似之间，天下同理。小何弹《十面埋伏》，就称得上有气势，有对比，有层次，强时九雷轰顶，弱时新叶滴露。感情是连贯的，如春江之潮，一泻千里；但音乐有舒有卷，有曲有直，有高崖跌瀑，有水过沙滩。

琴声呜咽着，如泣如诉，霸王不老，怎能无情？乌骓宝马，千秋功业，江东父老，三千子弟，还有……虞姬，我的有情有义、有才有貌的佳人哟！于是，才恨天无把，恨地无环！

不见浦江久，浦江照样流。

回到上海，又入小楼。妈妈劝她："别弹琴了，学点打字、缝纫什么的，将来还能干干临时工。"可她舍不得丢下琴，既无琵琶，又何必有何树凤？哥哥却不知从哪里学来这么句话安慰她："此处不养爷，另有养爷处，处处不养爷，老子投八路！"

"八路"在哪儿？"八路"在广阔天地。1976 年的春天，在徐汇区欢送知识青年到苏北农场插队的大会上，何树凤又一次上了台，只不过，这次她拿的是讲稿，而不是琵琶。她一字一句地念："我坚决响应……"

"我什么都干过。"在何树凤成名之后，她经常伸出手来和人家掰腕子，比手劲儿。然后，像透露一个秘密似的告诉人家："你猜我为什么弹琴时有这么大力度，我杀过猪！"

她真的杀过猪。到农场后，起先领导照顾她，让她干保管。这是美差，轻松，还在场部。可她不干，说："我要到最艰苦的地方去。"其实，她是留了个心眼儿，她怕将来干了保管影响广播乐团调她。领导见她不识抬举，说："好吧，炊事班艰苦，去炊事班吧！"

小何好客。在北京，在美国，她常自己烧几样菜招待朋友。有客人夸她手艺好，她便扬扬自得地说："我是科班，干过的。"这绝对是瞎说，三百多人的食堂，也叫"科班"？大锅，好像庙里舍粥的，掉进个小和尚都能淹死；大菜铲，要到了鲁智深手里，还真能"万夫莫当"，让小何耍，总有点儿让人不敢信。

杀猪却是真的。“男女都一样”，你又是自己要的“最艰苦的工作”，不杀行吗？人家每问她杀猪的时候怕不怕，她摇摇头，说：“不怕！”可一会儿，又脸色煞白地加一句：“哎呀呀，那猪的肉里，全是虫子……”

除了琵琶，在世界上没有任何一种别的乐器能发出此痛苦、凄厉、紧张的声音了。这叫“绞弦”，是把几根弦叠在一起，再用右手轮扫。准确地说，这不是乐音，是噪音。但不用这群鬼夜号似的声音，又怎么能表现战争的残酷呢？“金声、鼓声、剑弩声、人马辟易声”，千声万声，沸沸扬扬。小小的琵琶，在小何的怀中时而啸叫，时而哭号，时而像一支交响乐队的合奏那样鸣响着。“十里山大战”，楚河汉界；生死之战，就在今朝了！

下放快半年了，广播乐团的调令迟迟不到，哥哥的来信，也总说一个字：等。

这一年的中国，也被幽冥中的巨手“绞”在一起猛扫着。唐山，一座大城，在一个普普通通的夏夜里，突如其来地倾倒了。

多少母亲、多少妻子、多少丈夫、多少儿子、多少女儿，多少活活泼泼的、真真实实的、有血有肉的人，中国人，和你我一样的人，死了。这件事，超出了人类理性的判断力，超出了人类感情的承受力。

农场离海近，人们全搬到屋外来住，又怕地震引起海啸，每日战战兢兢，整天就一件事：等震。

只有小何，白天给大家做完饭，晚上，依然偷偷背上琴，溜到村外一座破砖窑里去练琴，直到有一天干活时割破了手指。

但饭还得做。一天，小何正裹着伤手，蹲在炊事班门前择菜，猛抬头，只见路上远远走来两个人，影影绰绰的，左边一个仿佛是广播乐团的那个秘书，右边一个……是哥哥！

音乐终于攀上了峰顶。一代英雄，在乌江边上挥剑自刎了。几百年之后，一个清清秀秀的女词人，还在趵突泉边上悠悠地吟着："……至今思项羽，不肯过江东。"凌峰绝顶之后，音潮顿收，像袅袅的余音，像绵绵的回忆，一个由级进的旋律和长音滚弹构成的复调在小何指间滴落着、滴落着，悄然融进了沉寂的空间。

片刻之后，老外们发了疯似的鼓掌、欢呼起来。"树凤——何！""树凤——何"的喊声赛过了乌江边上的风雨声。休斯敦给震了！美国给震了！没想到，东方还有这样的音乐，中国还有这样的音乐家！东西方文化本来难较高低，难分胜负，因为它们根本就是两回事。仿佛从上帝那儿就有意让东方人和西方人思路不同，一个讲奋斗，一个讲律己；一个动，一个静；一个总不安分，老想着造飞船、上火星，一个整天跟自己过不去，偏要在一根头发上刻完"老三篇"，把笔尖窝弯了，把脑子弄反了，伸到个小瓶子里边去画画，画完了还装鼻烟！可有得必有失，光讲写实，便不免少了点儿想象。西方画小天使，挺可爱的小人，偏在肩胛骨上画俩鸡翅膀，看着就疼得慌。中国人不费那事，把"飞天"画横了，裙裾飘舞，不就是"飞"吗？欧洲有交响乐队，好几十人，还不够，非要加大炮，才觉得有气魄。中国人就在四根弦上下功夫，纤纤素手，可"及下拨，声如雷""屋瓦若飞坠"！欧洲有油画，壮阔瑰丽，五色缤纷，中国人偏认定墨分五色，大千世界，不过黑白两色。谁知道孰优孰劣？反正孩子是别人家的饭香，和尚是远地方的经好。

"太——阳——出来——啦——"小何在心里唱着《白毛女》中的这支歌登上了北上的火车。广播乐团没有白费劲，终于办成了她的一切手续，绿灯亮了。

小何抱着琴，站起身来，落落大方地向全场起立的观众一次又一次地鞠躬、谢幕。一个金发小姑娘上台来，代表全体市民献给她一束红玫瑰。小傅和其他几个中国留学生，得意忘形，高喊着美国人谁也不懂的土话："盖了帽儿啦——"真把帽子扔到了天花板上。

从进北京到来美国，十年弹指一挥间。可这十多年，她又经历过多少坎坷呢？有人说她一帆风顺，有人说她吉人天助，有人说她手眼通天。可只有她自己知道，有多少个不眠之夜，有多少汗水和泪水伴她走过了这十年。她当然忘不了那辉煌的时刻：1980 年全国第一次琵琶比赛，她过关斩将，独占鳌头，获一等奖和传统曲目优秀奖，一举成名天下知。她第一个在北京、上海举办个人琵琶独奏音乐会。她被中国两所著名的大学——清华和北大聘为兼职教授。她出访过十几个国家。她的唱片、磁带在世界发行，甚或几年前，便有她的录像在海峡那边偷偷流传，暗中慰藉着游子的乡情。她的节目单上曾印着这样几句话：

> 人类发明了语言，是因为需要理解。
>
> 我信仰理解，就像我信仰音乐一样。
>
> 我的话，全在我的音乐里。

任何一首乐曲都有结束，《十面埋伏》也不例外。但，音乐却永不会停止，只要有人类，它便存在。何树凤才三十多岁，可她的音乐，却已经有了五千年的历史。《乐记》中说得多好啊："大乐与天地同和。"

（原载《艺术家》1988 年第 3 期）

“华韵九芳”音乐会前言

音乐，是人类最伟大的发明。它是一种语言，是一种唯一超越了民族、地域、时间而使全人类相通的语言，甚至，也是唯一可能超越人类本身而与天地同和、与宇宙相交的语言。从两千年前中国哲人提出“大乐与天地同和”的伟大哲学命题，到飞往太空执行外星生命探索使命的宇宙飞船上装载的莫扎特及古琴曲《流水》等音乐的金唱片，以及每日每时都在这个星球的每一个角落歌唱、演奏的各种乐曲，都是人类抒发感情、寻求理解、表达理想的努力。

中国，素有“礼乐之邦”的美誉，先秦的音乐思想、唐代的燕乐，都曾给世界留下深刻的印象并长期影响了亚洲。中国的传统音乐，分为宫廷音乐、文人音乐、宗教音乐和民间音乐。中国古代的宫廷音乐，目前仍被十分珍重地保留在日本和韩国。对中国的传统文人而言，音乐一直被放在必需的修养——“琴棋书画”中的第一位。中国的寺庙，讲究“以音声为佛事”。而在中国广袤的土地上，像大海一样宽广博大、千姿百态的民间音乐更与中国普通百姓的生活息息相关，密不可分。可以这样说，不了解中国的传统音乐，便不了解中国的传统文化、不了解中国。

与许多人的误解不同，中国传统音乐不仅仅是“五声音阶”，而是自古并存着多种音阶形式；中国的传统音乐也不是“单旋律”，曾侯乙墓出土的被称为“世界上最伟大的乐器”的青铜编钟，在公元前5世纪每一个钟便可发出两个谐和的乐音，且十二律齐备，在三个半八度内构成与现代C大调音阶相同的完整的半音阶，可以“旋宫转调”，演奏七声音阶的复杂乐曲。但是，中国的传统音乐，有它特殊的音乐思维、特殊的美学原则和特殊的表现方式。大量的中国民族音乐表现了人对自然的理解和人与自然的关系。一般的中国人在欣赏音乐时，注意的是音乐的“韵味”而不是音响。一些在现代舞台上显得过于喧闹的管乐器和打击乐器，是中国广大农村户外文艺的遗绪。而中国的文人们，则更喜欢宁静、超然的音乐。在古琴音乐中，道家“大音希声”的哲学被发挥到极致，以至有些乐音已不能被“听”到，而只能被“感”到。

为了使中国的民族音乐在这个越来越小的世界上走进更多人的心，九个受过严格训练、极富才华的年轻姑娘走到了一起，这就是“华韵九芳”。“芳”是香花，“九”在中国文化中是一个极数，也是一个吉数，象征着最大、最高和最好。希望这个吉利尊贵的数目不仅仅给她们带来吉祥，也给她们带来志气和上进的理想；更希望她们的音乐像九朵芬芳馥郁的鲜花，给民族音乐带来春天，也给世界带来美好。

（原载“华韵九芳”音乐会节目单，北京音乐厅1997年4月18日演出）

“华韵九芳”与新古典主义

——听“华韵九芳”民族室内乐音乐会有感

一

“华韵九芳”民族室内乐团，是近年来出现的一批以弘扬中华传统音乐为宗旨、以继承中国音乐传统为己任的小型民族乐团之一。这种以独奏、重奏为主要演奏形式，突出经典传统曲目和个人演奏技巧的小型民族乐团的出现和活跃，反映了当前我国民族音乐界的一种潮流和现实，即重新认识中国民族民间音乐固有的美学传统和艺术传统，反思近一个世纪以来民族音乐里所有“改革”的成败，在从20世纪50年代开始兴起的、主要以欧洲19世纪“古典音乐”的和声学、配器法、乐器制作标准和西弦乐队编制为楷模的大乐队（即“彭修文模式”）和从20世纪80年代兴起的、以西方现代和后现代的音乐思维和“反传统”为旗帜的“新潮音乐”模式之外的另一种追求，我姑且名之为“第三种模式”。就像历史上所有的“文艺复兴”运动无不以对古典艺术精神的追索与张扬开始一样，“第三种模式”所追求的，也是对中华传统的深层次的挖掘。可以认为，“第三种模式”是一种“新古典主义”，它明确背弃的，主要是那种追求民族乐队“高、大、全”的“彭修文模式”和认为“新即美”的流行音乐思潮。现在越来越多的人认识到，过去几十年里，那种在艺术上不加选择地强调“人家有的我们也要有”的思想，那种基于民族乐器和民族乐队“音不准”“音色太刺耳”“音域太窄”“转调不方便”的思路而在竹笛上加键、在二胡上加指板、把阮或马头琴放大后当成大提琴立在地上拉，按照西方管弦乐队的编制和规模组建中国民族乐队的“改革者”们，实际上进入了一个误区。应该说，过去许多的乐器改革包括民族大乐队的建立，都有其历史的功绩，在那样一种时代，也是历史的必然；甚至在目前，“彭修文模式”的民族乐队也还是“一枝花”。问题是，这种对传统文化的“改革”，是以“鸦片战争”以来中华民族的屈辱史为背景的。在学习西方、振兴中华的历史重压下，这些“改革者”们的爱国心、凌云志及出众的才华和想象力，不得不用在了对西方音乐文化的模仿上。他们虔诚地相信，只要把我们的民族乐器和民族乐队“改革”成西方乐器和乐队的样子，我们民族的音乐文化就能摆脱“落后”的局面。他们不屑于深挖自己的传统，在某种程度上，还有意无意地割裂了传统（如不去挖掘仍在中国民间流传的类似“五调朝元”的固有转调方式，不去向那些能用指法和“口风”在一支竹笛上转五个调的老艺人学习，而宁可牺牲民族韵味去追求“十二平均律”的“音准”）。其思想的深处，其实还是一种隐蔽着的民族自卑感——认为我们的乐器和乐队不如西方的乐器、乐队“科学”；我们的混合律制不如西方的“十二平均律”“科学”。其实，艺术不是科学，在艺术领域，也本没有“先进”与“落后”的区别。不同的民族，只有不同的美感和不同的审美习惯。一个受西方音乐教育的耳朵可能认为西北民间音乐中的“fa”不“fa”，“si”不“si”，觉得那个被西北农民世世代代称作“苦音”的音阶中比本位“fa”高，但又比升“fa”低的音“不准”，但正是这个起码已有了两三千年甚至更长历史的音现象，不可替代地构成了我们中华民族，尤其是西北诸民族共同的、长期的审美习惯和音阶体系。同理，在西方“强势文化”进入我国之前的数千年里，欣赏“中庸之道”、喜欢“中和之声”、讲究不同音色的对比和在旋律的横向进行中体现多声思维，有着从北方的“笙管乐”到南方的“十番鼓”“江南丝竹”等几十种合奏形式的中国人，也从没有觉得我们传统的乐队组合中一定要加上什么“低音声部”、一定要用三度叠置的和声才好。

而另一方面，“新潮音乐”虽然在破除我国近50年形成的“新传统观念”和破除音乐思维定式上立下了汗马功劳，也在国内外赢得了一批以青年专业人员为主体的听众群，但始终因为“脚步太快”而难逃“脱离群众”之讥，并被某些“新传统观念”的卫道士们视为大逆不道的“怪胎”，处于“曲高和寡”的尴尬状态。我个人认为，“新潮音乐”所面临的主要问题不但不是卫道士们的狙击，甚至也不是听众的多少和舆论的毁誉，它所面临的问题还是自己，是“新潮音乐”的作曲家们如何超越自己的问题。在近十多年里，以谭盾、叶小纲、瞿小松、郭文景为代表的“新潮音乐”，在中国和世界的乐坛上掀起了一个个令人瞩目的新闻热点，展现了一个个在时间的纵坐标上与前人不同、在空间的横坐标上与他人不同的艺术境界，尤其是把中国乐坛搅得波翻浪卷后又在世界乐坛上叱咤风云。仅从振聋发聩、摧枯拉朽和使广义的中国音乐走向世界的意义上来说，便功不可没。但是，在中国文化的标准里，“立功”并不是人生最高的境界。《左传》称君子有“三不朽”：“太上有立德，其次有立功，其次有立言。”到目前为止，“新潮音乐”作曲家们还只能说是达到了“立功”的层次，他们其中最好的，也尚在“立功”与“立言”之间。至于“立德”——代天地立命，为子孙万代立楷模，恐怕既非作曲家们所想所愿，也非他们所能。因此，我们希望这些有抱负、有才华的作曲家们能不断超越自己，既不被外在的传统所囿，也不被内在的局限所困；既不迷信别人，也不崇拜自己，把追求自己的个性与追求人类的共性结合起来，逐渐做到真正的“立言”——为这个民族、为这个世界，创作出一批真正经得起时间考验、能流传几代的经典作品来——但目前，“革命尚未成功，同志仍需努力”。

在这种情况下，“第三种模式”即新古典主义的出现便成了一种必然。人们希望有一种直接根植在传统之上但又充满青春活力的民族音乐出现，希望艺术家们能在传统韵味与现代气息之间找到一种契合点，希望能在西方“强势文化”和“流行音乐”大潮的双重冲击下，听到直接从我们血脉的源头传来的声音，听到那种地地道道、不折不扣但又新鲜活泼的民族之声。

这就是“华韵九芳”等一批民族室内乐团出现在北京舞台上的背景和原因，也是民族音乐领域里新古典主义兴盛的背景和原因。

二

从“华韵九芳”的演出，可以看出她们的追求。这九位受过严格训练、极富才华的青年女性在艺术指导王范地的带领下，希望通过精选的曲目及尽量完美的演奏，达到一种对民族文化精神的复归和阐扬。她们的曲目，既非一成不变的传统乐曲，也不是远超听众审美心理和欣赏习惯的纯属个人行为的“试验品”。她们把传统与创新的临界点定在 0.618 式的“黄金分割点”上：六到七成的“传统”加二到三成的“创新”，可谓深谙“新古典主义”的精髓。

吴玉霞的琵琶独奏曲《霸王卸甲》可以说是经典传统曲目的代表。从乐曲到演奏，都称得上精品。吴玉霞多思敏求，懂得“功夫在诗外”的道理，在舞台下、生活中注意多方面吸收艺术营养，使她的演奏有一种深厚的文化底蕴，也使她的艺术气质越来越有一种“儒雅”的风范。她演奏的

《霸王卸甲》恢宏处大气磅礴，细腻处委婉幽邃，层次丰富、对比强烈、张弛合度，有一种大家气象，听得出是用过心、动过脑的演奏。此外，她技术全面，心理素质强，感情机制敏锐，能在音乐中浑然忘我，做到心与弦共振，情与乐交融。如她在演奏《楚歌》一段时，琵琶的长轮既有功力又极富感情色彩。一般来讲，轮指的基本要求便是“均匀”，即要求在一个单位时间里所连续奏出的乐音的时值完全相等。但她的这一段长轮，却完全“得心应手”地以感情的节奏来带动音乐的节奏，有的音一跃而出，像熟透的坚果锵然落地时迸裂的一瞬；有的音苦苦挣扎着踉跄而出，像蛋壳里的小鸡费力啄破蛋壳，才终于见到光明。不均匀的长轮中，每一个音都充满了个性，都带着生命；那一串既连贯又颗颗独立的乐音像从机枪中射出的子弹一样，带着锐利的啸声击穿了听众的感情屏障，击中了听众的心。她演奏这段轮指时的“涩”感，让我联想到书法中写草书时运笔的疾徐、轻重的变化。草书当然要顺畅连贯，但忌过于流畅；太流畅了，字便飘，便轻浮无力，所以讲究“涩”，讲究笔在与纸的吃力的摩擦中推拉出力度来。艺术是相通的，只要有心，便会觉得“一花一世界，一叶一菩提”。

也许是上场前的心理准备不够充分，《霸王卸甲》的开始部分显得有点平淡，不够精彩。其实，这首曲子是应该从第一个音便“直指人心”的。当然，演奏家与听众都有一个逐渐进入音乐的过程，但这个过程越短越好。一个真正的大演奏家，是可以从上台的第一秒钟开始便使听众进入音乐的。而要做到这一点，演奏家自己进入音乐的过程就应该在上台前完成。

林玲演奏的筝曲《春涧流泉》是潮州著名筝家徐涤生的作品。乐曲以丰富的古筝技法描绘了春天里深涧跌瀑、流泉轻泻的自然景色。乐曲结构完整、韵味浓厚，堪称筝曲中新古典主义的代表作。林玲的演奏也恰到好处，有张有弛、错落有致，以其全面、精湛的技艺充分表达了作品的意境。林玲的特点是技术全面，风格稳健，在多方继承古筝诸流派的传统基础上，逐渐形成了自己精致、空灵、淡雅的风格特色。但是，也许是曲目和乐器本身的原因，听古筝演奏，常常只能给人以美的享受，听时叮咚盈耳，听后如风过水面，难给人以灵魂的震动和情感的冲击。筝曲中的绝大部分乐曲，是“赏心悦目”有余而震撼力不足。这恐怕与中国传统的音乐观有关，儒家讲“中和淡雅”，道家讲“大音希声”，音乐的功能虽从“娱神”逐渐过渡为“娱人”，但其注重的还是一个“娱”字。周秦之后，音乐虽然从“礼”的附庸逐步独立，但因为过于发展了其唯美的一面，又不免落入“声色犬马”之误。古有“秦筝楚瑟”之说，筝产于八百里秦川，又有“哀筝”之称，应该有不但能“娱人”“悦耳”，还能“醒世”“撼心”的作品。这当然不仅是对林玲个人的要求，也非少数人和短时间能办到的事，但新古典主义在其发展过程中，如不能避免重新陷入唯美派的窠臼，其生命力则是不会长久的。

曾昭斌演奏的南派名曲《鹧鸪飞》就像她本人一样漂亮，且充分表现了她很强的控制能力和演奏技巧。她的气息绵长，收纵自如，弱时不虚，强时不躁，风格妩媚多姿。在生活中，人们常常“无缘无故”地认为一个初次见面的漂亮女人“肤浅”，这感觉虽然没有道理，但也确实是经验的结果。“命运是公平的”，生活中，既有深刻思想又有漂亮身段的女人总是凤毛麟角。而且，“真水无香”，深刻的内容常常是以朴实的外表展示人的。那么，一个天生漂亮的女人若想不被人误解成“肤浅”又该如何呢？她总不能出门时往脸上抹把灰吧。我想，少一点儿雕饰，少一点儿人工的东西，总会给人更自然的印象。当然，“素面朝天”是要有天赐的资本和极强的自信心做后盾的。孔子所谓的“质胜文则野，文胜质则史，文质彬彬，然后君子”的话，确实是千古名言。

宋飞是“华韵九芳”的“团长”，又是一个极富才华的青年演奏家。她的音乐也像她的人一样秀外慧中，有主见，有光彩，总能给人一种“合适”“合度”的感觉。她演奏的《二泉映月》显然经过她认真的体会和琢磨，有一种独特的个人风格和处理方法。乐曲开始时的宁静与高潮处的激越形成了强烈的对比，中间部分凄清委婉，又带着更多的苍凉。宋飞的特点，也是会动脑子，她没有技术负担，又认真好学，应该演奏得更好。但她有时有点儿情绪化，发挥正常时可以演奏得天衣无缝，荡气回肠，令人拍案叫绝；发挥不好时，连音准也出问题。这恐怕与心理机制的锻炼有关，要想真正成为“大师”级的艺术家，宋飞还要努力。

此外，黄桂芳的三弦独奏《风雨铁马》、姜克美的板胡独奏《当红军的哥哥回来了》、魏育茹的中阮独奏《剑器》、高华的唢呐独奏《六字开门》都各具特色，有很强的艺术欣赏价值。其中，中阮独奏《剑器》尤为难得，无论是徐昌俊的作曲，还是魏育茹的演奏，都使中阮这件缺少曲目和技法的古老乐器向焕发新声，进而向成为成熟的独奏乐器的方向迈出了可喜的一步。

三

室内乐的本质和精髓是重奏，是重奏中乐手的默契和“心心相印”的愉悦。但不论是“华韵九芳”，还是其他几个新出现的民族室内乐团，民族乐器的重奏都还是一个弱项。这里有曲目的问题，也有训练和重奏意识的培养问题。

这场音乐会有三分之一的曲目是重奏，其中琵琶、古筝、中阮三重奏《暗香尤浓》是根据宋代词人姜白石的自度曲改编的，乐曲希图用静谧、清幽的音色和玲珑剔透的、珠串般交错的旋律表现月下梅花的幽香。但乐曲的表现手法不够丰富，三位演奏家也没有能在演奏中达到默契的程度，没有表现出室内乐应有的娴雅风度和交流的愉快，反而听着有点儿“生”，有点儿“紧”，恐怕还是排练得不够。胡琴重奏《慢三六》是根据江南丝竹改编的，用两把定弦各异的二胡演奏。作品借鉴了中国传统乐队中重奏的方式，用了大量的支声复调，但缺乏对比，显得有点儿单调。弹拨五重奏《饿马摇铃》是一道“京味粤菜”，不用广东音乐中的“标签”乐器高胡，而全用弹拨乐器，听来别有风味。但这几首乐曲共同的不足之处是“缺味儿”，缺感觉，缺重奏性。倒是三弦、琵琶二重奏《江南春》好一些，乐曲活泼，演奏得也充满了生机。更难得的是，两位演奏家真正从重奏中找到了感觉。

我在为这场音乐会所写的“前言”中写道：

> 音乐，是人类最伟大的发明。它是一种语言，是一种唯一超越了民族、地域、时间而使全人类相通的语言。甚至，也是唯一可能超越人类本身而与天地同和、与宇宙相交的语言。从两千年前中国哲人提出“大乐与天地同和”的伟大哲学命题，到飞往太空执行外星生命探索使命的宇宙飞船上装载的莫扎特及古琴曲《流水》等音乐的金唱片，以及每日每时都在这个星球的每一个角落歌唱、演奏的各种乐曲，都是人类抒发感情，寻求理解，表达理想的努力。

重奏，便是用音乐的“语言”讲话、交流。这种交流有两个层次，首先是演奏家之间的交流，其次才是演奏家与听众的交流。如果没有第一个层次，那么第二个层次也就根本谈不到；而只要有了第一个层次，第二个层次则会不呼自来。我以为，最理想的民族音乐的重奏，应该是用中国乐器“说”中国“话”，但有西方室内乐的感觉——就是我再三强调的那种娴雅，那种在音乐中融为一体并“心心相印”的感觉。

我想提醒这些年轻的演奏家们，不要轻视重奏的锻炼与重奏意识的培养，重奏与独奏同样不容易但是完全不同的两种感觉。假如说前者需要你充分张扬个性的话，那么，后者则需要你能时时体味到同伴的存在。在这里，你的个性要融入你们共同营造的艺术氛围之中，但又不像在管弦乐队中那样要把自己变成指挥手下的一个毫无个人意识的琴键。室内乐妙就妙在它介于独奏和大乐队之间，这就像是生命的一种最佳状态——既可避免独处的寂寞，又可躲开群居的喧嚣，而只和恋人或好友在一起。

中国从周代起便已有了"房中乐"，目前，类似"房中乐"的中国式室内乐在民间还有不少。比如属于琴乐的琴箫合奏，清代北京流行的"弦索十三套"，江浙的"丝竹""十番鼓"，云南的"洞经音乐"，甚至广大北方农村广泛流行的"笙管乐"中的小管音乐等，假如我们肯用心学习的话，那么，我国民族音乐重奏水平的提高是大有希望的。而我之所以在这里不厌其烦地强调室内乐的重要性，是因为我相信，在 21 世纪，民族音乐的"室内乐化"将成为一种潮流，而民族室内乐将成为民族音乐演奏形式的主流。我的这种推测基于以下的理由：第一，随着我国经济的发展，广大民众物质生活水平和我国在国际上的影响力将不断提高，这将促使国内外学习中国民族乐器及欣赏中国民族音乐的人数不断增多。同时，无论是全球"文化多元化"的普遍进程还是我国社会中民族主义情绪的抬头，也都会成为刺激我国民族音乐发展的因素。因此，我虽然并不同意那种一厢情愿地断言"未来的世纪将是中国人的世纪"的话，但说中国民族音乐在 21 世纪将会有一个很大的发展，则应该是一个客观的估计。第二，需求一定会造成繁荣。但新的问题是，在一个终归是有限的文化市场中，对独奏家的需求也终归是有限的。不要说 21 世纪，即使在目前，任何一个音乐学院附中的学生中，都能找出一批相当不错的苗子来。而当社会上出现了过多的"独奏家"，同时以西方管弦乐队为楷模建立起来的"大民族乐队"因为美学与经济等各种问题的困扰不得不衰败的时候，多种形式的室内乐则必然成为民族器乐舞台的主流。所以，我认为，哪一个民族乐队先过了民族室内乐这一关，哪一个乐队便先拿到了通向 21 世纪民族音乐大舞台的门票。

我喜欢民族音乐领域里的“新古典主义”，它就像装在新杯子里的陈年老酒，端在手里好看，啜在口里好喝。我也喜欢“华韵九芳”，她们的青春和好学使人们有理由相信她们的未来会比今天更好。

（原载《爱乐》1997 年第 5 期）

再谈民族音乐的“第三种模式”

1997年7月16日的《光明日报》，以《民族音乐出现“第三种模式”》为题摘登了我撰写的评论《“华韵九芳”与新古典主义》中的一部分。文章发表后，引起了音乐界一些朋友的关注，有赞成者，有反对者；有的不以为然，也有的希望我就此问题再深入发表一点儿看法。

中国传统音乐与其他中国传统文化一样，在沿着自己的逻辑发展到近代时，与西方“强势文化”仓皇遭遇了。这种遭遇的场景很像一个垂垂老矣的拳师与一个操着完全不同路数却血气方刚的年轻拳师的较量，结果是显而易见的。尽管中国音乐从贾湖骨笛算起已有了7000年悠久的历史，尽管中国音乐在古代曾灿烂辉煌并深刻地影响了亚洲许多国家，尽管中国音乐一直到近代依然以自己独特的美学观念和独特的表现形式缓慢发展，并继续对千百万中国人的生活产生着影响（这一点在农村尤其明显），但是，假如不仅仅从民族主义的角度，而是用更广阔的视野，比如从历史哲学或从整个人类文明史的视点来看，那么，我们必须承认，中国的传统音乐到了近代，的确已发展到了它的暮年。这其实没有什么难以正视和不能承认的，月有阴晴圆缺，人有生老病死，道家与佛家在2500年前便曾言明“物极必反”和“诸法无常”的规律，我们现代的以“彻底的唯物主义者”自诩的人们，为什么不能坦然承认任何事物都会自然死亡，都会被新的事物替代的事实呢？

有什么办法呢？人不仅仅是有理智的动物，还是有感情的动物。谁都知道死是不可抗拒的，但绝大部分濒死患者的家属仍然会再三要求医生“抢救”；即使他们知道这种“抢救”不但无效，而且还会给患者加重痛苦。从19世纪末到20世纪末，在这多灾多难的百年中，所有对中国音乐的现状感到忧虑的爱国主义的中国音乐家们，都面临着和这些患者家属一样的痛苦境地。我称之为“彭修文模式”的、希图使中国音乐“自立于民族之林”的第一种现代民族音乐模式，就这样产生了。

“彭修文模式”其实从刘天华等人把西方音乐技术运用到民族器乐的创作时就开始了。人的所有选择，其实都受着时代的制约。换句话说，在某一个历史阶段里，人们只能有一种选择。

百年来，面对西强中弱的现实，大多数爱国忧国的中国人，都会赞同“中学为体，西学为用”的口号；而为了“强我之国”而“师夷之长”的学习，也就不但如饥似渴，也当然免不了饥不择食甚至出现“吃噎了算”的情况。因此，“彭修文模式”极其自然地成了20世纪中叶最普遍、最有代表性的民族音乐的乐队组合形式和创作模式。这种主要把欧洲18世纪和19世纪“古典音乐”的和声学、配器法、曲式学运用到民族器乐的创作中并以西方工业社会的乐器制作标准和西方管弦乐队编制为楷模的大乐队，与当时形形色色以西方乐器构造、工艺为蓝图，以“十二平均律”为法则的乐器改革（简称“乐改”）一样，都是农业中国向工业中国迈进时的“第二次浪潮”的典型反映。我在《光明日报》上的那篇文章这样说：

现在越来越多的人认识到，过去几十年里，那种在艺术上不加选择地强调“人家有的我们也要有”的思想，那种基于民族乐器和民族乐队“音不准”“音色太刺耳”“音域太窄”“转调不方便”的思路而在竹笛上加键、在二胡上加指板、把阮或马头琴放大后当成大提琴立在地上拉，按照西方管弦乐队的编制和规模组建中国民族乐队的“改革者”们，实际上是进入了一个误区。……他们虔诚地相信只要把我们的民族乐器和民族乐队“改革”成西方乐器和乐队的样子，我们民族的音乐文化就能摆脱“落后”的局面。……其思想的深处，其实还是一种隐蔽着的民族自卑感——认为我们的乐器和乐队不如西方的乐器、乐队“科学”；我们的混合律制，不如西方的“十二平均律”“科学”。其实，艺术不是科学，在艺术领域，也本没有“先进”与“落后”的区别。不同的民族，只有不同的美感和不同的审美习惯。

从20世纪80年代中后期开始，在“改革开放”的大潮中，在中国专业音乐教育中一统天下几十年的、以西方20世纪以前的古典音乐为主要教材的苏联音乐教育体系，被以现代主义、后现代主义为时尚的西方现代音乐教育思想替代了。一个有才华的青年作曲家群体出现了。他们生而逢时，就在他们进入他们学习和创作的青春期时，刚巧赶上“文化大革命”的结束；而一个突然出现的文化“空白”和文化“冷场”，又给了他们上一代艺术家一辈子也没有碰到的机会。他们充分吸收了在他们上一代时还被当作“毒品”的域外新鲜的营养，充分利用了中国几十年来从没有过的个性自由和以自己的意识为创作思想的特殊环境，充分发挥了他们的才华、聪明和比上一代多得多的冒险精神、创造机遇和抓住机遇及推销自己和宣传自己的才能。“时势造英雄”，一个以西方现代、后现代主义音乐思维和“反传统”为旗帜的第二种模式出现了，这就是被守旧的老人称为“怪胎”，同时被新潮理论家和青年音乐爱好者视为中国音乐之光的“新潮音乐”。

其实，“新潮音乐”从来不是一个有清晰的理论体系、有统一的目标，有相同的艺术风格和艺术流派。它只是一个概念极不清楚的泛指，只是人们约定俗成地对某些青年作曲家及他们的探索作品的统称。奇怪的是，当“后殖民理论”的批评家们讨伐以张艺谋为代表的“第五代电影”时，我不知道为什么反对“新潮音乐”的“老同志”们没有借用“后殖民理论”这支枪。因为，在某些“新潮音乐”作曲家的作品中，的确存在着非常明显的新文化殖民现象和以附会所谓的“中国古代文化”“东方文明”而应和西方听众口味的现象。但无论拍案痛恨也好，击节赞叹也好，实事求是地说，到目前为止，“新潮音乐”给中国音乐带来的观念的突破远远超过作品本身的意义。大多数听众从他们的音乐中感受到的是“冲击”而不是“享受”。虽然好的菜肴讲究的是“色、香、味”俱全，一个“新发明”的菜式也能把人们引进餐馆，但每一个坐到餐桌前的食客所最终盼望的，毕竟是食物在自己齿间舌上时的快感，而不是其他形式的刺激和理念的满足。在这种情况下，“第三种模式”即新古典主义的出现便成了一种必然。

代表“第三种模式”的这些民族室内乐团有许多共点。第一，它们都是志同道合者的民办团体、“同仁”组织。第二，这些乐团的成员，都是一些有一定知名度、在技术上没有负担甚至相当成熟的独奏演员。第三，他们都深深感到民族音乐生存的困境，并意识到民族音乐的未来与自己的前途息息相关，因而把弘扬中华传统文化作为自己的职责和奋斗目标。就像历史上所有的“文艺复兴”运动无不以对古典艺术精神的追索与张扬开始一样，“第三种模式”所追求的也是对中华文化传统的深层次的挖掘。但是，一切艺术精神都要依附于艺术形式并靠形式来显现，音乐也不例外。人们发现，这些似乎突然出现在音乐舞台上的类似的小型民族乐团都在向一个方向努力，即都在有意识或无意识地追求着同一个目标：除了致力提高传统的器乐独奏的标准之外，特别强调各种组合形式的重奏，并不约而同借用了一个西方音乐的概念——室内乐。

这种共同的选择不是没有道理的，它起码也有三个原因。首先，重奏是与独奏、合奏同样重要，但在以往的几十年中没有得到足够重视的艺术形式，假如说独奏需要充分张扬个性的话，那么，重奏则需要演奏家能时时体味到同伴的存在。在这里，演奏家的个性要融入一个共同营造的艺术氛围之中，但又不像在大乐队中那样要把自己变成指挥手下的一个毫无个人意识的琴键。室内乐妙就妙在它介于独奏和大乐队之间，这就像生命的一种最佳状态——既可避免独处的寂寞，又可躲开群居的喧嚣，而只和恋人，好友在一起。其次，室内乐不但是西方古典音乐中非常重要的艺术形式，它其实也是中国古典音乐的传统。中国从周代起便已有了“房中乐”，一直到现在，类似“房中乐”的中国式室内乐在民间还有不少，比如属于琴乐的琴箫合奏，曾在北京流行的“弦索十三套”，江浙的“丝竹”“十番鼓”，云南的“洞经音乐”，甚至广大北方农村广泛流行的“笙管乐”中的小管音乐等，都是中国音乐传统中极重要，但又未被高度重视和充分借鉴的部分。除此之外，还有一个原因是他们“别无选择”。他们所面临的共同处境是：一方面，由于专业音乐教育中民族器乐的教学在西方器乐教育机制的影响下已基本完成由“农业文明”向“工业文明”的转变，在或多或少地牺牲了与传统文化的联系之后，已形成了“成批”培养相当水平的专业演奏家的能力。目前，不但几乎每一种民族乐器都有相当数量的一批“著名独奏家”，而且，在每一个音乐学院的本科和附中里，还储备着一大批未来的“著名独奏家”。随着我国经济的发展，广大民众的物质生活水平和我国在国际上的影响力必将不断提高，这无疑会促使国内外学习中国民族乐器及欣赏中国民族音乐的人数不断增多。同时，无论是全球“文化多元化”的普遍进程还是我国社会中民族主义情绪的必然抬头，也都会成为刺激我国民族音乐发展的因素。问题是，需求虽然会造成繁荣，但在一个终归有限的文化市场中，对独奏家的需求也终归是有限的。另一方面，当社会上出现了“独奏家”过剩而缺乏真正意义上的“大师”的同时，人们的审美观也在发生变化。与“第二次浪潮”以大为美相反，在信息革命带动下的“第三次浪潮”的美学观更强调多元化、个性化、小型化。因此，以西方管弦乐队为楷模建立起来的“大民族乐队”，在美学及经济等各种问题的困扰下不得不走向衰败，而多种形式的室内乐则必然成为民族器乐舞台的主流。因此，我曾经说过：“哪一个民族乐队先过了民族室内乐这一关，哪一个乐队便先拿到了通向 21 世纪民族音乐大舞台的门票。”

现在，似乎该讨论一下新古典主义的含义了。首先，新古典主义从来都不是复古主义。新古典主义寻找的只是被丢失的文化传统中的古典精神。其次，新古典主义也绝不是现代化的绊脚石。它所追求的，正是不丢失自我的现代化；它所反对的，也只是文化上的保守主义和新殖民主义。另外，我所说的新古典主义也不是 20 世纪 20 年代末兴起的以斯特拉文斯基为代表的西方音乐思潮中的新古典主义。斯特拉文斯基提出的口号是“回到巴赫”，而我所说的新古典主义并没有“回到”何处的暗示和指向。我所强调的，更多的是一种灵魂的复归。我希望我们的音乐家们，能够穿越近代中华民族的屈辱史，穿越“五四”反传统的传统，找回淹没在西方强势文化语境中的属于我们自己的话语系统，找回那些当我们的父兄在和我们一样热血沸腾的年纪里被他们和洗澡水一起泼出去的孩子。新古典主义所追求的，是中华传统文化在新世界中的重现、再生。我认为，无论是“文化全球化”的展望还是“后殖民主义理论”的沉浮，中国民族音乐只能唱着自己的调子走向日益缩小的“地球村”。我在本文的开头提到过中国传统音乐在近代已垂垂老矣的窘态，提到过万事万物都会“自然死亡”并被新事物替代的规律，提到过佛家极彻底、极究竟的认识论“诸法无常”。但，这不应该被误解为我对中国音乐的前途持一种通常意义上的悲观主义态度。我是“悲观主义者”，但我用的是佛家的含义。佛家的“悲”这个字时，常常与“慈”字连用。“慈”是爱，“悲”是悯；“慈”是“与乐”，“悲”是“拔苦”。“悲观”，便是用一种和被“观”的对象同体同受的大悲心去体贴、去感受、去帮助、去爱怜、去呵护。佛家对死亡的理解，更超越了常人生乐死苦的认识，是一种积极的、对生命永恒的最本质的肯定。我希望中国的民族音乐会“行到水穷处，坐看云起时”，将自己的灵魂“转世”到新的生命形式中去。

（原载《中国音乐》1997 年第 3 期）

余其伟与广东音乐的文人化

最近，应某出版社之邀，正在写一本“音乐与宗教”的书。越写，便越觉得音乐与宗教有着太多的因缘和相似、相近之处。而且，试着用宗教的视角和概念来研究、解释音乐现象，则觉得有许多方便。比如，宗教学规定构成一个文明宗教必须具备几个要素，用佛教的概念来讲，便是“三宝俱足”。也就是说，构成一个文明宗教，起码要有“佛、法、僧”这“三宝”：要有一个伟大人物或创始人（佛宝）；要有一套理论体系（法宝）；要有一批宗教职业者（僧宝）。一个乐种的形成，其实也与此相似：要有一个或几个创始人或代表人物；要有一套风格体系和经典曲目；要有一批有传承的专业工作者。当然，无论是宗教还是乐种，还都要有一定的群众基础和适当的社会环境：一大批信徒、爱好者、“追星族”及一个需要并能够为其发展提供条件的外部环境。而一个宗教或一个乐种的兴衰嬗变，固然有着复杂的、多方面的社会原因和内部规律，但归根结底，起决定作用的也还是这“三宝”。

拿广东音乐来说，在其形成期（从 19 世纪末到 20 世纪初）出现的严老烈、何博众、何柳堂、丘鹤俦、吕文成等人，在某种程度上，即可以被视为一批“创教者”。他们从众多的民间音乐家和音乐爱好者中脱颖而出，各领风骚，独擅一代，以他们创造性的、多方面的艺术实践共同塑造了

“广东音乐”的风格体系和美学特征，共同积累了“广东音乐”的经典曲目和技术手段，共同培养了一大批在时间上和空间上有着相对固定性和连续性的“广东音乐”听众群。可以这样说，至20世纪初，“广东音乐”已经“三宝俱足”，成为一个无论在美学层次上还是音乐形态学层次上都充分独立的乐种了。整个20世纪，不管中华大地上的政治风云和经济大潮如何波翻浪卷，广东音乐都摆出一副“事不关己”的样子，在中国的东南一隅生息发展，走着一条自己的路。20世纪中叶，应该算是广东音乐的鼎盛期了，这个带着浓郁地方特色的乐种，以其秀美娇艳的品貌和“小家碧玉”的风度走进了全国的大小城市。由于广东音乐与生俱来的平民化和商品化，也由于她少女般的靓丽和浅薄，她几乎适应了城市市民阶层的一切心理需要。不管是在十九路军与日寇血战淞沪的时候，还是解放军兵临城下的关头，她都在大上海的电台里释放着平和的微笑，装点着《娱乐升平》的假象。更有趣的是，无论是在日伪统治下的广州，还是在“大跃进”时的北京，《旱天雷》和《雨打芭蕉》中绮丽性感的高胡及玲珑剔透的扬琴，都尽职尽责地阐扬着小市民在任何时候都不会缺少的欢乐。这是广东音乐的幸运，也是广东音乐的悲哀。可以这样说：整个20世纪，在中国传统音乐无比丰富多彩的诸多乐种中，没有一个乐种能够像广东音乐一样只用几十年的时间便迅速崛起，并一度风靡全国。一直到现在，当羊城的“新潮一族”早就抛弃了略显“土气”的广东音乐转而追求五花八门、新奇迭变的流行音乐和西方音乐的时候，在世界各地“唐人街”的中国饭馆里，却依然缭绕着广东音乐柔媚的乡音，而只有在此时此刻，广东音乐才显出她苍凉和深刻的一面。

但是，随着社会的发展和城市文化生活的多样化，从20世纪80年代起，广东音乐也像其他传统音乐一样，在新兴的流行音乐的冲击下无可奈何地踉跄下台，韶华不在了。这不是谁的错，更不是广东音乐的错。这是人类“喜新厌旧”的本质和万事万物都有“生老病死”这一铁的自然规律的表现。佛教著名的“三法印”中，第一条便是“诸法无常”。除了“变”是永恒之外，世上再无永恒的事物，乐种也不例外。但是，人类在“喜新厌旧”的同时，也还有着“恋旧”“怀旧”的心绪；“因缘”二字，也并非如我们想象的那样简单甚至带着一点儿无奈。有时候，某些“缘”，尤其是佛教所强调的“增上缘”“助缘”——比如有心人的发心和努力，也会“起死回生”，参与并一定程度上改变某些事物的自然规律的进程。正如马丁·路德使基督教新教勃发生机，宗喀巴让藏传佛教格鲁派焕然一新一样，一个过分发展、过分成熟的乐种也不是不可能重新振作。但是，完成这样一个任务，需要一个力挽狂澜的、有着“宗教改革家”般的大智、大勇、大心愿、大热情的“殉道者”，一个与以往的“宗教职业者”有着不同背景、不同教养、不同品味、不同视野、不同思维方式并有着更高理想和更高追求的改革家。当然，如果现在就把正处于巅峰状态的广东高胡演奏家余其伟称为广东音乐的“马丁·路德”或“宗喀巴”还为时过早，但是，他近些年的作为和表现，近些年的演奏生涯和写作、思考，使我们有理由期待他对广东音乐的重新崛起发挥重大的作用。

他已经做了很多，他也具备使广东音乐“面目一新”的素质和条件。余其伟 1953 年 10 月生于广东开平，自幼便沉浸于民间音乐的汪洋大海之中。与大部分民间音乐家不同，他不但嗜乐，而且嗜书。他在学习民族民间音乐的同时，如饥似渴地阅读了大量的书籍，其中包括中外文学、史学、哲学，等等。读书生活对他而言，比打下坚实的文化基础、开阔视野更重要的是他从此养成了思考的习惯，这使他以后的更高层次的艺术追求成为可能。1972 年，他考入广东艺术学院音乐系（现星海音乐学院），师从黄日进，并得广东音乐名家刘天一、朱海等指点。1980 年，他脱颖而出，获羊城音乐花会高胡比赛第一名；1982 年，获全国民族器乐独奏观摩优秀表演奖；1989 年，获首届中国金唱片奖。他曾访问欧、美、东南亚诸国及中国港、澳、台地区，均获好评如潮。数年来，他在国内外录制、出版磁带及 CD 数十种，亦广受欢迎。他双脚踏在中国传统文化广袤的大地上；一手伸向民间，一手伸向域外；两眼“上穷碧落下黄泉”，搜寻四野，扫视“六合”；同时，口在不停地呐喊，脑在不停地思考。几年来，在演奏之余，他发表《人生境界说》《心境与艺境》，说人生，谈艺术；发表《广东音乐文化历程》，钩沉身后史，梳理脚下土。有人称他“开拓了中国高胡艺术的新境界”“当今中国乐坛最优秀的演奏家之一”（施明新）；有人称他为“继往开来的广东音乐家”（幸志斌）、“广东音乐的希望”（马璐）、“有觉有悟的‘广东音乐家’”（费师逊）；评论他的演奏“充满了诗意的幻想、哲理的沉郁，开拓出优美而高远的境界”（李凌）、“在意象的云朵间闪翅穿翔”（赵宋光）、“一往情深与超旷空灵”（胡志平）、“仙风道骨的韵味”（梅志清）、“植根传统、博大精深”（刘天一、黄日进）、“无人无我情更真”（陈天国）；评论他的文章是“在诗意中感悟艺术人生”（曹光平）、“是深秋夜读后智慧的闪光”（梅志清）；更有人赠诗赞他：“手把胡琴最动情，卅年从艺苦求精。贯通南北倡新法，融会中西创妙声。玉律金音天地动，行云流水鬼神倾。《琴诗》一曲惊华夏，多少知音仰盛名。”（卢有光）

余其伟的成功和所有成功人士的成功一样，是天赋加勤奋的结果。但从他的成功中，我们还是能窥寻出一些有意味的东西来。佛教把普天下的学问分为“内学”和“外学”，分为“出世法”和“世间法”，并强调“修”与“学”并重，认为只有将两者结合起来，融会贯通，才能了悟人生佛道，度己度人。余其伟便善于将同一事物的两极结合在一起或在两个“对极”之间寻觅平衡：在演奏技巧上，他在学院派的严谨和对“音准”的强调与民间艺术的内在生命力和对“韵味”的追求之间找到了一种平衡；在艺术表现上，他在“手”与“脑”——扎实的基本功与某种哲理和思想的构筑之间架设了一条通道；在风格上，他既能让人真切感受到一种“充实”，又能让人体味到“仙风道骨”般的“空灵”；在曲目的积累和对音乐的阐释上，他“不薄今人爱古人”，既能把《柳青娘》《饿马摇铃》这样的传统曲目演奏得出神入化、韵味十足，也能把《琴诗》《粤魂》《思念》《禅院钟声》等由专业作曲家新创作的大型协奏曲表现得细腻完整、哀婉动人；在铺筑自己的艺术之路时，他兼顾了“台上”与“灯下”，为自己设计了一个“学者型艺术家”或“艺术家型学者”的形象。用他自己的文字来说，便是“长空与风月——客观自然的永恒与短暂之对极。行尽江南与片时春梦——主观精神的恒常与一瞬之对极”[①]。环顾九州岛，在整个中国民乐界，在中年演奏家中间，像余其伟这样全面的人才还的确不多见。

但是，广东音乐爱好者对他的期望之高与摆在他面前的任务之艰巨，也是一个“对极”。广东音乐在闪电般的崛起与辉煌之后，与我国的其他传统艺术一样，面临着艺术市场化和西方文化与流行音乐的双重挑战。其实，艺术市场化并不可怕，广东音乐本来便诞生在商业发达的珠江三角洲地区，她也曾在旧的商品社会中“巧笑倩兮，美目盼兮”。问题是，艺术也如那位已故的元帅诗人所慨叹的那样“十八岁的姑娘年年有”。对“新陈代谢”这个本来不带任何感情色彩的词，一个 16 岁的中学生和一个 60 岁的女影星的个人感受肯定大相径庭。当像京剧这样博大精深、传统丰厚、本身存在着巨大张力场和包容力的剧种尚需大张旗鼓地呼喊“振兴”的时候，广东音乐便越发显得底气不足了。

的确，每一个乐种都有着它不可替代之处，有着它独特的传统与风格特色。从某种程度上说，这些特色就像人的容貌一样，从少到老，“万变不离其宗”，再“变”也不会变成别人。而这些注定只能在自己特定的基因

---

① 余其伟：《万古长空，一朝风月》，《南方周末》1988 年 4 月 29 日。

控制下的渐变，如果没有“医生”的干预的话，也一定会将“双眼皮”和“扁平足”一起遗传下去。就像医生治病一定先要诊断出患者的病根、病因一样，要想使广东音乐在新的历史条件下春风二度，必须了解广东音乐的不足之处何在。笔者对广东音乐只有肤浅的了解，不具备对深层问题及具体事物的发言权，还是看余其伟本人如何认识：

> 广东音乐过去一般是由文化水准不很高的，但有丰富生活经验和演奏、演唱经验的中下层民间艺人的业余性质的创造。如今，则需要具有较高文化素养的、知识广博的、接受过严格专业训练的、具丰富而深刻生活经验的文艺家来攀登广东音乐的新的高峰。高度成熟的广东音乐要经受我们民族最高水准的思想文化洗礼。
>
> 传统南方文化人自由、散漫又不乏聪明、活泼的禀性，一方面相对的缺乏北国文化人普遍禀赋的社会责任感与历史使命感；另一方面又往往沉醉在自豪和优越感中，造成某种自足感与封闭性。
>
> 但从文化发展总的趋势看，广东音乐从题材选取、表现技巧、寓意深度等，都要求有更开阔、更崭新、更崇高的境界，要更具人生意识和历史使命感，它要在全民族、全世界的音乐艺术的纵横比较、参照中，站在更高的层面上展示自身独特的价值。

我以为余其伟的这些话，既是经验之谈，又是理论思考；既是全身浸泡在水中“冷暖自知”的、绝对“门里人”的难得的个人体验，又是钻出水来，登上另一个山顶之后回眸远望的真知灼见。产生在20世纪初东南一隅一个被广大农村包围的商业城市的中下层市民中的广东音乐，要想脱胎换骨、凤凰涅槃，除了走余其伟所说的这条路外，别无他途。扬弃弱点、走出局限、登高望远、丰富自身、提高品位、扩大内涵、充分“文化”，这是几乎一切民间艺术超越时间与空间的必行之路。这，也就是我所说的“文人化”。

过去，我们在强调民间文化的重要性时，受“左”的意识形态的影响，曾经极不公正地对待文人——古代知识分子在创造、传播、继承中国传统文化中的伟大作用。曾经有这样一种广为流行的理论：原来活泼生动的民间艺术，一经文人之手，便一无例外地变得“僵化”“保守”及失去了生机。这种理论，实在是知识分子精神“自虐狂”的表现。乐府民歌和敦煌曲子辞的确好，但在深度、广度及艺术性的全面比较中，它们能和以李白、杜甫为代表的唐诗光耀古今、彪炳千秋的伟大成就相提并论吗？来自民间的古代戏曲固然优秀，但如果没有“关、马、郑、白”四大家，没有魏良辅、汤显祖，能有中国戏曲艺术丰富繁茂、博大精深的体系吗？“文人化”不等于随便让哪一个“文人”去随意“变化”民间艺术，更不是不土不洋的“文化馆化”。就像不是随便哪一个农民都会唱山歌一样，“文人”中也有“天才”和“屎蛋”之别。我所说的“文人化”，其实质是由具有“宗教改革家”素质的知识分子用“文化”来“化”民间艺术中原本粗俗浅陋的东西，使其升华、飞腾。“文人化”，也就是由中国第一流的大作曲家、知识分子音乐家和关心音乐的知识分子在中华文化的基础上共同参与民族音乐的进程，就像巴赫、亨德尔、贝多芬在西方文化的基础上参与基督教音乐的近代进程一样。天生丽质、人面桃花的二八村姑固然美，但这世界上毕竟还有仪态万方、倾城倾国的“国色天香”。而当我们真像李开先那样有了四壁唐诗、宋词、元曲之后，再来说说“真诗只在民间”也还不迟。

余其伟似乎什么都不缺了。他有实践、有理论、有才气、有眼光、有品位，也有一大批追随者。但我不知道他究竟有没有“殉道者”的勇气和“宗教改革家”的大悲、大智、大雄力。我担心他难以跳出世间的喧嚣和俗世生活的困扰，也担心他最终跳不出“广东音乐”的局限性。他毕竟在这里陷得太深了。他与广东音乐的感情纠葛也太深了。他曾颇带感情色彩地为广东音乐的大师吕文成鸣不平。他说吕文成本应和刘天华与阿炳三足鼎立而齐名，但因为吕文成没有像刘天华那样忧国忧民、有一定的进步思想，也不像阿炳那样家境贫寒，而是终生在城市生活中优哉游哉，过着小市民的“幸福”生活，“成分不好”，所以中华人民共和国成立后不被重视。此话不是没有一点儿道理，但我仍然觉得余其伟在说这番话时没能跳出“广东音乐”的城池，没能站得更高！其实，在我看来，广东音乐不也正是由于这种“优哉游哉”、自得其乐的性格而缺乏沉郁、博大的胸怀和直面人生的勇气吗？这绝不是简单的“南北”之别，也不是“豪放”与“婉约”的风格不同，这里其实有关音乐与艺术的真谛，何须赘言，智者当知。

当余其伟超越自己的时候，广东音乐也将超越自身。余其伟，任重而道远！

（原载《爱乐》1997 年第 3 期）

在音乐中接近不朽
——杨静音乐会前言

1994 年，我曾为杨静创作的琵琶曲《龟兹舞曲》写过一篇评述文字，发表在那一年的《人民音乐》上。三年了，时光就像一段琵琶的轮指，不知不觉地就从指下汩汩地流走了。几天前，当杨静告诉我她要搞一个独奏音乐会，用她的琵琶展示她这几年对生活的思考时，我当即表示支持。因为我越来越觉得，人的生命，包括艺术家的艺术生命，也像迤逦的乐音，美丽却转瞬即逝。从人类整体的角度来看，音乐艺术似乎是壮阔的天空，星辰无数。但对艺术家个人而言，画出确曾属于自己的那一道闪光的轨迹，却不仅需要汗水，还需要珍惜青春和机遇。古人说得好："诗酒趁年华。"

近四十年来的正规音乐教育成绩斐然，但单就民族器乐演奏家的培养来讲，却只能说是喜忧参半。以西方音乐教育体制为蓝本、以西方器乐训练方法为参照系的音乐学院民乐系在培养出一批具有高超演奏技巧的"专业演奏家"的同时，或多或少地割断了与我国悠久的文化传统与音乐传统的联系，使音乐院校出来的民乐演奏家们普遍存在着技术强、艺术弱、文化缺的现象。在这方面，杨静有她的优势。她不但能弹琴，还能作曲。我特别看重她这一点，不是想强调她有多聪明，而是想强调这其实是一个传统。中国传统的音乐家们大都多才多艺——也许不那么“专业”，但更艺术。

音乐首先是一种文化，其次才是一门技术。中国传统音乐美学始终在社会层面强调音乐的教化、交流作用，强调用音乐来促使各阶层的人们互相了解，从而达到“和”的状态；在艺术层面则强调音乐的“意境”“韵味”，强调对音乐的“体味”而反对“繁手淫声”式的“炫技表演”。近几年，我常同一些宗教音乐家和民间音乐家出国演出，除了文化交流的需要外，其中还有一个原因：我欣赏他们与音乐的关系和他们自己对音乐的态度；他们把音乐视为他们与天地、与自然、与他人、与自己交流的媒介，视为自己生存环境的一部分；他们谦虚地把自己融到音乐中，始终保留着对音乐的敬意。而我之所以不喜欢某些音乐家的原因，也是因为他们总想让听众觉得自己比音乐更伟大。

音乐是不朽的。音乐家也只有在音乐中才能不朽。

追求不朽是人类最狂妄，同时也是最本能的企图，所以，人类社会才会有音乐和宗教。让我们在音乐中——哪怕只是一瞬间——接近并体味“不朽”吧。

1997 年 6 月 16 日于北京音乐厅

沈湘不朽

面对逝者，生者常常说：“××× 不朽”，但这仅仅是生者良好的愿望而已，逝者是否能真的“不朽”，还要看逝者生前是否做了“不朽”的准备。《左传》中说君子有“三不朽”：“太上有立德，其次有立功，其次有立言。”用现在的话说，“立德”是“做人”，“立功”是“做事”，“立言”是“做学问”。“德”的标准，代有因革。现代人对“做人”也各有各的看法。我看一个人，主要看两点：一是看他在大是大非面前，在可能危及自己利益的关键时刻的表现；一是看他对他人的态度。我在为沈湘先生撰写碑文时看他的生平介绍，曾被他的两件事所感动。第一件事是 1944 年抗战时，沈先生在上海国立音乐院（今上海音乐学院）读书，因为拒绝参加为汪伪政权买飞机的“义演”而被校方开除。我读了这个材料，才得知中国的音乐界当年还有过这样一件耻辱；也才得知沈先生是这样一个人，这样一个了不起的人，这样一个有血性、有良心、有良知的人！第二件事是“文革”中沈先生被打成“反革命”，有一个学生曾用皮带抽过他。“文革”后，沈先生再遇到这个学生，不但面无愠色，就像没有发生过任何事一样，甚至还安慰这个学生，让他不要“背包袱”。“豁达”与“宽容”，说说容易，真做到很难，做到沈先生这样，就更难。沈先生有如此胸襟，和他对人和人生的基本看法和一贯态度分不开。

谈过了“立德”，才能谈“立功”和“立言”。作为世界驰名的声乐教育家，他立的“功”不可谓不大。我在为沈先生拟的碑文中，用16个字概括他的“功”：“高徒如云，名满天下。异邦学子，慕名远求。”像梁宁、迪迪拜尔、程志、殷秀梅……难道不是“高徒如云”吗？在西方开“声乐大师班”，教外国歌唱家，就更不容易。因为“美声唱法”的故乡在西方，沈先生本人没有留过学，是在自己的土地上学的人家的东西。现在，外国人反过来向他学，容易吗？

至于“立言”的问题，我曾听声乐界的朋友说过：“沈先生教出了这么多好学生，只可惜生前没有留下一本书。”开始，我也有一点儿为他惋惜，可后来又一想：圣人立言，也是“述而不作”。释迦牟尼临终，也曾说自己“未说一字”。从《论语》到佛经，都是弟子们祖述先说，都是由学生们整理成书的。声乐理论在音乐理论中，可能是最薄弱的，这恐怕与声乐的高实践性有关。一切强调实践、强调体悟的东西，从本质上便具有反理论、超理论的倾向。老子《道德经》五千言，开口便是：“道可道，非常道”，说能讲出来的道理都不是真正的道理。声乐讲“位置”“气息”，都是看不见，摸不着的，都要靠自己去体会、去证悟，就像禅宗所说的那样：“如人饮水，冷暖自知。”从声乐的本质来说，声乐理论落后于实践，是自然的、合理的，也是无可奈何的。沈先生只教学生而不著述，是他真懂声乐的表现。

但从另一个角度来说，把沈先生的教学经验总结、概括、上升为某种人们能理解、接受、效法的理论，也的确是一件对后人和音乐界有益的事。我个人觉得，声乐的理论最好不要求深、求大、求全，不一定非要“理论化”。中国佛教中最“理论化”的宗派，如大名鼎鼎的唐三藏法师玄奘所开创的“法相宗”，唐后便难流传，反而最终“十寺九禅”，让最不讲理论的禅宗成了大器。习禅与学声乐有许多相似之处。禅宗的思维方式、修行方式、表达方式、开悟方式，都可以给声乐界以极大的启发。最起码，可以先学学禅宗的理论形式——“语录”，为沈先生搞一本声乐教学的语录，把他那些像珠子一样散落的思想、观点、方法、经验“串”起来，用沈先生生前自己的语言，生动、浅显、贴切、口语化、不脱离实践，这恐怕比硬写什么大部头的、唱歌的人觉得“太深，看不懂”，而搞理论的人又觉得“太浅、没意思”的专著更有用。

沈先生是不朽的，因为他做人、做学问、做事都值得后人深思和效法。

（原载《音乐生活报》1998 年 11 月 12 日）

风韵·气度·境界
——写在宋飞二胡独奏音乐会之前

在20世纪的中国音乐史中，二胡的崛起是一件大事。新旧嬗替，代有因革。当钟磬绝响，古琴寂寥，琵琶与笛、筝、笙、管苦撑着民族器乐的舞台时，从宋元时才见踪迹的外族乐器二胡，却蓦然而现，突兀而起，从中原的穷乡僻壤和江南的小街陋巷登上了民族器乐的宏伟殿堂。当小泽征尔辈闻其奏而涕下的时候，它作为“独奏乐器”的历史其实还不过几十年。但是，时至今日，只要是对中国传统文化略有所知的人，谁还可能不知道刘天华、阿炳和《二泉映月》呢？

二胡的崛起首先由于它独特的风韵。在长长的、没有指板依托的两根弦上吟揉，不能不令人想起中国最有代表性的艺术——书法的悬腕和悬肘；而用比提琴弓要软得多的琴弓在两根弦之间往复推拉，则又会让人想起同样柔软但内蕴千钧，可“力透纸背”的中国毛笔和太极拳的推手。当然，与拨弦乐器的颗粒状声音不同，二胡的缠绵悱恻、荡气回肠，是和它绵绵不断、如行云流水般的线性声音分不开的。“如泣如诉”的风韵，来自乐器特殊的质素和演奏法。

听宋飞的二胡，有点儿像观赏大家笔走龙蛇的书法。“北碑南帖”，风韵迥异，宋飞的演奏也是如此：既有北国大漠孤烟、铜驼铁马的豪放，又有江南小桥流水、杏花春雨的旖旎；既有汉隶的古朴苍劲，又有晋草的婉转风流。当然，作为燕赵女儿的她，更本质的生命气度还是那份厚实和大方。唐太宗曾称赞王羲之的书法：“烟霏露结，状若断而还连；凤翥龙蟠，势如斜而反直。”宋飞发挥得好时，的确有一点儿近似此境。她聪颖好学，又有追求，且正当一个演奏家逼近巅峰状态的年华，可以，而且应该把二胡艺术推向一个更高的境界。

但“境界”二字却谈何容易！“境”如果是理想、是追求的话，那么，“界”可带着鲜明的“谢绝入内”的难以逾越之意。没有九天揽月的胆略，没有锲而不舍的努力，没有直捣雄关的决心和才智，绝无可能越界登关而临胜境。古人“九品论人，七略裁士”，不是非得把本性平等的众生分出层次来，而是因为在现实生活当中的确存在着你目前可能还看不到的更高的境界。对那个邈远但充满魅力的艺术境界，儒家赞为“尽善尽美”，道家称为“天籁”，佛家喻其为“音声海”，我们称之为“自由之境”。离这个境界，宋飞可还有一段路好走！

宋飞于独奏会前请我作序，信笔写来，岂有他意，唯寄厚望焉。

1998 年 8 月 15 日于北京音乐厅

观一叶而知天地　聆一音而悟有情
——评林谷芳的有声著作《谛观有情》

今春三月，台湾音乐家林谷芳陪我去看了一天台北的故宫博物院，当我从头到脚都灌满了祖先林林总总的艺术“醍醐”，满身心都沉浸在中华民族历代艺术珍品所给我的震撼、抚慰、润泽之中的时候，他从汽车的后备箱中取出一包沉甸甸的东西塞到我手上——“沉”，是他的这套著作给我的第一印象。

回到寓所，打开这套装帧典雅精致，包括两册大开本精装书和 10 盒 CD 唱片的套装书籍，仅从外观看去，便已先得我心。老实说，对我这个“好色之徒”来讲，书籍的装帧绝不是无关紧要的。它没有现在常常看到的那种“穷人乍富”式的“豪华”，也没有那种俗艳美女恨不得天下人都来看她的心态，它宁静素雅、端丽深沉，在米黄色与咖啡色之间勾勒出历史的幽远与淡淡的惆怅，像一个刚刚从宋、明画绢上走下来的仕女，天生高贵而又透着一股遮不住的书卷气。

书的内容却是在回到北京后才有暇细读的。我和林谷芳接触的时间不多，但在认知世界和阐扬个体生命的方式上却颇有类似之处，也就是古人所谓的“声气相求”吧。他曾笑谈海峡两岸音乐学界有两个“好骂人”的人，一个是他，一个是我。当然，光“好骂人”不行，还要会“骂”，更要

“骂”得准，“骂”得对。在他的《谛观有情》中，他开篇便“骂”，“骂”什么，“骂”一种人人习以为常、人人以为好得不得了的成论——“音乐无国界”。

“音乐无国界”不是好事吗？不是我们吃音乐饭的人引以为荣的吗？林谷芳说不是。他振聋发聩地说：“‘音乐无国界’的说法其实忽略了音乐也是人类表达情感及意义的一种符号。”“作为人类的文化行为，音乐的存在是有其泛文化普遍性的……然而，也像各民族会有自己不同的语言系统般，人类在用音乐呈现其内心世界时，其实也各有自己的表达系统。因此，当我们自以为了解对方的音乐时，往往也只是以自己的系统‘自以为是’地去解释听到的声音罢了！”“各个民族的艺术从价值体系到表现手法层层以降都有它文化的特异性，要了解不同系统的音乐乃非得经过‘将对方认知系统内化’的程序不可；而由于音乐往往关联生命深层的情感，因此，进入另一系统的音乐，甚至比一般的语言训练更为困难。”林谷芳“骂”“音乐无国界”的意义在于在西方强势文化的大背景下强调了中国民族音乐的特殊性和“进入”中国民族音乐时所需要的深层文化背景。

人类学的训练和他对社会文化现象的深思，使他对文化上的“进化论”观点同样持一种批判的态度。20 世纪 80 年代中期，我曾撰文批判那种认为西方音乐“先进”、中国音乐“落后”的观点，指出艺术与科学不同，不应该也不能够用科技领域中的“先进”与“落后”来判断。在《谛观有情》中，林谷芳提出了同样的论题，认为在“美”的领域里和在科学研究中“新”一定是对“旧”的否定不同，“美”有其永恒的价值。看来，海峡两岸的音乐家们在审美领域里的觉醒是一致的，而“文化多元论”的观点也得到越来越多的人的认同。

与一般的理论家不同，林谷芳的长处是他同时还是一个演奏家。他对音乐的“谛观”，是“心”与“手”兼用的。所以，他能发人之所未能言，删除一切不着边际的空论，一针见血地概括出中国传统音乐的本质特征。比如，他极“物化”、极“简单”地将“韵”——这个在美学家那里可以谈上万千字的抽象概念概括为“余音”；将同样可以写一本书的“气”字，概括成中国音乐进行中的“顿挫转折”。关于音色在中国音乐中的“本质”“根底”地位，他认为“音色作为一个音‘存在’或‘被认知欣赏’的条件，其作用是可以远远超越音高、节奏等其他要件的”。他在音乐的诸要素中独独拈出一个“一即一切”的“音色”来加以强调，的确是浸润于中国传统音乐多年后才可能悟出的道理。

从这个“本自具足”的音色，进而谈及“缘起相生”的“韵”，进而谈及“宛然实在”的中国传统乐器，进而谈及中国音乐中蕴藏着的“道”，谈及中国音乐与大自然、与人生的密切关系，谈及中国音乐“有情的宇宙观”与“生命境界的对应”，林谷芳洋洋洒洒地将他对中国音乐的观照倾诉给一切与中国音乐有缘的读者。在他从“史的观照”和“诗的感叹”里得出中国音乐“道艺一体”的结论之后，在该书的“结语”中，“好骂人”的林谷芳又禁不住大“骂”：“一个民族打了自己百年巴掌，为什么不停下来想一想？”他沉痛地指出：“这次文化的失陷（指百年来中国传统文化在西方强势文化冲击下的陷落），是由知识分子发起的。在过去，即使是‘弹琵琶、习胡语’的南北朝，士大夫也仍成为坚守自己传统的砥柱，并以此制衡民间的嬗变，但百年来，知识分子带领的西潮却演变成全面打倒传统的局面……”“骂”罢，林谷芳对“古典文化要如何才能作用于当代生命”的难题，依然满怀信心地指出一条生路：“其实只要透过一定的接引阐述，往往就能让人体会到它不朽的价值，而这种价值主要就体现在它对生命本质的谛观之上。”可以这么说，林谷芳的《谛观有情》，就是用语言、文字、音乐“接引”众生透过中国音乐的“殊胜因缘”来体悟生命本质的利器。值得指出的是，作者在习乐的同时，广涉儒、释、道的理论与实践，坚持将音乐作为“修道”与“接引”的法门，因此在全书中处处可见儒者风范、佛家智慧、道家精神。本来，中国音乐便是儒、释、道三家思想的载体，只不过在近代渐沦渐丧了。值得庆幸的是，在大部分中国传统音乐失落精神而大部分中国音乐的传统无人承继的时候，林谷芳用他的努力制造了一线微弱却朗然可见的曙光。

最后，我想指出该书的几个难得的特色：第一，《谛观有情》的论述部分，没有我们常常在理论书籍中见到的学究气，是极具个性色彩的灵性文字，既有深层思考的智慧之果，同时又文采斐然，灵活生动，颇具可读性。第二，乐曲的说明部分《典型在夙昔》，全部是请中国艺术研究院音乐研究所的资深研究人员撰写的，具有较高的学术水准和极高的参考价值。第三，为该书配套的 10 盘 CD，可以说基本囊括了中国传统音乐的精华，不但所有曲目堪称千古楷模的经典作品，且全部演奏者都是同样堪称一代宗师的大家。这 10 盘 CD，从时间上横跨古今，从选材上包括琴、笛、筝、箫、琵琶等几乎全部中国民族乐器和乐种，大而全，美而精。看着这套装帧精美的书籍，听着这些被林谷芳“一网打尽”的中国大陆名家的经典之作，我在心里禁不住恨恨然地“骂”道：林谷芳，你够狠！

（原载《音乐生活报》1998 年 9 月 4 日）

君子之风　其淡如水

——听金湘的管弦乐小品《爱莲说》

在中国传统的“花文化”中，莲花不仅仅是道德和人格的象征——意味着纯洁、宁静、清廉、飘逸、恬淡、耿介高洁、超凡脱俗——它还是一种精神，一种风格，一种品位，一种气韵。周敦颐在其名文《爱莲说》中，称菊花为“花之隐逸者也”；牡丹为“花之富贵者也”；莲花为“花之君子者也”。对于中国的文人来说，“君子”之喻，应该是最高的赞誉了；而用音乐来表现“出淤泥而不染，濯清涟而不妖”的“君子之风”，则是作曲家金湘的一个新尝试。

管弦乐小品《爱莲说》一开始，弦乐晶莹的水波便托出了长笛的摇曳。随着音乐的流荡，琵琶清丽的音响更像滚动在莲瓣、荷叶上的露珠，闪烁着秋月的澄澈。朦胧的意境，空灵的气氛，淡雅的旋律，音乐从始到终都让人联想到中国写意画的墨荷。

在作曲家的笔下，莲花雅淡的风姿在可听性很强的音乐中绰约可见。一个以弦乐为主的小乐队加上个性极强的琵琶，构成了这个室内乐作品的基本阵容。诸如“惜墨如金”和“计白当黑”这些中国绘画的悠久传统，在作曲家的音乐中得到了生动的体现。

在作曲技法上，作曲家似乎在追求一种“在传统基础上的创新”，或

“有新意的传统”；既不墨守成规，也不为新而新，颇得“中庸之道”。而“中庸之道”，正是“君子之风”的本质体现。

听金湘的“莲”，没有那种“接天莲叶无穷碧，映日荷花别样红”的壮阔，而更多的是一种“如莲花不着水，如日月不住空”的透彻和空灵。周敦颐写《爱莲说》之前，中国的文人士大夫所拥戴的花里，还没有莲的地位。“梅、兰、竹、菊”，号称“四君子”，是儒家人格的折射。对莲花的礼赞，在当时应该还是一种“新思潮”，是佛教文化与中国固有文化交融的结果。在佛教文化中，莲花被赋予众多的内涵，是佛法的象征和净土的代称。在金湘写《爱莲说》之前，中国传统乐曲中的“莲花”，如广东客家筝曲中的《出水莲》，纯粹是表达一种抽象的情绪和意境。金湘的作品却不仅仅如此，它更形象、更空灵、更容易把握，也更有现代的趣味与精神。

（原载《人民音乐》1998 年第 12 期）

谁是上帝？

——“权力与流行文化谈”之一

老实说，在我家的“家庭电视频道之战”中，我一贯是坚决反对以儿子为一方的“狂热流行音乐派”的。但是那天当电视屏幕上出现金兆钧那张怎么说也算不上漂亮的面孔时，我还是及时地“锁住频道”，想听听他在说什么。这其实也是人之常情——假如电视屏幕上出现的那个人恰巧是你认识的话，比方说是你隔壁的二姐或对门的三哥，你也会和我一样，先“锁住频道”，甭管他说的是什么。

他和一些我知道或不太知道的歌星在侃一个问题：为什么现在广州的歌坛不如从前景气？许多广州的歌星们强调说：是因为中央电视台不在广州。而金兆钧和另一个也恰好是我所认识的词家甲丁则认为问题不全在中央电视台那儿，还存在着许许多多别的问题——比如歌手和音像公司的利益分配问题等。

我觉得他们说的都有道理。但问题的实质，依我看，却还是一个文化与权力的关系问题。

讲到文化与权力的关系，大部分人会想起官方文化、主流文化与政治权力的关系，而常常想不到流行音乐与权力的关系。

似乎流行文化是民众的文化，远离权力中心，因而也就同样远离权力。其实，“权力”有许多种，在文化的传播与发展中起作用的权力，不一定仅仅是政治权力。在音乐已经成为商品的社会中，资本的权力及音乐生产的经营者、传播者和推销者所具有的权力，往往不亚于政治的权力。

是谁来决定音乐这种“商品”的生产和销售呢？从理论上说，似乎应该是大众，是音乐的消费者或是音乐的创造者和表达者。但事实上，与物质产品流通领域中所谓的“顾客是上帝”不同，在精神产品的流通领域里，“上帝”却常常不一定是“顾客”，也不一定是创造音乐的音乐人。那么，在流行音乐领域中，究竟谁是“上帝”呢？在“作曲家—歌星—制造商（唱片公司）—传媒—销售商—听众”这个流行音乐的商品流通过程中，谁是起决定作用的呢？

当然不是作曲家，假如作曲家不恰恰同时也是一个青春亮丽的歌手兼腰缠万贯的唱片商的话。是那些光彩夺目、能让千千万万的“追星族”生生死死的歌星吗？好像是。但仔细想一想，也未必。人们不是常常讲到“包装歌手”嘛，人们不是曾在某次流行音乐的“大赛”中目不忍睹一些著名歌星连最基本的乐理知识也答不上来，在大庭广众中出洋相嘛。人们不是知道大部分的歌手都不敢得罪“老板”，而同时更找不到一个歌手得罪传媒嘛。但几乎所有的“业内人士”都得承认这句怎么琢磨也不合理的话有一定的合理性及可证性——“好警察能在任何一个好人身上找出可以判 20 年的罪证来，好唱片商能让任何一个 17 岁的少女成为歌星”。后面还可以再加上一句：即使他没罪而她五音不全。

在“文艺为工农兵”的时代被称为“大众”而不知从何时被改称“受众”的人们刚刚在物质商品领域里尝到一点点“上帝”的味道。但在精神产品领域中，他们往往只能“接受”，这恐怕就是他们改称“受众”的原因。在这个越来越商品化的领域里，你不得不承认：假如“阿斗”在大部分时间里是被“抱”着的话（在全本《三国演义》中，被“摔”只有一次！），那么，“受众”却常常只有被“牵”着走。我受过绝对正统的教育，我绝对承认人民，只有人民，才是创造历史的真正的英雄。但听听流行歌曲似乎还算不上是“创造历史”，只不过是在创造历史过程中的一点点“消闲”而已。

我刚才所说的“作曲家—歌星—制造商（唱片公司）—传媒—销售商—听众”的这个大环，其实可以概括为三部分：音乐产品的制造者、消费者与中介。第一部分“音乐产品的制造者”，还可以分为类似“资本家”与“工人”的两部分人——前者是唱片商与投资者，后者包括作曲家、歌星、录音师等“打工者”。在改革开放20年后的今天，恐怕所有人都不会再怀疑投资者的重要性和权力存在于流行音乐的前期制作过程中，说投资者是权力最大的一方，应该没有问题。一般说来，是投资者、唱片公司决定使用哪位作曲家的作品，推出哪位歌手，而不是“受众”。其实这里面的道理很简单，且不说资本在一切商品制造过程中的重要性了，单说一个最浅显的理由就够了：在音乐商品没有开始流通之前，在流行音乐这盘菜没有端上桌之前，“受众”根本不知道他们会吃到什么菜！在很多时候，他们仅仅有被市场前期炒作散出的“香味儿”吊着胃口的权力。至于“厨房”里面的事情，他们始终被蒙在鼓里，因而也就谈不上什么“发言权”。

那么，是谁把菜端到你面前的呢？是谁来决定你今天吃什么、怎样吃、什么时候吃、吃多少呢？大家都知道，是中介，一个可怕的中介——传媒。在现代社会中，谁也躲不过传媒尤其是电视的影响与控制，除非你根本拒绝现代文明与现代生活方式。一个名不见经传的歌手通过电视台春节晚会的传播而一夜之间名扬天下的故事已不再是童话，而几乎成了一条规律。因此，说投资者与传媒是流行音乐商品生产与流通过程中最有权力的环节，恐怕是符合现实的。

但，这合理吗？为什么流行音乐的消费者——“受众”不能也理直气壮地当回上帝呢？咱们且听下回分解！

（原载《中国百老汇》1999年第5期）

漂流音乐长河

——读冯文慈先生《中外音乐交流史》

世纪末，总不乏悲歌慷慨之士。当“黄河第一漂”与“长江第一漂”的勇士们在大自然的激流中用自己的血肉之躯为民族添一缕阳刚之气时，一位睿智的老者也在用自己的生命进行另一种“漂流”，为民族文化建设的画卷添了厚重的一笔，这就是新近由湖南教育出版社出版的冯文慈先生的力作——《中外音乐交流史》。

一部中国音乐史，其实就是一部中外音乐交流史。但是，以往的中、外音乐史，大抵是立足于本民族、本国音乐的“单线”发展，虽然有时要在大部分以历史阶段划分的章节中写上一笔“音乐交流”的内容，但仍然是把“交流”当成次要的、非主流的存在，当成一个民族音乐发展过程中的某种可有可无的补充；任何一个民族的音乐发展，都不可能在封闭状态下进行，就像任何一条充沛丰盈的大河，都不可能没有一个庞大的、纵横交错的河网一样。

历史是人创造的，更是人写的。一部好的史学著作，应当既有“人”的情感，又有史家的冷静与严谨。作者看到：“中国和外国都有许多睿智之士，为了音乐文化交流付出几多岁月年华，甚至历尽千辛万苦，贡献了生命。”被诸如古代缅甸音乐家“越流沙，逾悬度”，攀缘崇山峻岭间的悬空绳索，途经今克什米尔一带到达中原；而遣隋、遣唐的日本人中平均“每四人中间就会有一人葬身鱼腹”的事实所感动，因而怀着强烈的历史责任感将从先秦到近代的中外音乐交流史做了一番认真的梳理；同时作者又以实证科学的态度，对传说中的历史和历史中的传说进行了冷静的追问和考证。在《中外音乐交流史》中，作者一开卷便对中国古典中所说的一些已延续了千百年的成说进行了考证。比如“伶伦制律”，一直是关于中国音乐起源尤其是中国传统乐律起源的重要材料。20 世纪二三十年代，王光祈首先提出伶伦所到的“大夏之西”的“大夏”是当今阿富汗北部的巴克特里亚或吐火罗，进而提出“巴比伦乐制”曾传入中国的理论。此说对中国音乐史界影响很大，多数有关中国音乐史的著作都以此论作为早期中外音乐交流的例子。本书作者则指出：“不但在中国史书上记载着两个大夏，而且中国古代对于昆仑山的方位的观念有时也并不完全等同于今天的观念。”他经过自成其说的论证，认为正确的理解应该是：伶伦到达的大夏，是在中国境内今甘肃东南部一带。此外，关于周穆王西巡至西亚进行音乐交流的传说，作者也做了否定性的结论。

从疑古到明今，是“五四”以来中国史学的传统之一，以顾颉刚为代表的“古史辨”派率先对中国古史中的一些“传说”进行追问，对中国传统史学造成了不大不小的震撼。虽然近年来的考古发现从许多侧面证实了中国传统典篇中记述的可信性，澄清了顾颉刚等人的许多所疑之处，尤其是有关夏墟的挖掘更证实了“夏”的存在，但是，以顾颉刚为代表的史学领域里的怀疑精神，依然有着不朽的精神价值和人文意义。在一本讲“中外音乐交流”的著作中开篇便“否定”了成说中的“交流”事例，就像卖瓜的说瓜苦一样，充分说明了作者求实的精神和严谨的学风。

“我们中华民族的音乐文化在历史上就曾经远播域外，给其他民族和国家带去‘福音’，从而赢得尊崇和喜爱；同时，我们中华民族的音乐文化也曾经从其他民族和国家吸取营养，获得新的生机。”作者在“引言”中的这段话，公正、客观地概括了中华民族的音乐文化与其他民族和国家的音乐文化互施互爱、互赠互与的关系。在书中，作者既详尽论述了诸如“胡乐在隋唐宫廷乐部中的确立”“印度佛教音乐启示下中土的佛教音乐和变文”“元代时期基督教音乐的传播”“鸦片战争后西方基督教在华的教堂音乐和教会学校的音乐教育”等内容，也谈到了“日本国对唐乐的崇奉和日本化的‘雅乐’”“传世的日本化‘雅乐’乐学和唐代白谱”“中国戏曲艺术对安南的影响”“朱载堉的十二平均律是否曾秘传欧洲”等内容，可谓“进口”与“出口”平衡，传入与传出并重。作者对中外音乐交流的大量史实不但条分缕析，尽量做到全面、详尽、公允，而且吸收了大量近年来学术界的优秀成果和作者本人多年研究的心得。比如作者对日本雅乐的考察，便可称为系统的、科学的研究。作者从日本对唐代繁盛的音乐文化的崇奉谈到日本“雅乐”的引进和日本化“雅乐”的发展，在“平安时代初期对于中国隋唐音乐文化的融合”一节中，对中国音乐文化之于日本音乐文化强有力的、全面的影响，进行了深刻而实事求是的论述，对人们认识日本“雅乐”的性质有极大的帮助。作者并以“逆向考察”的方式，通过对传世日本“雅乐”和日本目前所藏中国古乐器、乐谱的介绍，使读者对中日音乐文化交流的重大历史史实，有了更清晰、直观的印象。在作者的论述中，透过对历史材料的全面、详尽的把握，还随处可见真知灼见的闪光和阐扬先人未明之处的学术新解。仅举作者对“木卡姆”音乐的分析，便可见作者之见地。

对于新疆维吾尔族“木卡姆”音乐的来源问题，音乐史学界素有争论。作者先从“维吾尔木卡姆音乐和南北朝隋唐时期的龟兹乐有无关系”的问题入手，采取了民族学的角度。在探讨了与龟兹乐继承发展有关的唐代“回鹘西迁”的史实之后，作者先得出“近现代维吾尔木卡姆音乐通过继承龟兹乐，实际上就已经往某种程度上融合着西域音乐、特别是古代印度音乐的成分”；然后，作者再从语言学的角度出发，从阿拉伯语“木卡姆”一词的音译与意译讲到信仰伊斯兰教的国家和地区的众多“木卡姆”品种，勾勒出“木卡姆音乐是伊斯兰世界共有的音乐文化现象”的大背景；最终以详尽的材料分析了“新疆的‘伊斯兰化’和维吾尔木卡姆音乐”的历史和特色，并就“木卡姆”音乐中所使用乐器的演变与音乐本体的演变二者之间的关系问题进行了有说服力的论辩，反驳了那种认为“维吾尔木卡姆音乐与古代龟兹乐不存在继承关系，是‘伊斯兰化’以后输入的音乐品种”的观点，其论点之清晰、论据之翔实、论证过程之严谨，给读者留下了深刻的印象。

此外，在这部著作中，作者还以较大的篇幅探讨了明清之后在“西学东渐”影响下中国音乐的状况和对中外音乐交流史的反思。本书的“结语”，是一篇近年来少见的、可独立成篇的重要理论文献。作者以“对于批评‘欧洲音乐中心论’、高扬‘文化价值相对论’的认识”为副题，对中外音乐文化交流中所涉及的重大理论问题进行了深入的思考，其高屋建瓴的气势、充分辩证的方法和独到的见解肯定会引发读者对此问题深入探究的兴趣和多样的看法。作者以分析近代中国音乐史中非常重要的一个内容——“学堂乐歌”的产生和影响为立论的基础，提出“学堂乐歌是中国人民主动的选择”，而且“并非中国音乐‘全盘西化’的产物”，进而探讨了刘天华、黄自、肖友梅等人的创作和创作思想，指出“中国‘国民乐派’并非‘全盘西化’的乐派”“《牧童短笛》是中国近代的新型民族音乐作品”，从而引出他对于“欧洲中心论”两种估计的意见，认为“民族音乐的本位意识并不应该排斥中外音乐交流的进程”，并对近年来颇受理论家注意的“文化价值相对论”做了精辟的、有个性的分析。作者随后对“近百年来，中国音乐始终面临着一方面必须继承传统音乐，另一方面又应该吸收外来音乐主要是西方音乐的矛盾之中”的难题提出了自己建设性理论，提出了“外向触合力”与“内向固守力”两种力量“互相对立、互相补充”的“辩证发展”的思路。

这部著作，是季羡林先生主编的《中外文化交流史》丛书中的一册。在丛书的“总序”中，季羡林说：“人类是互相依存的，是相辅相成的；人类各民族各国家的文化是你中有我、我中有你的，是浑然一体的。”而“写文化交流史，能够以具体生动的事例来说明人类的互相依存，说明人类的相辅相成，说明人类文化中你中有我、我中有你的情况”，从而“彰显人类中的安定与友谊，和平与稳定”，这是迈向人类大同的“一条阳关大道”。纵览全书，可以毫不夸张地说，冯文慈先生的著作，便是一条用已逝的音符连缀而成的“阳关大道”。假如我们都能做到如作者所说的“对于中国古老的音乐遗产和优秀的音乐传统，应该自尊、自信；对于外国音乐中进步、优美而又适合我国需要的部分，应该虚心学习”，那么，中国民族音乐的未来将一定亦如作者所言：“更新有常”“不可限量”。

能够从音乐交流的视角来梳理、审视新中国音乐的发展史，这实际上是时代进步的又一个明显标志。从“西学东渐”之初，便有一些有识之士以治中西文化的交流史为业。但是，20 世纪最后十年之前的世界，全球范围的意识形态斗争和在激烈的民族矛盾背景下不可能不产生的民族主义情绪，不但不可能为全面总结中外文化交流史创造一个契机，甚至不可能为平和、公正地对待各民族、国家的文化交流提供一个基本的思考环境。另一方面，一百年来的民族屈辱史击垮了“中央之国”和“天朝”的妄自尊大，在民族的集体潜意识中铺上了一层很难彻底清除的“崇洋媚外”的底色；一方面，一百年来的民族斗争史又在恢复民族自信心的过程中，旁生了一种比单纯的“崇洋媚外”更难清除的“后殖民心态”——一种被表面的“民族骄傲”掩盖着的更深层的民族自卑。“外国有的，我们要有；外国没有的，我们也要有”的口号，是长期贫穷与落后状态下才能产生的心理。困难的是，当屈辱与荣誉共存，自豪与自卑同在，为使民族重新奋起所必需的民族自信心与狭隘的民族主义情绪交织在一起的时候，人们有时很难摆正与“外”交往时的心态，“不卑不亢”四个字易说不易做，“平常心”这三个字就更难。只有成熟、自信的人，脸上才会有平和、谦逊的微笑，对一个民族而言，亦复如是。

《中外文化交流史》丛书，无疑也为我们民族的自我反思提供了一条“阳关大道”。王夫之的那句话“所贵乎史者，述往以为来者师也”的确可以概括这部《中外音乐交流史》的成功之处和作用。当然，“人无完人，金无足赤”，书中也还存在着一些粗疏之处，如在指出“有些学者”认为印度尼西亚爪哇的“加美兰”音乐与中国的文化交流有关之后，现无任何论证，也看不出作者自己的观点。“加美兰”音乐自 19 世纪末、20 世纪初开始被西方主流社会所知，是目前在西方强势文化之外全球范围内有较大影响的非西方音乐之一。如果它的发展与中国音乐文化有关而未能在本书中得到阐扬和讨论，那么不能不说是一个遗憾。

（原载《人民音乐》1999 年第 1 期）

穿越时空隧道

——听台湾汉唐乐府《艳歌行》

从前，我曾长期被一个问题所困扰：我们经常听到的所谓“民族音乐”中的绝大部分，为什么和我在中国古典文学和其他古典艺术中所感受到的意境那么格格不入？常常，当琵琶的轮指像机关枪的子弹一样扫向无辜的听众，当二胡的弓子“如白驹过隙”般在两根弦间奔突，当竹笛和唢呐在舞台上扬起田径场上的口号，比赛谁“更快，更高，更强”，当我们像西洋管弦乐队一样庞大的民族乐队得意扬扬地奏起《拉克齐进行曲》的时候，我总觉得我们的老祖宗在皱眉头：这是我们的“华夏正声”吗？

我当然知道，代有因革，乐随时变，现代人的生活节奏加快了，音乐的节奏也要加快。但是，那种在李清照长短句里徜徉着的高贵、矜持，那种在蓝花瓷上凝结着的悠然、闲雅，那种在西湖龙井中蕴发着的清澈、恬淡，那种在《红楼梦》的每一行字里都弥漫着的从容、丰富和大气，那种在中国古典诗词和其他古典艺术中常常能品味到的、被中国文人称为“韵”的东西，我们在现在的“民族音乐”舞台上却很难见到了。问题是：我们的民族音乐真的除了照搬西方音乐的律制、作曲法、配器法和乐队编制并以“进入金色大厅”为“走向世界”的标志外，还有没有别的、更好的出路了呢？台湾“汉唐乐府”演出的《艳歌行》，不但让我们穿越时空隧道，领略了一次久违了的、真正中国味儿的高贵、典雅、悠闲，而且还给了我们一个新的灵感和启发。

音乐会一开始，在如烛光般的灯光下，南管《西江月引》的音乐悠悠而起。人们过去只能在敦煌壁画中看到的横抱的琵琶，在汉画像砖中看到的洞箫，以及小巧的三弦，让一些第一次看到的观众产生了错觉：怎么南管的乐器这么像日本的琵琶、尺八、三味线？其实，不是我们像他们，而是他们像我们，我们是源，他们是流。当某些民族乐器（如琵琶）因在中原地区发展较快而随之产生某种“文化断裂”的时候，南管音乐的存在，使中国传统音乐的长河在奔流中体现了完整，这是闽南人的功劳。

古老的南管音乐静谧、幽雅，在舒缓的节奏中带出一种高贵和冷艳。《艳歌行》《簪花记》中的舞蹈，同样让人体味到一种已经湮没在历史中的文化。那种与现代生活中的快节奏格格不入的“超慢”节奏，那种从“冷”与“静”中渗透出妩媚的能力，那种把动作简约到极限后所滤出的美，那种从纯粹“中国味儿”和书卷气中表现出的创造性，都令观众在心中拍案叫绝。舞者一举手，一投足，一颦一笑，都中规中矩而又风情万种。眼看梨园科步，耳听南音雅乐，心中总会蹦出诸如“袅娜”“委婉”一类的词来。颇具匠心的服装和舞美设计，不但再现了“六朝金粉”的奢华和秦淮春夜的梦境，更让人朦朦胧胧地感到自己仿佛与古诗、古画中的仕女擦肩而过，若闻余香。有趣的是，根据同样古老的梨园戏舞姿身段衍化而成的舞蹈语汇，也让人想到日本的“能”和“歌舞伎”。当然，这种“相似性”也同样只能说明在过去的历史中大陆文化对岛国文化的强烈影响。

对南管音乐与梨园戏产生的确切年代，中外音乐史家们虽多有争论，但对其历史的悠久性及文化价值和文化品位的高尚，却毫无异议。20 世纪 80 年代以来，海峡两岸的音乐家们几乎不约而同地重新“发现”了这个在“闽文化圈”中传承至今的古乐，并尽力使其“发扬光大”。在这方面，以

“嫁给南音”闻名的陈美娥可以说是用力最多，因而也是最成功的一个。她在其兄陈守俊先生的支持下创办的“汉唐乐府”，近年来多次赴欧美巡演，均获好评如潮。1995 年在荷兰鹿特丹的欧洲音乐学年会上，我第一次观赏了“汉唐乐府”的表演，便留下了深刻的印象。后来，接触多了，逐渐知道她为弘扬中华传统文化尽心尽力的许多事，不免为之感动，因而成了“汉唐乐府”的积极支持者。

过去讲中华文化的“失之于朝，求之诸野”，总认为会有太多的例外。当日本的某些学者骄傲地认为古老的中国文化在本土“已经失传”而“只”保存在他们那里的时候，人们才体会到这句老话的分量。而在北京的这个暖暖的春夜里，海峡两岸的艺术家们对“华夏正声”的弘扬，使我们对中华文化的博大精深、对中华文化的超稳定性和惊人的生命力，都有了崭新的认识。同时，这种至今仍活在南音与梨园戏中的雍容与闲适，也启发我们去寻觅和创造一种更符合我们传统美学本质的美，启发我们去捡回我们曾经丢掉的东西。

（原载《光明日报》1999 年 4 月 15 日）

黄河，是母亲还是敌人？
——在《黄河大合唱》角色交替的背后

今年，是光未然作词、冼星海作曲的不朽作品《黄河大合唱》诞生 60 周年。半个世纪以来，在中华民族争取解放和独立的伟大斗争中，这部杰出的音乐作品始终是民族解放斗争的号角。似乎可以这样说，在中国整个近代史，还没有任何一部其他的大型音乐作品曾经像《黄河大合唱》一样如此震撼国人的心灵，也还没有任何一部其他的大型音乐作品曾经像《黄河大合唱》一样在中华民族可歌可泣的斗争史中起过如此重大的作用。它不仅以波涛般壮阔的激情，通过黄河的形象讴歌了我们伟大的民族，展现了中国人民英勇抗日的恢宏画卷，而且一直到今天依然激励着中国人民为振兴中华而搏击、奋进。“风在吼，马在叫，黄河在咆哮！黄河在咆哮！”的歌声，在中华民族摆脱百年耻辱，重新崛起的每一个关键时刻，都会金声玉振、响遏行云，都会凝聚民族的意志，鼓舞民族的精神。每一个中国人，每一个中华民族的子孙，不论在什么时候、什么地方，只要听到《黄河大合唱》的歌声，都会热血沸腾。但是，也许正是由于热血沸腾，许许多多不止一次聆听过这部作品的人却从来没有注意和思考过一个问题：在《黄河大合唱》中，“黄河”究竟代表着什么？

许多人会说：这还用问吗？“黄河”始终是民族的象征、祖国的象征。

但是，假如你再听一遍这部熟悉的作品的话，你就会和我一样困惑：在《黄河大合唱》中，“黄河”究竟是“父亲”，还是“敌人”？是“保卫”的对象，还是“决一死战”的对象？换句话说，在《黄河大合唱》中，音乐作品的“主体”——也就是音乐作品的创作者、歌唱者、听众，与“客体”——也就是音乐作品的形象“黄河”，究竟是什么关系？

《黄河大合唱》共分8个乐章，在开始的第一乐章里“黄河”便是以“敌人”的面目出现的。在歌唱之前的朗诵词里，已经将两个激战的形象——“船夫”与“黄河”引了出来：“朋友！你到过黄河吗？你渡过黄河吗？你还记得河上的船夫，拼着性命和惊涛骇浪搏战的情景吗？如果你已经忘掉的话，那么你听吧！”紧接着朗诵者激昂的声音，合唱队“展开了一幅壮大的幻想和现实的图画”[①]。在这一乐章里，歌曲的两个形象是十分鲜明的。一方是高唱“划哟！冲上前！划哟！冲上前！”的“船夫”，另一方是“惊涛骇浪”、是严酷的大自然：“乌云哪，遮满天！波涛哪，高如山！冷风哪，扑上脸！浪花哪，打进船！”在这生与死的搏斗中，“船夫”们以“不怕那千丈波涛高如山，行船好比上火线，团结一心冲上前”的气概，战胜了波涛，到达了彼岸。这两个形象的象征意义，用“黄河本事”的话说：“这象征着我们伟大的民族和人民，突破惊涛骇浪般的重重困难，终于取得辉煌的胜利。”在这里，“船夫”当然是“伟大的民族和人民”的象征，而“黄河”的惊涛骇浪，则是“船夫”的敌人，是革命的“重重困难”的象征。假如说“黄河本事”这段话的指向性还不够明显的话，那么，在这一乐章的最后一段歌词中，则更加明确地唱出了“黄河”所代表的是黑暗的势力和人民的敌人，也唱出了“船夫”不屈不挠的战斗意志：“回头来，再和那黄河怒涛，决一死战！决一死战！”

---

① 见《黄河大合唱》乐谱前的“黄河本事”。

但是，在第二乐章里，“黄河”的角色变了，一下子从民族的“敌人”变成了民族的象征。从朗诵词“它表现出我们民族的精神，伟大而又坚强”，到唱词中“啊！黄河，你是中华民族的摇篮，五千年的古国文化，从你这发源，多少英雄的故事，在你的身边扮演”。音乐创作的主体以火热的赤子之心，讴歌着“黄河”。在这里，选择男中音独唱的形式不是没有意义的，虽然歌词中提到“摇篮”，但人们仍然会从歌中得到一个强烈的印象，即在创作者的心目中，“黄河”是男性的，它更像是“父亲”，而不是“母亲”。歌中唱道：“啊！黄河！你是伟大坚强，像一个巨人出现在亚洲平原之上，用你那英雄的体魄筑成我们民族的屏障。……我们祖国的英雄儿女，将要学习你的榜样，像你一样的伟大坚强！像你一样的伟大坚强！”

曾经被某些版本删掉的第三乐章《黄河之水天上来》，是一段少见的“朗诵歌曲”。光未然创作的歌词，大气磅礴，起伏跌宕，一泻千里，但就像在全部作品中所表现出来的矛盾一样，仅在这一段歌曲中，“黄河”的角色就有多层形象意义，集中反映出“黄河”的角色变化与交替。歌中，“黄河”先是“听者”：“黄河！……我们要在你面前，献上一首诗，倾诉我们民族的灾难。”然后，是“被歌颂者”：从“黄河之水天上来，排山倒海，汹涌澎湃……”到“像烧着漫天大火，使你感到热血沸腾”。这里，既有对“黄河”实实在在的肯定：“这是中国的大动脉”，又有用诗意盎然的精彩对句所做的艺术描写：“红日高照，水上金光迸裂；月出东山，河面银光似雪。”然后，词作者用“其实凉气逼来，你会周身感到寒冷”做了一个完全必要的过渡，便像川剧著名的“变脸”一样，笔锋一转，引出了“啊！黄河！河中之王！它是一匹疯狂的野兽啊，发起怒来，赛过千万条毒蟒，它要作浪兴波，冲破人间的堤防”。此时，“黄河”的角色又变成了“主体”的“敌人”，成了“被控诉者”；“于是，黄河两岸，遭到可怕的灾殃：它吞食了两岸的人民，削平了数百里外的村庄，使千百万同胞扶老携幼，流亡他乡，挣扎在饥饿线上，死亡线上”。接着，一句“如今两岸的人民，又遭到空前的灾难”，将“黄河”的角色超脱出来，变换成了“第三者”的形象，因为这一次的灾难不是由于“黄河”的暴虐，而是由于“东方的海盗，在亚洲的原野，放出杀人的毒焰”。然后，“黄河”又担当起“目击者”和“见证人”的角色：“你亲眼看见，这五千年来的古国遭受过多少灾难……让累累白骨，堆满你的河身，殷殷鲜血，染红你的河面！但你从没有看见，黄帝的子孙，像今天这样，开始了全国动员。”在以饱满的热情歌颂了抗日将士们英勇战斗的事迹之后，“黄河”又被召唤回来，最终以“主体”唱凯歌和为敌人唱葬歌的“歌唱者”的形象结束了这一乐章：“啊！黄河！你奔流着，怒吼着，替法西斯的恶魔，唱着灭亡的葬歌。你怒吼着，叫啸着，向着祖国的原野，响应我们伟大民族的胜利的凯歌！”

在第四乐章《黄水谣》里的“黄河”和在第三乐章里相同，基本上是从“水又急，浪又高，奔腾叫啸如虎狼”的“被控诉者”转换为“妻离子散”的“见证人”形象。而在第五乐章《河边对口曲》和第六乐章《黄河怨》中，“黄河”似乎暂时被推向了幕后，它见证了普普通通的中国人在日本帝国主义的铁蹄下不屈的奋争和血泪的控诉。在这里，“黄河人”“中国人”的形象终于自己走上了舞台，代替了“黄河”的形象，成为音乐作品的主题。

第七乐章《保卫黄河》与终曲《怒吼吧！黄河》是大合唱中最激动人心的段落，也是最重要的段落。虽然在《保卫黄河》的歌词中，“黄河”似乎仅仅是“被保卫”的对象，仅仅是“中国”的同义语；但在雄浑激越的音乐中，“黄河”最终升华为祖国的象征与中华民族的“图腾”，与黄河波涛般奔腾的歌声合而为一，与“万山丛中”的“抗日英雄”，与“青纱帐里”的“游击健儿”合而为一，与创作者、歌唱者、欣赏者合而为一。它与被侵略的中国人民一起咆哮，一起奋战，一起奔向胜利。当它“向着全中国受难的人民发出战斗的警号，向着全世界劳动的人民发出战斗的警号”的时候，它已经不再是“旁观者”和“见证人”，更不再是“主体”的“敌人”，而是与主体同一、同在，密不可分的一个整体了。这两个乐章，是全曲的精华、高潮和神来之笔，也是整部作品最终赢得欣赏者认同的关键。

问题又回到了前面：为什么我们在聆听这部作品时，一次又一次地“忽略”了“黄河”象征意义的多重性和显而易见的矛盾？为什么我们对“黄河”从“敌人”变为“父亲”，又变为“旁观者”“见证人”……并最终与自己合而为一时“见怪不怪”？这是因为在我们的潜意识里，“祖国”从来便有着多重性。而我们平时意识不到“祖国”的多重性，只强调或显现其中主要的一面，这其实是教育的结果。这就像在心理学的分析中，“父亲”也具有多重性，但所有心理健康的人平时也都不会注意到一样。无论“忠”还是“孝”，都是教育的产物、文明的塑造。

毫无疑问，在《黄河大合唱》及其他许许多多歌颂黄河的诗篇中，“黄河”经常是“祖国”的同义语，是国家与民族的象征。与此相同，“沅芷”“澧兰”在屈原的诗中，也是故乡与祖国的象征。值得思考的是，在伟大爱国诗人屈原的心中，故乡与祖国也同样充满着矛盾。在屈原看来，祖国既是“袅袅兮秋风，洞庭波兮木叶下”的祖国，也是“怨灵修之浩荡兮，终不察夫民心”的祖国。对屈原而言，祖国既是洞庭湖畔参天的碧树，是长江中浩渺的烟波，是南国和煦的阳光，也是人民的哀伤和君王的暴行愚见；既是大自然美丽动人的景色，也是老百姓愤懑怨恨的声音；既是哺育他、给了他奶汁和欢乐的母亲，也是令他“长太息以掩涕兮，哀民生之多艰”的苦痛之源。人们不难想象，当他“被发行吟泽畔，颜色憔悴，形容枯槁”的时候，当他为民众的痛苦、国家的命运而“涕泣交而凄凄兮，思不眠而至曙”的时候，当他终于愤而赴死、投身汨罗江的时候，他心目中的祖国是一个多么复杂、矛盾的概念。

当然，不仅仅是屈原，在漫长的中国历史中，在几乎所有爱国主义诗人的作品中，我们都不难发现一种爱恨交织的感情。

从“感时花溅泪，恨别鸟惊心”的杜甫，到“僵卧孤村不自哀，尚思为国戍轮台”的陆游；从“仰天长啸，壮怀激烈”的岳飞，到“却将万字平戎策，换得东家种树书”的稼轩；从“披发佯狂走”，悲问“破碎河山谁收拾?”的李叔同，到“迸着血泪”，高喊“这不是我的中华，不对，不对!”的闻一多；古往今来，似乎别无例外。对祖国的痴爱，常常与愤怒、忧伤、悲怨、冤屈纠缠在一起，难解难分。在某种程度上讲，似乎“爱之愈深，恨之愈深”的话有一定的普遍性。当然，这令多少仁人志士扼腕跌足、哭天抢地、切齿酸心甚至不以命相抵便不足以说清的“恨”，更多的是一种“哀其不幸、怒其不争”的“恨”，是一种不刳心沥胆便难以明志的“恨不得”的“恨”。这的确是令人难以理解，也没有道理，但又是清清楚楚、无可奈何的历史现象。人们真想问一问历史：为什么屈原不沉江、司马迁不遭刑，他们的爱国之心便不能被肯定和承认呢?

甚至也不仅仅是“黄河”，其他的有关民族与祖国的象征，也有着多重性和矛盾的象征意义。比如长城，在现代，我们一般将其视为民族的骄傲。但在历史中，它既是国家统一的标志，也是秦始皇暴政的铁证；既是中华民族爱好和平的表现，也是中国历史上保守与闭关锁国的重大措施。君不见，一曲《孟姜女哭长城》，代代相传，吟咏至今，其实充分反映了千秋万代的民意。“龙”是又一个例子，假如说“长城”的形象对外是民族伟力的象征，对下则是封建统治者专政的象征的话，那么，“龙”也一样。对老百姓，“龙”是皇权与压迫者的象征；但对外，“龙的子孙”又是民族的标志和充分体现了民族向心力、凝聚力的自称。有趣的是，对这一点，《黄河大合唱》也提供了一个难得的实例。在第三乐章《黄河之水天上来》的歌词中，词作者先把“黄河”比喻成“一条飞龙，日行万里”；而后，又在紧接着的句子里写下了“就是毒龙也不敢在水底存身”的歌词，使大“龙”里套小“龙”，使“善”的“龙”与“恶”的“龙”并存，鲜明地体现了这一形象的矛盾性、对立性和多重性。值得注意的是，《黄河大合唱》的作曲者虽然早就逝世了，但与作曲家同样才华横溢的词作者依然健在。在半个世纪中出版的许多不同版本中，音乐与歌词都有不止一次的修改，但在同一首歌词中存在两条“龙”这样明显的瑕疵，却始终没有修改。这个“忽略”，同样发人深省。

“黄河”还是“父亲”的象征是一种类似“图腾”的精神符号。随着社会学、心理学及医学的发展，现在有越来越多的学者开始用不屑的态度提到弗洛伊德的“泛性论”。但是，他关于原始民族图腾的研究，以及他从儿童及强迫性心理疾病患者与原始民族心态、行为间的某种相似性出发所得出的有关图腾是“父亲”的影像和替代物的理论，至今仍然被大部分学者首肯。弗洛伊德曾用他不无偏颇的理论分析了古希腊著名的悲剧《俄狄浦斯王》，并阐述了子—母—父之间形成的一种三角争爱的关系。他指出，幼儿为了独占母亲的爱，会将“父亲”视为“情敌”并对父亲产生仇视、恐惧的心理，这就是弗洛伊德有关“潜意识”理论中最有影响的所谓“俄狄浦斯情结”。

根据弗洛伊德的理论，“俄狄浦斯情结”就像其他许许多多存在于“潜意识误解”里的东西一样，平时并不知晓。但是，“潜意识”里的东西，并不是不存在，它不仅深藏在潜意识里，也时常会在那里起作用。也许，我们对“黄河”角色变化与矛盾的视而不见，就像我们对“父亲”的心理一样，因为平时用“潜意识”的闸门关紧了对“父亲”的恐惧与敌意，以致毫不自觉。如果弗洛伊德的理论还有一点儿道理的话，那么，我们就可以找到我们“忽略”的原因了：正因为有这样一种“情结”存在于我们的“潜意识”里，我们才可能在意识的层面认可和“父亲”一样复杂、矛盾的

“黄河”。

在《离骚》最后的“乱”中，屈原抚着一颗不被理解的心悲愤地呼叫：“已矣哉！国无人，莫我知兮，又何怀乎故都?”他的这句话翻译成现代概念，便是“我爱祖国，但祖国爱我吗”？这是从古至今许许多多爱国者共同的悲哀，是有关“国”与“爱国者”的荒谬的怪圈和悖论。弗洛伊德一直天真地认为，只要合格的心理医生能通过精神分析的方法成功地将精神病患者深压在“潜意识”中的观念化为意识，那么，患者的病症就会消失。我真的希望能有一位心理分析家能把所有爱国者们压抑在心底的对“父亲”的怨恨释放出来，升华为一种积极的良性的力量。的确，那些菲薄弗洛伊德的人比这位精神分析学的创始人要少许多“错误”，但可惜他们没有发现，弗洛伊德的理论，其实对治国者们有着很大的益处。当苏联的那些患着“狂热型爱国症”的人指天骂地的时候，苏联的统治者不是把他们送到精神病院去做了一些可以帮助他们释放“力比多”的治疗吗？不过，不同的治国者们各有各的招数，对东方人来讲，西方知识分子所信奉的“精神分析学”，其疗效未免太不显著了。

《黄河大合唱》有着超强的生命力，不但是因为词作者与作曲家的“我”在创作的瞬间与民族、与人民完完全全地融为了一个整体，还因为他们成功地找到了一个表现感情与艺术构思的最佳的艺术形式。换句话说，《黄河大合唱》的成功一是因为作者的思想代表了大众的思想；二是因为作者写得好，因为作者的天才和作品本身的艺术质量。大家都知道，在抗日战争中产生的抗日歌曲除了《黄河大合唱》以外，还有许许多多。但60年过去后，还能在舞台上演出并且还能感人的作品却少而又少。就是同样由冼星海创作的其他一些作品，也没有一首可以和《黄河大合唱》媲美。似乎可以这样说，《黄河大合唱》是那个时代艺术创作中最完美的作品，是当时抗日文艺的无与伦比的高峰。

在这篇纪念《黄河大合唱》花甲之诞的文章最后，我愿意特别指出，虽然这部作品产生在那样一个民族危亡的时刻，但在这部杰出作品中所体现的作者的思想，却绝不仅仅是民族主义的情绪，还体现了一种对民族仇恨的超越，体现了一种对中华民族自古就有的“世界大同”理想的现代中国知识分子的认同。当然，这个思想高度在作品中是逐渐达到的。在作品的最后一个乐章中，当朗诵者对“黄河”大声疾呼，要“黄河”不仅仅“向着全中国被压迫的人民”，还要“向着全世界被压迫的人民，发出你战斗的警号”的时候，当全部 8 个乐章在一句“向着全世界劳动的人民，发出战斗的警号”的高唱中结束的时候，一种理想，一种“普天下”“全人类”的理想，已经像一面旗帜一样在波涛般汹涌的旋律中高高飘扬了。这，也许就是我们今天聆听《黄河大合唱》时依然热血沸腾的心理原因和根据吧。

（原载《星海音乐学院学报》1999 年第 4 期）

（三）
艺海拾残贝

从儿子非要听相声谈起

7岁的儿子每晚临睡前，总要死乞白赖地磨大人："让我听完《每日相声》再睡吧!"现在小学生的功课紧，明晨还要上学，真不想让他为听相声耽误了觉。而且这两年的相声，说句不怕得罪人的话，真有点儿"愈趋愈卑"，多是插科打诨，难得有真幽默，还净说些"儿童不宜"的内容。于是，看着孩子躺在被窝里，抱着个半导体，时不时地笑出声来，心里便有气(当然是气自己没有让孩子听话的能耐)，免不了叨叨一句："这有什么好笑?!"妻护子，便嘲我："你小时不也这样?"经她一问，倒真想起幼时的一段往事。

天津劝业场有个天华景，过去专演曲艺。20世纪50年代末60年代初，兴过一阵"十分钟二分钱"的法子，进门时在票上画上钟点儿，出来算账。那时我上小学，姥姥每天给7分钱零花，让吃顿早点。舍不得吃，都拿来听相声。我经常和一个叫张笑武的好同学一块儿去，钱少，便先在门口听，听着说相声的上台了，再进门。听完一段，一换大鼓书什么的，赶紧出来结账。然后，再在门口等相声。这样，进进出出，竟能听好几段。

人慢慢大了，接触艺术的范围愈来愈广，便渐渐对幼时的迷恋失去了兴趣。偶看电视，见两人在屏幕上口若悬河，西服笔挺，且开口便唱，不觉有什么好笑，只觉贫气袭人。其实，我常自诩对艺术的爱好是"全频道"的，不论是巴赫的弥撒曲，还是陕北的布老虎，我都爱之如命，一视同仁。

就像从“羊肉泡”到日本火锅，我都食之不厌一样。艺术形式难比高低，艺术品本身，才有高低之分。不管中餐西餐，可口才叫好菜。

于是，便感慨目前相声演员之中虽有名声显赫者，但像马三立、侯宝林这样的人物，还惜鲜见。提起二位大师，倒让我悟出一个理来：但凡大艺术家，甭管他吆喝的是什么，必对艺术的本质有独特的、深刻的体会。有时，三言两语，便比许多没有艺术实践的“美学家”们要精辟得多。

忘了在什么杂志上，看到过一篇侯宝林访日时答日本记者问的文章。侯老为了说明艺术之道的艰难，曾举了这么一个令人喷饭的例子。他说：“搞艺术比搞政治都难，不信你们看里根，当演员时，他只能是二流演员，可当总统，他却能领导世界上最大的国家。”

记得侯宝林还曾讲过，相声之源，应溯到先秦的俳优。但“古之优人，于御前嘲笑，不但不避贵戚大臣，虽天子后妃亦无所讳”。楚庄王爱马死了，要以大夫之礼葬之，群臣不敢谏，只有优孟嘻嘻哈哈地说：“大夫之礼不够隆重，最好用人君之礼，用玉雕的棺材，让诸侯们都来送葬。”庄王自惭，少做了一件糊涂事。秦二世一日忽发奇想，要油漆长城，也是优旃讲了个单口儿，说漆了长城，不但漂亮，还光滑，敌人来了也爬不上去。只是漆过之后不能暴晒，要搭棚阴干，可这么长的棚该如何搭呢？于是，长城终于没穿上那件“香云纱”。古之优人，个人命运虽惨，但这种讽上不避祸的精神，却可敬可佩。可儿子每晚在枕上听相声的事，却总让我担心。无论如何，今儿晚上我得跟他好好谈谈。

（原载《光明日报》1988 年 2 月 27 日）

男儿泪

都说男儿有泪不轻弹。打小儿，哪怕是摔破了脑袋磕掉了牙，刚想哭，大人就说："男子汉，别哭！"于是，那泪便咽回到肚里。其实，落泪是生理需要，生活中不准哭，便学会了为文艺作品掉泪。看小说，听音乐，莫名其妙，常常会突然感到心头一热，喉头一紧，两眼便潮湿了。甚至有时是部破电影，边看边骂的，只是有那么几个镜头拍出了点儿"真情"，便也会不争气地被感动。

最近可真叫奇了。我，一个 40 岁的汉子，竟然看《新闻联播》看落了泪。

在数月之前的一个晚上，独自一人边吃饭边看《新闻联播》。国内新闻完了，国际新闻还没播，插进了一段"大家谈"。端庄的杜宪娴静地说着什么，我夹了口菜嚼着，端起碗来要往嘴里扒拉饭。可就在这时，屏幕上出现了一张发黄的纸片，上半张纸稀稀拉拉地写着几行字；下半张纸密密麻麻地摁满了红红的手印。那手印有大有小，歪歪扭扭，脏兮兮的。播音员清晰而不带感情色彩地念稿子：改革 10 年了，可大部分人不知道改革是怎样开始的。其实，这场改革不是自上而下，而是自下而上的。10 年前，安徽凤阳的这个小村子里，贫困至极的村民们走投无路，只好铤而走险，一致议定"走资本主义道路"。在这张历史性文件上，村民们写道：因为无法生活，我们决定分田到户。如果有什么问题，完全由队长 ××× 一人承担（原谅我没听清这个伟大的名字）。其子女，由全村老少负责养到 18 岁。

就在这时，我端着饭碗的手忽然停住了。热泪，夺眶而出。那摁在最前头的又大又深的手印，肯定是队长的指头。我没听清他的名字，但我知道，易水之畔的三秋风，天安门广场的清明雨，沧海桑田，却总有愿舍一身而救百姓者。

那些大大小小的手印，让我想起了我插队那个村里的大爷大伯、大婶大娘、大哥大嫂、小弟小妹们。他们穷，他们脏，他们没文化。他偷过队里的玉米，她拿过邻居的柴火，他或她平时会为一棵葱而骂遍对方十八代的祖宗。但，他们有良心、有道德，在关键时刻，他们总会如此坚毅、决绝、智慧，如此仗义、团结，如此重人情、重信义。这就是我的同胞！这就是我的祖国！这就是我们国家正在进行的改革！可谁能想到，这阵把 10 亿人都卷入的改革之潮，是从这个小村子里掀起的呢？

“改革”这个词，过去对我仅是一个模糊的政治术语，但这时，我忽然感到了它的贴近、它的分量和它刀子般的锐利。在那张发黄的纸片上，我看到了改革的巨轮艰难痛苦地开始转动的一瞬，看到了中华民族一脉相承、永不泯灭的精神，看到了改革的必然和困难。

改革 10 年了，我憎恨“官倒”，我抱怨“脑体倒挂”，但我却忘了 1000 多年前，一个和我同样的中国知识分子，曾在秋收时节的田垄上，吟出过“今我何功德，曾不事农桑。吏禄三百石，岁晏有余粮。念此私自愧，尽日不能忘”的句子。现在，在这张 960 万平方公里的发黄的旧纸上，我愿和乡亲们一道摁下我的一个手印。

（原载《中国音乐报》1989 年 5 月 12 日）

茶，还是咖啡？

一夕，数友聚会，主人殷勤，逐位问道：“茶，还是咖啡？”有趣得很，在座的几个外国朋友，都点了茶；而所有的中国同胞，都要了咖啡。

茶是国粹，是中国文化的一个象征。有学者认为，“中国”的西文称谓“China”便是“茶”字的音转。当然，此说之外，尚有别说，如“秦”字说，“荆”字说，等等。当然，这是从语音去寻字源的理论，至于这个单词同时还当瓷器讲，则另当别论了。但至少柴可夫斯基的《胡桃夹子》里的《茶舞》，是也被译为《中国舞》的。中国茶文化，不但源远流长，而且对世界文化影响很大，其中最著名者，便是东渡日本后被发展而成的“茶道”。但在中国，多年来，除福建、广东的“工夫茶”及四川等地的茶馆文化还保存着这种古老文化的精神外，大部分国人在饮茶的时候，都是以补充水分为主要目的，而称不上“品茶”了。因此，读到友人“煮一章陆羽茶经，让感官跌荡地，泡一个赭石色的下午”的诗句，便深深被其中茶一样清新、淡雅，又茶一样浓郁、隽永的中国精神和中国气韵所感动了。

咖啡则不然，不久前的大部分中国人还不识个中滋味。现在，随着西方文化的风行，越来越多过去认为它像“中药汤子”的同胞学会风雅地抿抿嘴，说一句“味道好极了”。

其实，大部分中国人趋向于舍茶而就咖啡是一种必然。粤人称茶为

“工夫茶”是很深刻的。品茶要有“工夫”，茶的境界是“空灵淡雅”，如野云孤鹤。那一丝寒泉漱月般的清澈，那一丝踏雪寻梅不见梅的幽香，是要心极平和、雍容、悠闲的人才品得透的。咖啡却是“金戈铁马”，和“可乐”之类西方饮料一样，讲的是“杀舌爽口”“滴滴香浓”。试想，当你满头大汗从迪斯科舞厅中暂撤下来，电子鼓震耳、球形灯耀目的时光，怎么能品出“云雾”的似有似无，“碧螺春”的若隐若现呢？因此，心理节奏普遍加快的中国人，尤其是未受中国传统文化熏陶的青年人，注定要寄情于“立竿见影”的咖啡、可乐，而抛弃那如诗如梦的绍兴茶壶，抛弃壶上那“花能解语”“石亦可人”的古篆的。他们没那修养、没那工夫，也没那要求。

我为茶文化的衰落怅惘，同时却也因咖啡文化的兴起而看到一点儿亮光。我以为，这不矛盾，茶与咖啡会并存于一个多元化的世界，毕竟，在那次聚会上，当同胞们把手伸向“雀巢”的时候，那几个金发碧眼的老外，也以同样的热情呼唤着：“——茶。”

（原载《中国音乐报》1989 年 8 月 4 日）

涮羊肉与维纳斯

一

假如说爱喝不爱喝“豆汁儿”可以当成骆驼祥子那辈人衡量是否“老北京”的尺码儿，那么现在，就得看他爱吃不爱吃涮羊肉了。

每年，从一入冬，一直到春三月，北京城的大街小巷便始终笼罩在涮羊肉的氛围之中了。不但每家个体户餐馆的门前都竖起一块门板似的木牌，上边用“涮羊肉体”写着血淋淋的三个大字“涮羊肉”以外，就连街边的烟摊，也在风中摇曳着一块块写着“木炭有售”的纸片了。可今年的涮羊肉热，却似乎有点儿降温的趋势。

降温并不奇怪，美国“肯德基”在前门闪着霓虹灯，“匈牙利烤肉”在西四亮着招牌，北京人也得换换口味不是？再者说，去年羊肉片才多少钱一斤？今年又多少钱一斤？不怪京油子们一边甩开腮帮子开嚼，一边还得像“傻骆驼”当年一样甩出一句骂来。

骂归骂，吃归吃，红铜火锅往桌上一蹾，那就叫“美”了。中国人造字，的确是极精辟的，有如禅宗的“直指人心”。“羊”“大”了就是“美”，更何况还有芝麻酱、韭菜花儿、辣椒油！笔者过去也是涮羊肉的崇拜者，每逢“双龙入海去，釜底探珠还”的酒酣耳热之时，便会由衷地为满族人的“三大贡献”唱赞歌：给男人以涮羊肉，给女人以旗袍，给男男女女以《红楼梦》。但涮羊肉的魅力所在，却不甚了了。

及至今冬北京饮食业“新潮”迭起，涮羊肉也有点儿像传统戏剧和民乐一样，要被爱好者们高高祭在“振兴”的大纛之下时，我才悟到了涮羊肉当初如此让我贪恋的原因：涮羊肉之美，重要的不是内容，而是形式。假如羊肉片也像其他菜肴那样由厨师在厨房做好后再端上来的话，味道也许未变，可魅力却会打一个大折扣。涮羊肉之妙，全在一个“涮”字，它让每一个食客都参与了烹调过程；同时，这一道工序又既不像洗菜切肉、开膛刮鳞那样可怕、那样繁重、那样缺乏愉悦感，又不像煎炒烹炸、端勺舞铲那样需要专门技术和经验。它轻松、简单、恰到好处，又正好是最后一道工序，给操作者一种“完成感”。当然，还要再加上它独特的气氛：晚来天欲雪，而桌上，却有那样温馨、明亮、朴实的红铜小火炉……

那么，艺术呢？恐怕也存在这个道理。单纯做一个欣赏者，总不如亲身参与来得愉快。流行音乐的受欢迎，“卡拉 OK”的迅速普及，也与大众的参与意识有关。一切艺术，不论是音乐、舞蹈，还是烹调，在原始阶段，总是全氏族、全体社会成员共同参与完成的。大家一起唱、一起跳、一起做、一起吃。但是，当各门类艺术精致化和成熟起来的同时，一部分人只做、一部分人只欣赏的格局却从此奠定了。当然，这种分工是历史的必然，正是由于艺术家的职业化，人类的艺术宝库中才得以出现如此众多的艺术精品。问题是：有得必有失，特级厨师“雕刻”的萝卜花，只能博“观众”一粲而失去供食客果腹品尝的意义了，而后者，才是“食品”的真谛。

艺术，原本便是群体的。一两个艺术家在这里那里获奖绝不意味着整个民族文化水平已经提高了，当一个国家就连国歌也只奏不唱的时候，这个国家的其他领域恐怕也难得有长足的进步。

艺术，就是要群众参与。把筷子伸到滚烫的汤里，涮，才是乐趣，才能得“道”。

二

记得20年前，我曾幻想着将来能拥有一尊维纳斯雕像的复制品。可现在，当所有工艺品商店里都摆满了她丰腴的躯体，当所有二三流电视剧中，凡“艺术家”的家中都必要出现她的芳容时，我却真怕见她了。

任何人都会老死，任何热情都会冷却，任何新奇都会平淡，任何美都会贬值。所谓“永恒”，只不过是人类的一种愿望而已。佛经上说：“诸行无常，诸法无我。”世间世外的一切，都在瞬间生灭，千变万化。所以，承认蒙娜丽莎的微笑是“永恒”的，只不过是教育的一个结果，是一种对以往文明的认同，是一种某一历史时期和文化环境中审美趣味和自我感觉的标准而已。

这恐怕是有普遍意义的存在。身在美中不觉美。阳朔的船工，并不每天都觉得自己是“画图”中人；黄山顶上宾馆的女服务员，整天吐着瓜子皮诅咒那神奇的云雾。米芾见石而拜，绝对是少见多怪的“癫狂”行为，采石场的工人们，一定会把他看成不可救药的疯子。人对美有天生的感受力和向心力，也有天生的“抗药性”，再灵的药，天天打，天天吃，也会慢慢失效。10年前，当某些先生们担心邓丽君的歌声会误国的时候，笔者曾开玩笑地说：“你若想禁邓丽君，唯一的方法就是强行规定每人每天必须听她的歌两小时，不听的便罚款……”

艺术家们本能地感受到美的不可靠，所以，一切真的艺术家都本能地“喜新厌旧”。因为他们知道，所有的美都会过时，所有的时装都会变成旧货，而且越变越快。好在生生不息，人种绵绵，每天早上，都会有一个新的太阳从地平线上升起。

于是，所有的艺术家们倾毕生精力所追求的，只不过是企图在时间的纵坐标上与前人不同，在空间的横坐标上与旁人不同而已。艺术家们的区别，只在于手段和方法。或登临送目，或冒死亲征，或西行以求法，或访古而寻根，上穷碧落，下尽黄泉。虽然发思古之情的，三皇五帝还嫌年轻，只有山顶洞人才过瘾；向往西方净土的，超现代派都没劲，最好是超、超、超现代派，但本质却没什么不同。

所以，真喜欢那件花衬衫的姑娘，千万别把它买回家、穿在身，还是让它挂在橱窗里，你每天下班时从它面前经过，隔着橱窗看看它，我保证，它将是你一生中唯一一件永不会穿腻的衬衫。

（原载《艺术世界》1989 年第 3 期）

铁干铜皮碧玉枝

扬州八怪之中，我独钟李方膺。初识李方膺，是在故宫博物院。那时候，故宫还不像现在这样游人如潮，还颇有些“宫花寂寞红”的味道。似乎是一个秋日的下午，我独自徜徉在逶迤的侧廊，造访那些停留在宣纸丝帛上的先人们的灵魂。斜阳似秋水，洒在卷轴上，斑驳而又闪烁，如荇如菱。突然，一幅墨梅兀立眼前。我至今还记得初见此画时的那种感觉：如临绝壁，又仿佛听到一声断喝。

这是李方膺的《墨梅图》。一株古梅，似乎刚从岩罅中挣出来，横斜画面。似火烧斧劈过的老干，极痛苦地伏下身躯，随即又顽强地昂起头。它用力伸出两臂虬枝，一臂指天，一臂指地，如长啸怒斥。让人立刻想到元杂剧《窦娥冤》中的那段千古绝唱：“没来由犯王法，不提防遭刑宪……”在满纸纵横纷披、拂郁慷慨之中，那老梅梢头，却又绽出点点新萼，虽无清溪浅水，但闻暗香浮动，可见花魄难夺。

更令人触目的，是四句题画诗。画家写道：“十日厨烟断未炊，古梅几笔便舒眉。冰花雪蕊家常饭，满肚春风总不饥。”诗末有款，题明此画作于乾隆十九年十月，就在他死前不久。

李方膺，字虬仲，号晴江，生于康熙三十四年（1695），卒于乾隆二十年（1755）。他和扬州八怪之中的李鱓、郑燮似有一个相同的命运轨迹，三人都曾做过很短时期的官，又都因同情人民、耿介不群而被罢官。有趣的是，三人做官都在山东，都是县令，罢官后，又都在扬州卖画为生。板桥为官时，曾题画竹：“衙斋卧听萧萧竹，疑是民间疾苦声。”李方膺任兰山知县时，亦颇有惠政，后因反对权贵而坐牢。他在牢中，老百姓去看他，进不了监门，便隔墙丢钱币鸡黍给他，以至把瓦沟都填满了。去职后，借居金陵借园，鬻画以资衣食。虽然画史中说他“穷老无依”，但我从未料到，他竟“无依”到“十日厨烟断未炊”的地步；虽然画史中说他“傲岸不羁”，但我从未料到，他竟能以“冰花雪蕊”为食，并且“满肚春风总不饥”。我更不能想象，那双病饿衰老的手，怎么能画出这样大气磅礴、沉郁生动的画来。

《瓯钵罗室书画过目考》称他的画“直率胸臆，真沉着痛快作也”，赠他的墨梅八个大字：“脱略纵恣，目空古人。”这不是过誉，他的墨梅，诚如他自己的题画诗，是“铁干铜皮碧玉枝”。他的为人，恐怕也是如此。画如其人，人无媚骨，方能写梅。人格未到，何谈画格?

他的好友袁枚，十分钦佩他的人品、画品，曾写诗抒怀，满腔激情地高歌：“我爱李晴江，鲁国一男子。梅花虽倔强，恰在春风里。”并在诗中称他好说实话，人直如矢。也是从袁枚的诗中，人们得见李方膺里外皆清，冰心玉壶般的风骨：“山人著衣好著白，衣裳也学梅花色。人夺山人七品官，天与山人一枝笔。”西谚说：“情场失意，赌场得意。”他丢官得笔，能“傲骨郁作梅树根，奇才散作梅树花”，为人间留下这传世的艺术珍品。

自钟情于晴江老人，自然便总想看到他的真迹。但自愧缘分太浅，所见寥寥。去岁春天，我好不容易得以一游江南，便独自跑到扬州，一是想领略一番在唐诗中占尽风情的扬州月，一是想多看几幅心仪已久的李方膺的画。没想到，那唐时“天下三分明月夜，二分无赖是扬州”的“名月”，真的耍起“无赖”，自我抵扬州，便蒙头不起。而偌大一个扬州博物馆，也只挂着一幅李方膺的画。

这是一幅墨兰，长幅，上右下左，各画幽兰一簇，皆古盆破瓦盛之，金石味甚浓。题画诗很怪，七言绝句，只写了二十七字。诗曰："买块兰花要整根，神完气足长儿孙。莫嫌此日银芽少，只待来年花满。"这最后一句，当有一个"盆"字押韵，但该写字的位置，画家却照直画了一盆兰。此画无作画日期，只署"晴江李方膺写"几字。这首题画诗，不一定是李方膺所作，他同时的画家画兰，亦用此诗为题，似是通行的应酬之作。这幅兰，应是为鬻画而写，但画家有意以"盆"画代一"盆"字，却脱却了一个俗字，不可谓不是大手笔。

晴江亦写竹。多年前，曾在天津艺术博物馆看到他的一幅竹，是他去世的那一年画的。画家在生命最后的时间里，给患"俗病"的人们开了一剂药。他题画道："人逢俗病便难医，岐伯良方竹最宜。墨汁未干才搁笔，清风已净肺肠泥。"中国士人爱画竹，取其有节。李方膺尤爱画风中之竹。他说："画史从来不画风，我于难处夺天工。"为什么呢？有风，方显出气节操守。风吹草低，但竹却宁折不弯。上海博物馆藏李氏"风竹"题诗曰："波涛宦海几飘蓬，种竹关门学画工。自笑一身浑是胆，挥毫依旧爱狂风。"可见人的脾气禀性，真应了那句话，叫"改也难"。

提到"俗"字，忽然想到本来和晴江同命共运的板桥。老实说，我也爱板桥，但板桥的字与画，不幸被后世真真假假的崇拜者们溅上了一身"俗"气。一句"难得糊涂"，铺天盖地，直压得日月无光。让人看到这字，便吃不下饭。我不知九泉之下的板桥老人，看到他身后的隆兴是哭还是笑，我只是感到这"俗"字的可怕，并隐隐感到板桥自己也有几分责任。只有心底不存丝毫媚俗气的艺术家，才可以指望躲过"万古流俗"的命运。当然，"死后是非谁管得"？今世要免俗，便要今世耐寂寞，而寂寞的滋味，却是不好受的。李方膺曾无限感慨地题梅："触目横斜千万朵，赏心只有两三枝。”但是，谁是梅花，谁又是赏花人呢？在这两句诗中，画家已将主宾融合，化而为一了。这是一种境界，一种难得的境界。在这个境界中，李方膺是梅，梅是李方膺，都是“铁干铜皮碧玉枝”。在另一首题梅诗中，画家用朦胧的意境，表达了这个清楚的事实：“世人不识古梅面，古梅那识世间人。寻旧梦，泪沾襟，神仙骨，古梅身。是一是二？谁主谁宾？言之津津有味，纵横写之恐不真。”

唯一真实的是：李方膺至今还活着，他的画，他的诗，他的磊磊胸襟、晶晶肺腑。而且，活得不俗，活得不窝囊，活得够味，活得让人佩服。

（原载《光明日报》1992 年 8 月 15 日）

新旧嬗替　雅俗互换

不知道是谁先提出“古今”“中西”“雅俗”这“三大关系”的，只觉得这三大关系的概括很准确。因为近一个世纪以来，困扰着中国思想界、文化界的许许多多问题，实际上基本是这“三大关系”或“三大矛盾”。

但是，在这“三大关系”中，就属“雅俗”的定义最模糊。“古今”关系，是时间关系；“中西”关系，是空间关系。虽然“古今”“中西”也存在种种界定的问题，虽然对于时间与空间也有不同的认识，但在常识范畴内，时空的差异总是一个客观现实。比如，我们称格什温的音乐属于“西”，而姜白石的音乐属于“古”，大概谁都不会反对。但当我用“雅”或“俗”的概念去解释某一文化现象时，恐怕就很容易听到不同的意见了。

“雅俗”的概念之所以模糊，我认为是因为这对概念在根本上便带有很大的主观性。在不同的时代，对不同的人群而言，“雅”与“俗”是不断变化的。前代俗乐可以变为后代雅乐，中国的俗到家了的文化，可能被西方文化人视为“雅”极了的东西。举例来说，梁武帝就曾经把他所创作的佛乐和“车轮脖子”（车轮折脰伎）、踩高跷（长跷伎）等杂要一块儿放到他“正乐”的成果中，而在后人眼里梁武帝这套“俗”到家了的“雅乐”却是“华夏正声”的代表。隋开皇乐议时，有人建议隋代雅乐“请凭梁国旧事”，当时的隋高祖坚持“政治第一”，认为“梁乐亡国之音”不肯用。但时间改变了一切，开皇九年（589）平陈之后，终于承认梁陈旧乐为“华夏正声”，并“以此为本，微更损益”制定了隋乐。

时间可以变俗为雅，空间和文化背景的差异，也可以使“雅”“俗”的位置颠倒。一件被中国文人和艺术家视为“俗不可耐”的手工艺品、假古董，可能被许多非中国文化专家的西方上层人士恭敬地展示在他高雅的客厅里。英国音乐家、中国音乐专家史蒂芬·琼斯（钟思第）在英国是演奏巴洛克音乐的，但他对中国北方农村的吹管乐却迷到了“痴”的地步。当然，钟思第属于西方艺术界中极少的一部分人，他们厌倦了一切“雅”文化，是本着“返璞归真”的心态，有意地去向“俗文化”（当然是异域的俗文化）认同。与此相反，北京的一大群自视“高雅”的“知识分子”，却要争先恐后地以看克莱德曼的哗众取宠来标榜自己的格调与情趣。在这里，文化的距离和间隙造成了“雅”与“俗”的错位。

所以，我以为，与其纠缠在这对太主观、太模糊、太含混、太多变的“雅俗”关系之中，不如缩小、集中一下我们的论题、论域，因为我们真正关心，真正想探讨的，实际上是这样一个问题：如何看待、对待当前大众文化无序、无限发展，而许多属于“高雅”文化的艺术品种却面临困境。

对这个问题，在表达我的观点之前，我想先陈述一些简单而有趣的事实，即虽然现在大部分论者都会以一种“公允”“宽宏”的态度讲些什么“雅俗”音乐“共存共荣”啦，什么“兼容并蓄”啦……但在十几年前，当港台华语流行曲“登陆”的时候，大部分的音乐理论家们是把这些“郑卫之音”视为“洪水猛兽”的。随着改革开放和商品经济的发展，通俗音乐（包括港台流行歌曲），在大众传媒的推动下，在音像制品巨大商业利润的引诱下，在中国人民的音乐生活中占有了重要的地位；通俗音乐本身在中国这块土地上也在变化发展。从历史上看，每一朝每一代，都有挨骂的俗文化，七言的诗，长短句的词，前边加个“俚”字的曲，都挨过骂，但在骂声中，它们不但长大了，而且，经过时间老人的调侃之后，它们也都变成了“雅”。历史已无数次地证明，凡是经过时间这一道关的“俗”文化，若干年后，一定会变成下一代的“雅”文化。

所以，我以为，一个现代的知识分子，在文化这个问题上，一定要有起码的民主意识。你可以喜欢养鸟，但也要允许别人养鸡；你爱吃萝卜，也要让人家吃梨。自命风雅的贵族心态、士大夫心态，应该摒弃。嘴上高喊代表人民，却从骨子里鄙视大众文化的腐朽思想，更应该揭露。我主张，每个人都有权喜欢任何一种“雅”或“俗”的文化，对任何一种艺术形式和艺术品种，都不要也不必进行行政干预。当然，我们理论工作者有责任对通俗音乐的健康发展给予关注，给予理论上的帮助。艺术在每个时代都有自身的发展规律，该衰落的，自会衰落；该兴盛的，总会兴盛。“振兴”的口号固然可敬，怕也只是良好的愿望。因为，人有生、老、病、死，有幼年、青年、壮年、老年，艺术形式也一样，世上一切事物，都在时时变化，生灭，同时，这变化生灭也不以人们的意志为转移。“诸法无常”的观点，我以为与马列主义的观点是一致的。现代社会中某些古老艺术品种的博物馆化，恐怕也是一个不以人们的意志为转移的趋势。新旧嬗替，雅俗互换，如日出月没一样自然。

但这还不是“根本”，不是“究竟”。若从佛教的观点来看，所谓的“雅”与“俗”，只是人的妄断，是一种“分别心”，是不如实的表象。著名的《华严经》偈云：“应观法界性，一切唯心造。”所以，若真能做到“心无挂碍”，便不必分什么“雅”与“俗”。

（原载《文艺研究》1995 年第 6 期）

昨天的魅力

——从“红色经典”谈文艺界的“怀旧”风

进入20世纪90年代，各种报刊上的怀旧文章连篇累牍，仿佛大家一下子都想起了昨天。而近两三年，一股怀旧的情绪又在文艺界悠悠徜徉。书店里，那匹从齐鲁大地呼啸而出的“黑马”《老照片》，裹挟着百年的风雨，把历史的焦距一次次地拉到读者的眼前；录音棚里，苏联姑娘喀秋莎和“草原上的红卫兵”交流着梨花般纯洁的思念和见到毛主席后的巨大喜悦；舞台上，穿短裤的女战士刚刚绷着足尖跳出了椰林，把抹布和伪军都舞得团团转的阿庆嫂便踩着鼓点扭进了茶馆。于是，一个来自民间、概念模糊并注定会引起争议的新名词——“红色经典”，便躺进了新闻媒体“文艺版”的煎锅，被炒得滋滋冒油。

其实，这股怀旧风早已在社会上出现，在老同学和“插友”们的聚会上，高唱“语录歌”和“样板戏”的场面，不但常常是聚会时令人难忘的高潮，也常常使操纵“卡拉OK”设备的年轻小姐们目瞪口呆！京城街头一批叫作“北大荒”“知青”的饭馆里，时而能听到“下定决心，不怕牺牲”的朗朗歌声。

但是，在什么都趋向“多元化”的今天，“怀旧风”的出现并没有引起人们过分的关注。只有两类人对此做出了明确的反应：一是在“文革”中曾受到过不公正对待的老文艺界人士，一是眼光敏锐的文艺商人。前者的代表在几年前便撰文表示，至今也不能听到产生在那个“触及人们灵魂”的时代的“语录歌”和“样板戏”，这些东西对他们而言，已经变成一种痛苦的符号和暗示，一听到，便会带来个人惨痛经历的回忆。他们更不能容忍的是这些东西被冠以“红色经典”的新头衔，他们终生信奉并实践的革命理论不能接受这种新的色谱分类。而后者——那些终日奔波在录音棚和剧场之间的文艺商人们则一言不发。他们没有进行意识形态争论的兴趣和修养，也没工夫说话。他们瞅准了发财的机会，便立刻付诸行动。他们之所以把这些东西称为“红色经典”，仅仅因为他们觉得这个“广告词”能促使人们掏腰包。你不能不佩服他们对文艺市场的直觉和把握能力，少数人对个人痛苦经历的回忆与控诉并不能阻止“红色经典”的畅销。文艺既然进入了市场，那么，便不得不服从市场的规律。

令人奇怪的是，这股“怀旧风”在许多地方与人们心目中的“怀旧”不同。首先，扇起这股“怀旧风”的人不是应该怀旧的老人，而是一批没有历史，只有未来的年轻人；其次，这股“怀旧风”不但不带着与“怀旧”二字密不可分的惆怅低迷和缠绵悱恻，反而洋溢着一股久违了的“革命”气势甚或轻轻松松的浪漫情怀。

本来，“怀旧”是人过中年之后才见的情绪。谁都知道生命是一个过程，但只有人过中年才能体会到这过程的迅疾和短暂。唐人形容长江船速的话“朝发白帝，暮至江陵”，在中老年人看来，真可以拿来形容人生的短促。“别时君未婚，儿女忽成行”的乍见，当然免不了叙旧；“天之涯，海之角，知交半零落”的相逢，也不可能不怀旧。可是今天买票去听《沙家浜》和《红灯记》的观众，却大都是些该感叹“予生也晚”的青年。他们对“红色经典”所表现出的热情，与其说是“怀旧”，不如说是“寻根”；与其说是对过去流行的“旧歌”的猎奇，不如说是对当下流行的“新曲”

的厌倦。虽然那场“史无前例”的政治浪潮结束的时候，他们刚刚出世或还未出世，但在他们这一代的“集体潜意识”里，毕竟埋下了“文革”二字的阴影。我们可以想象一下他们的感受：他们翻开这些沉寂了二十多年的音响的“老照片”，本来是想寻找令他们父母痛苦的那段历史，结果，他们却遭遇了美丽。

“昨天”的魅力就在于朦胧。“昨天”像梦中的景物，可见而不可触。“昨天”不是现实，它已洗净了时髦、浮躁和功利；甚至“昨天”的是非，今天也不再鲜明和重要。这一点，对从未在那时生活过的青年来说，就更是如此。他们没有被从舞台上拉到“牛棚”里“聆听”突然发迹的昔日同窗高唱“样板戏”的心理经验，他们也没有体会过一个偌大的国家只有一个作家、八个样板戏的文化干渴。他们今天所看到、听到的，只是世界芭蕾舞台上从未有过的穿短裤的女战士，是“打虎上山”的昂扬和《杜鹃山》中女主人公绮丽唱段的精彩配器。恩格斯早就说过，一个时代的艺术的发展，有时并不一定与该时代的政治、经济的发展同步。这也许是为什么在“文化沙漠”般的“文革”之中会产生“美丽”的原因。而且，在那个特殊的时代，“样板戏”“样板团”的称谓便意味着在干旱的时候把原来必须浇百亩地的所有的水都浇到一亩地上。再说，不管是李劫夫、汪曾祺还是那个讲“民族音乐概论”课出身的“部长”，哪个不是那个时代他们各自专业里的大手笔。

至于用管弦乐队来为现代京剧伴奏，除去少数京剧的“原教旨主义者”以外，恐怕大多数人都会承认是扩大了传统戏剧的表现力，也适应了大多数无幸看过“喜连成”的新一代京剧爱好者的口味。至于把“样板戏”的成就与某个人联系起来，则大可不必。音乐与艺术是作曲家、艺术家的创作，我们现在听莫扎特的交响乐时，谁也不会因为那个供养了莫扎特的约瑟夫二世的政绩如何而影响对美的欣赏。创作太难，毁坏太容易，这难道不是那个讲究“不破不立”的时代留给我们的最惨痛的经验嘛。我以为，对我们中华民族在任何一个历史时期的文艺创作，我们都该取宽容的态度，更何况，“智斗”的词、曲、唱、念、作，丝毫也不比《二进宫》逊色。当然，那些本没有任何艺术价值的纯粹的“标语口号”式的“文艺作品”不在此列，历史早就径自淘汰了它们。这，恐怕也是“昨天”的魅力之一，留至今日依然美丽的“昨天”，已经被时间老人细细检验后，盖上了“质量保证”的印记。

有人说，“红色经典”的流行是“政治淡化”的反映；也有人说，“怀旧”的思潮是“世纪末”的必然现象。我倒觉得，这些大多反映20世纪中国人民的民族解放战争和国内革命战争的老曲目、老戏目的再度辉煌，是“政治昌明”的反映，是“百花齐放”的文艺政策的体现，也是“商品大潮”冲击下的新一代理想主义者对“革命”“理想”“英雄主义”这些被淡忘了的闪光名词的追索，还可以看成在社会转型期常常出现的“新古典主义”思潮的一部分。当“哥哥妹妹”唱厌了的时候，“向前进、向前进”的歌声便成了“新潮”；而当“红色”被“金色”甚至“黄色”“灰色”挤到角落的时候，“红色”的复归便成了连文化商人都看得出的历史必然了。“世纪末”对20世纪的中国人来说，也与“颓废”“悲观”联系不上。中国人就是在这个世纪末收回了香港。就像对大多数中国人来讲这个世纪末就意味着21世纪的希望一样；对大多数中国人来讲，今天的艺术已不再只是政治的符号和阐释。现代青年走进剧场去听一场“现代京剧折子戏”或者掏钱买一盘重新包装过的“语录歌”，并不意味着他们想去当“红卫兵”。他们更多的恐怕只是想看看“昨天”的“老照片”。如果他们真的被感动了，那也是因为“昨天”里除了苦痛外，依然还有美丽。而今天谁也不能否认的是——政治的民主与文化的多元化是世界的方向，也是21世纪的潮流。

谈到“世纪末”与“怀旧风”的联系，不由人不想到 19 世纪末。生活在 19 世纪末的中国人，绝大部分人没有怀旧的思绪，也顾不上什么颜色的经典。他们如鲁迅所言：“一要生存，二要温饱，三要发展”，他们两眼紧盯着当下和未来，望眼欲穿。“苟有阻碍这前途者，无论是古是今，是人是鬼，是《三坟》《五典》，百宋千元，天球河图，金人玉佛，祖传丸散，秘制膏丹，统统踏倒他。”鲁迅还曾经说过：曾经富过的想念过去，未曾富过的向往将来。照此说来，我们今天能在这里款款地“怀旧”，娓娓地谈着“怀旧风”，也真的算到了“小康”了。

（原载《艺术家》1997 年第 6 期）

笑声与梦魇

——看话剧《科诺克或医学的胜利》

当姜文终于又在舞台上过足了一把戏瘾的时候，北京的话剧观众也有幸领略了法国戏剧大师于乐·罗曼的杰作《科诺克或医学的胜利》。对各式各样的“医生”，老北京原有各不相同的称谓，把那些江湖郎中称为“卖野药的”。也许，因为此剧的上演，多少年之后，北京人会把某种“医生”称为“法国大夫”。

“卖野药的”是小打小闹的骗子，“法国大夫”却不同，你很难说他是献身“医学”的浪漫主义者，还是天才的江湖郎中；是狂热的“现代医学观念”的信徒及实干家，还是精通心理学的大骗子；是“普济天下”的医学界的奇才，还是狗屁不是的“卖野药”的庸医；是历史上一切“有使命感”的“理想主义者”的化身，还是纳粹或20世纪其他一切给人类带来巨大灾难的“职业革命家”的缩影；是有创造性、预见性，发明了“医学主义”的思想家，还是一个有演员天赋的小丑。在剧中，这位叫作科诺克的“法国大夫”接替帕尔巴莱大夫的诊区，成为圣莫里斯镇的医生之后，高高举起医学主义的大旗，以绝对的“献身精神”和“现代”的思维方式，理论联系实际，坚决依靠群众，在一个在“医学”上“一穷二白”的小镇里，创造了一个奇迹——不但使全镇的人都毫无怀疑地相信自己得了病，要接受他和神圣的“医学”的指导和治疗，而且，他还成功地使全体“病人”相信，只有他——科诺克大夫，才是圣莫里斯镇的救星和太阳。他们崇拜他，服从他，愿意为保护他而扎破别人汽车的轮胎或筑路障，并且全心全意地信仰他的主义——“所谓正常人只不过是一些不自知的病人”。

不能不说“科诺克或医学的胜利”是巨大的，这个原来普普通通的、健康的、自足的、优哉游哉的镇子，在三个月内便变成了一个巨大的医院，“全民皆病”。他不但改变了人们的生活，甚至改变了人们的思想、意识、观念。这是真的“移风易俗”，是“史无前例”的“胜利”。无论是圣莫里斯人的主观世界——宗教，还是包括时间在内的客观存在，居然都在科诺克的光辉照耀下变成了“医学主义”的工具。当姜文饰演的“科诺克”在舞台上激昂慷慨、一气呵成地诵出那段最精彩的独白时，可谓天地动容，风云变色：

> ……在这250座楼房里有250个房间，有250个信徒，有250张床上躺着250个身体来证明生活有一种意义，而幸亏是我，他们才有了一种医学的意义。……而那些没有病的人睡在黑暗里，他们是被忽略而删除了。凡属与医学无关的东西，夜，把他们给我扫去……单说这教堂的钟吧，想想看，当它被敲响的时候，它的声音只是提醒这个世界是到了按照我的处方服药的时刻了。……10点钟对于我的病人们来说，是第二次量体温的时刻，也就是说，再过一会儿，就有250个体温表同时插到250个肛门里面去！

对于每一个男演员来说，能够有机会在舞台上抑扬顿挫、噹噹嗒嗒地诵出这段独白来，都是一种享受；更何况姜文和翻译兼导演魏小平还为了适合中国的国情，把原来“250”的数字，换成了“千百万”！而对于一个观众，对于一个有思想的观众来说，那个“千百万个体温表同时插到千百万个肛门里面去”的生动图景，却不仅仅是令人喷饭、堪称世界之最的滑稽场面，它更像是一个梦魇，一个地地道道的、充满了悲剧色彩的梦魇。

人们真的不该发笑，人们真的应该笑不出来或只能哭着笑。难道与此类似的“可笑”场面没有真的在人类历史上发生过吗？难道圣莫里斯镇不是这个时而发疯的世界的缩影吗？当“科诺克”站在舞台的最高处，像一个“领袖”一样伸出他的手臂时，我想到了希特勒，想到了人类历史上所有把“人”当成“病人”的“法国大夫”。中国古代的思想家早就说过：小盗窃钩，大盗窃国。而“胜者王侯败者贼”，“王侯”与“盗寇”，也只不过是“胜者”和“败者”的代名词而已。西方的哲人也说过类似这样的话：“人间所有最卑鄙的行为都是在最伟大的目标下进行的。”而“伟大的目标”也的确可怕——君不见，不但在剧末，那个精明的、正牌儿的医生帕尔巴莱也怀疑自己得了病，就连科诺克自己，不也在剧中说过：“我避免自己照镜子吗？”于乐·罗曼的这出名剧是在 1923 年写成的，在两次世界大战的间隙，在纳粹的幽灵开始在欧洲上空徘徊的时刻，在号称“万物之灵”的人类即将一次一次地上演人类历史上最“可笑”的盲从的悲剧之前，于乐·罗曼介绍我们认识了科诺克大夫。

按照悲剧便是“把最美的东西毁灭给人看”的定义，《科诺克或医学的胜利》绝对是一出悲剧。世界上难道还有比人的心灵和睿智更美的东西吗？但是，于乐·罗曼偏偏把它“毁灭”给人看！而且，还让你看完了哈哈大笑！的确，一个人“生病”并不可怕，一个镇甚至一个国家、一个民族一起“生病”、一起发疯才令人难以置信。可惜而又可痛的是，这恰恰不是于乐·罗曼的谎言和欺骗。人们难道忘记了吗？一个曾产生了贝多芬和歌德的民族居然发明了焚尸炉，一个可以把喝茶和插花都变成温文尔雅的艺术、变成“道”的民族居然会在他过去的“老师”家里开展杀人比赛，一个产生了老子、孔子、庄子，产生了李白、杜甫，产生了《红楼梦》的民族居然在一个时期里认为“知识越多越反动”，难道不都是因为大大小小的科诺克式的“法国大夫”的鼓噪吗?

幸运的是，除了科诺克外，世界上还有于乐·罗曼，有姜文、魏小平这样一些“病人”，他们愿意把科诺克的“胜利”介绍给“千百万”曾经生过病或将来可能生病的人。不要以为圣莫里斯的事情不会再在某种程度上重演，要知道，按照科诺克的伟大命题来看，“所谓正常人只不过是一些不自知的病人”而已。

还应该承认，姜文、魏小平他们“病”得不轻。姜文的投入和恰到好处、颇见功底的表演不用说了，出自名家之手的、法国味儿十足的布景也不用说了，就连成功的服装设计的背后，也都有不少的故事。我听说，为了保证服装符合20世纪二三十年代法国的时尚，他们曾为一个衣领的形状和角度专门发电传到法国请教法国最权威的服装史专家。他们为这出戏的上演，付出了太多太多的劳动和代价——就在笔者写这篇小文的时候，听说魏小平出了车祸。这使我想起了去年夏天在巴黎听魏小平讲剧本翻译过程中的甘苦时的情景。魏小平说，为了使剧中的一句话译得传神，他废寝忘食地苦想了两天两夜——这就是剧中那句令人喷饭的台词：“是痒痒，还是想挠挠?”

其实，无论是“痒痒”，还是“想挠挠”——假如这二者真有区别的话——都必须先找对那个“痒处”或可挠之处。而看了《科诺克或医学的胜利》，起码让人们在发笑的同时，想起了许多我们已经在渐渐淡忘的梦魇——那个应该好好“挠挠”的地方。

（原载《北京青年报》1998年1月）

蜡烛与抹布

艺术可以没有任何东西，但唯独不能没有诗意和美感。当然，分开来说，科学是求“真”，宗教是求“善”，艺术是求“美”。但仅就艺术来说，则古今中外，艺术家所渴望达到的最高目标，还是“真善美”的统一。问题是，这种追求和强调，必须遵循艺术本身的规律。你可以主张“文以载道”，可以坚持“文艺为无产阶级政治服务”，也可以实践“用高尚的艺术陶冶人的情操”的所有伟大设想，但在你的艺术中，你一刻也不能忘记的，还是创造诗意与美感。

记得很久以前，还是上小学的时候。一天，老师在课堂上讲“比喻”。她讲：为什么人们常常会把教师这个职业或一些优秀的共产党员比作“蜡烛”呢？因为“蜡烛”具有高尚的“品质”，它在照亮别人的同时，燃尽了自己。她如果仅仅到此为止，那么，她不但完全正确，而且，她的表述本身也很“诗意”，有一种美感。但她进而总结出这样一条“规律”：凡是能够“舍己为人”，能够“为了绝大多数人的利益”而“牺牲自己”的人或物，就都是美的。

我这个人天生爱抬杠，年轻时尤甚。我当时便举手问老师：那么，抹布呢？抹布也是“为了绝大多数人的利益”而“牺牲自己”，为了别人的清洁而不惜把一切肮脏、一切污垢、一切汤汤水水、一切人们讨厌的东西都不加选择地“揽”到自己身上，而且，毫无怨言，永远默默地，不声不响，朴直、谦虚、“虚怀若谷”，“弄脏我一个，干净千万人”。可抹布美吗？

我那时太小，不懂艺术，更不懂政治，只知道“认死理儿”，当然也没把老师骂我的话“你长大了非当右派不可”当成可怕的预言或谶语。我当时只是本能地觉得美有着独立的意义，美不能等同于道德，更不能等同于政治。换句话说，美必须具有道德、政治，甚至科学不具备的东西，必须离开道德、政治、科学等一切之后还能存在，这才是美。虽然当时老师和我都没有找到这个问题的答案，我们的这个其实很有价值的“美学探讨”更没能在平等的学术氛围中进行下去，但是“蜡烛”和“抹布”的疑问却从此留在了我的脑海里。

每当我看到烛光——不管是孤独地闪烁在寒门士子夤夜苦读的案头，是风情万种地摇曳在酒吧幽幽的餐桌上，还是在成千上万人为了音乐、为了死亡、为了公正的聚会中汇成的烛光之海里，我的心总是泪眼婆娑。烛光，永远让人觉得诗意盎然，永远让人们能在暗夜中看到一线光明、冬天里感到一丝温暖、颓唐时见到一缕希望、孤寂时听到自己胸中的一股柔情。而且，它不仅仅启示，它还叙说、交流。有谁曾在冬夜里独对烛光低吟过李商隐的诗句吗？他一定读到过烛光的答咏。烛光不但渲染，它还创造，它有时甚至能在两个心如枯井的心中唤回已随春逝的清清涟漪。烛光是人最体贴的朋友，烛光下，你眼角旁的皱纹不见了，但眼睛却比白天更亮；烛光下，最粗鲁的汉子也变得柔情似水，说不出在光天化日下会脱口而出的脏话；烛光下，口吃的娓娓动听，迟钝的茅塞顿开，沮丧的激情满怀，愚笨的才情横溢、文如泉涌。它能让现实显得比现实本身更可以接受，它能使幻想更美、友谊更纯、爱情更如诗如画。它润饰诗句、牵引乐思、锤炼逻辑。它能让现实主义者今夜旖旎，它更能让浪漫主义者暂离尘寰、飘摇如幻、不知今夕何夕。在人类的全部历史中，有过多少与烛光有关的诗歌、音乐、绘画呢？从“共此灯烛光”的向往，到“却话巴山夜雨时”的企盼，从“为人垂泪到天明”的哀歌，到“蜡炬成灰泪始干”的绝唱，烛光似乎永远伴随着生活中美的一面。千百年来，人们在烛光下读书、写作、刺绣、绘画、促膝谈心、缱绻榻上，却从不在烛光下打仗。烛光天生地只适合作诗、做爱，不适合战争。

蜡烛在燃烧自己的时候，放射的是光明；抹布在弄脏自己的时候，丧失的是纯洁。美必须和实际生活有一定的距离，让人有想象的余地，不可以实际得一览无余。美可以耀眼，可以朦胧，但一定要让人愉悦，不可以令人作呕。当然，美并不是生活的全部内容，也不是说凡是美的就一定符合道德标准，就一定有用。有人可能会说：“蜡烛”是浪漫主义，“抹布”是现实主义。这恐怕是对现实主义的最大误解和歪曲。也有人会说，在烛光下也曾有阴谋，蜡烛甚至还曾引起过火灾。是的，没错儿，抹布是比蜡烛安全，在电灯煌煌的今天是比蜡烛更有用。但，抹布毕竟是抹布。

不会有人为抹布写诗——当水还流、山还在、草还青、人还用头上脚下的方式站立或走路的时候。

（原载《文汇报》1997 年 11 月《笔会》）

《中国音乐年鉴》十年有感

年轻时读两汉魏晋人诗，觉不出好来。不但不理解为什么魏武“横槊临江”之时还要慨叹“何以解忧，唯有杜康”，更不明白人活得好好的，为什么非要“生年不满百，常怀千岁忧”不可？对诗的体验，就像对生命的体验，是一定要在生命的过程中逐渐深入的。这种体验，一定要“功到自然成”，也一定像禅宗对“悟”的精辟阐述一样：“如人饮水，冷暖自知”，旁人的任何感受都代替不了你自己的感受。没有那口水通过你嘴巴、喉咙的一瞬，你便没有“饮水”的体验，也就没有对水冷暖、甘苦的判断和感觉。而对个体生命现象短促、脆弱的发现和无奈，以及对人类整体生命漫长、坚忍的浩叹，则是魏晋时人对中国文化的最大贡献。也许，正是由于人“常怀千岁忧”，所以人类才与其他动物有了根本的区别，人类才逐渐有了一种叫作“文化”的东西；也正是由于“生年不满百”，人们才会有记下自己的行为、思想留给后人的冲动，而人类也才有了历史，使“无奈”的个体生命得以在瓜瓞绵绵的人类生命链条中成为不可替代的、独立的一环。

《中国音乐年鉴》的10年，已成为我和我的同事们个体生命的一部分。虽然，《中国音乐年鉴》对整个中国音乐的作用只能由后人去评说，而我们个体生命的价值也是微不足道的，但是，对我们而言，年鉴无疑使我们这10年的生命变得更充实、更丰满。换句话说，如果没有年鉴，我们这10年的生命可能是另外一种样子。另外，对中国音乐而言，年鉴的出现也绝不是微不足道的。10年前，中国音乐界没有人因“常怀千岁忧”而自觉地为今人和后人把中国音乐界今天发生的事记录下来，从10年前开始，我们有了。而历史就像酒一样，越久，你才越能感受出它的滋味来。

1986年，已故的黄翔鹏先生刚刚结束他壮年的坎坷和学术上的积累阶段，迎来他生命的辉煌期。他在担任中国艺术研究院音乐研究所所长后，一反过去“以研究为中心”的传统，提出了“以资料为中心”的口号。“兵马未动，粮草先行”的说法在军界可能是常识，但在当时的学界，却只能说是远见卓识。大家对这一口号正确性的共识，是在其后的数年间才逐渐形成的。我自己当时便对此缺乏敏锐的认同感。所以，当黄先生请我“帮忙”，希望我担任年鉴首卷的副主编，具体负责年鉴的工作时，我还是有一点儿勉强的。只是出于“师生之谊”，出于对“新任所长”工作的“支持”，我才答应下来。我当时私下里打算顶多干一两卷，待年鉴有了样子，编辑工作走上了正轨，我就不干了。没想到，这一干便是10年。而这10年里的风风雨雨，却几乎浓缩了人生的一切感受。命运之于我，何其厚也！

虽然我从首卷起便对年鉴的工作负责，但年鉴的创意和提出年鉴最早构架的却不是我。黄先生的创意和决断功不可没，年鉴初步框架的设想，则是年鉴最早的编辑部主任文彦等老同志提出来的。参加年鉴首卷工作的安杰、郭诚、孙建英、王秋萍、钱小霞等人的共同努力，使中国第一本真正意义上的“音乐年鉴”在1987年得以问世。从编辑1989卷开始，韩锺恩担任副主编，他的锐意进取和孜孜以求，不但给年鉴带来了一股新风，也保证了年鉴主编在因故脱离工作岗位的一年半时间里编辑工作不受影响。没有主编、副主编的名字而只署名“《中国音乐年鉴》编辑部编”的1990卷，“编后记”换了文风，但正如“编后记”开宗明义所言：“历史不会中断，当然历史书也得继续写下去。”也就是从这卷开始，年鉴增加了“新学动态”“世纪鉴”“地方音乐”等专栏；也是从这一年开始，年鉴开始每年都要和某一个地方联合召开一次学术研讨会，探讨与中国音乐发展密切相关的问题。至今，这样的学术会议已经开了 7 次。年鉴越办越顺，更注重实用性，更注重与各地音乐界的广泛联系，更注重对音乐界现实问题的参与。“一生二，二生三，三生万物……”的话再一次在年鉴的“后记”中出现并再次被事实所证实，反映了“史工”（不是史官）们对今天和明天的可贵的责任感。

以后，年鉴的工作人员和栏目多有变化，但一种全面观照与具体而微的关注相结合，积极参与精神与客观的历史评判标准相结合，阶段性的学术总结与长期的资料积累相结合，编辑部专业资料人员的资料收集与外邀撰稿人的综述写作相结合，相对稳定的撰稿队伍与尽可能全面反映地方声音的努力相结合，力求客观、朴素、严谨、求实的“年鉴风格”与撰稿人个人风格相结合的一种“类似风格的东西”却逐渐地形成了。任何不带偏见的人都看得出：年鉴在成长。

当然，在《中国音乐年鉴》成长的同时，我们每一个编辑人员也都在成长，都在从年鉴的编辑过程中受益。我们培育了年鉴，年鉴滋养了我们。在编辑年鉴的 10 年里，工作逼着我们关注全国各地（包括世界各地）中国音乐界发生的每一个事件、发表的每一篇文章、上演的每一场音乐会……我们以极大的热情关注着这一切并仔细拾起中国音乐发展的每一片足印。如果不是为了年鉴，我们任何人肯定都没有这份儿耐心和视野。

我在《中国音乐年鉴》首卷（1987）的“前言”中说：

“鉴”的作用是“照”，人每天照镜子，以去垢净面；我们的音乐事业发展很快，也需要每年照一照，才心中有数。今天过去了，今天发生的事在明天便成了历史。清代学者王夫之说：“所贵乎史者，述往

而为来者师也。”把一年的史实记下来，是为了我们音乐事业的明天。

“述往而为来者师也”，是我和我的同事们所始终遵循的原则和追求的目标。我们在商品大潮汹涌澎湃的10年里，甘愿为中国音乐的明天记下今天的事情，甘愿为音乐界的同行们积累、提供建设中国音乐大厦的砖瓦木石，甘愿在“史”的王国里做一个默默的“史工”——一个“工蜂”一样的“记史的工人”。当然，愿虽愿矣，真正做得如何，却是另外一回事。从内容到装帧，从邀稿到发行，都未尽人意。尤其是最近的一两卷，由于各种各样的原因，拖期现象已到了不能容忍的地步，这其中，我的“不力”有不可推卸的责任。

两汉魏晋人以其对生命特殊的敏感体味到“人生苦短”，因此才在充分发展了放任旷达、崇尚自然的伟大艺术的同时，充分发展了中国的史学。从司马迁、班固到陈寿、王隐、孙盛、干宝、习凿齿，从《史记》到《三国志》，都突破了个体生命“不满百”的局限，为后人留下了指点评说的可能。而“死后是非谁管得，满村听说蔡中郎”也未必是什么坏事，能让乡村野老讲唱一番的人与事，毕竟都是历史。

（原载《中国音乐年鉴·1996》，山东文艺出版社1997年版）

《中国音乐年鉴·1996》后记

《中国音乐年鉴》转眼便迎来了自己 10 岁的生日。10 年，在整个人类历史上当然只是一瞬，但对我们而言，这 10 年，却不啻是一场漫长的梦。这其中，我们想到、想不到的大事小事，天灾人祸，不知道发生了多少。就在我们筹划为年鉴 10 岁的生日庆祝一番的时候，《中国音乐年鉴》的首任主编、中国著名的音乐学家黄翔鹏先生仙逝了。他曾在病榻上答应为年鉴 10 年写点什么，但如今却“人世黄泉两茫茫”，再难实现。《瑜伽焰口》中有一段充分体现了佛家“无缘大慈、同体大悲”的思想，同时文笔又极有韵致的文章，相传为东坡所作，叫“一心召请”，其中道：

> 一心召请，黉门才子，白屋书生。探花足步文林，射策身游棘院。萤灯飞散，三年徒用功夫；铁砚磨穿，十载慢施辛苦。呜呼！七尺红罗书姓字，一抔黄土盖文章……

的确，死亡是发人深省的。也只有面对死亡时，哲学家的思索和艺术家的激情才能发挥到极致。“无奈”并不仅仅是“消极”，它也是一种深刻，是一种“曾经沧海”后的苍凉；而对人类而言，只有深刻的东西，才最终会起真正“积极”的作用。黄先生有许多对中国传统音乐的真知灼见都随他而去了，他生前始终相信“文章千古事，得失寸心知”，至死也放不下他的学术事业。因此，他是带着许多遗憾走的。但在佛家看来，这种遗憾其实没有必要，死亡不仅是“众生平等”的彻底实现，还是另一种生命形式的开始。

那么，年鉴呢？当然还要继续办下去。“十”正好是一个轮回的结束，又是另一个轮回的开始。生生死死，死死生生，也如黄先生对中国传统音乐所作的比喻一样，“是一条河流”。道家高迈，“等生死”；佛家究竟，“了生死”。我们凡夫俗子，还是按“文革”中那条傻得可爱的旧口号做最好：“活着干，死了算！”如此而已。

仅以此心此意纪念黄翔鹏先生。

（原载《中国音乐年鉴·1996》，山东文艺出版社 1997 年版）

《中国音乐年鉴·1997》后记

月有阴晴圆缺，人有生老病死，事有成败盛衰，季有春夏秋冬，这一切，用佛家的话讲，就叫“成、住、坏、空”，是一个终始，一个轮回，一个万事万物谁都逃不脱的规律。谁认识了这条规律，谁就看得明白；谁顺应了这条规律，谁就活得洒脱。

《中国音乐年鉴》问世已经 11 年了。从创刊到今天，除了其中有一段时间由于特殊的因缘而由朋友代管外，大都由我负责。起码，其中的错误和缺点应该由我负责。我曾在纪念《中国音乐年鉴》10 年的文章中说过：“《中国音乐年鉴》的 10 年，已成为我和我的同事们个体生命的一部分。虽然，《中国音乐年鉴》对整个中国音乐的作用只能由后人去评说，而我们个体生命的价值也是微不足道的，但是，对我们而言，年鉴无疑使我们这 10 年的生命变得更充实、更丰满。换句话说，如果没有年鉴，我们这 10 年的生命可能是另外一种样子。另外，对中国音乐而言，年鉴的出现也绝不是微不足道的。10 年前，中国音乐界没有人因‘常怀千岁忧’而自觉地为今人和后人把中国音乐界今天发生的事记录下来，从 10 年前开始，我们有了。”在这段话里，有心人会感到我的所有自豪与悲凉。的确，办一个刊物就像带一个孩子，不但甘苦备尝，而且日子久了，还会生出割舍不断的感情来。

但是，真爱孩子的人，不但不会溺爱孩子，还懂得“易子而教”的道理，孩子大了，会给他找名师，甚至让他离家远游去求学。因为他们明白，让孩子老跟着自己，老跟着一个人，不会有大的出息。年鉴也是这样，老让我当主编，日子久了，刊物便会变得老气横秋，没有活力和新意。因此，从下一期开始，本刊资深副主编韩锺恩将担任主编，而我则将以一个读者或撰稿人的身份继续关注年鉴的成长。就像我在本文开始时说的那样，任何事物都有兴衰嬗替，主动顺应这个规律，该下的时候下，该上的时候上，是再正常也不过的事了。我想我应该对年鉴的读者和所有关心我的朋友讲明白：这个安排，并非出自“上峰”的意见，也没有任何其他原因，完完全全是我个人的一个愿望。我也不敢比附先贤的“禅让”和“让贤”，我只不过知道“占着茅坑不拉屎”是一种耻辱而已。

韩君锺恩，为人也厚，为学也勤，为思也敏。他长期助我主编年鉴，尤其在我不在岗位的时候，兢兢业业，勠力支撑，上无愧于国家、事业，下对得起领导、朋友，不但使年鉴没有因故而夭，反而有了发展。相信在他的主持下，《中国音乐年鉴》今后定将会有一个新的面貌。

在写这由我执笔的最后一篇“后记”时，许许多多的感受在心中翻腾，难以一一道出。忽然想起那条曾贴满我们这个昔日的“礼仪之邦”的大街小巷，被我嘲弄为“普及幼儿园教育”的“文明礼貌用语”，倒是把我现在想对读者和朋友们说的都说了，而且，一字不多，一字不少，丝丝入理，字字含情，甚至还昭示了一个终始，一个轮回，一个完美的生命过程。它们是：

您好！

谢谢！

对不起！

再见！

（原载《中国音乐年鉴·1997》，文化艺术出版社 1999 年版）

《杜兰朵》与《图兰多》孰美

话语权的争夺

刚进9月，北京文艺舞台上便有两出戏“狭路相逢”——祖宾·梅塔指挥、张艺谋导演、意大利佛罗伦萨节日歌剧院演出的歌剧《图兰多》在清帝祭祖的太庙前搭起了巨大的看台；同时，号称“四川鬼才”的魏明伦在政协礼堂也敲响了川剧《杜兰朵》的大锣。虽然北京地铁张贴的《杜兰朵》广告上写着“中国川剧与意大利歌剧首次世界性对话”，但事实上，“对话”的愿望恐怕是一厢情愿的，世界顶尖的“大腕”加上紫禁城的威严再加上令人咂舌的投资，富丽堂皇、金光灿烂，谁会跟你小小的自贡市川剧团“对话”？再者说，看歌剧与看川剧的观众圈很少重叠，就像北京老辈人说的：“好养鸟的不养鸡，好吃萝卜的不吃梨”，怎么“对话”？

“对话”不成，“比较”也难。一个是经过张艺谋用尽心力充分“包装”过的西洋歌剧，一个是“土得掉渣儿”、在现代城市青年眼中比西方大部分艺术形式还陌生的地方戏，几乎不具备可比性，谁能说冰激凌和炸臭豆腐哪个更好吃？但我把两出戏都看过之后，却觉得虽然表面上一个是“外国人臆想的中国故事”，一个是“中国人再创的外国传说”，但在这两出戏背后所反映的，却是关于诠释中国与中国人的话语权的争夺。

迄今为止，在西方的文艺作品中，中国人的形象基本上是由西方人塑造的。20 世纪初，由于文化的隔阂和普遍存在的种族歧视，“中国”与“中国人”在大部分西方人眼里是愚昧、残暴、落后的象征。且不说那些歧视中国的种族主义者，就连一些在主观上对中国和东方友善的作品，也常常出现对中国和东方的误解和偏见。就以《图兰多》为例，它在西方演了几十年，居然没有一个西方人对剧中一些极不合理的情节提出过疑问，也许在大部分西方人看来，中国人本来就是这个样子。

《图兰多》的不合理之处

但是，在中国人看来，歌剧《图兰多》的剧情就极其缺乏合理性。全剧的“戏核”是中国公主图兰多公开用猜谜的方式征婚，却要杀掉所有没有猜破谜底的求婚者。这种乖戾的暴行不但令人费解，也缺乏任何文化心理学和人类行为学的解释。剧中说，图兰多因为祖母被鞑靼人所杀，所以便用这样的办法复仇。在中国，民间的确流传着“抛彩球”择婿的故事，在中国漫长的历史中，也的确曾有过许多残暴的君王，但无缘无故地借“选婿”的方式向无辜的人“复仇”，却闻所未闻、匪夷所思，不合中国民情。在中国所有的传统文化如儒、释、道的理论与实践中，在全体中国人千古如一、共同遵守的道德中，“复仇”的思想和行为基本上是被否定的。儒家的核心思想其实只有两个字，一个是“忠”，另一个就是“恕”；佛教把“杀”列为“五戒”之首，把意味着仇恨的“嗔”视为“五毒”之一，而其修行的“八万六千法门”，其全部目的无非便是要去掉“贪、嗔、痴”；在道家看来，“善者自兴，恶者自败”，强调的也是与“复仇”相反的“清净”。即使是“复仇”，也是“冤有头，债有主”，中国公主的滥杀求婚者，是只有对中国文化、中国道德一无所知的人才能臆想出的情节。

歌剧的结尾则更缺乏合理性和可信性。当一直爱着男主角鞑靼王子卡拉夫的侍女柳儿为了保护自己心爱的人而自杀之后，卡拉夫立即便用自己的“长吻”融化了公主冰冷的心，赢得了图兰多的爱，在对“爱情”的礼赞中以“大团圆”的形式结束了全剧。我不知道在 20 世纪初西方人眼中的东方人“自私”“无耻”到了什么程度，但我以为无论是哪一个国家、民族的男人，只要他还是一个男人，他恐怕就无法做到眼睁睁地看着一个爱你的女人为保护你而献出了生命之后，立即心安理得地去吻那个使这个善良女人失去生命的另一个女人。我想，假如把这样荒唐的情节放在另一部戏中，并把主人公和剧情发生地改为西方人和西方的话，不知道有多少西方观众会嗤之以鼻。但是，在这出戏里，这是“东方人的行为”！这是发生在“中国”的事！而且，这是大师的作品！是全世界所有“有文化、有教养”的人都应该顶礼膜拜的伟大作品！

所有艺术创作，哪怕是“荒诞”的和纯科幻的作品，也要合情合理，用中国戏剧家的话说，即“出乎意料，却在情理之中”，但《图兰多》的剧情却严重违背了中国的民情，说明 20 世纪初西方人对东方的文化隔膜之深，即使是普契尼这样的大家和主观上对东方满怀善意与憧憬的知识分子也难做到不带任何偏见。

太庙前的“后殖民心态”

当然，普契尼的音乐了不起，祖宾·梅塔的指挥也很棒，几位歌唱家也算得上一流，歌剧的“包装”——美工、服装、场面等，亦堪称美轮美奂。毕竟这场戏光服装费就花了 800 万美元，全剧的预算则高达 1600 万美元，以这样的经费来堆砌“美”，以这样的经费来追求形式，当然可以有炫人耳目的效果。在这场从始至终都是商业行为的“中国公主回归紫禁城”的“销售”中，成功者当然是经营者和张艺谋。当意大利的绅士们用1200美元一张门票的价格坐在中国的“真皇宫”(其实还不是百分之百的皇宫，只是皇宫的附属建筑)里听600名演员用意大利语唱他们的“家乡戏”的时候，当“先富起来”的中国人花平均几百元(一个农村失学儿童一年的学费)的“高消费”来听几段《茉莉花》曲调的时候，他们的付出还是值得的，因为只有张艺谋能让中国人和外国人在同时都享受到高雅的“异国情调”。几年前，当一些青年批评家指出张艺谋电影的美学倾向中存在着“后殖民心态”的时候，我还颇不以为然，但在强光照射下的太庙前，我却明显地感到了这一点。以为自己能“欣赏”歌剧(其实在场的绝大部分中国人既不懂音乐，也不懂意大利文)便是“高等华人”固然可悲，只因为外国人用中国的曲调“编”了一个“中国故事”便觉得“自豪”，只因为有这么多外国人来看我们的“中国版《图兰多》”(其实哪有什么“中国版”，普契尼的音符一个也不能动！)便感到“作为中国人的骄傲”，其实也是一种“后殖民心态”的表现。在这种“自豪”与“骄傲”底下所掩盖着的，还是一种深深的民族自卑。一些人在不知不觉地用西方审美观替换了民族审美习惯的同时，认为只有西方人觉得美的才是美的，只有被西方人肯定了的东西才是好的。说张艺谋在过去的电影中有意“挖民族的烂疮给外国人看”，绝对是对张艺谋的诬蔑和误解，但说张艺谋在《图兰多》中“融合了中西文化的精华”，则更过分。平心而论，在歌剧《图兰多》中的张艺谋只是一个杰出的视觉艺术家，却用华丽的外部形式断送了歌剧的本质和欣赏传统。歌剧从来是“听”的，不是“看”的。在张艺谋的“歌剧”中，视觉的成分远远压倒了歌剧的灵魂——音乐。他成功地把“紫禁城”推销给“老外”，把“意大利歌剧”推销给中国人。东西文化的互相吸引与各自的特色和误区都在张艺谋夸张的色彩与喧宾夺主的场面中变成了滚滚而来的钞票。中国人说：“内行看门道，外行看热闹。”悲哀的是，对中国听众而言，真正意大利歌剧的妙处在太庙周围的灯墙和大功率扩音器前已难寻觅；对西方听众而言，他们所看到的“中国”，也只是一个被深谙西方人审美趣味的张艺谋精心“包装”后的“中国”。唯一令人稍感欣慰的，也许是当许多现代中国人失掉了自性和民族审美习惯的同时，意大利人似乎也同时失掉了自性和民族审美习惯。我们盲目地迷信外国歌剧，他们盲目地迷信张艺谋。我不知道这是商业炒作的要求还是时代的玩笑，更不明白那些西方的绅士们为什么要花那么多钱千里迢迢跑到太庙前来听扩音器里的歌声。

魏明伦的“唐·吉诃德”情结

与太庙前的珠光宝气、富丽堂皇相比，川剧《杜兰朵》的剧场前显得特别冷清，舞台上显得格外寒碜。虽然北京的地铁里随处可见“中国公主杜兰朵”的大幅广告，却极少有年轻人主动买票到剧场中来。在歌剧辉煌光彩的映衬下，魏明伦的努力显得有些苍凉和悲壮。当然，想开了，也没有什么“不平衡”，川剧的全部美工费才 6 万元人民币，只不过是人家的几张门票钱！当今商业社会，讲的是“投入产出”，号称“魏大胆”的魏明伦，凭什么带着一个偏远地区的川剧团来北京和世界级的“大腕”们打擂呢？

我觉得，魏明伦的剧本不仅仅像他说的那样，把一个“外国人臆想的中国故事”加以“中国化”“戏剧化”“川剧化”，更重要的是，他使这个原本不合理的浅薄故事“合理化”“深刻化”了。在川剧中，中国公主杜兰朵因为长在深宫，养尊处优，同时周围尽是“阉”了的男人而对男人世界和性爱产生错觉和心理抵触。她认为男人是“须眉浊物”，又对性爱怀有恐惧心理，因此试图以“杀一儆百”的方式吓退那些企图攀龙附凤的求婚者。

这种有变态心理学根据的解释，起码比莫名其妙的“复仇”更容易被人接受。而且，在川剧中，失败的求婚者并没有真被杀头，它只是公主拒绝男人追求设下的一个“圈套”。川剧的结尾也改得好，“无名氏”（在川剧中，男主人公由“鞑靼王子”改为隐逸山林的无名隐士）目睹柳儿的壮烈和痴情，痛悟当下，“自恨我走火入魔障，追求牡丹花中王。有心栽花花不发，无心插柳柳成行。千里寻美美何在？——最美的姑娘早在我身旁！”他切望着“让柳儿重新回到人世上，我与她青春做伴好还乡”，拒绝了皇帝招驸马的旨意而驾起扁舟一叶，重新回归江湖。而杜兰朵，也因柳儿的牺牲“醍醐灌顶似惊雷”，她唱着“今夜无人入睡，一夜间无知女长大几岁”，大彻大悟，懂得了在“沉鱼落雁外貌美”“龙楼凤阁权势美”“清风明月自然美”之外，还有更有价值的“真情挚爱心灵美”。于是，她毅然脱下凤冠霞帔，换上柳儿的服装，学柳儿的样子，也驾起小船追“无名氏”而去。

魏明伦充分发挥了川剧的特长，以情动人，以情感人，在紧凑而层层推进的剧情中，“无名氏”与杜兰朵、柳儿的心理刻画得可信、可爱，层次分明，尤其是柳儿的形象，丰满而有个性，有着极强的感染力。演员的表演也属上乘，“唱、念、做、打”俱佳，剧中还巧妙、自然地将传统川剧的一些绝活和表演程式，如“喷火”“行船”“走矮子”等融入剧中，增强了全剧的艺术性和欣赏性。

在西方强势文化与艺术商品化的双重攻击下，魏明伦像唐·吉诃德一样骑着他的瘦马，举着他的长枪。而一些同他一样眷恋着祖国传统文化的中国人也在各自的岗位上为民族文化的复兴苦斗着。古往今来，中国的知识分子，始终是道统和文化传统的承继者、捍卫者，即使在外族统治下，也把传承文化传统视为己任。只有在这个百年里，中国的传统文化才被中国的大部分知识分子视为“误国”的祸根，被我们自己踩在脚下。据说，在《图兰多》演出之前，经营者专门查阅了北京百年来的气象资料，认为

9月初最适合露天演出。但是，9月2日的首场演出（专门演给新闻界、文化界）便遭雨袭而被迫改期。是日，开演前10分钟始落雨，初为零星小雨，后渐转大。几千观众冒雨等候。至9时许，雨仍无停意。待组织者宣布演出改期时，雨渐小，待大部分观众走出太庙时，只见晴空如洗，纤云皆无。在以后的几天里，也有白天晴一天但演出时暴雨倾盆甚至下冰雹的事发生。人们开玩笑说："在太庙前瞎折腾，连祖宗都不答应了。"假如我们祖宗的在天之灵真的关注着今天的文化市场的话，我倒是觉得，我们对自己传统文化的忽略，才是祖先最不愿意看到的事。

（原载《明报月刊》1998年第10期）

我写电影《杨贵妃》

要讲我的“触电”之缘，先得讲我的好友刘森。此人是总政歌剧团的指挥，电视爱乐乐团的创始人。刘森原来是吹笛子出的名。20 世纪 60 年代，他还从世界青年联欢节上吹回过一块什么质地奖章来。他太聪明，又不安分，笛子吹腻了，便把笛子一扔，拿起了指挥棒；指挥棒耍烦了，他又玩开了影视。但他的“玩”，与“顽主”们不同：只有执着，没有洒脱，他是玩命。

可能是 1984 年，我正跟电视剧《瞎子阿炳》里的那位“杨先生”——国乐泰斗杨荫浏读研究生。一天，刘森风风火火跑来找我，说他想拍一部系列电视片，向世界介绍中国的民族音乐。那是个大夏天。我俩一人一辆破自行车，一边蹬，一边侃，一边冒汗。看完了历史博物馆的磬，又去看了大钟寺的钟。晌天白日的，转了大半个北京城，什么没吃，只一人吃了俩冰糕。冰糕吃完，他一边甩着手上的奶油汤儿，一边说：“不行，不能搞专题片，没劲，拍故事片！”我愣了：“拍什么故事片？不是说好了往外煽民乐嘛。”他说：“哎哟，你怎么死心眼儿，拍故事片，不是看的人多嘛！”我说：“好是好，可谁编剧本呀？”他眼珠子一瞪：“你呀！我就信你！你是人才，绝对干什么像什么！”我这个人有个毛病，就爱听捧我的话。一捧，准上架，烤熟了自己都不知道。

就这么着，刘森把我关在中组部招待所，他给我做饭外带捅卫生间的下水道，连关带哄，生逼我写出了一个以曾侯乙编钟为主题的剧本《钟魂》。本子写出来，电视剧中心的头头们说好，说要引进外资，打向世界。几个有缘的导演，像黄健中、张子恩，看后也摩拳擦掌，说这是个巨片，拍好了，能拿奥斯卡奖。刘森一听，那美劲儿就甭提了。整整两年，他像着魔一样，逢人便侃《钟魂》。可光侃没用，片子始终上不了马。原因很简单，两个字：没钱。

去年，又是夏天。我刚出院，在家调养身体，刘森把我拉到中央电视台在涿州的拍摄基地“唐城”，说是散散心，又说陈家林看了《钟魂》，很想拍，要跟我见见面，交个朋友。一见面，家林一握我的手，第一句话便是：“我是个二百五。”这年头在文化圈混的人，谁不觉得自己跟花儿似的？自称“二百五”的少。见了面，先喝酒。酒过三巡，家林说：“电视剧《唐明皇》马上就拍完了，就等着上电影了。这有三个电影本子，你看看，提提意见。”

当晚，在涿州招待所，我走马观花似的浏览了三个本子。次日，接着喝，三杯酒下肚，我也来了“二百五”劲儿。我说：“三个本子都不错，但有一条，都上了白居易的当。你要用胶片把《长恨歌》拍一遍，人家不如去读诗。再说，整天‘在天愿做比翼鸟，在地愿为连理枝’，俗不俗？”我问陈家林：“后宫三千，专宠一人，甭说皇上了，换了你，你能做到吗？”他不答，只问：“要是你写，你怎么写？”我说：“揭露唐明皇，什么李杨之爱，没那回事！”喝完酒，陈家林一抹嘴，说：“你现在就给我写个本子，写不出来，你甭想回北京。”

这叫“秀才遇见兵，有理说不清”，我只好定下心来，想杨贵妃。其实，十几年前，我就想写杨贵妃，想为这个替祸国的男人们背了千年骂名的弱女子翻个案。没想到，等我到了不见一根柳丝的灞陵桥头，等我看到骊山那个被友人称为“久未涮洗的大痰盂”的“贵妃池”，又看到马嵬坡那座光溜溜的坟和残碑上那些“怜香惜玉”的文字，不但顿失创作的激情，甚至觉得连为她“翻案”的想法也是自作多情的俗套。后来，读到某公忆鲁迅的文章，说鲁迅也曾想写杨贵妃，但也是去了一趟西安后就此搁笔，不禁哑然失笑：原来非吾等小辈如此“脆弱”，就连鲁迅这样的大文豪，也会在“西安”丢却“长安”之梦。

但这回却不同，一是陈家林真来了“二百五”的劲儿，不写交不了差；二是我刚住了一年半的医院，养足了精气神儿，正想随便写点儿什么只要不是病历就成的东西。于是，前后十五六天，写出了两稿《杨贵妃》，也算了却了十几年前的夙愿。

我写的杨贵妃，是一个重情重义的女人。但光有“情”不成，这“情”还得合“情”合理。儿媳爱公公，总要有一个可信的基础和过程。所以，我不但强调了杨玉环与李隆基共同的音乐爱好，也强调了她对寿王从爱到失望，对李隆基从拒到爱的这样两条平行的心理活动轨迹。这样一来，本子中的男人们，便都成了自私、虚伪、重欲、轻情的俗人。寿王在得知玉环与其父有染之后，从嫉妒到容忍，并希图用一顶绿帽子换一顶太子的金冠戴。他的猥琐心灵，使杨玉环第一次感到爱情的失落。也只有在这种情况下，她移情于李隆基，才是可能的。

唐明皇，则又一次让杨贵妃伤透了心。他和寿王一样，在政治生命和爱情不可得兼的情况下，毫不犹豫地将政治生命和自己的生命当成熊掌，而将爱情（假如有爱情的话）视为鱼并把自己应该保护的女人弃而不顾了。儿时读《长恨歌》，读到“宛转蛾眉马前死”之后，总觉得“行宫见月伤心色，夜雨闻铃肠断声”并非如注家们所讲的那样是什么“思念”，而觉得更像是卑劣者死前的忏悔。连贩夫走卒都会保护自己的妻子，还说什么“君王掩面救不得”呢？有很多错误是可以原谅的，但某些错误——在关键时刻舍人为己、出卖亲友，则应该永远受到谴责。

对唐明皇我还是“一分为二”的。他当年夜半归京，扫平内乱，何其英武。他又是音乐家，多年前，我曾写过专门的学术文章《论音乐史中的唐明皇》，为他作史。在我的本子里，他也比寿王可爱，比寿王男性。玉环爱他，是完全可能的。但我绝不信这个可以在一天之中杀死三个亲生儿子的人会专情于一个女人，更不相信文人骚客们唱了 1000 年的“李杨之爱”。当然，我这否定绝不是否定爱情本身。明代的李开先曾感喟：“真诗只在民间”，我相信真情也只在民间。

我笔下的唐明皇在“七月七日长生殿”盟誓之后便去和他的三姨——虢国夫人练房中之术，也不是我给他栽赃。古人“素面朝天”的传说，早就点出了这段艳史。当然，唐明皇在“三千佳丽”之中最喜欢、最习惯杨玉环，或者不如说杨玉环最适应他的生活习惯，包括性习惯，也是可能的。70 多岁的人了，总有一些习惯难以被适应，尤其是那些从十一二岁便被选进宫中“禁锢”起来的嫔妃们，不可能让风流一世的唐明皇满意。所以，我杜撰了杨贵妃离宫后唐明皇将两名嫔妃从床上踹下来的一幕。我以为，这一幕“唯物”地解释了“三千宠爱在一身”的内在可能性和仅有的合理性。

至于“长生殿”一场戏，我也唾弃了“海誓山盟”的格局，让杨贵妃表现孩子气的纯情，让唐明皇逢场作戏。我倒不是不信二人曾有过盟誓的事，生活中弃盟背誓的现象难道还少吗？我只是觉得让一个 70 多岁的老爷爷和一个可以做他孙女的女人互说“我爱你，我爱你，我下辈子还爱你”，有点儿滑稽，也有点儿恶心。

在武惠妃死后、唐明皇尚未得到杨贵妃这段“空白”里，我相当刻薄地写了明皇击鼓、众嫔妃传玉蝶的一场戏。我之所以让这些可怜的女人们淋漓尽致地表现她们的种种近似丑陋的心态，实质上还是对她们命运的一种同情。史书上确有类似记载，但说是用真蝴蝶选妃，蝴蝶落到谁头上，谁就可以“承恩叨露”。我不懂昆虫学，但我凭常识觉得一只刚从太监手中飞回自然的蝴蝶，只要没有发疯，便不大可能还往这些手舞足蹈的女人头上落，而更可能远远地飞离被欲望煎熬的人类。

也许我是错的。那只被人捉过的蝴蝶真的还会重新落到美人头上，而被文人墨客们咀嚼了1000年的“李杨之爱”也真的如白居易写得那样真诚、诗意。那么，我愿意向那只蝴蝶和被我小看了的唐明皇道歉。但在没有人向我充分证实这一点之前，我还是让杨玉环最终参透了这“情”的虚伪，平静、雍容、毫无悔恨与留恋地告别了人世。你想：国家已经这个样子了，你最相信的人和事又不可再信，不死，又有什么意思呢？

现在，电影已拍完了。审片的时候，总有一种被陈家林“强奸”了的感觉。他把四个人的本子像“拼盘”一样糅在了一块儿，有一点儿甜、有一点儿酸、有一点儿咸。总之，不是白桦的味儿，不是张弦的味儿，也不是国弘威雄和我的味儿，整个是一个陈家林的味儿。我想，电影上署名的四位作者，恐怕看了电影谁都不满意。但陈家林却满意，因为他听到他的一个“上帝”——投资的日本人说好，而他又坚信他的另一个“上帝”——观众也会喜欢。从审片室出来，看着陈家林得意扬扬的“二百五”劲儿，我狠狠地对他说：“等我儿子长大了，也让他当导演！”

（原载《艺术世界》1992年第5期）

礼乐的试验与伊甸园的理想

——《创造伊甸园》序

婚姻与爱情，是人类的两项发明，是两个密切关联、时而重叠、时而悖逆的独立存在。对前者，人们毁誉各半，爱恨交加，莫衷一是；对后者，人们不分性别、种族、时代，众口一词，万众一心，讴之歌之，赞之求之，使其成为人类有史以来绝大多数文艺作品的题材、绝大多数创造发明的动力和贯串许多历史事件的因果。而两者的完全统一，则是人类的一个梦想。

说婚姻与爱情是人类的发明，是因为它们不是一种自然存在。自然界只有阴阳，动物界只有性。在人类目前的认识水平下，大部分人相信只有人类有婚姻；还有一小部分人相信人类之外的某些生命也存在着看起来和人类一样可歌可泣的爱情。当然，就像在人类社会中一样，这种被我们当成“爱情”的表现基本上是一种偶然和孤立的现象。

是否同意婚姻与爱情是两个虽然密切关联、时而重叠，但绝不可彼此替代，更不是天然相合的“独立存在”。在目前几乎可以作为判断一个人是否“成熟”的标准，也可以当作判断一个人和一部文艺作品是属于“现实主义”还是属于“浪漫主义”的标准。

人类还有两项发明和婚姻与爱情这两项发明极其相似的，这就是中国人在公元前 11 世纪发明的“礼乐”。人们常常把“礼”与“乐”并称，其实这也是两回事。“礼”是当时一切社会制度、社会规范的统称，“乐”是当时一切艺术的统称。“礼”里面当然包括“婚姻”，包括“婚姻制度”；而“乐”，不论是其原意还是原来的发音，都是“快乐”的“乐”。而照最浅薄的理解，“爱情”应该是人类最大的“快乐”。与婚姻和爱情一样，“礼”的作用是制人；“乐”的作用是娱人。“礼”是限制、是强迫、是约束、是为了社会秩序的需要而人为制定的法律；“乐”是放松、是愉悦、是精神的自由、是欲望的升华。“礼”对人人都一样，是“铁板一块”；而“乐”则各不相同，千姿百态。正如《乐记》中说的那样“礼节民心，乐和民声”——“礼”的目的是“节制”；“乐”的目的是“亲和”。“乐由中出，礼自外作”——“乐”是发自内心的、由里向外的、自然而然的；“礼”是外来的、是外部强加于你的。而这一里一外、一软一硬的“礼乐”的结合，便是圣人心中治世的妙药：“如此，则四海之内，合敬同爱矣！”

但是，“礼”与“乐”本身便是一对矛盾。“乐也者，情之不可变者也；礼也者，理之不可变者也。”乐是情，礼是理，情与理既可能兼容，又可能相背。表面上看，情与理只能有四种状态：合情不合理、合理不合情、合情合理、不合情不合理。婚姻与爱情同样也应该只有四种状态：有爱情无婚姻、有婚姻无爱情、有爱情有婚姻、无爱情无婚姻。但事实上，婚姻与爱情的问题要远比这四种状态复杂得多。就拿“有爱情有婚姻”来说吧，它既可能是有幸有一桩有爱情的婚姻，也可能是在婚姻之外还有一段爱情。

所以，尽管西周的礼乐制度是包括孔子在内的几乎所有中国人的理想境界，但毕竟不能长久实行，而“礼崩乐坏”的状态，反而成了中国历史的常态。

那么，婚姻与爱情呢？目前似乎也有一点儿“礼崩乐坏”的倾向。不但官方的统计表明离婚的上升是个不争的事实，而且无论在我们身边还是在各种媒体上，对婚姻的抱怨与对爱情的绝望也多得几乎触目可见。在许多人看来，我们今天的婚姻就像那艘“泰坦尼克”号邮轮一样已经凄美地沉入了海底；而今天的爱情，也像那部同名的电影一样媚俗、工巧，同时又充满了浅薄的美感与浓重的商业气息。当年孔子自卫返鲁，使雅、颂各得其所，“然后乐正”，可今天，又有哪一个“孔子”来拯救我们的婚姻与爱情呢？

“天不生仲尼，万古长如夜”，是后人对孔子的由衷赞叹。当我在读罢陈非子关于婚姻、爱情、性的这部新作之后在电话里对她说这句话时，在半调侃之中，也包含着一半真诚。的确，陈非子只是一个普普通通、满怀激情、把写作当作生活方式的女人。她没法和那个在心情偶尔沮丧时说过一句被男人们认为不一定是真理，但起码听起来顺耳的话——“唯小人与女子难养也”的孔老夫子比。可问题是：婚姻与爱情的困惑不但折磨着女人，也折磨着男人。当男人宁可在“经天纬地”中把这困惑与烧酒一起咽进肚子的时候，这个女人却拿起了笔，要用自己不可替代的感觉与思考带人们走出婚姻的误区，甚至还胆大包天地挥舞起一面“创造伊甸园”的大旗。老实说，在婚姻与爱情的问题上，我是一个不可救药的宿命论者。我更喜欢用“缘分”这两个字来替代她这部书的全部内容。但是，对她的激情与坦诚，对她的勇气与聪慧，对她的努力与感悟，对她对人生的理解力与对男人的宽容度，我却只能表示钦佩。我承认，读这部书时，我在许多时候想和她辩论，但同样在许多时候会自然而然地露出会心的、赞许的微笑。

这的确是一部独特的书，它完全是一个女人个体的感受与思考。它像大部分男人心目中的女人一样充满魅力又多少有点儿不可理喻。它毫无顾忌地把神圣、深刻的理论问题感性化，把真理的闪光像花边一样缝缀在天马行空、没有逻辑的絮叨里。它有点儿琐碎但不乏睿智；它不够隽永但充满激情；它过于天真但时见深邃；它时而自我矛盾却最终自成一说。我不可能同意她的全部观点，却能在她的书中时时刻刻感到写这部书时的作者就像彻悟之后的觉者一样，有一种不可遏制的拯救人类的冲动和责任感。作者希望读者能在她的感受与思考的带领下走出性、爱、婚姻的误区，“创造伊甸园”、创造幸福。她的这个愿望也许会因为过于高尚而难以实现，但无论如何不应该受到漠视。

东西方的觉者对爱情与婚姻的问题多有歧见。西方人心目中的伊甸园是美好的象征，虽然园中有毒蛇，但同时更有苹果。当上帝试图用“艾滋病”的阴影替代“原罪”的心理压力来调节人类的性行为时，我心中的疑虑却始终未除：既然上帝是仁慈的而同时又是先知先觉的，那，他干吗当初对亚当和夏娃的淘气行为装聋作哑？他干吗不稍稍费一点点力气制止毒蛇的诱惑与艾滋病的蔓延？人类难道不是他的子民吗？

东方的觉者不以为“性”是什么“原罪”。“食色性也”的话，充分表明了中国最早的儒者是如何以平常心来对待这件事儿的。如果没有从宋儒开始的“存天理，灭人欲”的反动，中国人在这方面也许不至于像现在这样悲惨。在东方的觉者看来，真正的问题是：无论是性、是爱，还是婚姻，都不能保证给你带来幸福。“有生皆苦”这四个字正确性的基础在于人生所有的“幸福”都是短暂的。但是，正像一个在波涛中挣扎的溺水者与一个在沙漠中旅行的人不会互相理解彼此对水的感受一样，一对热恋中的情人与一对在离婚的战争中身心交瘁的夫妻也不会互相首肯对方的爱情观与婚姻观。有趣的是，所有爱情与婚姻的“悲观主义者”当初都曾坚信“永恒爱情”的神话，同时对婚姻充满憧憬与信心。他们每一个人都曾本能地认为短暂的爱情与不幸的婚姻只属于别人，而自己会是一个例外。

所以，东方的圣人们不约而同地最终选择了沉默。当释迦牟尼说法 49 年之后却在临终时称自己“未说一字”的时候，当老子在那部用世界上最简约的文字叙述了最丰富内容的《道德经》中开口便说“道可道，非常道”

的时候，他们实际上是向人们揭示了一个真理——这就是真理本身的非语言性和神秘性。同时，也表达了他们对人生苦难的必然性的肯定。

我越来越不相信历史会有“偶然”。对于像婚姻与爱情这样的问题，我也更倾向于“不可说”。我以为爱情的不圆满和短促与婚姻的种种无奈是一种绝对存在，也是人生的合理的组成部分，人只能认识它、适应它而无法否定它。也许，似乎会永远热情下去、激奋下去、天真下去的陈非子不会同意我的话，她相信她的感受和思考起码会部分地解决一些男人和女人的心理问题并带给他们幸福。

但愿如此吧，我祝愿她和所有可能从本书中获益的人。

（原载《创造伊甸园》，新华出版社 2000 年版）

（四）

梵音海潮音

佛教是什么？

首先得说清楚，“佛教是什么”这个题目，不是古德的公案，不是哪一位禅师振聋发聩的棒喝，也不是我不知轻重要做的什么大文章。我学佛才几年？“佛教是什么”的话头，轮不到我来说。面对这样的大问题，予生也晚，才学更差，古今中外，巨著皇皇，前辈时贤，山外有山，我怎敢妄说一二？即使想说，这只字片纸，三言两语，又岂能说清？倘若有人正经八百地请你用一句话说清楚“佛教是什么”，我想，诸位看官怕也难回答。我要说的，其实是我碰上的一件小事。

那还是去年，一天清早，我赶去中国佛学院上课。佛学院在城南牛街附近的法源寺，我家住在东直门外新源里，要斜穿整个北京城。那天风大，骑不了车，便打了辆“面的”，一拉车门，我说：“去法源寺。”司机一瞪眼：“法源寺在哪儿？”我问：“牛街知道吗？”他冲着我摇头，说：“您先上车！”我一看，好，整个一“面爷”！没辙，我只好“头前带路”。车上了二环，由北向南开着，我们俩便有一句没一句地聊天。司机 30 多岁，挺健谈，话题围着法源寺展开。当我告诉他法源寺是佛教的寺庙时，他便横空出世地问了我这么一个大问题：“佛教是什么？”

这一问，真把我问蒙了！佛教是什么？怎么说？是一种宗教？可他还会再问：宗教是什么？说佛教是佛的教诲，那佛是谁？一时半会儿的，说得清吗？正当我语塞的时候，他又问了第二个问题：“学佛有什么用？”

看来，他还真不是“面爷”，他绝不是从未听说过佛教。可我却越来越“面”，说学佛能保你发财？“先以欲钩牵？”明摆着胡说八道，不负责任。说学佛能保你进出平安，不出车祸？北京这几年车跟闹蝗灾似的，马路又这么窄，人们素质又低，乱抢乱窜，交通警察都保不齐那天给撞了，他整天在车轮子前后转，我敢说他不出事？我沉吟半天，才说：“学佛能让你少些烦恼。”没想到，一提烦恼二字，这位仁兄大大地叹了一口气。他说：“还真不瞒您说，我这几天，都烦透了！”我忙问究竟，他便如此这般地谈了这么一件烦事。

他原是某国营单位的工人，后来厂子黄了。几家亲戚凑钱买了辆旧车，刚开出租没几天。他家住筒子楼，是原来单位的房子，五户人家共用一间厨房。不知是因为大家不知爱护公共设施，还是灯泡的质量不好，反正厨房里的灯泡一两个月便要坏一次。他说：“我连着换了三次，那几家都跟没看见似的！这不，上个月又坏了，我媳妇说，你是孙子还是怎么着？那几家都死啦？咱也不换，要黑大家黑！嘿！您猜怎么着？现在好，一家备一个灯泡，谁家做饭，谁拿一个灯泡拧上，做完了，再拧下来，也不嫌麻烦！也不嫌烫手！平常，就那么黑着，您说，这叫什么事儿？”

我问：“一个灯泡多少钱？”他说：“过去也就是几毛钱，现在，也就是块儿八角的事儿。”我说：“就算一个月坏一个灯泡，你一个月换它一次。一个灯泡一块钱，一年不过十二块钱。十年，也就是一百二十块钱，你一天能挣多少钱？”他说：“跑一天，怎么还不落个百八十的？”我说：“好，你算算这笔账：你用你一天的收入，在十年里，让五户人家得到了光明，你说，还有比这更便宜的事吗？再说，人心都是肉长的，我就不信那几家心里就没个数？”

好半天，他不说话。又过了一会儿，我慢慢地、似乎自言自语地说：

“什么是佛教？佛教就是换灯泡！”

天早，二环路上还没多少车，不一会儿，法源寺到了。在法源寺那清静的大门前，他一把按住我正在掏钱包的手，说：“大哥，我是个粗人，您今儿给我上了一课，咱交个朋友！”说什么也不要我的钱，我把钱硬塞给他，说：“我每礼拜二到这儿上课，没事常到庙里转转，比什么都好！”

上课了，我还总想着那司机和灯泡，于是便在讲佛教音乐史之前，先跟同学们讲了刚才我碰到的人和事，没想到，我讲完“什么是佛教？佛教就是换灯泡！”之后，同学们不约而同地鼓起了掌！看着课堂里这几十张青年比丘们纯真的脸，看着他们发自内心的赞赏的目光和笑容，听着这严肃的课堂里少有的掌声，我忽然一阵感动，忽然觉得心里有一种悟到什么的欣喜与清凉。

时间一长，那司机的长相渐渐变得模糊了。偌大的京城，人海茫茫，车流滚滚，哪里还能再碰得到他？但不知为什么，不论我在哪里，每逢看到庙里那些虔敬的香客，便不知不觉地会想：说不定，那个司机就在这里，而且，刚刚换过他家的灯泡。

（原载《佛教文化》1996 年第 6 期）

是佛？还是魔？

今年春天，我到北京市区的一所著名寺庙办事。在一位我所熟悉的法师屋里，忽然发现他的供桌上新增加了一幅画像。这幅大约十六开纸大小的画像上清清楚楚地印着六个电脑制作的繁体美术汉字：释迦牟尼佛像。透过缭绕的香烟，一个长发、阔面、细眼、唇有短髭、颊蓄络腮胡的中年男人在画上阴郁地望着世界。虽然从画上可以看到这个男人戴着耳环，穿着一件与当今僧装相似的右衽交领古式服装，但明眼人依然能够立刻感觉出这是一个现代人的形象，而且，稍加注意，便可以看出这幅画像是用这个男人的照片在电脑上“加工”而成的，其头部是照片，衣领是后画上去的。看着这幅与我们习惯看到的佛像没有丝毫相似之处的“佛像”被堂而皇之地供奉在寺庙里，我哭笑不得！

这幅画像的可疑之处太明显了，它既不如法，也不符合历史。从佛法讲，佛经中所称佛的“三十二相”“八十种好”[①]，它一概没有；从世间法讲，稍有一点儿佛教历史常识的人都知道，释迦牟尼在世时不主张为自己造像，早期佛教的《十诵律》明确规定：“佛身像不应作。”因此，从公元前5世纪到1世纪，是佛教艺术的所谓“无像期”，当时的佛教徒认为直

① 《大般若经》卷三百八十一、《大乘义章》卷二十、《大智度论》卷四等。

接描绘佛陀的形象是对佛陀的不敬。因此，早期的佛教艺术，是纯象征性的，比如用“佛足迹”表示佛的存在；以“象”的形象表示佛的诞生；以“马”的形象表示佛的出家；以“菩提树”表示成道；以“法座”表示降魔；以“法轮”表示佛法；以塔表示“涅槃”；等等。早期佛教艺术的遗存如著名的阿育王石柱，即以柱头上的狮子、法轮、马等形象来表示对佛陀的纪念。从服饰上看，这幅画像也是不伦不类，缺乏历史常识。众所周知，印度气候炎热，印度人最普通的服饰，是围在腰间、搭在肩上的长布，根本没有领、袖。佛陀规定佛徒的规范服装，是所谓“三衣”(Tricivara)，即平时或寝宿时穿的内衣“安陀会”(Antaravasaka)，礼颂、听讲时穿的上衣“郁多罗僧”(Uttarasanga)，进王宫或出入村落时穿的大衣“僧伽梨”(Sanghati)。这种规范的僧服，是由五条布、七条布、九条布缝制成的长方形阔布。此外，还有两种与“三衣”合称“五衣”的“僧祇支”(Sankaksika) 和“厥修罗”(Kusula)。前者也是一块长方形布片，又称“覆肩衣”，穿时“覆左肩，掩两腋，左开右合，长裁过腰”①。而后者则是比丘尼穿用的筒形裙。早期佛的造像，大都是符合此印度风俗的，或赤膊(如著名的犍陀罗雕刻“苦修释迦像”)，或右袒，或圆领，像这幅画像中的“右衽交领”，则完全是中国的“特产”，是自周代即已出现的传统“中式”服装。值得指出的是，即使在佛教传入中国，佛教艺术有了很大的发展，从早期印度、西域风格逐渐“汉化”，从通常内着“僧祇支”，外披通肩大衣，演变为南朝风格的“褒衣博带”后，画像上这种“右衽交领”式的服装，也很难在佛像中看到。目前汉传佛教出家人的服装，是在历史上逐渐形成的，与印度出家人不同。与画像上的衣领类似的僧装是“方袍”，也叫“海青”，是汉族古代俗服的“僧化”，唐宋时僧人才普遍穿用。此幅画像的

---

① 《大唐西域记》卷二。

制作者缺乏常识，以今度古，以中度外，在照片人像下勾画的这几笔衣领，恰恰露出了作伪的马脚。

这幅画像的背面，在《佛祖释迦牟尼画像》的标题下，有这样一些文字说明（原文如此，所有错字及语法错误均未改动）：

> 此画像是释迦牟尼四十一岁时，其弟子富楼那尊者亲手所绘。原本现存放在英国帝室博物馆珍藏，视为国宝。
>
> 现已编入东方佛教文化资料丛书，一九九七年六月十九日出版的：《佛学经典配图彩色画册》中在全国佛教流通。由成都文殊院，佛源祖庭洛阳白马寺倡印。中国佛教协会副会长、北京广济寺方丈明吻法师题词。

在此说明的下面，还以《最初造像》为题，从佛教经典中抄录了一些有关文字，因错讹太多，恕不照引全文。但奇怪的是，这些文字中并没有所谓富楼那尊者为佛祖画像的记载，不知富楼那尊者画像之事出自何典？“倡印”者引用这些文字想证明什么？

当时，我的一个英国朋友、曾经在英中友好协会工作过的彭雅倩（Rowan Peare）女士正好来华，虽然我根本不相信这样明显的一个赝品会成“英国帝室博物馆”（英国的所谓“帝室”“皇家”博物馆正确的名称应为“大英博物馆”）的“珍藏”，成为英国的“国宝”，但为了充分说明问题，还是托她将此画像带到英国。在伦敦，她通过英国的中国传统文化学者、伦敦大学亚非学院的钟思第（Stephen Jones）博士找到了长期在英国大英博物馆研究佛教艺术的英国著名佛教艺术专家罗德里克·怀特费利（Roderick Whitfieli）先生，专家看过此画像后在画像背面写了两句话。下面是他的原话和译文：

There is nothing remotely like this at the British Museum.This is pure invention and completely worthless.

Roderick Whitfieli

在大英博物馆没有任何与之相类的东西，这纯属杜撰而且完全没有价值。

罗德里克·怀特费利

至此，似乎可以结束有关这幅画像的讨论了。当我再一次审视这幅从英国旅行了一趟后又回到中国的画像时，不禁想起了一则广为人知的佛教传说：魔王波旬曾想尽办法破坏释迦牟尼成道。波旬软硬兼施，先是派魔兵魔将袭击，接着又派他的三个女儿化为美女前去诱惑，均遭失败。波旬最后说：我让我的魔子魔孙冒你的名、穿你的衣、说你的法，看你怎样！据说，佛陀听后沉默无语。我不知道画像上的那个男人是谁，但我却克制不住自己莫大的悲哀。波旬的魔子魔孙们真的按照魔王的话去做了！而且，就在今天，就在我们的眼前。

梁启超早就说过，佛教是“智信”，不是迷信。但是，当前的中国社会，的确是迷信盛行，尤其是一些各种各样的准宗教甚至邪教，假冒佛教之名行事，以致让一些不了解佛教的人误以为佛教便是迷信。所以，真正的佛教徒，一定要坚持正信，破除迷信，提高修养，辟涤邪见，为保卫佛教的纯洁性而奋斗。

（原载《佛教文化》1999 年第 4 期）

“阿央白”与佛教密宗的女性观

云南有个剑川，剑川有个石宝山，石宝山有个石钟寺。石钟寺最出名的是我国十大洞窟艺术中的“石钟山石窟”，石窟中最出名的，则是在精美的佛教石雕群中突兀而出的女性生殖器石雕——“阿央白”。

“阿央白”位于石钟寺石窟的第八窟。窟分上下两层，上层四龛，下层五龛，似为佛像、天王像等，已损毁严重，不可确辨。石窟正中莲座上，以接近圆雕的高浮雕形式，赫然雕着一女性生殖器。石雕高约 90 厘米，因长年被来此祭拜求嗣的白族妇女涂抹香油而黧黑润泽。龛上有墨书“西匹乃”三字，左右两侧有联曰“大开方便门，广结化生路”，似均为现代人所写。石窟壁上，另有些较早的题记，亦模糊难辨。依稀可辨者，有“至正六年”“至正十年”“正统□年”“泰定元年”等，均为元代、明代年号。另有“盛德四年作□已亥岁次八月三日记”一款，是大理国王段智兴年号，时当南宋淳熙六年（1179）。座前石板上，有香客们长期跪拜形成的凹痕。“阿央白”莲座两侧的石龛内壁上，有线刻佛像两尊。

“阿央白”亦称“白乃”，都是白族对女阴的称谓。“白乃”二字，直译为“开裂的东西”“开裂处”。“阿央”是白语“小姑娘”的意思，“白”是“匹”的变音，意指女性生殖器。对这一解释，白族学者们似无分歧。问题是：在佛教艺术的石窟中，何以竟出现这样一尊至今令人惊诧并议论纷纷的石雕呢？虽然“阿央白”自 20 世纪 50 年代起即引起人们的关注，近年来更多有文字论及，但根本的问题，即“阿央白”与佛教的关系问题，却始终未能解决。

先综述一下各类意见。第一种意见认为：“从两旁精美的佛像雕刻总布局看，这里开始可能也雕的是佛像，但没有成功或是被后人毁了，经过人改造，成了今天的这具女生殖器。”[①] 这种意见，代表了一部分对“阿央白”关注较早的学者们的意见。用当地学者的话说，即“笃信佛教的人，对它当然是深恶痛绝。就连研究佛教的学者中，也有认为这纯粹是后人对佛教的猥亵而导演的一场恶作剧”。总之，是“以善良的心愿努力将‘阿央白’与佛教划清界限，把一顶纯民俗学的桂冠戴给它，只字不提与佛教的关系，仿佛一提就会出现同流合污的丑闻”[②]。

第二种意见，近来颇为流行，即认为它只与原始宗教信仰有关，是白族（一说彝族）先民的原始宗教形式——生殖器崇拜的遗迹。认为“这种原始的性生殖器崇拜，在古代不仅白族地区有，其他民族也有过”。“只是说在白族地区还比较完整地保存下来……其他民族和地区，则早已消失，或演变为其他形式，被人遗忘了。”[③] 持这类观点的还有一些学者，并见于近年来的各种有关专著。[④] 但这种意见最大的问题，是忽略了这中间存在的时间上的矛盾。石钟寺石窟中已见的最早题记是“天启十一年”，即 850 年，“阿央白”窟中的题记，则大多在元代。原始宗教的形式，何以在自唐至元，在密宗佛教大盛于此的时候“登堂入室”呢？

---

① 张旭：《剑川石钟寺石窟“阿央白”试释》，载《大理白族史探索》，云南人民出版社 1990 年版。

② 杨郁生：《石钟山石窟艺术断想》，载《石宝山》，云南民族出版社 1990 年版。

③ 张旭：《剑川石钟寺石窟“阿央白”试释》，载《大理白族史探索》，云南人民出版社 1990 年版。

④ 赵国华：《生殖崇拜文化论》第五章“中国原始社会的女性生殖器崇拜”，中国社会科学出版社 1990 年版；宋兆麟：《生育神与性巫术研究》第二章“性器信仰”，文物出版社 1990 年版。

第三种意见笼统地承认它与佛教密宗有关，但仅仅因为石钟寺石窟所雕佛像“同西藏是一个密宗支派”，而一般人都知道，在“西藏佛教密宗寺庙里的欢喜佛，塑的就是男女二人相互搂抱”[①]。但没有从佛教密宗的教义教理中寻找原因，缺少理论的证明。而且，剑川佛教虽然在历史上可能受到藏传佛教的影响，但剑川佛教信徒们所用的经典、仪规，却至今仍用汉字抄写，当属汉语系佛教系统，它与藏密还是有所区别的。即使把汉密与藏密的区别之处忽略不计，放大一点儿看，那么，在藏传佛教的全部艺术品中，至今也没有发现有“阿央白”一样的东西。

第四种意见将此文化与印度教文化相提并论，认为“阿央白”是印度教文化与原始生殖器崇拜结合的产物。如“石钟山石窟的阿央白石刻，当然是佛教密宗供奉的印度色彩的神像，但与白族古老的性生殖崇拜也相适应”[②]。“密宗与印度教是印度婆罗门教肚皮生的孪生兄弟”，“‘阿央白’的出现，除了证明本土文化民族意识的不可侵犯，也证明佛教为了立足云南，对当地的本土文化采取的妥协和献媚”。[③]值得指出的是，印度教中所存在的大量与性崇拜或生殖崇拜有关的内容与形式，虽早已引起学者关注，但印度教并不等于佛教。“阿央白”与印度教文化或许有某种相似之处，但若将其称为印度教文化，则缺乏有力的证据。从理论上讲，可以用彼存在证明此存在的现实性，但无法仅用彼存在证明此存在的合理性。

毋庸讳言，目前这几种意见都有其一定的道理，但也都存在着缺陷。许多学者认为，要正确解释“阿央白”，应当首先解决两个实质性的问题：一、要研究并论证石钟寺石窟的整体性与统一性，即分析“阿央白”与石钟山石窟中其他窟的雕像是否是一个体系，一个东西；二、不论它属于哪

① 张旭：《剑川石钟寺石窟“阿央白”试释》，载《大理白族史探索》，云南人民出版社 1990 年版。
② 张旭：《剑川石钟寺石窟“阿央白”试释》，载《大理白族史探索》，云南人民出版社 1990 年版。
③ 杨郁生：《石钟山石窟艺术断想》，载《石宝山》，云南民族出版社 1990 年版。

个体系，都要找出它存在的理论根据，以充分证明它存在的真实性背后的合理性。

我个人认为，目前要解决第一个问题尚有困难。第八窟中最早的题记假如不伪的话，也仅可以说明该窟开凿年代的下限，即该窟的开凿不晚于大理盛德四年（1179）。但仍无法证实该窟的中心内容“阿央白”与当初雕塑者的主观愿望和艺术想象是一致的。也就是说，无法证明“阿央白”就是雕塑者最初的目的物。认为“阿央白”是在未成功或被毁坏佛像的基础上由“第三者”改造而成的意见，自有其道理。其最有力的证据，是该龛两侧内壁上雕刻的两尊佛像，而且，其一为大日如来。大日如来，即毗庐遮那佛（梵文为 Vairocana），按佛教流传最广的“三身”说和佛像雕塑的惯例，假如两侧佛像中其一为“法身佛”毗庐遮那的话，那么，另一侧应为“报身佛”卢舍那，中间的应为“应身佛”释迦牟尼。但这也仅仅是猜测。从整个石窟看，第八窟雕不成功和单独被毁的可能性缺乏说服力。而且，即使“阿央白”并非佛教艺术家们要表现的初衷，也仍然需要解释，它何以能与整个佛教石窟长期“和平共处”。“阿央白”是石钟寺石窟中的一部分，这是一种现实存在。至少在目前找不到更有力的证据证明“阿央白”系旁人强加给石钟寺石窟的时候，我们只能把它们视为一个整体。

于是，剩下的问题便是：假如“阿央白”是佛教密宗艺术中的一部分的话，那么，如何用密宗的理论解释它的出现呢?

首先，我们看一下佛教密宗对女人的态度。释迦牟尼在世时，曾拒绝一大户的布施而接受一妓女的邀请到她家化缘的故事，是众所周知的。佛教发展到密宗，便形成了一种对女人特殊尊重的思想。其中心的思想，是认为女人是一切智慧之所由生处，是“般若佛母”。因此，修密之人绝不可轻视女人，而应“想此女人，为一切佛母，为一切佛之生处，为一切本尊所化现，为调伏众生者”[①]，对其生恭敬心。唐一行在《大日经疏》中强调：“云女人者，是般若佛母，无碍智人，皆悉从是生。”该书还进一步指明“女是三摩地义”“男是智慧，女是三昧”。所谓“三摩地”“三昧”，梵文为Samādhi，皆为禅定之意。佛教各宗都认为在戒、定、慧“三学”之中，戒是为了能定，而定则能生慧。因此，不但智慧由定所生，男人由女人所生，一切“无碍智人”、一切佛，皆由女人所生。唐金刚智译《金刚峰楼阁一切瑜伽瑜祇经》中说了这样一个故事：真言宗二祖金刚萨埵，“对一切如来前，忽然现作一切佛母身，住大白莲，身作日月晖，两目微笑，二手住脐，如人奢摩他”。“奢摩他”，梵文作Samatha，禅定七名之一，亦是定义，汉译为“止”“止息”。对于这位化作女身入定的菩萨，所有的佛皆作礼，“敬本所出生”。而另一则故事说帝释“于无量光佛前化现女形”，并说“勿住于此”，对女身表现出略有不恭之时，佛即对帝释说：“汝当感受不良之果。”

佛既如此尊重妇女，佛徒更应如此。密宗不但从理念上尊重妇女，而且把对妇女的尊重，列为戒律之一。密教有“三昧耶戒”，亦名“金刚乘三昧耶戒”，是修密之人初入门的戒律，亦是密宗各派共同遵守的戒律。其中最核心的内容，是“根本十四堕之三昧耶戒”。这“根本十四堕”是：1. 违依止敬谤辱师；2. 犯别菩萨密律仪；3. 不善同学起怨诤；4. 失慈悲嫉有情乐；5. 畏难不度退菩提；6. 谤显密法非佛说；7. 灌信不具授密法；8. 损苦自蕴不如佛；9. 空有二轮违等持；10. 慈身口袒破法者；11. 背性相谛废观空；12. 不应机说障善根；13. 疑诸自性清净法；14. 毁谤妇女慧自性。

这第十四条，即为“毁谤妇女慧自性”。密宗认为犯此戒条，甚至怀疑妇女不能成佛，都是“根本堕”，“虽作善行而不能圆满资粮，身心多感不

---

① 根造、显密：《显密尸罗略说》，载《常乐文库》合订本，美国大圆满心髓研究中心版。

适，所求不遂，死堕金刚地狱”。

对妇女是如此尊重，那么，对女性生殖器呢？佛教显密各宗都极为尊崇、被称为“千部论主”的龙树菩萨[①]说：

所有一切幻化中，
女身幻化为最胜。
分别所谓三智者，
于彼密处为表示。[②]

这一颂偈，可以说直接解开了“阿央白”之谜。“幻化”，指佛、菩萨等以幻力所成之种种变化，幻力无边，幻化亦无穷。虽然万事万物，皆如幻影，但“所有一切幻化中，女身幻化为最胜”，其中包含着对女性人体美的最高赞颂。更进一步，龙树菩萨振聋发聩地指出，佛教的一切智慧，无论是“三智”中的“一切智”“道种智”还是“一切种智”，皆“于彼密处为表示”。这样的一种观点，不是比一尊石雕的形象更令俗人震颤嘛。而且，既然女人之“密处”不但生出一切人、生出一切佛，生出一切佛智，那么，将彼“密处”再“表示”一下，雕为石像、化为坛城、结为道场，不是天经地义的嘛。近来有学者指出，密宗所谓曼荼罗（Mandala），系由女性生殖器的象征圆圈演变而成，而密宗的“六字真言”“唵嘛呢叭咪吽”（Om mani padme hum）所咏诵的“红莲之珠”，亦是女阴的象征。[③]那么，可不可以认为“阿央白”是佛教密宗的一个特殊的、写实主义的

① 龙树，亦译龙猛、龙胜，约 3 世纪，大乘佛教中观学派创始人，后世密宗、禅宗皆奉其为祖师。论著甚多，其要者有《中论》《十二门论》《大智度论》等。

② 根造、显密：《显密尸罗略说》，载《常乐文库 · 显密会要》。

③ 赵国华：《生殖崇拜文化论》第四、七章，中国社会科学出版社 1990 年版。

“曼荼罗”呢?

当然，这也许亦是妄断。也许“阿央白”之谜，亦如禅宗的话头，是“不可说，不可说”。但最后我还想指出一点，即不但剑川在历史上曾被称为“土教”“土僧”的佛教密宗“阿吒力”（阿阇黎）教派至今仍在剑川广大农村流传，一些也许从未灌过顶的“阿吒力”们至今仍在为信徒们大作法事。而且，他们所用的经籍书文，一律用汉文写成，无论如何，应被视为汉语系佛教密宗的仅存之果。而对汉语系佛教密宗的研究，也正如对“阿央白”的研究一样，都仅仅是个开始。

（原载《中国文化》1993 年第 8 期）

历史的性别

——从观世音菩萨的“变性”谈起

人有性别，民族也有性别，甚至历史、文化，也都有性别。人们曾诧异：为什么敦煌莫高窟壁画中的观世音菩萨长着漂亮的胡子，完全是一个伟丈夫的形象，而宋代之后，观世音菩萨却变成了一个端庄秀丽的女子。佛学家们在研究了佛经和菩萨信仰在中国的流变和发展之后说：在印度，观世音菩萨原本无所谓性别，因为根据佛经中的说法，菩萨已超脱了生死，当然也就超脱了性别。只是为了度化众生的方便，菩萨才现“三十二应身”示人。也就是说，菩萨本是无所谓男女、可男可女的。唐时，观世音菩萨的信仰初入中国，为了教化众生，便以“男相”出现。到了宋代，理学发达，“男女授受不亲”的遗训被推崇备至，为了女居士们修行方便，观世音菩萨便渐渐“变”成了“女性”。

这种解释有一定的道理。可仔细想一想，却还觉得不够妥帖。观世音菩萨本无性别，入唐之后，先为男性，两宋以降，渐为女性，而且这种变化是基于中国文化的变化，这都不错。但是，把这种变化的内在动力，归功于女居士们“方便”的要求，则似乎经不住人们的深思。宋儒讲理学，竭力提倡男女之大防，但从未反对过女人拜男性祖宗，也没有反对过女人拜孔子，虽然孔子也是男性。任何一个腐儒都不会看到自己的妻女拿着一本《论语》时便大骂：“你怎么敢看男人写的书?”那么，我们有什么理由相信，宋代的女居士们只因为释迦牟尼成佛前是男人，便认为在自己的房间里供奉释迦牟尼的像“不方便”，而一定要有一位现女相的观世音菩萨供奉才“方便”呢?

我认为，观世音菩萨自唐至宋由男变女的原因，是因为自唐至宋，我们民族的“性别”变了。

当然，我所谓民族的性别，不是指社会发展史上的“母系社会”“父系社会”，而是一种比喻，是对我们不同时期的民族传统文化和社会气质的一种感受。请问，哪一个对中国文化史哪怕只有一知半解的人，不在中国文化的流变中，有一种强烈的性别感呢?殷钟商鼎不必说了，春秋五霸，也绝对是男性的时代。秦朝短命，但就凭从始皇陵挖出来的那支军队，便可知道其时的雄风大炽。到了汉代，应该算是男性时代的顶峰了。且不说我们民族对外战争史和疆域开拓史上那些少有的辉煌，单单提一下这些人的名字：卫青、霍去病、张骞、苏武……就够让人热血沸腾的了。那个时代有多么男性，你可以自己想一想：即使是自知“无面目报陛下”的败将李陵，也曾“提步卒不满五千”而“抑数万之师”，“转斗千里，矢尽道穷，士张空拳，冒白刃、北首争死敌”。这还不算，而当一个男人被迫失去男人的根器时，在那个时代，竟会产生一部不朽的《史记》！而明清之时，则只能产生大大小小的魏忠贤、李莲英们。我们的民族至今姓“汉”，我们的语言至今叫汉语，我们的文字至今叫汉字，恐怕不是没有道理的。

有什么样的时代，便有什么样的艺术。只要看过汉代石刻的人，哪个不被其中磅礴粗犷的气势所震撼?李唐一代，虽说是中国封建社会的鼎盛时期，但已经开始向女性文化过渡。雍容华贵之中，已少了几分霸气，添了几许妩媚。两宋之时，中国文化开始全面呈现女性化的趋势，在那些传世的宋瓷身上，最艺术地体现了女性的靓丽、秀美和润泽。精细传神的院体工笔画和潇洒俏皮的瘦金体书法，与洛可可艺术前后呼应、东西观照，似乎揭示了所有人类文明发展到一定阶段的必然结果。

比我们更男性的北方民族的南下，使中国文化的中心由豪放粗犷的北方移到了婉约秀丽的江南。时代使然，大势所趋，辛稼轩们的慷慨高歌，无论如何盖不过“小红低唱我吹箫”的幽幽浅吟。其后，汉文化女性化趋势的强大和不可逆转，甚至使蒙古族和满族的两次文化切入都如泥牛入海；而东方智者们所传授的“以柔克刚”的诀窍，也都一一被历史所验证。直至今天，人们还在不停地、不带任何贬义地、有时还颇为幽默地唠叨着：阴盛阳衰。

“一生二，二生三，三生万物，万物负阴而抱阳”，这是宇宙间的至理。阴阳互补，男女平等，无论女性文化还是男性文化，本无所谓上下、高低、好坏。但一种文明由早期粗糙的雄健开阔逐渐发展到后期细腻的温柔典雅，似乎已被许多民族的文明史所证实。而且，这种变化还有一点儿像大自然的规律，其不可抗拒、不可逆转，连号称圆通的观世音菩萨也必须随缘。我们当然不能仅凭自己的艺术观和好恶来臧否这种变化，我们只是希望能找到一种先例，找到一种由男性文化演变为女性文化后依然长时期保持自性和繁荣的文化先例，遗憾的是，面对这个问题，人类的历史还显得太短。

也许，观世音菩萨的“三十二应身”倒是一种启示，在无尽的时间和空间里，只有变化是永恒的。而“物极必反”“生生不息”的古训也是颠扑不破的真理。君不见，当清朝皇族的子嗣们一代不如一代，直至连生物最基本的延续种族的能力都成了问题的时候，革命不也就开始了嘛。

（原载《东方》1996 年第 3 期）

音乐，宗教间的桥梁
——北京佛教音乐在德国“国际宗教音乐节”

世纪末的思想界，总不乏悲观者的忧虑和乐观者的憧憬。一位叫作亨廷顿的美国教授在展望未来的时候断言：当贯穿整个20世纪的意识形态斗争结束之后，21世纪的主要斗争，将是“文明的冲突”，即西方基督教文明与伊斯兰教文明、儒教文明等东方文明的冲突，换句话说，即宗教的斗争。亨氏此说既出，众说纷纭，有称其是者，有言其非者，也有在亨氏的基础上演绎发挥者。讲意识形态斗争的惨烈，20世纪的人们或亲见，或身受，无论个人体验还是社会记忆，都如海鲜一样“生猛”。讲宗教斗争的残酷，十字军的历史略显辽远，而中东海湾战争的实质，虽说在石油的背后也有基督教与伊斯兰教在较劲，但总不能称其为宗教斗争，因为毕竟伊拉克与科威特都是伊斯兰兄弟。所以，世纪的宗教斗争究竟会如何“斗法”还未可知。

当思想家们宏构理论、军事家们枕戈以待的时候，一个普普通通的音乐家、指挥、德国巴伐利亚音乐学院的院长拉布斯教授却异想天开地提出了一个主张：“让音乐成为不同宗教之间相互了解和理解的桥梁。”他这么想了，也这么做了。在他的倡议和组织下，一个名为“国际宗教音乐节”的活动每两年在德国巴伐利亚美丽的小城马克托伯多夫（Maktoberdorf）

举行一次。今年 6 月，以冯其庸、田青为团长的北京佛教音乐团应邀前往德国，参加了第 2 届“国际宗教音乐节”。

这次音乐节共有 14 个国家的团体参加，除我们一个佛教音乐团、一个土耳其伊斯兰音乐团、一个印度神剧舞蹈团、一个以色列犹太教唱诗班外，其余都是世界各国的基督教（包括天主教、东正教）合唱团，其中有德国、法国、捷克、芬兰、立陶宛、肯尼亚等国的世界一流的合唱团，尤以俄罗斯的彼得堡圣诗合唱团最为著名。

在开幕式上，我们的演出便得到了观众的热烈欢迎和音乐节组织者的高度赞扬。当身披大红袈裟的法师手捧香炉，在佛教笙管乐的伴奏下缓步走上舞台的时候，各国的音乐家和德国的观众们都被佛法的庄严、神圣和佛教音乐的祥和、美好而震慑、吸引了。我们表演的是在中国民间最为常见的佛事“放焰口”中的一个片段，从“香赞”始，至“五方结界”止。在场的所有人，包括音乐节的组织者都是第一次见到中国的佛教法事，第一次听到中国的佛教音乐。他们看到、听到法师和佛教音乐家如此熟练的唱念和精彩的吹奏，为中国佛教音乐之美倾倒的同时，也纷纷为具有悠久历史和深厚传统的佛教音乐在中国得到妥善的保护而庆幸。有的人还说：“一直到今天，我都不相信你们宗教信仰自由的政策是真的，今天，我看到了，为此高兴。”

在此后的几天里，我们根据音乐节的安排，到德国南部的几个城市演出。有趣的是，这些演出都是在天主教的教堂里，佛教音乐在天主教的教堂里演出，在这个世界上还是第一次。无论对我们的艺术，还是对他们的信仰，这都是一个考验。应该说，我们的所有演出都是成功的，但不同宗教者和不同的观众群对佛教和佛教文化的宽容度与接受能力却大不相同。有的神父在演出前讲话，提倡不同宗教之间的理解，有的神父却不出席我们的演出。为了充分利用这个机会宣传我国的传统文化，促进中德人民的友谊，我们还通过与德国文化界、音乐界的各种关系临时多方设法联系，到基层去演出了8场，其中有两场在幼儿园、一场在中学、一场在音乐学院，并应邀参加了南德的葡萄酒节和当地一位音乐家的生日等。这些在基层、在民间的义务演出，也起到了始料不及的作用。有的德国观众写信给当地的报纸说："以前听说佛教要把我们的教堂改为寺庙，因此对佛教很反感，但这次听了北京佛教音乐团的演出才发现佛教是一个很和平的宗教。"当地报纸对我们的活动刊登了多篇报道，有力地宣传了中国，宣传了佛教，宣传了我国的宗教政策。德国南部，尤其是巴伐利亚，一直是比较保守的、传统的，天主教势力极强，当地的大部分居民从来没有听说过佛教，对中国也知之甚少。通过我们的演出，许多当地居民对中国和佛教留下了具体的美好印象。在马克托伯多夫的时候，有一对夫妇曾4次驾车到不同的城市连续追踪观看我们的演出。最后一次演出结束后，这对夫妇请我们喝啤酒，非常真诚地表达了他们对中国和中国音乐相见恨晚的心情，并表示以后一定要到中国来访问。在幼儿园和中学的义务演出，也起到了非常好的作用。我们的音乐，在幼小的儿童心里，播下了友谊、美好和幻想的种子。孩子们用彩笔画了大红的中国和"中国"的德文字陈列在厅堂里，幼儿园的老师对我们说："这一天将永远留在孩子们心里，他们今天亲眼见到了中国人，亲耳听到了中国音乐，他们一生将热爱中国。"中国古代大德曾把音乐视为"弘法之舟楫"，孟子也说过："仁言不如仁声之入人深也。"我们的这些演出活动和非常好的演出效果，充分证明了音乐是各个民族、各个宗教之间加深了解、增进友谊的最好手段。来自中国北京的佛教音乐团，用实践促进了不同国家、不同宗教间的理解和友谊。

6月15日，我们到达德国北部的汉诺威，住在该市的圆觉寺，在汉诺威共演出了4场，反映也很好。这个寺庙是越南人的寺庙，但在渊源上属于汉传佛教的临济宗。由于对中国佛教和佛教音乐有隔膜，我们刚到时，越南住持表示只招待我们“挂单”吃住，不同意我们在庙里演出，也不安排我们在汉诺威的演出。当时，我礼貌地提出：在中国佛教的传统里，音乐一直是一种“供养”，我们希望能安排我们在佛堂礼佛并以乐供养佛。住持同意后，我们精心安排了“佛前供养”的节目，虔诚、安详地在佛堂里演奏了我们的佛乐。没想到，“佛前供养”之后，住持非常兴奋，称呼我们的佛乐充分表达了佛教平等、慈悲的思想，他“非常喜欢”。之后，他不但组织汉诺威的越南佛教居士来庙里观看我们的演出，还为我们在外边的演出派车接送，并主动提出派车领我们到汉堡游览。

汉诺威的演出结束后，我们乘“大巴”赴柏林参加“亚洲音乐节”。6月24日在柏林的国际文化中心演出了最后一场。这一场也是整个访德演出的高潮。演出结束后，数百观众在加演了两个节目、谢幕多次之后仍不肯离去，许多观众依依不舍地问我们：“你们什么时候再来?”

北京佛教音乐团在德国逗留了32天，共演出20场，观众达5000人次，当地报纸有关我们的报道近20篇。此次访德，可以说既弘扬了佛法，又宣传了中国。当然，在德国这样一个新闻自由的国家，也有人表达了不同的看法。在马克托伯多夫的报纸上，有人写文章公开质问：“为什么我们可以允许佛教的法事到我们的教堂里来做?”“中国人能允许我们的基督教弥撒到他们的庙里去做吗?”当“国际宗教音乐节”的经理亚纶先生抱着这张报纸给我看并问我要不要回答时，我说：“回答第一个问题的应该是你而不是我，因为是你们邀请我们来的。至于第二个问题，我非常欣赏‘国际宗教音乐节’的主席拉布斯先生的思想，即通过音乐加深不同宗教之间的了解和理解。我们希望有一天在中国举行同样的音乐节，欢迎各个国家、各个宗教的音乐到长城脚下来演出。”对我而言，这个“希望”不是“外交辞令”，而是一个真诚的理想，一个美好的梦，一个认真准备实践的诺言。佛教，是最圆融的宗教；佛教音乐，是中华文明弥足珍贵的特殊遗产；中国，是一个已被历史证明了的最有文化包容力的泱泱大国，面对即将到来的 21 世纪，为了全人类的明天，我们不是应该有所作为吗？倘若我们通过音乐，能够在某种程度上推迟、延缓或阻止所谓未来的“文明冲突”之战，而“化干戈为玉帛”的话，那么，这岂不是一个应该为之奋斗的目标吗？

（原载《佛教文化》1996 年第 5 期）

我与佛教音乐及《苏武牧羊》

前几天，一位在北京认识的美国专栏作家从上海打长途电话到我家，希望证实一下我这个“田青”是否也是为“中国今年最精彩的流行音乐唱片”《苏武牧羊》作词的那个“田青”。我有点儿不好意思地说：“是我。”她问我这算不算“下海”，我说，也算是吧。不过，不是“外海”，是“内海”。两年前，她为《华尔街日报》的音乐栏第一次采访我的时候，无论是别人向她介绍的我的身份，还是我自己留给她的印象，我都是一个专心于中国佛教音乐研究的“学者”，是一个躲在象牙塔里，在一个狭窄的、没有太多人关注的学术领域里钻“牛角尖”的、自得其乐的“知识分子”。而无论在中国，还是在外国，这类“学者”“知识分子”，总是最反感、最瞧不起“流行歌曲”的一群人。我的专业——佛教音乐的研究，也给一般人一个“清高脱俗”的印象，仿佛研究佛教音乐的人，理应离“流行音乐”十万八千里。

其实，无论对中国的佛教音乐，还是对我本人，这恐怕都是一个误解。中国的佛教音乐，从来不但不“脱俗”“离俗”，反而是一贯以“俗人”为服务对象，以“通俗”“化俗”为宗旨的。正因为中国的佛教音乐公开以“兴佛化俗”为目的，因此，古代的高僧大德才把佛教音乐称为“弘法之舟楫”。而为了“化俗”，首先便要“通俗”，即“通”其“俗”。一个“通”

字，不但包含了对“俗”的全面而彻底的了解，也暗含着“融会贯通”的要求。因此，能“通”是一件很不容易的事。中国历史上有几部《高僧传》，从被称为《高僧传初集》的梁代僧人慧皎的《梁高僧传》，到唐代律宗大师道宣的《续高僧传》、宋代僧人赞宁的《宋高僧传》，都专门辟有一科，完全以用佛教音乐“兴佛化俗”的水平和造诣作为能否成为“高僧”的资格标准。唐代鼎鼎大名的文溆和尚，便是一个“俗”到家了的伟大的佛教宣传家。当时，不但“愚夫冶妇乐闻其说，听者填咽寺舍，瞻礼崇奉，呼为‘和尚’”，就连宫廷的教坊也“效其音调，以为歌曲”，成为当时最出名的“流行音乐大师”。中国的佛教音乐实在不是“象牙塔”里“人间难得几回闻”的“雅乐”，它从来都是中国老百姓生活中的“俗乐”。我记得，有不止一个老一代音乐家在自己的回忆录中称自己民族音乐的“启蒙”，得益于在民间丧事上作法的和尚。

我自己，则更是一个大俗人。前几天读到一篇文章，作者说自己一听到收音机里播放“河南坠子”之类的东西便感叹“中国怎么净是这类‘俗不可耐’的东西?”我却在感叹这位“雅士”的胃口为什么竟如此狭窄?在艺术欣赏上，我自己从来是一个“杂食类动物”，洋也好，土也好，从不挑食。对我而言，在伦敦南岸音乐厅里听马勒和在杭州小巷的友人家中听盲艺人唱“滩簧”，同样令我有“不知今夕何夕”之感。如果说有变化的话，那就是随着年龄的增长，我似乎越来越偏爱简单的、不奢侈的、“土”的东西了。

大约是在1996年的夏天，在上海音乐学院拿到硕士学位后，便一直在京城音乐圈儿里混的黄荟找到我，说要为李娜搞一盘CD，请我写词。黄荟长得黑黑的，又有点儿凸鼻凹眼，素有“阿拉伯王子”之名。他先跟我吹了一通李娜唱得如何如何好，又神侃了一通他和老牌的音乐制作人刘伟仁想搞一个“大制作”的想法，然后，便很真诚，同时又带点儿江湖气地对我说：所以，“非请你出山不可”！

我这个人就怕捧，只要谁一说“这个事非你不行”，哪怕是个套儿，我也往里跳，更甭说黄荟跟我也算是老朋友了。1989年的夏天，他就在上海音乐学院他当时的宿舍里请我吃过饭。没想到多年之后，会有这次的合作之缘。那么，搞什么呢？我们一致认为应该从传统文化中找一个有现实意义而又人所共知的题材。于是，我便想到了“苏武牧羊”。

我有“苏武牧羊情结”。这个故事和这首歌是把我从小带大的外婆在我小时候便刻在我心上的。正像我在歌词中写的那样：“春草年年绿，绿了千年；牧歌年年唱，唱遍草原。有一支歌，也唱了千年——奶奶唱给爸爸，爸爸唱给我，我唱在心间。”[①] 那感人至深的故事和朴素、真挚的曲调，不但始终是我记忆里最深刻、最宝贵、最难忘的内容，而且已成为我生活中的一部分。每一个和我一样在幼年时便听过这首歌的中国人，都会在身处逆境的时候，在远离亲人的时候，在你的人格和尊严受到威胁的时候，从心底里自然而然地涌出这首歌来。苏武作为汉使出使匈奴被扣，留胡十九载，威武不能屈，贫贱不能移，“渴饮雪，饥吞毡，牧羊北海边”，受尽苦难，终于持节归国的经历，深刻地影响了几代人。其伟大的人格、不屈的精神、感天地泣鬼神的凛然气节，可以说是中华民族爱国精神的一个不朽的象征。

苏武所处的时代，对我也是一个“情结”。汉代，是中国历史上第一个对世界产生了巨大影响的时代，以至今天我们的民族称为“汉族”、我们的文字称为“汉字”、我们的语言称为“汉语”。其时，不但我国的疆土在历史上最为辽阔，而且，我们民族的“气”，在那个时代也最为磅礴。我曾

---

① 当然，说“千年”，是“词人”的艺术夸张。如果从“音乐学家”的立场考证，则目前广为流传的“民歌”《苏武牧羊》大概是一首“学堂乐歌”，其产生的时间不会早于19世纪末20世纪初。

在《东方》上著文谈文化的“性别”，将汉文化称为“男性文化”的代表。用艺术来表现苏武的感人事迹、再现汉代的辉煌、讴歌中华民族的不朽精神，可以说是中国知识界、艺术界一贯努力的方向和奋斗的目标。元代的杂剧大家马致远就曾写过南戏《牧羊记》[①]，比近代流行的歌曲《苏武牧羊》更早。在明万历三十七年（1609）杨抡编辑的《太古遗音》中，便有八段唱词的琴歌《苏武思君》。1988 年，我也曾动手写过一个电影剧本《苏武与李陵》，后来因故中断，但我在只写了一半的剧本中不但着力刻画了苏武的坚贞不屈，而且对苏武“娶胡妇，生胡子”这一被封建社会的历史学家们出于“为圣人讳”的原因而长期遮掩的历史，也做了新的、人性的解释和阐扬。我以为，苏武在匈奴的这一段因缘，不但无损于苏武的伟大形象，反而是苏武 19 年苦难生活中一个极其珍贵的“亮点”，一笔在灰暗、阴冷的大色调中唯一让人感到些许安慰的暖色。而且，当我们超越了历史和民族主义的狭隘目光再来审视这个故事的时候，恐怕每一个现代的中国人，都会以一种理解，甚至为此感到宽慰、感动的心情来面对这段人性的、再正常也不过的生命过程。所以，我提笔写下的这首组曲的第一段歌词，便是组曲中的第五首《牧羊姑娘》：“在茫茫的草原上，一群羊遇到了另一群羊；在浩荡的春风里，牧羊人遇到了牧羊姑娘。”

凡是到过大草原的人，都会明白在这种情况下在天地间会发生、该发生什么事情。当“春风吹散了她的长发，春风吹红了她的脸膛，春风吹开了她的衣裳，春风吹亮了她的目光”的时候，怎么能不感到“让人昏眩的是太阳，让人痴迷的是目光，让人软弱的是春风，让人踟蹰的是故乡”呢？

最令作曲家感动的恐怕也是这段歌词。我记得，当我把全部歌词交给

---

① 又称《苏武持节北海牧羊记》，见（明）高奕《传奇品》及《寒山堂新定九宫十三摄南曲谱》。

黄荟不久，他便首先谱完了这段音乐。有趣的是，在此之后，不管是在北京的录音棚，还是在上海歌舞团舞剧《苏武牧羊》的排练场，“牧羊姑娘哎——牧羊姑——娘”的歌声，总是最得人心，最上人口。

应该感谢李娜，她的歌声是可以和苏武的故事一起流传千古的。听她的演唱，让我常常惊叹世间种种的“不可思议”，常常诧异在她看似小小的身体里，何以蕴藏着如此大开大合、包天裹地的感情和力量，也想不通她怎么能在超过三个八度的音域里纵横捭阖，收放自如。她时而雄浑激越、金戈铁马，时而缠绵悱恻、莺语间关的歌声，的确可以与当今世界上任何一个歌唱家媲美。遗憾的是，自从与她一起审听过一次录音的样带之后，便再没有见过她。就在这张唱片发行前不久，看到各类小报上有关她的种种互相矛盾的“消息”：一会儿说她出家了，一会儿说她隐居了；一会儿说她在西藏，一会儿说她在山西。云遮雾罩，不知究竟。有朋友问我：这是不是你们为这盘唱片所做的宣传？我只好苦笑着说：“不知道。”这年头，假的太多了，便让人连真的也怀疑，甚至根本就不相信这世上还有真的事。前些时候，和一位有一个时期颇有些名气的作家吃饭，他竟然很随便、很自然地宣称李叔同的出家与三毛的自杀，统统都是“炒作”。我当时看着这位面相淳朴的作家用那么憨厚的语气做出对这两位死者如此不公平、如此尖刻的判断来，心中暗自惊诧的同时，也感到一丝悲凉。说“人心险恶”，恐怕也是另外一种不公平，我只好感叹人与人之间不容易理解和隔膜的程度，我过去真的是估计得太低了！

在商业化的今天，唱片公司的确可以利用李娜“失踪”的消息“炒作”一番，比如“声情并茂”地登个广告“李娜，你在哪里！”等。但从李娜的立场想，我去了哪儿，与你何干？我想做什么，有什么必要告诉你？古人每把“儒道兼综，显隐皆可，用舍由时，行藏在我”这 16 字令奉为士人进退人生的最高境界，但多少文人学子，只能说说而已，未料作为歌者的李娜，却似乎做到了。清代的李渔曾说过："填词之道，文人之末技也。"的确如此。但每听这张唱片时，我却总在想：当年"奉旨填词"而永别功名的柳永，也许未必真如文学史上说的那么失落，戴一顶乌纱帽，怎么会比写几首新词并让一个天才的歌手唱彻月夜来得惬意呢？

（原载《音乐爱好者》1998 年第 2 期）

“净化之夜”佛教音乐会前言

在整整2000年前（汉哀帝元寿元年，即公元前2年）的一天，长安一个叫景卢的“博士弟子”接受了大月氏王派遣的使臣伊存“口授”的佛经。从这一天开始，由释迦牟尼创立的佛教传入了老子与孔子的中国。代表东方文明最高智慧的儒、释、道三个思想体系从此共同影响着中华文明的伟大进程。

在1700多年前的一天（魏明帝太和六年，即公元232年），“才高八斗”的曹植在大自然的启发下，于今山东东阿的鱼山创造了中国的第一首“梵呗”(佛教歌曲)。从这一天开始，中国的佛教唱诵音乐走上了独立发展的道路，并对东亚产生了深远的影响。

在1500多年前（梁武帝天监元年，即公元502年）的一天，那个在中国历代帝王中最富宗教家气质的梁武帝亲自制定雅乐，“名为正乐，皆述佛法”，并创立了以“水陆法会”为代表的中国佛教法事音乐。从这一天开始，中国的佛教音乐成为中国传统音乐中十分珍贵的重要组成部分。

千百年过去了，当韶华已逝的中国传统文化在最近的百年里遇到西方文化的挑战时，许多善良而性急的中国人本能地把中国衰弱的病根归罪于传统文化。从清末政府在“维新派”影响下公布《废庙兴学令》开始，宗教和宗教文化便渐渐成了“迷信”的代名词。五四运动的狂飙在冲击中国封建制度的同时，也强烈地摇撼了中国古老文明的社会基础。史无前例的无产阶级“文化大革命”，更将宗教文化及一切与宗教有关的东西统统视为“横扫”的对象。当人们把孩子和洗澡水一起泼掉的时候，人们当时心中的那种崇高感使一切无知与轻率在其后都带上了一点儿苍凉。

把“改革开放”喻为“春风”，是当今每一个有良知的中国人切身的体会。但许多海内外的同胞们，却低估了中国传统文化的生命力和永恒的艺术价值。当 1986 年北京佛教音乐团出访欧洲，1989 年五台山佛乐团在香港公演，1993 年天津佛乐团访问英国、荷兰，1996 年北京佛教音乐团参加德国“国际宗教音乐节”，1997 年拉卜楞寺佛乐团参加法国“圣・佛罗朗艺术节”时，世人们仿佛面对一条突然出现在眼前的恐龙一样，发现了中国的佛教音乐，发现了中国佛教音乐的魅力，重新找到了中国传统音乐的一条粗壮的根。

“一声来耳里，万事离心中”，是唐代诗人白居易对音乐的感受，用它来形容佛教音乐的功用，可称贴切。但是，为什么中国会产生如此典雅、超凡的佛教音乐？为什么中国的佛教音乐在历经千劫百难之后依然流传到现在？用佛教的语言来讲，只有四个字——“不可思议”。为什么我们今天能坐在音乐厅里欣赏流传了千百年的佛教音乐？为什么佛教音乐能使我们暂离世俗的喧嚣和烦恼？为什么今晚的“净化之夜”注定会长久地留存在我们的记忆里？用佛教的语言来讲，也只有四个字——“殊胜因缘”。

1997 年 7 月于北京音乐厅

法号与管风琴

——记甘肃拉卜楞寺佛乐团访法演出

从中国甘肃夏河县的拉卜楞寺，到法国南方的小城圣·佛罗朗，不仅在地理上十分遥远；从文化背景上看，一个有着1000多名喇嘛的藏传佛教格鲁派大寺院，与一个男女老少加在一起才只有2000多人口，却因每年举办一次世界性的艺术节而闻名于世的宁静的法国小城，也似乎毫无共同之处。但是，1997年6月的一天，在圣·佛罗朗人引以为傲的古老的天主教堂里，刚刚卸职的前法国外交部部长德沙莱特先生、夫人及专程从巴黎和法国各地赶来的数百名听众，却怀着极大的兴趣欣赏了来自拉卜楞寺的八位喇嘛们的音乐会。

佛教最常用的一个词便是“因缘”，提到拉卜楞寺佛教乐团到法国演出的“因缘”，先要提到圣·佛罗朗艺术节的艺术总监皮埃尔·让先生。这位因成功地主办了数次世界性艺术节而闻名法国艺术界并与世界许多国家的艺术家们保持着联系的艺术经纪人在1995年访华时，曾专程到我家征求我的意见，希望下一届圣·佛罗朗艺术节能邀请一个“真正传统”“有特色”的中国乐团赴法演出。我当时即大力推荐拉卜楞寺佛乐团。近几年，北京、天津、五台山等汉传佛教的乐团相继出国访问，造成了一股不大不小的中国佛教文化热。但是，藏传佛教的寺庙音乐却鲜为人知，更未能走出国门。实际上，拉卜楞寺的寺庙音乐不仅独具特色，有着极高的文化价值，也有着很强的艺术性和感染力。经过一年多的联系和努力，来自甘南藏区的“天籁”法音，终于在有近十个国家参加的“圣·佛罗朗艺术节”上与法国听众见面了。

身披紫色袈裟、头戴藏传佛教格鲁派著名的黄帽的喇嘛登台之后便把听众“震”住了，那一对通高 3.5 米的法号（藏语叫“筒钦”）在喇嘛们的吹奏下发出了巨大、低沉、浑厚、神秘的声音。这仿佛来自天国的声音，在海螺（大海的声音）、刚洞（俗称“叫鬼号”，地狱的声音）的伴奏下，将端坐在天主教堂内的数百名听众带到了一种深邃莫测的非现实境界里：有的人似乎回到了远古洪荒之时，有的人仿佛来到了喜马拉雅山顶或大海之滨；有的人听到了上界的呼唤，有的人听到了地狱里的哭号。天主教堂高高的穹顶似乎专为这神秘的声音而设计，那仿佛从天而降又仿佛潜行于地的声音在教堂中鼓荡低回，摇撼着所有听者的身心。

演出之后，法国国家电台音乐台的记者专门采访了我，我扼要地向法国听众介绍了一些有关拉卜楞寺佛教音乐的背景知识。我认为，拉卜楞寺寺庙音乐的价值，集中表现在以下几个方面：

第一，位于中国甘肃省甘南藏族自治州夏河县的拉卜楞寺，是藏传佛教格鲁派六大寺院之一（其余五个寺院是拉萨的甘丹寺、色拉寺、哲蚌寺，日喀则的扎什伦布寺，青海的塔尔寺），由第一世嘉木样活佛阿旺宗哲创建于藏历第十二绕迥土牛年（1709）。近 300 年来，拉卜楞寺对我国西北地区藏、蒙民族的社会生活产生过十分重大的影响。目前，拉卜楞寺有喇嘛千余人，寺内共设六个学院。[①] 由于拉卜楞寺注重学业，寺规严格，该寺的高僧、学者层出不穷，影响深远，所出各类著作在藏民族中享有极高的声誉。佛教音乐在拉卜楞寺有着独特的传承和悠久的历史。在历代嘉木样大师的关怀下，一支被安多藏民称为“道得尔”的乐队一直发展、延续下来，成为拉卜楞寺独有的文化形态。除塔尔寺还有一支从拉卜楞寺传入的类似乐队外，其余所有藏传佛教寺庙（包括卫藏、康巴、安多等藏族地区，也包括“六大寺庙”中的甘丹寺、色拉寺、哲蚌寺、扎什伦布寺等）都没有类似乐队，因此，它是十分独特的。

第二，“道得尔”音乐是藏、汉文化的一种特殊混合体，充分体现了藏、汉两个民族文化上的密切交流与融合。其最显著的特点便是乐队全部使用汉族乐器——管、笛、笙、云锣，其乐队编制和风格完全与流行在广大汉族地区的佛教“笙管乐”类似。在其演奏的乐曲中也有大量汉族乐曲，如《万年花（万年欢）》等。乐队所使用的乐谱，亦颇具特色，是用同音藏文记录的在中国汉族广大地区曾广泛流行的“工尺谱”。其音乐的来源和正式形成的时间，有两种不同的说法：一种意见认为来源于北京并在二世嘉木样时期（清雍正六年至乾隆五十四年，即 1728—1789 年）即已成型。《甘肃民族志》载：“清康熙乾隆间，夏河嘉木样所用细乐传自北京，有《五顶山》《大悲观音》《大成就十八》《万年花》诸调，仍用工尺译音，有乐无歌，亦不用舞。”因二世嘉木样曾两次去过北京，因此此说不是没有一定的可能性。第二种意见认为来源于五台山并成型于四世嘉木样时期（清咸丰六年至民国五年，即 1856—1916 年），拉卜楞寺已故的著名藏戏作家朗

---

① 其中闻思学院学习显宗，擅长哲学；上续部学院和下续部学院学习密宗；喜金刚学院和时轮学院学习天文、地理和数学，他们每年编写的藏历，对西北地区的农、牧业生产，起着重大的指导作用；医学院学习藏医，喇嘛们不但采药、制药，为当地农、牧民的身体健康做出了重大贡献，而且将行医与行善合为一体，以高尚的医德、医风体现了佛教的根本精神。

仓·开智格来合嘉错活佛（1890—1989）在我1983年初访该寺时曾亲口对我讲："拉卜楞寺乐队创建于第四世嘉木样时期，乐曲来源于五台山。"

五台山系中国北方佛教音乐的中心，素有青庙（指汉传佛教寺庙）、黄庙（指藏传佛教寺庙）两种不同的音乐系统，而黄庙音乐又是在直接借鉴了青庙音乐之后发展起来的，很容易成为同属藏传佛教的拉卜楞寺接受吸收的中介。文化传播学特别强调地理位置、地理环境对文化形态形成的巨大影响，认为流水多促使文化流布，而高山则多造成文化的隔膜。大河千里，上下游可能唱着同一首号子；而高山两侧的两个村落，却可能操着两种不同的方言。造成拉卜楞寺音乐与在其东方的五台山黄庙音乐及在其西方的塔尔寺音乐同属一个文化带的地理原因，就是甘南藏区与卫藏、康巴藏区之间存在着昆仑山、唐古拉山的屏障。由于高山的阻隔，拉卜楞寺"道得尔"音乐不但与山南侧的西藏本土文化有着显著的不同，反而在乐曲、乐器、乐谱、演奏风格等方面都与汉族传统音乐相同或相似。当然，经过长时期的演变，他们目前所演奏的汉族乐曲，也已带有某种藏族的风格了。

拉卜楞寺寺庙音乐的这种独特风格，充分说明了藏族文化的开放性，也为藏、汉两族人们在历史上的文化交流与融合提供了一个生动、鲜明的实例。那些出于其他目的而妄言藏族文化是一种"封闭性文化"，否认藏、汉两族人民自古以来便存在的大量文化交流事实的人，应该听一听"道得尔"乐队的出色演奏。

第三，拉卜楞寺"道得尔"乐队实际上是一个宫廷仪礼乐队，其主要的作用是为嘉木样活佛的正式活动（如上殿、讲经、宴请、出行、迎送贵客等）伴奏。不同的活动，都有与之相应的专门乐曲，如嘉木样上殿时要奏《上殿曲》等。宫廷音乐作为中国传统音乐的四大类（民间音乐、文人音乐、宗教音乐、宫廷音乐）之一，在中国音乐史上本占有重要的地位，但由于多方面的原因，汉族的宫廷音乐早已名存实亡。因此，拉卜楞寺“道得尔”音乐的存在，便为人们欣赏与研究活着的宫廷音乐提供了一个难得的机会。

除“道得尔”音乐外，拉卜楞寺的喇嘛们还在艺术节上演出了感染力极强的经文唱诵和藏戏弹唱。如果说拉卜楞寺“道得尔”音乐受汉族音乐影响很深的话，那么，拉卜楞寺僧人们的唱诵，则完完全全与西藏本土一样，保留着藏传佛教“声明”[①]的独特传统。佛教“声明”最突出的特点及留给人们最深刻的印象，便是他们唱诵时音区之低和音色之厚。当那如海潮般浑厚、低沉的诵经声从喇嘛们宽厚的胸腔深处滔滔而出的时候，听众们大都被这闻所未闻的声音惊呆了！一些法国听众甚至不相信人的声带会发出如此低沉的声音，并对这种发音方法颇感兴趣。我对记者们说：这种的声音的取得，一半靠独特的训练方法，一半靠长期的练习。我还开玩笑地表示，希望世界上所有学习 Bass Baritone（西洋歌剧中的男低音）的歌唱演员都能有机会到藏传佛教寺院如拉卜楞寺来学习，我相信他们将因此终身受益。

拉卜楞寺佛乐团此次在圣·佛罗朗艺术节的正式演出，被安排与一个法国著名的宗教音乐歌唱家热拉尔·莱斯那同台。这是艺术节的精心安排，目的是让原本遥远、陌生、自成系统的不同音乐在碰撞中找到一种谐和，表现了艺术节主办者的一种世界主义精神和文化多元论的态度。当然，这种安排对参演双方都是一个难得的机会和挑战。

热拉尔·莱斯那擅长演唱中世纪的天主教经文歌，曾在欧洲录制出版过许多唱片。那天，他在一个小型乐队的伴奏下充分施展了他的才华。

---

① “声明”系佛教著名的“五明”之一，是一种专研与音乐、音韵、发声等问题有关的学问，在汉传佛教中已失传。“五明”中除“声明”外还有“内明”（佛学）、“因明”（逻辑学）、“工巧明”（与制作有关的各种技术）、“医方明”（医学）。

这个颇有中世纪风采的乐队包括一支鲁特琴（lute）、一支古低音提琴（basse de violin）、和一架小型管风琴（organ）。那天，他演唱了意大利作曲家亚历山大·斯塔德拉（Aiessandro Stradeiia，1642—1682）作曲的《礼拜三的哀歌》和法国作曲家佛朗索瓦·考普兰（Fransois Couperin，1668—1733）的“耶稣受难纪念三大日课”中第一大日课的《杰黑米的哀叹》。热拉尔·莱斯那在管风琴的和声背景和持续低音的烘托下，在鲁特琴和古低音提琴精致的音型与高雅的对位旋律的伴奏下，用一种类似“阉人歌手”的音色，在较高的音区里，用丰富的装饰音，非常流畅、通达、委婉地表达了17世纪欧洲宗教音乐的风格和纯真、炽热的宗教情绪。

在20世纪即将结束的时候，在法国南部一个幽静的小城，在一座有着数百年历史的天主教堂里，法号与喇嘛们的诵经声和17世纪的天主教音乐交织在一起，或低如海涛，或高如行云，色彩迥异，起伏跌宕。时空交错所造成的巨大张力和碰撞，异质文化并置所带来的深刻对比与罕见的和谐，以及在听觉享受的同时感受到的视觉上的刺激（光是喇嘛们袒右的紫色袈裟、造型奇异的明黄色的帽子和巨大的法号就够让欧洲听众们大饱眼福的了），向数百名听众展示了两种同样悠久的古老文明。这两种古老的文明，都曾在人类历史中留下深远、广泛的影响并在今天依然影响着许多人的生活。令人感动并感慨的是：在这里，在今天，两种各自有着完全不同的历史、不同的教义、不同的影响范围的宗教，和平、和谐地在一起“交响”。对立不见了，让位给了美的对比；偏见不见了，取而代之的是对人类共同拥有的历史与共同面对的未来的一种理解、一种默契、一种坦诚和一种共同的责任感。《圣经·创世纪》中曾讲述过一个故事：当诺亚的子孙们在齐心建造一座通天塔时，上帝担心人们将无所不能，“乃混乱其语言，致使互不通意，乃四散”。通天塔没有造成，但人们没有理由埋怨上帝，他在让人们各操一种不同的语言的时候，有意给人类留下了一线相通、相知的途径，这就是音乐。音乐，超越了种族、超越了语言、超越了意识形态和宗教信仰，甚至超越了它赖以存在的自己的文化背景，它使遥远的变得贴近，使对立的形成和谐。音乐，从某种意义上讲，其实是一座可以直达上苍的“通天塔”。人类假如不能从音乐的谐和中体味到宇宙的谐和，不能从音乐中找到彼此的共同点，达到“心心相印”的境界，那便是辜负了上帝的苦心。

拉卜楞寺寺庙音乐，在“圣·佛罗朗艺术节”上大放异彩，法音宣流，广结善缘。我相信，拉卜楞寺喇嘛们紫色的袈裟和他们美妙的音乐，一定会长久地飘扬在圣·佛罗朗市民和众多法国音乐爱好者的心中。

（原载《爱乐》1997 年第 5 期）

二、观云听雨

（一）

评论、随笔

欣闻古乐翻新声

——记中央民族乐团在我市的首场演出

“千重钩锁撼金铃，万颗真珠泻玉瓶。”这是唐代诗人张祜咏箜篌的佳句。时隔千年，在中央民族乐团的音乐会上，绝响中外的古乐器箜篌新翻杨柳，再奏奇声，使我市广大听众获得了一次很好的音乐享受。

驰名中外的中央民族乐团，节目丰富多彩，其中尤以中国传统乐曲的演奏而独具风韵。就以箜篌与笛子、箜篌与高胡的二重奏来讲，形式新颖，颇具古意。《妆台秋思》的空净遐远、《渔舟唱晚》的生动流畅，都给人留下了深刻印象。该团重新研制成功的箜篌，音色明丽，造型典雅，既有竖琴的效果，又有古筝的韵味，其声如崖畔滴水，夜雨闻铃，具有很强的表现力和浓郁的民族特色。

小合奏《春江花月夜》，像一幅风格淡雅的水墨画，浓淡疏密、错落有致。乐队在演奏中音色多变但又统一，配合默契，如水乳交融。听着他们的演奏，不禁想起我国古典音乐美学中所推崇的“和”字。声音的和谐、曲调的和美、气度的和平，使人们在美的欣赏中，心旷神怡，涤胸荡腑，感受到我国优秀的传统民族气质。广东音乐也很有特点。不论是绮丽婉约的《双声恨》，还是轻盈欢快的《步步高》，那清雅之风更是弥漫全厅。

大合奏是“压轴戏”。训练有素、个人基本功扎实的乐队，在秦鹏章等的指挥下，演出了《二泉映月》《难忘的泼水节》《非洲战鼓》《大海一样的深情》等中外乐曲。乐队的合奏技巧纯熟，演奏中对比强烈而有法度，感情充沛而不失控制，尤其在合奏时声不嘈杂而清晰。

除了器乐节目外，乐团的几位声乐演员也各具特色。像赵树义的《串门》，诙谐有趣；刘金娥的《生产忙》，火爆炽烈，有着深厚的生活气息；青年演员雷灿的独唱，也以他明亮高亢的歌喉而赢得了掌声。

还应当提出的一点是，中央民族乐团尤其是乐队，台风正，艺术责任心强，这在他们的曲目选择、演出质量上是可以看出来的。而这一点，对那些专靠电子琴叫座，甚至把听觉艺术变成某种程度的“视觉艺术”的民族乐队来讲，是应从中受到启发的。

（原载《天津日报》1980 年 7 月 26 日）

杨静和她的《龟兹舞曲》

杨静第一次获奖时才22岁。那时，她还是上海音乐学院的学生。在第十二届“上海之春”音乐会上，她创下了个人得奖次数的最高纪录，一共拿了四个奖，除演奏二等奖和新作品演奏奖以外，她创作的琵琶曲《九连钰》获创作二等奖，琵琶曲《品诉》获创作三等奖，可谓一鸣惊人。她毕业分配到中央民族乐团后，又是演出，又是出国，又是“世界青年联欢节”金奖，又是“最高艺术家荣誉证书”，又录磁带，又出CD，用老话说，叫“红得发紫”。

近来，关心她的人见了面，总要问她一句：“又有什么新作吗？”

人就怕被念叨。半路上，忽然杀出一员猛将，便是总政歌剧团的指挥刘森。他乘人家拍电影《杨贵妃》的机会，以“音乐总监”的名义，定做了一大批仿唐乐器，其中便有完全按日本正仓院唐琵琶做的“螺钿琵琶”。虽然说“美食不如美器”，但光有好乐器没有好曲子也不行，有了“唐琵琶”不是得弹“唐曲”吗？于是，刘森便盯上了杨静，你不是会写琵琶曲吗？写一个唐代的如何？

杨静不光有天分，她和那些光练手，少用脑袋不动心的“专业演奏家”不同，她的古代音乐史学得也不错。唐乐，多数指的是燕乐，而唐燕乐中，无论是“九部乐”还是“十部乐”，现在最著名、当时最迷人的还数龟兹乐。西域文化的东传，几乎全要通过龟兹国（今新疆库车）。于是杨静便好好发了一次思古之幽情，借用新疆的音调，印度的手法，写了一首《龟兹舞曲》。曲子写出不久，正赶上为全国“第三届民族管弦乐作品展播”征集作品，她得了作品一等奖、演奏一等奖。

《龟兹舞曲》也的确有味道。乐曲一开始，开门见山，一个同音反复的切分音型，便把听众推到了舞姿翩跃的古丝绸之路，浓郁的西域风情和极富特色的舞蹈节奏，让人立刻会想到白居易《听曹刚琵琶兼示重莲》中的诗句“拨拨弦弦意不同，胡啼番语两玲珑”。这“胡”与“番”的风韵，被时时出现在强拍上的半音装饰音渲染得淋漓尽致。

随后，一个稍显舒缓的歌唱性音调出现了。龟兹舞女千年前飘曳的长裙和流盼的目光被音乐从已逝的时空中拉到了我们的眼前。

旋转的舞裙，如蒸腾的云霓。一段凄艳的旋律在推拉与轮指的交替中汩汩地流了出来。“弦弦掩抑声声思”，阳关道上，玉门关外，曾经浸染过多少离人情、征夫泪、游子心？

乐曲的中间部分，作者成功地借用印度乐器西塔尔的手法，在一个和弦式的固定低音伴奏下，在琵琶的三弦上弹出了一段给人留下深刻印象的旋律。

《大唐西域记》中说：“屈支（龟兹）国……文字取则印度，粗有改变。管弦伎乐，特善诸国。”在《龟兹舞曲》中重视印度音乐的风采，不但符合历史的真实，也丰富了中国琵琶文献，为开拓琵琶的表现力和多种风格的展现做了可喜的尝试。

乐曲的后半部分，杨静充分发挥了琵琶的演奏技巧，在愈来愈快的节奏中，催促着旋转在红氍毹上的龟兹舞女，尽情倾泻着人类亘古长存的热情。盛唐时长安街头的喧哗和丝绸之路上的欢乐，都在杨静的指下呈现在人们的眼前。

乐曲的最后一段，像唐代燕乐大曲的结构一样，在渐强渐快到高潮之后，戛然而止，慢慢抛出一丝柔曼至极的“引声”。当裂帛般的一扫结束了全曲之后，左手大幅度的揉弦却给人留下袅袅的余音和无穷的体味。

琵琶，这件从丝绸之路上传来的外族乐器，曾经让唐代的中国诗人们发挥了无穷的想象力，众多吟咏琵琶的清词丽句在唐诗的海洋中熠熠放光。但中国的固有文化，不但如水之长流，也如山之高坚。琵琶，也像许多进入中土的外来文明一样，在中国音乐家的手中逐渐改变、完善，最终成为一件有代表性的、表现力很强的民族乐器。杨静的《龟兹舞曲》不但细致动人地再现了盛唐丝路上的风情，也圆满地完成了一次文化史的巡礼。

（原载《人民音乐》1994 年第 Z1 期）

拟沈湘墓碑文

近人多以音声为小道，然古之华夏，以“礼乐”之邦自诩。《乐记》云：“唯乐不可以为伪”，人亦如是。沈湘教授，生于津门，没于京都，青年时即以歌名世，享誉津沪。1944 年，因拒演为日寇募捐之音乐会而被上海国立音乐学院开除，凛然正气，贯其一生。世道多难，身亦坎坷，然爱国爱艺爱人之心，始终不变。幽默达观处世、多思敏学求艺、宽恕忠厚待人。教授声乐凡 46 年，高徒如云，名满天下，异邦学子，慕名远求。斯人虽去，余音不散。古人云：“大乐与天地同和”，诚斯言哉。

田青敬撰

1994 年夏

（原载《中国音乐年鉴 · 1994》，山东友谊出版社 1995 年版）

毕竟，我们还有这样一个传统

1999 年 4 月 27 日，96 岁的贺绿汀去世了。在他去世前半年，我选编的《老歌》出版。在这本诗歌合集中，我选了 100 首从 20 世纪 30 年代到 80 年代的老歌，并为这 100 首可以看成这个世纪历史缩影的、在当时都是脍炙人口的老歌配写了 100 首新诗。在贺老著名的《游击队歌》的后面，我写了一首《致贺绿汀》。书出版后，曾托朋友带书给他，但据说那时候他已经无法阅读了。他去世后，为了纪念这位硬骨头音乐家，北京的《音乐生活报》与上海的《文汇报》都选载了这首《致贺绿汀》。《音乐生活报》在刊登这首诗的同时还登出了我写给该报主编的一封信。我在信中说：

> 贺老去世是中国音乐界的大事，因为他是中国音乐界最后一位令所有人尊敬的人；也因为他始终是音乐界的良心。在“文革”中，他还是唯一一个没有被按倒的头颅。（批斗他的电视，居然因为他不肯低头而被迫中断转播！）想想当年多少沙场老将也都被迫低了头，便会为这样一位硬骨头出在我们音乐界而感到自豪！（其实，这也是一个传统。当年安禄山打下长安，也是多少文臣武将都投了降，只有一个乐工雷海青至死不肯为叛贼演奏，摔碎琵琶，慷慨而死。）可见，一般人

认为优伶、艺人、艺术家只会逢迎权贵而缺操守、少气节的印象是错的。文艺有粉饰太平的一面，但也有坚守信念的一面。而只有坚守信念的文艺和文艺家，才是社会的良心和人类心灵的旗帜。

我在信中提到的雷海青，是唐代著名的宫廷乐工。《唐人说荟》中有唐人郑处诲撰《明皇杂录》。书中说：

天宝末，群贼陷两京，大掠文武朝臣及黄门、宫嫔、乐工、骑士。每获数百人，以兵仗严卫送于洛阳。至有逃于山谷者，而卒能罗捕追胁，授以冠带。禄山尤致意乐工，求访颇切。于旬日，获梨园弟子数百人，群贼因相与大会于凝碧池，宴伪官数十人。大陈御库珍宝，罗列于前后。乐既作，梨园旧人，不觉嘘唏，相对泣下。群逆皆露刃持满以胁之，而悲不能已。有乐工雷海青者，投乐器于地，西向恸哭。逆党乃缚海青于戏马殿，支解以示众。闻之者莫不伤痛。

安禄山不是“知识分子”，甚至不是“礼乐之邦”的汉人，但他的“知识分子政策”与“俘虏政策”却令今日读史的人吃惊。他并不完全是我们想象中的那样，是一个只知烧、杀、抢、掠这些“短期行为”的土匪，他还是有坐天下的长远打算的。他“大掠文武朝臣及黄门、宫嫔、乐工、骑士”，并“优待俘虏”，无非是想利用这些“前朝”的人才资源。他还似乎特别重视音乐，“尤致意乐工，求访颇切”。问题是，这至少数百名被“授以冠带”的前朝旧臣在他的淫威之下表现如何呢？在凝碧池畔参加宴会的“伪官数十人”中，估计就有大唐的叛臣降将。但这些大唐的股肱之臣似乎与“梨园旧人”不同，连个“嘘唏”的表示都不敢有，更甭说像雷海青一样把乐器摔到地上，面向大唐天子西去的方向放声大哭，公开表示自己强烈的爱憎了。雷海青只是一个以弹琵琶著称的乐工，他不是一个战士。面对强暴与威胁，他只能以一己之死抗争，只能用自己的生命，来殉自己的气节与感情。当然，我们也可以用“文革”中的逻辑来批判他对“封建统治阶级”的“愚忠”，把他称为“统治阶级的奴才”，甚至以“无产阶级先锋战士”的水准要求他，责骂他“为什么不拿起武器反抗”！但是，历史毕竟是历史。历史中的“这一个”，毕竟只是“这一个”。

布衣之怒，以头抢地，是不如登高一呼，扯起一彪人马来得过瘾和壮观。但是，那些人呢？那些理应撑起大唐天下的文臣们呢？那些理应保土守国、用生命和鲜血保卫大唐的武将们呢？当这些比他更应该也更有资格登高一呼的文臣武将们都在淫威下接受了叛贼的“授以冠带”时，雷海青的行为，便不但足以羞煞那些“识时务”的冠冕之徒们，也足以青史留名，让后人尤其是中国的一代又一代的音乐家们自豪了。

唐人笔记中记录下的许多往事，大都早已淹没在历史的浩渺烟波之中了。几乎可以相信，今天的青年，恐怕很少会有人还知道这个平凡甚至卑贱的乐工。但在当时，他的故事却感动了无数人，令“闻之者莫不伤痛”。其时也同样被叛军拘押的诗人王维听说此事后，便曾留下了这样一首诗：

万户伤心生野烟，百官何日更朝天？
秋槐叶落空宫里，凝碧池头奏管弦。

历史的相似性总是比戏剧里最“戏剧化”的情节更令人吃惊。抗日战争时，日寇凶焰滔天，连年轻时慷慨激昂、高唱“引刀成一快，不负少年头”的汪精卫都当了汉奸，但整天咿咿呀呀的名旦梅兰芳却留起了胡子，蓄须明志，就是不给日本人唱戏。无独有偶，与梅兰芳齐名、同列“四大名旦”的程砚秋也拒绝为日寇唱戏，抛弃繁华，跑到北京青龙桥以务农为生。在“文革”狂潮中，多少文臣武将都被迫“低头认罪”时，又是一个音乐家——贺绿汀，不肯违心地“认罪”，不肯低头，按下去，抬起来；再按下去，再抬起来……那样的一副瘦弱不堪的书生之躯，在那样的“群众专政”下，这几按几抬间，该充沛着多少惊天地、泣鬼神的浩然之气啊！本该在五线谱纸上点画音符的手虽然被绑住了，但曾经盘旋着《牧童短笛》的胸襟中，却始终鼓荡着不屈的罡风。凡是经历过“文革”中“大批判”的人，不论是批判者还是被批判者，都知道这样的行动需要多么大的勇气！所以，我才在《致贺绿汀》的诗中把他“高昂的头颅”比作“精神不屈的旗帜”“真理永存的阳光”“人类尊严的颂歌”和“民族未来的高唱”。

我不清楚今天的青年们是否知道贺老这个英雄壮举。但我相信这个经典的场面将永存在历史的记忆里，和雷海青、梅兰芳们一样，成为中国艺术家的骄傲，成为一个传奇，成为一个传统。只要贺老的故事能在我们民族集体的口头文学中代代相传，我们便能在那些瞧不起“伶工”的人面前说一句：毕竟，我们还有这样一个传统。

可为什么在这样的场合偏偏要由艺术家来代表一个民族表现其不屈的意志呢？在对造成这种局面的政治环境感到惭愧的同时，我只能认为，是艺术的作用。古人说：“唯乐不可以为伪。”真正的艺术家，最本质的特质便是真诚。而面对强权与死亡的时候，真诚，有时候会比武器与判断力更容易使人表现出大无畏的勇气来。当然，有许多以“艺术家”为职业的人不但不够真诚，甚至有着不亚于政客的乖巧与计谋。这并不奇怪，我在这里说的是真正的艺术家，不包括他们，就像我说“音乐”这个词时不包括所有庸俗不堪的“声像制品”一样。

音乐，是养人的。

艺术，能成就人格，成全历史。

（原载《读书》2000 年第 5 期）

礼赞黑色
——读陈铭道《黑皮肤的感觉》

老子说："五色令人目盲。"但这个世界的万事万物，却大都五彩缤纷，连人的皮肤都分为黑、白、黄、褐。其实，问题不在于"目"，而在于心。当一个人只因别人的肤色与自己不同而轻视甚至歧视他人的时候，这个人的"目"虽然没有盲，其实心已经盲了。

陈铭道的新作《黑皮肤的感觉》用流畅、生动的语言和大量难得的第一手资料，为我们描述了美国黑人音乐文化的历史和现状，描述了目前已成为世界"强势文化"的美国黑人音乐充满痛苦与悲愤的百年沧桑。

追根溯源，不但可称为"探索"的同义词，也常常会使表面复杂的事物变得异常简单。美国的黑人既然来自非洲，那么，美国的黑人音乐也必然来自非洲。于是，作者理所当然地首先将视角投向了人类的摇篮之一——非洲。在一般人的印象里，非洲的一切似乎都与"落后"有关，但作者在强调"对于一种音乐，要在它自身的环境中去研究它，不能把外界的理论强加于它"的同时，实际上强调了文化相对论的一个重要观点，即每一种文化都是它自身环境和历史的产物，都有它独特的、不可替代的价值。音乐是艺术，不是技术，不能用"先进"与"落后"的概念来评判。作者举了欧洲白人学者对"乔皮人"音乐节奏的认识过程为例，充分说明了黑人音乐的高度发展，也说明了一般人对非洲文化是多么的无知。他在书中说：当年人们用摄影机把乔皮人木琴乐队拍成电影，逐个画面进行了分析之后，结果令“学者们大跌眼镜：乔皮人的音乐节奏复杂得无以复加，欧洲作曲大师也想象不出来！”但是，这样复杂的音乐却并不需要乐谱来传播和传承：“他们不需要书面形式来传承这种音乐。口传文化是人类文化大树上的一杈，书面文化这一杈没有理由贬低它。”作者对想象中的论辩对象说：“《圣经》在公元后才全部编定，成为书面文本”，但实际上，《旧约》中的许多材料在公元前已开始口头传承。在讲述黑人文化的特殊性时，作者强调了“特定的环境”的重要性。他在告诉读者我们认为是发出噪音的某些物体和手段，在非洲特定的环境中，“都可以用来创造音乐”，之后补充道：“这当然不意味着非洲黑人没有噪音的概念，他们也有噪音的感觉，例如汽车的马达声或勋伯格的协奏曲。”但是，将黑人音乐中的噪音与汽车马达声及勋伯格的协奏曲“一视同仁”，却并不仅仅是作者的幽默，也更不是一种在当前中国文化界无所不在的调侃，它实际上是作者对文化相对论的一种认同和绝妙阐释。

为了让读者了解非洲黑人音乐在美国的发展，作者像他在课堂上“侃”开了一样，不厌其烦地为读者上了一次美国史课。对于像我这样一些只知道“楚汉之战”而不了解“南北战争”的人来讲，作者这种“普及”美国史常识的热情还是不无益处的。这些显然超出了一般“背景介绍”篇幅许多的文字，在让人们为当年美国黑人的悲惨处境嘘唏慨叹的同时，也让读者充分了解了美国黑人音乐在地狱里成长，“在夹缝里萌芽”的大环境和艰苦过程。读者从作者充满感情的理性叙述中可以清楚地看到，当美国黑人在奴隶解放的路上蹒跚时，美国的黑人音乐也在步履维艰地走向美国文化的舞台。作者在书中用了较大的篇幅谈及“黑人灵歌”。他从“野营会歌曲”，谈到南北战争前南方种植园黑人的歌唱，谈到黑人灵歌中的非洲，谈到这种被作者称为黑人“灵魂的呼喊”和“痛苦的精神支柱”的灵歌逐渐被美国人所喜爱、被音乐学家认知的过程。在谈到美国黑人灵歌中的宗教色彩时，作者有一段颇具说服力的论述：

> 今天，我们当然可以毫不费力地指出这些或那些歌词的宗教色彩，勇敢地批判宗教的麻醉作用。如果考虑到黑人灵歌所赖以产生、发展的环境，那非人的、充满敌意的环境，了解黑人奴隶的普遍遭遇，那惨得令人惊心动魄的遭遇，就不难理解，为什么黑人灵歌必须被看作潜藏在奴隶人性中的坚韧不拔精神的寄托形式。

没有办法，对大部分美国黑人来说，宗教与音乐可能是他们所有的慰藉和希望。作者为了突出布鲁斯——这“撕心裂肺的歌”的伤感本质，有意在书中将该词译成两种：“在提及整个乐种时，用布鲁斯；具体的曲名，用伤感一词。”于是，在本书中，便出现了一大串诸如《大账单的伤感》《公牛母牛的伤感》《虐待妈妈的伤感》等令人“伤感”的曲名（编者按：布鲁斯本身就有不同的释意，一为伤感、忧伤，二为蓝色，所以有人曾译为“蓝调”）。不管怎样，作者对美国黑人生活所做的“二百多年的奴役，多少代黑人成了毫无减刑希望的苦役犯。他们一生都没有看到憧憬中的美好日子，在绝望中告别了生命。生活对他们是一杯永远喝不完的苦酒”的概括，却是千真万确的。值得庆幸的是，在极具音乐才华的美国黑人那里，苦痛的生活却酿造出了传世的杰作。“他们在白人文化的影响下过了很多年，而非洲的精神特质仍顽强地活下来，成为他们自己的艺术本体。……黑人劳动歌曲的结构和灵歌表达的情感本质，在布鲁斯中清楚地呈现出来。”

从布鲁斯到爵士乐，从“烫伤全美国的拉格泰姆”到“阴沟里的参天大树”，所有在使美国黑人音乐流向全美国、流向全世界的过程中出过力、闪过光的黑人歌手，都在作者的“封神榜”中找到了位子。无论是“撑起一片天空”的“布鲁斯皇族和贝丝小姐”，还是“南方来的雄蜂——矮子伯顿和瞎子雷蒙”；无论是被尊为第一位“王”的司各特·乔普林，还是被推崇为“爵士乐天上巨星”的阿姆斯特朗；也无论是在下贱的妓女村土生土长的黑人音乐家，还是靠黑人音乐的启发才在世界音乐史中找到一席之地的白人音乐家格什温，都被作者以生动的笔触勾勒在美国黑人音乐的历史巨图中。

对目前已风靡世界，但在若干年前曾被视为“资产阶级”精神垃圾的爵士乐，作者用了相当多的篇幅做了介绍和论述。作者指出：“事实上，爵士乐不是资产阶级的，也不是犹太人的，更不是布尔什维克的，而是被美国社会歧视的黑人——真正的无产阶级（他们的祖先甚至是奴隶）——搞出来的。它出现以后，美国的上层社会——真正的资产阶级——对之持否定的态度，并以陈腐的种族观念来排斥它……”对这个发生在20世纪前期直到中叶的广泛的文化偏见，作者精确地表述为“一场三面夹攻的冤案”（这个问题比较复杂，弄不好可能用片面来否定片面。那么说，摇滚也曾被说成是“布尔塞维克对美国的颠覆”，但不妨碍后来垄断资产阶级又提倡它和用它作为“音乐企业”来赚大钱——赵沨）。

当然，在套用“数风流人物”的诗句来勾画美国黑人音乐所产生的大师级人物的篇章里，作者倾诉了他对有色人种及其文化的强烈情感。也许，正是由于这种同情、喜爱甚至尊崇，作者在这本书的最后一章“创造自由”的一开始，便引用了马丁·路德·金1963年8月28日的著名讲演。正是在这篇讲演中，这位美国黑人运动的旗手激昂慷慨地宣告了他伟大的梦想：

朋友们，今天我要告诉你们，尽管我们面临着今天和明天的困难，我仍然存在一个梦想，这梦想深深扎根于美国之梦。我梦想着有朝一日，这个国家会重新崛起，并将按着其信条的真正蕴涵去生活——毫无疑问，人人生而平等，我们坚信这些真理！

似乎可以这样说，美国黑人音乐的崛起、美国黑人音乐对美国主流文化的冲击乃至全球化，以及随之而来的对美国黑人音乐的尊崇和阐扬，不但具有文化上的意义，更具有深层的社会意义和政治意义。它让全人类所有有偏见的人重新思考自己的见解，审判自己的狭隘和不公正；它用非黑人必须以谦虚的心态和优秀的音乐理解力才能“东施效颦”的“非洲跨节奏”“布鲁斯音阶”和“热节奏”，呼唤着全人类的良知。

能俗但不媚俗，专业但不枯燥，理智但又充满感情，是这本书的一个特色。作者时不时地将一些典故、趣闻甚至非常个人的逸事加进他精心烹制的菜汤里，甚至夸张地、大篇幅地引用一些曾满足了作者本人英文朗读快感的英文文献。作者是音乐学家，因此，作者的这本描述音乐文化的书使用一种“音乐的结构”便是理所当然的了。这本书从始至终由两部分内容组成，一部分是作者对美国黑人音乐历史的理性叙述，另一部分是作者对自己美国留学生活的感性追忆。这一个“主题”、一个“副题”在书中的交替出现，可能是作者从西方奏鸣回旋曲式中获得的灵感，但在我看来，这样一种结构却更像中国宋代说唱音乐“唱赚”中的“缠达”①。应该承认，即使仅仅是为了冲淡“主题”中美国黑人历史遭遇所带给读者的沉重感，作者在美国留学时的一位黑人老师——史密斯教授，也应该成为“副题”中令人愉悦的“谐谑曲”。这位口无遮拦、习惯用性学名词解释一切音乐现

① 缠达是宋代说唱音乐“唱赚”的一种曲式结构，其特点是“以两腔互迎，循环间用”，即以两个曲牌交替循环多次。

象的美国黑人教授的语言风格，甚至他本人在美国大学中存在的事实，似乎在增加读者读书乐趣的同时，也补充了书中对美国黑人在美国现实地位的论述。毕竟，他成了教授，而且把他的审美趣味带到了美国的大学校园。

当然，这本书和自然界的大部分事物一样，也绝不是完美无缺的。比如，在这本书“前言”刚开始的时候，便有一句值得斟酌的话。作者说：“中国人从来不是一个搞种族歧视的民族。”我很愿意同意这句话，但遗憾的是，我却不得不为完全同意这句话而踟蹰。秦人尚黑的历史太遥远了，在现实生活中，某些国人对“黑人”的轻蔑其实常常不知不觉地隐藏在对“白人”的艳羡里。起码我就不止一次听过北京的出租车司机用极像种族主义者的口吻谈到黑人留学生的“穷”“脏”“臭”。其实，我们自己已经“富”了吗？我们自己在某些种族主义者的眼里，不是至今还又“脏”又“臭”、脑后拖着辫子吗？在中国的当代汉语表述中，“外国”（比如“外国的月亮比中国的圆”）一词在百分之九十以上的时候是不包括非洲的。一个存在着这样一种语言文化的民族，还不能理直气壮地说出作者在上文中说的那句话，我们还当警惕，还当努力。而这本书，应该说是为了达到这个超越了音乐范畴的伟大理想——反对种族偏见，为在全人类实现平等所做的一件非常有意义的工作。

这是一本好书。这是实话。虽然我与作者是老同学，但我们的私交丝毫没有影响我作为读者的客观标准和评价。它不仅是我认识作者以来他所写的最好的一本书，也是我们共同的业务领域——音乐学领域近年来出现的最好的书之一。

（原载《人民音乐》2000 年第 7 期）

梵呗声声永　哀思阵阵长

——朴老与佛教音乐

2000 年 5 月 19 日，在北京广化寺庄严静谧的大雄宝殿前，端放着一张长长的香案；香案上，陈列着三套古雅高贵的红木书匣；每套匣子的里面，都整整齐齐地摆着 30 盒录音带；匣子的正面，镌刻着一行清朗俊逸的绿色大字，那是朴老的墨宝——“中国佛乐宝典”。

在为《中国佛乐宝典》正式发行举办的新闻发布会上，朴老夫人陈邦织女士代朴老致辞。她说：“朴老非常关心佛教音乐的事，今天他很想来，但有点感冒，医生不同意来。田青同志为佛教音乐所做的工作，朴老非常赞赏，说这是功德无量的事业。田青同志不但搜集整理了这么多的佛教音乐，出版，流通，还把中国的佛教音乐带到国外，影响很大。”她颇动感情地说：“田青同志做的事，是替朴老做的。”

会后，我问陈阿姨朴老的身体怎样，她说还不错，就是有点感冒。我和陈阿姨约好下周去看望朴老。这天，是周六。

只隔了一天，周一晚上，我正在地铁车上，手机响了，是李家振从上海打来的，他只说了一句：“朴老今天下午走了，5 点整……”手机便断掉了。一下子，我的脑子里一片空白，似乎骤然而起的车轮声就像从远古奔涌而至的海潮音，充满了我的身体和身外的整个空间。车窗外，飞驰而过的隧道和车站，交替着长长的黑暗和一闪而过的耀眼光明，让人真切地感受到“无常”的贴近和轮回的不虚。

我初次和朴老结缘，是 1982 年我到中国艺术研究院随中国音乐学的泰斗杨荫浏读研究生的时候。为了走进佛门，我请王昆大姐给朴老写了一封信，朴老介绍我认识了当时在中国佛教协会教务部的王新先生，于是，王新先生便成了我踏上佛教音乐研究道路的第一个老师。

为了尽可能广泛深入地了解佛教音乐的现状，我从 20 世纪 80 年代初开始了我最初的佛教音乐采风工作。在朴老的指引下，我拜五台，谒峨眉，涉敦煌，觐西藏，造访了许多高僧大德，记录了数十盘梵呗及各种法事活动的录音。当我单独一人蹒跚在深山古刹间的时候，当我和不论是大丛林的名僧还是乡村小庙的沙弥交谈的时候，我都强烈地感受到了朴老在中国佛教界无所不在的影响和崇高的威望。那时，“文化大革命”刚刚结束，几乎全国所有寺庙的收归与恢复重建工作，都是靠他的关心才得以进行的。

1987 年，上海音像公司为《中国音像大百科・佛教音乐系列》的录制出版工作来京，得到了朴老的大力支持，最后确定由我担任主编，朴老亲自担任顾问。从这一年开始，我不再背着绿书包和像一块砖头大的第一代普及型磁带答录机独自跋涉了。在朴老的关心下，在我多年田野工作的基础上，《中国音像大百科・佛教音乐系列》制订了详尽的计划，希望将中国佛教不同宗派、地区、传承的主要唱诵和法事音乐全部录制下来出版发行。第一期工作从 1988 年到 1989 年，录制并出版了《津沽梵音》《五台山佛乐》《潮州佛乐》。第二期工作从 1992 年至 1998 年，陆续出版了《天宁寺唱诵》《重庆罗汉寺焰口》《九华山水陆》《云南佛乐》《北京佛乐》《三湘佛乐》《三皈依》《喜马拉雅神韵》。我们用了先后共 10 年的时间，将中国最有代表性的佛教音乐用专业设备录制了下来。当这套共 11 种 30 盒的传统佛教音乐磁带摆在朴老面前的时候，朴老高兴地连连对我说：“功德无量！

功德无量!”他欣然题下了“中国佛乐宝典”六个大字，对“中国音像大百科”的工作和佛教音乐系列录音带的录音、出版给了很高的评价。客观地说，这套中国佛教音乐的录音带在大量充斥坊间的商业化的“佛乐”录音带中是绝无仅有的“原汤原汁”的传统佛乐的忠实记录，具有极高的学术价值。它囊括了中国各地佛教音乐之精粹，既有历史悠久、典雅庄重、通行所有汉传佛教寺庙的庙堂唱诵，又有异彩纷呈、有着浓郁地方特色的佛事音乐。它兼顾南北，包容显密，涉及汉传、藏传、南传三个语系的佛教。其中唱念音乐，选录了自明清两代即以唱念闻名于世的常州天宁寺的朝暮课诵；北方佛曲，精选了北方佛乐的中心五台山青、黄两庙的音乐，以及近年来多次出国访问的天津佛乐团和北京佛乐团的演奏；中国佛教法事中最常见的法事“瑜伽焰口”和最大的法事“水陆法会”，选了重庆罗汉寺和九华山为代表，因为前者是四川所谓的“内江板”，传承有自，风格独特，与众不同；后者则是由来自南京栖霞山的老维那主法，系宝华山一派佛事音乐的嫡传。而在《云南佛乐》中，不但录制了南传佛教的唱念，更将剑川白族佛教中的“阿阇黎”音乐首次公布于众，使这一因处僻壤而得以保存至今的古老佛乐重见天日，对“汉密”在边疆民间的存在、流传，提供了一个音乐上的例证。同样，得到潮州开元寺老方丈慧原法师真传的比丘尼演唱的《潮州佛乐》和南岳僧众们唱、奏的《三湘佛乐》，则无不是传承久远、地方特色鲜明的佛乐奇葩。本套佛乐精粹中唯一的一盘藏传佛教音乐《喜马拉雅神韵》，不但录制了扎什伦布寺的法会实况，而且还选录了拉萨郊区农牧民演唱的民间佛曲。

遗憾的是，当此套录音带终于结集出版的时候，一些曾将他们穷毕生精力方才学成的佛乐瑰宝毫无保留地奉献出来的老艺僧们却已先后谢世了。在《中国佛乐宝典》的“前言”中，我曾真挚地写下了这样一段文字：“我怀着无限的感激之情，馨香顶礼，愿西逝的慧原长老和了从法师们乘愿再来！祝始终以菩萨心肠关心着佛乐抢救和弘扬工作的赵朴老健康长寿！祝历千年而不衰、逢盛世而再兴的中国佛教音乐响彻环宇，永流人间！”但谁能想到，我的话音未落，朴老竟也安然而去了！

从1993年开始，我几乎每年都要带一个佛教音乐团出国访问演出和参加国际音乐节。其中，五台山佛乐团、天津佛乐团、北京佛乐团、甘肃拉卜楞寺佛乐团、五台山小沙弥乐团等团体先后出访了英、法、德、荷、比、捷等国和中国香港、台湾等地，为弘扬中国传统文化，促进世界各国人民的友谊，加深各国人民对中国和中国文化的了解，做出了贡献。每次出国之前或归国之后，我都要向朴老辞行、汇报。当我告诉他老人家我们的佛乐在国外受到的欢迎时，他总是欢喜得像个孩子一样，每一次都怀着极大的兴趣仔细地用放大镜看我拍摄的佛乐团在国外演出的照片。尤其是当他得知通过佛乐团的访问，使许多对中国有偏见的外国人士消除了对中国的偏见，通过幽雅祥和的中国佛乐看到了我国宗教政策和文化政策的不断落实，看到了我国政府在保护宗教信仰自由和发展传统文化方面所做的努力时，更是欣喜、兴奋。当我带着甘肃拉卜楞寺佛乐团在法国参加“圣·佛罗朗艺术节”时，曾有些记者在采访中提到藏文化与汉文化的关系问题。我当时结合拉卜楞寺佛乐的实际例证回答了记者的问题，令人信服地说明了汉、藏两个兄弟民族互相影响、互相学习、互相借鉴的历史事实。当朴老知道拉卜楞寺的喇嘛们不但一直使用着汉传佛教的乐器——笙、管、笛、云锣，而且其乐谱居然是用藏文记录的汉族传统的“工尺谱”的时候，如获至宝，连声说：“这是一个大发现，要好好宣传！要好好宣传！”我们在德国南方的天主教教堂演出后，当地报纸反映强烈，有读者来信说：过去听说中国人不信宗教、毁灭宗教，很反感，但听了佛乐，才感觉到中国人是和平的民族、文明的民族。还有人在当地报纸上问：我们可以让中国的佛乐到我们的天主教教堂来演奏，你们中国人肯让我们的宗教音乐到北京的庙里去演出吗？我当时对记者说，在中国，所有的宗教都是平等的，佛教更是圆融的宗教，我们欢迎你们到中国来。朴老对此很关心，十分鼓励和支持我提出的在2001年举办题为“为21世纪祈祷和平”的“国际宗教音乐节”的设想，认为这是一个很有意义、很有意思的创意，不但能够以事实澄清一些人对我们的误解，还能极大地提高我国的威望，团结世界宗教界人士。朴老认为，“以乐结缘”是开展对外交流、增进各国人民友谊、团结一切有利于国家统一大业的各方朋友的“方便法门”；而研究、发展宗教文化，则被朴老看成促进宗教与社会主义相适应的一条好途径。

朴老一直非常重视佛教唱诵的问题，他曾对一些重大佛教活动时僧人们唱诵的参差不齐和“南腔北调”现象深感不安，认为在青年僧众当中用规范的谱本教唱是当务之急。于是，在他的亲自关怀下，从1993年到1995年，中国佛教文化研究所组成了一个由各地高僧大德担任顾问，由我担任主编，由数位知名音乐家组成的编辑部，对中国大陆各大丛林的唱诵进行了广泛、深入的调查，采访了一些在教内公认唱念好的长老，并在此基础上整理、编辑、出版了《汉传佛教仪规唱诵规范谱本》，希望以此谱本作为全国各佛学院的统一教材。但是，由于我们缺乏经验和其他一些原因，我们为这个谱本所配的示范音带录制得未尽如人意，影响了它的流传和应该起到的作用。走笔至此，作为主编的我，不禁心生愧意，深感有负于朴老一贯的信任与厚爱。

1995年，在北京举办的“第一届中日韩佛教学术研讨会”的开幕式上，首演了一首音调极有特点的佛曲《望江南·三皈依》，这首《望江南·三皈依》不同于早晚课上常唱的《三皈依》，歌词是王安石的词作，曲调是五台山的传谱。朴老一直很喜欢王安石的这首词，曾多次手书。有一次，朴老从我为《佛学研究》所写的有关佛教音乐研究的述评中看到有关从五台山佛乐中发现唐代【望江南】曲牌的消息，非常感兴趣，问我是否可能把这曲调与王安石的《望江南·三皈依》相配？我回去后试着把词填进这首五台山古曲中，竟天衣无缝。我赶去唱给朴老听，他眉开眼笑，高兴极了。李家振当时对我说：最好找一个好歌手唱一唱，录个好带子给朴老随时听。我便找了指挥刘森和歌唱家李青，录了一个小样。刘森也很喜欢这首歌，觉得独唱不过瘾，便又编配了一首合唱。在“第一届中日韩佛教学术研讨会”开幕式上演出的，便是这首合唱。

朴老自己也非常喜欢唱梵呗和吟唱古体诗词，可能因为我是搞音乐的，每次见到朴老又都谈的是佛教音乐的事。所以，几乎每次见到朴老，他都会在谈兴正高的时候自己唱起来。他不仅会唱所有佛门常用的梵呗，还会唱一些目前已很少人会唱的东西，比如《华严字母》等。每逢这时候，我都会后悔地说：“下次我一定带个答录机来”，可总是忘记。终于有一次我专门带了一个数码答录机去看朴老，专门请他唱。我开始有点担心正式摆上答录机后让朴老为唱而唱会不会不自然，没想到，朴老就像一个训练有素的专业歌手，对着话筒开口便唱，一连唱了好几首，直到我担心他太劳累而劝他休息为止。

现在，在我家的佛像前，供着一朵白花，那是朴老去世次日我去朴老家吊唁时带回的。而在朴老家的佛堂里，也一直摆着一串我手制的佛珠。其中的每一粒珠子，都是当年我用自己省下的口粮棒子面窝头揉制而成的。奇怪的是，这串颜色金黄、质地坚实的棒子面珠子，竟历十年而不朽、不霉、不裂，视之如玛瑙、黄玉，不知者莫辨其质。我不知道该如何用科学来解释这件异事，我只是由此而更加坚信：既然连手工揉制的、由有机物做成的珠子都可以经年不败，那么，朴老的精神及他终生维护的信念难道还会中断吗？

（原载《佛教文化》2000 年第 3—4 期）

金戈铁马与文化的互动
——听战友管弦乐团“中外军旅名曲”音乐会有感

似乎很长时间没有听过军队管弦乐团的声音了。听了 7 月 29 日晚北京军区战友管弦乐团在北京音乐厅举行的“中外军旅名曲”音乐会，在艺术享受之余，还颇有些感触。

首先，把这么多优秀的军旅管弦乐作品集中起来，让人们感受一下金戈铁马的猎猎雄风，就是一个很好的创意。当前的乐坛歌坛，不能说靡靡之音盛行，但一些有识之士已经指出文艺舞台上的“阴盛阳衰”倾向，轻歌曼舞与“哥哥妹妹”的流行歌曲铺天盖地。此时此刻，重温《中国人民解放军军歌联奏》《红色娘子军选曲》的高昂旋律，感受艾尔加《威风堂堂》、威尔第《凯旋进行曲》、哈恰图良《马刀舞曲》的辉煌与雄壮，的确有耳目一新之感。当肖斯塔科维奇的《第九（胜利）交响曲》奏响时，全场听众为之振奋。这是正义对邪恶的胜利，也是黄钟大吕对香艳绮丽的胜利。

自从有了人类，似乎便有了战争；而自从有了战争，便开始有了反映战争与战士生活的音乐。但是，在和平时期，当人们远离战争时，也同时不知不觉地远离了军旅音乐。这其实很不应该，因为不但反映战争或军旅生活的音乐作品是人类文明的一部分，而且其中许多音乐作品，还是人类音乐宝库中的精品。比如音乐会中演奏的罗西尼的《威廉·退尔》序曲，便因为其简洁明快、动人心魄而为人所熟知，在中国的交响乐普及教育中，常被选为教材。而选自芭蕾舞剧《红色娘子军》的一些选曲，更是我国近现代音乐中的经典之作。战友管弦乐团能够将这样一些有品位、有深度、有文化内涵，同时又悦耳动听、充满阳刚之气的音乐作品带进军营，对丰富军营生活、培养战士的审美情趣、提高军队的文化素质和战斗力，无疑是一个贡献。

金戈铁马与文化的互动，会带来巨大的精神力量和昂扬斗志。两千多年前，汉武帝的乐宫——“协律都尉”李延年，根据伟大的探险家张骞从西域带回的乐曲《摩诃兜勒》创造了“二十八解”，被称为“武乐”的中国最早的军乐。当然，我们现在已无法听到这 28 首汉代军乐的声音了，我们只能靠想象来追忆当年大败匈奴的汉家将士是如何在这雄壮的“武乐”伴奏下横扫千里黄沙的；但是，40 多年前我们的父辈“雄赳赳、气昂昂”地跨过鸭绿江时高唱的军歌，却依然响在耳畔。金戈铁马的情怀，是要由金戈铁马的文化来培养的。我们不反对战士们闲暇时哼两句“妹妹你坐船头，哥哥在岸上走”，但“养兵千日”的这个“养”字，是需要我们认真考虑的。它不仅仅是“给养”之养，更是“培养”之养、“教养”之养、“修养”之养。我们不但要让战士们接触到品位高雅的音乐，让我们的军营奏响浩荡雄浑、威风堂堂的军旅之声，还要用人类优秀的文化来培养我们的军队，用代表先进文化发展方向的艺术来熏陶我们的战士，因为，只有一支有文化的军队，才是一支不可战胜的军队。

（原载《解放军报》2000 年 9 月 1 日）

我们需要什么样的学者

——从庆贺赵宋光教学生涯五十年所想到的

欣闻广州的音乐同行们要为赵宋光老师从事音乐教育事业五十周年举办一个庆祝活动，很想躬逢其盛，当面对赵老师说一声“祝贺”，但我目前客座台湾，两岸迢迢，闻鸡闻犬，竟隔如天河，也是无奈之事。恰遇乔建中君往来倏忽，于是写几句话，请他代读。

为赵宋光老师举办这样的活动是应该的，他值得中国音乐界祝贺和研究，他也配得上中国音乐界祝贺和研究。在中国音乐界，赵宋光只有一个。当然，有人会指出我这句话的语病：“我们谁不是只有一个？”是的，每个人都只有“一个”，但赵宋光这“一个”却不同。

一、他是一个全面发展的学者

在中国音乐学界，专而深者有之，广而博者有之，才华横溢者有之，深邃扎实者亦有之，称得上是“聪明人”的更是不可胜数，但像赵宋光这样全面发展的学者，却极为罕见。他的跨领域兴趣与跨领域研究，他闪光的感性思维与严密的理性思维的平衡，使他成为中国音乐学界的一个传奇式的人物。他对自然科学的兴趣和广泛的实践——比如他对少儿速算的实践——使大部分像我这样缺乏数学头脑的人感到匪夷所思。而缺乏自然科学的训练和数学头脑，也许正是我辈音乐学家不能超越学科束缚与实现学术深入、全面发展的原因。

二、他是一个有想象力、有创造力、有探索精神的学者

赵宋光似乎永远给人年轻和有活力的感觉，有时候，他让人感到他似乎是个永远长不大的“孩子”。但我觉得，这些“天真”与“孩子气”的东西，正来源于他身上最难得的一种资质——永不枯竭的对生活的热爱和求知的欲望及丰富的想象力、创造力、探索精神。在有关赵宋光的“民间传说”中，有他早年“发明”过“六线谱”“双排键钢琴”的故事，且不说这些故事的真实性和这些“发明”的实际意义如何，这些故事起码说明了赵宋光的个性——不墨守成规，富于幻想和创造力。而在当今的芸芸学者中，像他这样永远保持着年轻人的活力、求知欲与想象力的学者，又有多少呢？

三、他是一个有人文关怀的学者

近年来，赵宋光把他的注意力引向了我们中华民族的母亲河——黄河，倾心研究黄河的治理方案。大禹的子孙们，似乎早已把治理黄河的任务完全交给了政府，交给了专业的水利工程技术人员。像赵宋光这样“不务正业”、异想天开的人，应该说已经很少了。但我觉得，正是在赵宋光这些人的身上，体现了一种人文知识分子的道德情操和社会责任感。当越来越细的社会分工和专业壁垒已经把大部分知识分子变成“技术职员”和一条“白色的领子”的时候，赵宋光在这里所显示的，已不仅仅是他的聪明才

智，而更多地体现了一种从屈原、孔孟直到现代许许多多中国士人心怀天下的传统情怀。赵宋光很少谈论空洞的政治，他是把自己对民族的热爱熔铸在自己的研究与工作中了。

赵宋光是以乐律学家、美学家、音乐学家名世的，但从他的这些专业之外，我看到的是这样一个赵宋光——一个全面发展、有科学头脑与理性精神、有想象力与创造力、有人文关怀的学者。当今我们需要的，应该就是这样的学者。

2001 年 12 月 6 日于台湾宜兰礁溪日日听雨斋

最小的菩萨与最大的寺庙

——我所看到的台湾佛教

佛教在台湾的存在与影响，可以说处处可闻，处处可见。记得 1998 年 2 月第一次访问台湾时，一个最深的印象便是在台湾的城市、乡村触目皆见的寺庙建筑。不但乘车行驶在高速公路上隔不了多久便可看到路旁醒目的佛寺或巨大的佛像，就是在比较偏僻的乡村行车，也让人感到村村有庙，遍地皆佛。台湾不但信佛的人多，寺庙多，而且信众的虔诚程度也给人留下很深的印象。在台湾以梵呗、法事著名的悟一长老曾对我说过："台湾的信徒是世界上最好的信徒。"依我的理解，这个"好"字起码有两层意思，一个是肯修，一个是肯施。"肯修"的结果显而易见，比如在台湾的许多佛教团体，你都能接触到大量谦恭有礼、训练有素的义工，他们为佛教和寺院长时间默默地奉献，做各种自己能做的事。尤其在佛教组织的各项社会活动中，诸如法会、募捐、义演、救灾等，都能随时可见大量义工的身影。他们不要报酬，不怕辛劳，随叫随到。一些大的佛教团体的义工，还常常穿着统一的制服，比如慈济和佛光山的义工，就整齐干净得像一支纪律严明的军队，让你觉得他们所受到的佛教熏陶已经化为踏踏实实的奉献，成为自己的生活和生命。而在大陆的寺庙里，你看到的几乎都是烧香许愿求福的人。其实，看一个地方的佛教是否真正"兴盛"，看一个寺庙、一个佛教团体是不是“正信”的佛教，只要看它的义工多，还是为己求福的人多就可以了。“肯施”的结果也可以从台湾社会的表面就很容易看出来，从台湾出家人相对比大陆僧人要好得多的环境及物质条件，到数不清的富丽堂皇的寺庙建筑，再到佛教界各种团体所举办的各类盛大活动，都是“施主”们用愿力和“善财”堆起来的。其实，台湾佛教的兴盛，只不过是近半个世纪的事。在日据时代，日本统治者提倡神道教，佛教几乎没有什么影响。但从 20 世纪后半叶开始，台湾“经济起飞”，佛教也正是随着台湾经济的“起飞”而快速发展起来的。所以，台湾的寺庙、佛像大都讲究“大”，讲究“高级”，追求“金碧辉煌”，带着一种新贵的“富贵气”，不像大陆的古寺名刹，可能显得破败、苍凉，但往往透着一种高雅和历史的厚重感。

看多了寺庙佛像，便难免觉得雷同，但有一尊也许是我在台湾看到的最小的菩萨像，却深深地打动了我。

那是一个星期天，家住宜兰的一个学生开车带我去宜兰的渔港苏澳参观。我们先看了当地有名的渔港码头，看了金碧辉煌的妈祖庙朝天宫，然后，来到了一处宽阔的海滩。这是台湾的东部，我们看到的海，不是台湾海峡的波涛，而是太平洋的涌浪。海边都是平平的黑沙，看来，这里应该是一处很好的游泳场。那天，海上有风，绵延数公里的海滩上只有寥寥的两三个人。在海浪几乎扑到的地方，有一个人在沙滩上盘腿垂钓，他面向大海，像一座石像，任凭海风鼓荡。我走到他旁边，他看也不看，依旧凝视着海的深处，仿佛在与海心语。他身边放着一个盛着海水的小桶，里边游着六七条两三寸长的小鱼，还有七八条更小的鱼苗苗，被他扔在身边的沙滩上，都晒死了。我看到心里觉得很不愉快，心想：即使不从佛教“不杀生”的角度看，即使对靠捕鱼为生的人而言，这么小的鱼苗苗，也应该放回大海，以利于再生产。这个人，为什么在这里用这样的方式“钓鱼”呢?

天快下雨了，我回转身想往回走。就在这时候，我忽然看到，在这人身后十几米的沙滩边上，立着一尊大理石雕的菩萨像。石像很小，大约不到两尺高，也面向大海。在石像背后，还有一块石碑样的警示牌。待我走近石碑，看清上面的文字时，忽然觉得一阵感动。我伫立良久，满耳是海浪的撞击声。我掏出钢笔，在学生临时帮我找到的一张纸的背面，一字不差地记下了这篇碑文：

敬告游客注意：

一、此处沙滩海面看似平静，却瞬息巨变，顿时猛浪滔天，游客往往因走避不及而罹难者，时有所闻。

二、亡童曲品诚于民国七十九年九月十六日，随母前来游玩，未料被突发猛浪（俗称疯狗浪）袭击，母子同被卷入海中，其母略暗（谙）水性幸免于难，而曲童则被海浪吞噬无踪，事后尸体久寻未获，六岁幼童，遭此惨痛不幸，令人为之断肠。

三、在曲童出事之先，曾有数起类似事故相继发生，由（有）鉴于此，呼吁来此旅游人士，格外注意安全，使曲童成为在此牺牲之最后一人，借此杜绝悲痛事故重现，经报请地方政府核准，建立此告示碑记，以儆来兹。兆捷陈惠华泣立。

我不能肯定这石碑前的菩萨像一定是这一对伤心的父母立的，也不能肯定立碑人一定是佛教徒，更不知道那个行为古怪的垂钓者与此事有无关联，但我被大大地触动了，我从这块小小的石碑和小小的菩萨像上，看到了佛教在台湾民众中的存在与影响。这对痛失爱子的父母选择在孩子失事的地方立一块警示牌的方式纪念夭折的幼童，或者说在他们失去自己的孩子之后，首先不是怨天尤人，而是想到不要再有别人的孩子遇到同样的灾难，甚至宁可愿意“使曲童成为在此牺牲之最后一人”，这种行为，不正是真正佛教徒的行为，不正符合佛陀的教诲吗？这尊小小的菩萨像立在这里，寄托着生者对死者的悼念与缅怀，更寄托着人们善良慈悲的愿望，那就是保佑普天下的众生，救难拔苦。

在我记录这篇碑文的时候，雨已经下起来了。大大的雨点打在我手中的纸片上，像是那对父母的泪水，更像是一滴滴启悟的菩提甘露。要说台湾目前最大的寺庙建筑，应该属中台禅寺了。中台禅寺，是台湾四大道场之一。寺主惟觉老和尚，是台湾佛教界的领袖之一，德高望重，门徒如云，有众多台湾企业家及政界大佬追随其后，陈履安也曾随他学佛。中台禅寺出于台湾建筑名师之手，建成于 2001 年，矗立在埔里的山腰上，巨大无比，据说花费了 40 亿新台币，是新派寺庙建筑的代表作。

为了瞻仰中台禅寺，林谷芳专门开车带我去了台中埔里。谷芳兄和我一样，也是学音乐出身，但在他担任所长的艺术学研究所里，却担任“禅修行”和“禅艺术”的课程。一路上，听谷芳兄介绍台湾佛教界的情况，收获良多。埔里，是台湾“9・21”大地震的重灾区，也是台湾佛教重镇和寺庙比较集中的地方。在去中台禅寺的路上，我们顺路还参拜了一些其他的寺庙。我们先看了仙佛寺，这是一个日式的寺院，从建筑到庭院，都有浓厚的日本美学风格。寺主混元禅师，是在家人，早年是一个风水师，中年始学佛。“9・21”地震时，这里的生态环境受到极大的破坏。寺庙门前的九座山峰，因有华山之态，故称九华山。此山原来树木葱茏，地震时地表的强烈震动和移位，使山体上部树木全部倒伏死亡，造成九座山峰山顶光秃，都露出了黄色的土石表面，远远望去，似有一股大陆北方山脉的苍凉和雄壮之气。但在如此大的地震中，仙佛寺却纹丝不动，毫发未伤，因此信众深信此庙有灵，目前据说有信徒 10 万。我们去时，游客如织，与旅行社的大型巴士在狭窄的山路上相遇，常常使不会开车的我感到些许紧张。

在离中台禅寺不远的山林间，有一处不大的山坡，却并排隐藏着三座寺庙，这就是佛光寺、玉佛寺、圆通寺。拿大陆的标准看，这三座寺庙皆为中型寺庙，并不小，每座都有北京法源寺那么大，而且都是传统的佛教建筑风格，从山门，到大雄宝殿，到后面的藏经楼，应有尽有。但奇怪的是，这三座寺庙真正是比邻而居，一座紧挨着一座，其中玉佛寺与圆通寺之间居然连隔墙都没有，让我不由得想起“样板戏”中那句著名的念白：“拆了墙是一家。”我过去只知道大城市常常有某种商店“一条街”，诸如“服装一条街”“建材一条街”“电子一条街”等，但万万没有想到，在台湾一个偏僻的地方，却有着“佛寺一条街”。但是，不知道是因为我们去时正是中午用饭时间，还是因为香客和观光客都去了附近的中台禅寺，我们在这三座寺庙参观的整个过程中，居然没有见到一个人，不但没见到游人，连出家人也没有看到。如果不是寺庙还算整洁，看得出有人管理打扫的话，真会怀疑这是三座被遗弃的寺庙。商业上某种“一条街”的形成与衰败，应该有商业上的道理，假如宗教的建设也按照商业的规律来运作，是不是也要由商品的需求变化决定寺庙的兴衰呢?

中台禅寺建在山区的一大块平地上，虽然高大，却时时被山遮掩，不像在平原，远远就能毫无困难地看清。我们的车是沿着盘山道从寺庙后面绕上去的，一直开到寺庙后面的停车场，待下得车来，抬头仰视，才感到一个“大”字。

从北京到台北，常常觉得一些建筑“小”，这中台禅寺，应该是第一座让我慨叹“大”的台湾建筑。我和谷芳兄从后面绕到前面，由近及远，由里而外，大致领略了这座出自台湾建筑名师之手的新型寺庙。遗憾的是，除了一个“大”字外，我实在想不出别的词来形容这座建筑。它完全不是常人心目中“寺庙”的样子，让人接受起来有些困难。坦白讲，我从心里希望认为这座寺庙造型怪而不美、大而无当是我个人的偏见，因为我虽然没有 40 亿新台币是多少的概念，但我知道这里面的每一元钱都来自悟一长老所衷心称赞的“世界上最好的信徒”之手。据说，建筑师是虔诚的佛教徒，为了设计这座建筑跑遍了世界，参考了世界上从金字塔到玛雅文明等所有著名的宗教建筑，立志要集众家之长，创造出世界第一流的寺庙。这整个寺庙从前面看是一个带两翼塔楼和中间塔楼的三角形，灵感似乎来自金字塔。巨大的三角形楼体全部用贵重的玫瑰石贴面。寺庙正中的顶上，是一个包裹着金箔或镀金的颇像伊斯兰教建筑的圆顶，白天，在阳光下金光闪闪，晚上，安在上面的激光设备据说会像美国的赌城拉斯维加斯一样放射出炫目而多彩的光芒来。圆顶下，围着一圈方形的、向上开启的、黄金色莲花瓣状的裙墙。这个莲花状裙墙的功能，令人联想到中国古代宫廷中的“承露”，形状让人联想到须弥座或毗卢帽。莲花又是佛教的象征，应该是神来之笔，但因其体积过大，从下面看，遮掩了一半圆顶，从整体看，也有累赘之感。步入大殿，里面也完全是“改良式”装修。天王殿里，四大天王“顶天立地”。按说，建筑空间中最大的物体，应该就是头顶“天棚”脚踏“地板”，不留丝毫空隙。但，建筑师也许没有想到，这样一来，天王雕像完全变成了四根以武士形象装饰的巨大“柱子”，其“柱子”的功能性模糊了“神像”的庄严性，反而失去了神圣感，显得“巨”而不“大”。“大雄宝殿”中释迦牟尼佛像也与传统不同，从造型到材质都透着“现代感”，与其右侧祖师殿的达摩像、左侧伽蓝殿的关公像一样，都是用整块花岗岩雕的写实风格的塑像。也许正是因为这种现代感，佛像应有的宗教感和神秘感受到了削弱。这似乎并不是我个人的感觉，有一个我观察到的现象似乎可以提供佐证：与其他寺庙大殿前跪满香客不同，在中台禅寺里，我没有看到一个跪拜的信徒，让人觉得几乎所有的来人都是“观光客”，在巨大而宽阔的大厅（不是“大殿”，而是“大厅”）里，人们四面游荡观看，似乎不是来拜佛，而是来参观“雕塑展”。

它崇高，但不伟大；庄严，但不肃穆；华贵，但不美丽；有难得的气度，但缺少起码的美学修养和艺术品位。我知道，我不应该如此挑剔，尤其是对一种创造。但是，对艺术，本来就没有定见，可以“仁者见仁，智者见智”。假如它的艺术之美真的超出了我的理解力，我个人的一己之见也就丝毫无损它的价值。

一般说来，在世俗艺术的领域，只要“新”就会有一定的价值；但是，在宗教艺术领域，光有创新的勇气是大大地不够的。假如说“创新”是追求对过去的超越，那么，“保守”的本质则是对传统的尊重。人们常常将“保守”二字与宗教联系在一起不是没有道理的，因为对人类的整个文化史而言，“保守”与“创新”都不是简单的褒义词或贬义词，人类的文明就是在这两种倾向的平衡中前进的。而实际上，宗教文化的“保守性”，则是维系人类文明这种微妙平衡的一端，轻易打破这种平衡，不但将使人类整体文化因与传统断裂而倾覆，同时也将颠覆宗教本身。在现阶段，宗教的“世俗化”是一种现实的需要，但这种“世俗化”一定要有一个限度——不能因此而丧失宗教应有的神圣性。道理其实很简单，假如宗教完全与“世俗”一样了，那么，世俗社会还要宗教干什么？

台湾，一个最小的菩萨与一座最大的寺庙，给我的却是这样不同的感受与联想。

（原载《佛教文化》2002 年第 2 期）

嘈嘈切切五十年
——王范地和他的琵琶艺术

从 20 世纪中叶开始，王范地的琵琶生涯，至今已经 50 年了。在这 50 年里，中国社会发生了翻天覆地的变化。所有中国人，都在历史的涌浪中载浮载沉，或歌或哭，历尽了人生的悲欢离合，尝尽了人生的酸甜苦辣。同时，许许多多的中国人也都在用不同的方式摸索、奋斗，有的人用枪杆子，有的人用笔杆子，有的人用斧头，有的人用镰刀，而王范地，用的是琵琶。走过这风风雨雨的 50 年，人们回头再看，却忽然发现，虽然大家的方式不同，手段各异，结果也大相径庭，但其为之摸索、奋斗的，却是同一件事情：为古老的中国在现代世界中找一个地位，觅一条出路。“大弦嘈嘈如急雨，小弦切切如私语”，作为民族音乐家的王范地，在嘈嘈切切的拨弹拢捻中，走过了大半生。

中国的民族音乐不是没有过辉煌，但那是西周或盛唐的事了。王范地手中的琵琶，也曾在丝绸之路上娓娓地述说过风情，在大唐天子的宫廷里与霓裳羽衣一起制造过诗人的梦境。但到了王范地的少年时代，民族沉沦落后，民族音乐岂能不步履蹒跚、苟延残喘？虽然那时也有过像汪昱庭这样一些在困顿中薪传火种的人，但国破家亡的时代，谁还愿做“隔江犹唱后庭花”的商女？幸运的是，青年王范地还是赶上了好时候，他 1952 年以二胡、高胡等民族拉弦乐器考入上海乐团民族乐队，开始了他的专业音乐生涯。20 世纪 50 年代，“是中华人民共和国难忘的青春期、上升期，尤其是‘推陈出新’‘百花齐放，百家争鸣’‘古为今用，洋为中用’等一系列方针政策的提出，不但充分反映出新政权在政治上的自信和大度，也的确在中国的文艺舞台上创造出了一个历史上从未有过的繁荣景象。以普通劳动者为政治基础的工农政权及其上层建筑的确立，与当时世界上发达国家文化界、知识界流行的‘波普（大众）文化’思潮同步，使许多过去从未被舆论重视的民间艺术堂而皇之地走进了艺术的殿堂，也使一些在过去动荡的社会环境中穷困潦倒的民间艺术家有了一个登堂入室的机会”①。而整个 20 世纪 50 年代，一直到 60 年代中叶，是风华正茂的王范地的黄金时期。他 1953 年随中国重庆杂技团赴东德、保加利亚、蒙古演出。1954 年与民族音乐研究所合作进行民族乐器改革的研究。1956 年随中国艺术团赴澳大利亚、新西兰演出。1956 年改编茅沅、刘铁山的《瑶族舞曲》。1957 年随中国艺术团赴莫斯科参加第六届世界青年联欢节，参加国际民族乐器比赛并获得金质奖章，同年还随中国青年文化代表团赴法国巴黎演出，均担任琵琶独奏。1960 年，他与刘明源合作，在北京音乐厅举办了“琵琶、胡琴独奏音乐会”。1961 年编创琵琶独奏曲《红色娘子军随想曲》和《金蛇狂舞》。1962 年编创琵琶独奏曲《送我一枝玫瑰花》和《天山之春》。1964 年，他调到中国音乐学院担任教学工作，从此基本上告别了舞台，并开始了他作为民族音乐教育家的后半生。

听王范地青壮年时期的录音，我有两点突出的感受：一是他深厚的传统修养；二是他不倦的创新精神。这貌似相反，实则相成的两极的统一，构成了他独特的演奏风格。《春江花月夜》的沉静与优雅，《塞上曲》的韵

---

① 田青：《世纪末回眸：智化寺音乐与中国音乐学》，《中央音乐学院学报》1998 年第 2 期。

致与细腻，《霸王卸甲》的阔大、浓郁和强烈、深刻的对比，都让人感到演奏家深厚的艺术功底和古典音乐美学的修养。听王范地的演奏，常让人想起“婉约派”的词人，想起柳永的工致谐美，想起李清照的曲折委婉，想起姜白石的野云孤飞，去留无迹。也许是由于他曾演奏、研究过二胡、高胡、京胡等多种拉弦乐器，他的琵琶，在抒情性和歌唱性上显得特别突出。琵琶清脆、劲道、灵动的颗粒状声音，曾被诗人形容成在玉盘上不断跳荡的珠子。但在这经典的诗意联想的另一面，却是琵琶这类弹弦乐器的短处，即与拉弦乐器绵长不断的丝状声音相比，在酿造“韵味”上显得不那么细腻，不那么得心应手。因为颗粒状的声音再细致、再匀密，也不可能像拉弦乐器那样在整个“音过程”中绵绵不绝，如蚕吐丝。“韵味”是中国传统音乐美学中最重要的概念，它一是指某种通过乐音表现出来但超越了音乐形态本身的精神内涵、审美个性及某种类似“风格”的东西；二是指一种通过“音过程”体现出来的音高、音色、力度的微妙变化。王范地弹奏的传统琵琶曲，在很大程度上弥补、超越了弹弦乐器的短处，使琵琶的“音过程”似乎没有一丝一毫的“中断”，而是如丝如缕、如泣如诉，有着像弹弦乐器一样细腻婉转的细节处理。

在追索传统之外，王范地还在不断地创新。将一切“古老”的东西“现代化”，是一代中国人的梦想。换句话说，20 世纪的绝大多数中国人，都在试图革新传统，努力以西方文化的视点来审视自己，并努力借鉴西方和现代文化中与我们异质异构的东西。在这方面，王范地做了很多工作，他的一系列琵琶独奏曲的改编创作，积累了现代琵琶音乐的创作经验，丰富了琵琶艺术的宝库。至今，在沸沸扬扬的“琵琶考级”中，有许多曲目都出自王范地之手。他 1961 年根据电影音乐编创的《红色娘子军随想曲》，第一次以乐器组为琵琶独奏伴奏。他在学习了热瓦普之后创编的《天山之春》《送我一枝玫瑰花》，使琵琶这件来自西域的乐器“返祖归宗”，重新让 20 世纪 60 年代封闭的中国人尝到了一点带“异域风情”的音乐。

对于一个音乐家来讲，舞台生涯的长短常常不以人的意识为转移，但整个艺术生命的长短，却可以取决于个人的努力。走上教学岗位的王范地，把学生当成自己的作品，精雕细琢，倾尽心血，培养出一批像李景侠、宋飞这样的杰出学生。他在教学方面的成绩，因另有专文论述，这里便不再详述。我想特别指出的是，他晚年致力于民族乐队小型化、多样化的探索，积极扶植“华韵九芳”演奏组，对使民族乐队走出以西洋管弦乐队为蓝本的大乐队模式、回归中国固有的传统做出了贡献。而回归传统，重新思考年轻时走过的路，不能简单地看成人生的一个圆圈，而的确反映了这一代人从崇新求变到终于发现自己文化定位与传统价值的复杂而深刻的心灵史。

王范地这一代是承前启后的一代，在他们身上，还保留着中国传统艺术家的素养和品质。他不像现代音乐学院培养出的“罐头音乐家”那样只会自己的“专业”，而是擅长多种乐器，能够创作，并重视理论学习，尊重民族音乐学家。这些属于“素养”而被现代教学模式忽略的东西，不但奠定了他“专业”的基础，而且使王范地养成了深思的习惯，使他有可能对中国民族音乐的发展提出他的理想和思考。多年前，音乐理论家李凌曾为他写过一篇以他演奏的琵琶曲《飞花点翠》为题目的文章，文中将王范地的演奏比作“清香纯真、饮后犹有余香的好龙井”，以别于“风味浓重的铁观音、红茶和花茶”。我觉得，这个比喻是贴切的。但是，做“龙井”并不容易，尤其是在现代这似乎有无限选择空间并充斥着许许多多“雀巢”和“可口可乐”的时候。

2002 年 4 月 19 日

老河上的新风筝

——听《李黎夫、范波影视歌曲作品选》

这几年，能给人留下深刻印象的影视歌曲似乎不多，像当年那样“电影一放，全国传唱”的局面更是再难见到了。这其实也不奇怪，当年影视作品少，插曲也不多，观众看的时候又如品尝难得的佳肴一般细嚼慢咽，所以一部电影一放，插曲便与影片一起“风助火势，火借风威”，像插上翅膀一样飞遍了千家万户。现在，影视作品太多、太烂，电视里每天几十个频道一起放，往往连情节与人物关系都搞不清、记不住，哪里还注意得到影视歌曲？再加上现在许多影视歌曲粗制滥造，了无新意，于是，绝大部分的影视歌曲便像一阵风，随着像水一样的影视作品一起流走了，真可谓“风无影，水无踪”。

那么，新一代的影视歌曲有没有可能脱离影视作品独立存在呢？一首优秀的、原本是为某部影视作品写作的歌曲有没有可能在影视作品无声无息地上演、播出后自己走出来，自己“活出个样儿来”呢？或者说，一首虽然是为影视作品所写但被导演或领导“枪毙”了的歌曲有没有可能自己去寻找知音呢？《李黎夫、范波影视歌曲作品选》中的 11 首歌曲，便是 11 个影视作品的“弃儿”，它们或者在一部早已被电视剧海洋淹没的平凡电视剧中与观众擦肩而过，或者根本就是“胎死腹中”，甚至连与电视剧一起被淹没的机会都没有得到。但我们真该谢谢“枪毙”这些歌曲的导演，无论他是出于美学观念的坚守还是出于操作层面的无奈，他的决定都挽救了这些本该为一部平凡影视作品殉葬的歌曲，改变了它们的命运，使它们有可能以自己的面貌直接走进我们的心灵。

第一首歌叫《老河》，我们见过形形色色的大河、小河，但还从未见过一条“老河”。歌声飘来的时候，我们听到一个空灵、单纯的少女在空空荡荡的“河”那边娓娓地告诉我们：“这是一条没有故事的河，这是一个没有梦想的夜。”没有前奏，也没有伴奏，就是那么一个光秃秃的声音，比我们期待的声音单调，比歌者应该的声音苍凉。但，“我却看见你的脸，悬浮在河的空间”，在终于出现的弦乐和钢琴的陪伴下，少女不带一丝淫邪地诱惑着我们：“你来吧！你来吧！”并信誓旦旦地向我们保证：“挺好的。”就像我们从未见过“老河”一样，我们也从未见过这么纯洁的诱惑。所以，我们大部分人都老老实实地待在河这边，没有在李黎夫精心构造的清新旋律中贸然下河。

《风筝》也不错，在凄婉的二胡牵引下，范琳琳把忧郁的歌词、忧郁的音乐，化成了同样忧郁的心绪。我不知道这部叫作《天伦》的影片表现的是什么内容，但我知道当“孩子走远的时候”，肯定“是妈妈的眼泪化成了海”。在这首歌里，风筝是一个象征，一个寓言，一个动人而历久弥新的故事。假如说《老河》写的是死亡的诱惑的话，那么，《风筝》里剪不断的母爱与亲情，则表达了词曲作者对生命的深切体悟。当然，你也可以把“风筝”当成一个渐趋渐远的理想，一段悠然而去的记忆，甚至只是一种把握不定的心情。

《我看见风吹落太阳的眼泪》和《云归何处》结构完整、内容深刻、艺术水准较高，说它们是影视歌曲似乎有点委屈了它们。我觉得，词曲作者是把它们当成艺术歌曲来处理的。两者的歌词都是相当不错的现代诗，音乐写得也好。前者弦乐和弦震音与钟琴构筑的阳光迷离的感觉让人眼界大开，跟着深深吸一口气的转调，以及杨洪基既有气势又不乏韵味的歌唱；后者词、曲、唱共同营造的一种美丽的忧伤，都给听者留下非常深刻的印象。毕竟，对生活着的所有人来讲，在某种意义上说大家都“不是过客，不是归人，只是一双无法停留的翅膀”。歌词作者对现代人生的种种体会，被作曲家的音乐恰到好处地表达了出来，有点“怀旧”，有点“小资”，甚至有点甜甜的忧伤，但还不酸。

词曲作者为电视连续剧《别了，莫斯科》所写的歌曲除了范琳琳演唱的《云归何处》和《欢乐的歌》外，还有杨洪基演唱的《这个城市》和《其实你在我心上》。这四首歌中的大部分旋律和配器都带有浓郁的苏联风格。对现在的中年人而言，苏联的歌曲意味着理想、青春和生命中那些最美好的东西。因此，当我听到杨洪基洪亮、坚实、富有磁性的声音在弦乐和曼陀铃的伴奏下从远处飘来的时候，我不但回到了久已逝去的年华，而且还仿佛看到了那个我们年轻时无限向往的城市：“这个城市，可以听见人们的心跳……这个城市，可以让雪不停地飘。”听这几首歌的时候，我总想起在京西一家叫作“基辅”的西餐厅里一边喝着香浓的红菜汤一边听几个胸挂勋章的苏联功勋演员歌唱时的感觉。虽然佛经中有“诸法无常”的教诲，虽然我们的俗语中有“三十年河东，三十年河西”的老话，但看到这些曾经无比辉煌但如今却因为国势衰微而沦落到异国他乡“伴宴”的苏联专业歌唱家，还是令我唏嘘感慨。天宝之乱后，一位伟大的中国诗人在江南偶然听到同样伟大的音乐家李龟年的歌声时，也曾无限感慨地咏叹“落花时节又逢君”！那种物是人非、人随物变、物人俱变的感怀，与其说是对个人命运的无奈，不如说是人类整体生命面对宇宙之廓然的苍凉。

我最喜欢的一首歌是《童言》，它的歌词只有八句，而且都是像“童言”一样浅白的“大白话”：

天亮了，你该上路了；

天黑了，你该回家了。

乐园的门敞开着，

为什么人们都不进来?

鸟儿和月亮在飞着

为什么人们都不快乐?

水来了，鱼儿看见了风，

火来了，我们听见了星。

歌声是欢快的，开始是男声合唱的进行曲，一群大男人雄赳赳地唱着，轻盈的短笛在铜管乐的步伐声中活泼地穿插。忽然，在前进的队伍里出现了一个稚嫩的女孩，弦乐的拨弦像女孩身后跑落的玻璃珠子。女孩和这群大男人唱着同样的歌词，但每个字都像钉子似地敲击着人们混沌的生活。是啊，既然“鸟儿和月亮在飞着”，那么，“为什么人们都不快乐?”人们有什么理由不快乐? 昔日，禅宗宿德告诉问道的人“饥来则食，困来则眠”，人的生活，其实就应该像歌词里唱得这么简单，天亮了就上路，天黑了就回家。“云在青天水在瓶”，自然就是道，自然就是快乐。对现代社会的许多人而言，人是越活越糊涂，越有“文化”越糊涂，所以，“童言”往往就像“禅语”，在浅白里蕴含着深刻，在简单直接里裹挟着雷霆般的棒喝。

这盘CD不错！起码，对每一个现代人来讲，这首《童言》都值得一听!

2002年8月13日

一声来耳里　万事离心中[①]

举办这次“中国佛乐道乐精粹展演”活动，有四个方面的意义：“宗教信仰、文化传承、两岸交流和世界和平”。

近百年来，由于科学的进步，人类的物质生活普遍有了极大的提高。现在，一个普通城市居民的生活水平在某些方面——舒适度和方便度方面，甚至超过了古代帝王。但是，问题是：物质水平的提高并不能保证人们一定幸福，在物质水平极大提高的同时，人们也感到精神的失落、浮躁、困惑及种种的苦恼和不如意。佛教和道教音乐，被古之大德称为“医心之良药”，它不但可以安抚精神、升华灵魂，还可以促进人们的身心健康，促进社会的安定。这是举办这个活动的第一个意义。

随着经济的飞速发展和经济全球化进程的加快，一个文化一体化、道乐团在演奏趋同化的时代已经到来。今天，在世界各个大城市里生活的青年人已经在思想方式、生活方式上几乎没有什么区别。这无疑是一种进步，但这个进步，是以牺牲无数各具特色的宝贵的文化遗产和文化传统为代价的，是以牺牲文化的多样性为代价的。今天，中国这片土地上的巨变和高速发展令世人瞩目，但是随着大都市的国际化、小城镇的都市化、乡村的

① 此文为 2003 年 11 月“中国佛乐道乐精粹展演”在上海演出时的主持词。

城市化，不但城市建筑的传统特色在无可奈何地丧失，我们许许多多祖先传下来的宝贵的非物质遗产也在迅速丢失。而实际上，在未来的世界里，一个没有文化根基或者一个丢失了历史记忆的民族是没有地位的。保护我们的文化传统，实际上是在保护我们的未来。佛教和道教音乐，是中华民族的精神财富，是我们传统文化的瑰宝。让人们重新认识我们的传统和遗产，唤起人们的民族自豪感和保护民族文化的意识，是举办这个活动的第二个意义。

台湾的佛教和佛教梵呗，传自大陆，与大陆佛教一脉相承。佛光山的梵呗，是星云法师带到台湾的，从根上说，应该是自明清以来便成为佛门丛林正统的常州天宁寺禅腔和宝华山律腔的嫡传。但是，佛光山梵呗在现代化方面做了许多有益的尝试，比如与现代民族管弦乐队的合作，并曾经在世界上许多著名剧院如美国林肯中心、悉尼歌剧院等演出。今天的演出，是佛光山梵呗赞颂团首次在大陆公演。海峡两岸的宗教界、艺术界为弘扬我们同一个祖先留下的同一份宝贵遗产而同台，为同一种民族情怀而携手，这是举办这个活动的第三个意义。

当前的世界仍很不太平，暴力横行，恐怖主义泛滥。中国的佛教、道教，都主张和平、慈悲、宽容，主张用心灵的沟通，用非暴力的手段，用智慧和理解来化解矛盾，解决社会问题。今天，我们用虔敬的心，通过佛教的梵呗表达我们对人类前途的祝福，表达我们对和平的渴求和希望。《宝鼎赞》中唱道："端为祖国祝圣寿，地久天长；端为世界祝和平，地久天长。"这是举办这个活动的第四个意义。

诗人白居易有这样两句诗："一声来耳里，万事离心中。"愿大家在梵呗声中得到宁静、平和与吉祥。

（原载《中国宗教》2003 年第 12 期）

孤儿可以不复仇的三个理由

人艺版《赵氏孤儿》的“戏核”，就是当那个可怜的孤儿在16岁生日那天突然听到自己重如泰山的复仇宿命后伏身在地时说的那句话：“这都跟我无关!”

这是对古典版《赵氏孤儿》的颠覆，是对所有古典精神捍卫者和古典戏剧爱好者的大不敬，也是这出戏引起争论的主要原因。爱情至上与血亲复仇，本是古典戏剧的永恒主题，也是人类传统道德观的重要内容。但是我认为，人艺版《赵氏孤儿》可以不复仇至少有三个理由。

一、“现实主义”的必然结果与历史的可能性

林兆华对这出戏的定位是“现实主义的‘戏剧大片’”。这不仅是指一直从台上铺到观众席的4万块砖头，也不仅是指“真牛上台”和终场时那阵从天而降的暴雨，恐怕最重要的是指对剧情的重新阐释和对人物历史可能性的探索。

用“现实主义”的眼光来看，一个在侯门长到16岁的“准男人”，在他毫无心理准备的情况下突然听到这些血淋淋的家事时，突然听到他身上背负着多少条生命和杀父之仇、杀祖之仇时，突然听到他的“生父”不是

自己的父亲而待自己“视如己出”的“干爸”竟是自己的血亲之仇时，他伏地说出那句“这都跟我无关”的话，应该是唯一的可能。

你能指望他怎么样呢？他不是天生的英雄，你也没有按照复仇的目标来培养他。他既不是“聂政刺韩王”中为了复仇在深山苦修十年琴艺的聂政，从小便被母亲灌输复仇的意识；也不是“王佐断臂”之前已经有了十八般武艺的陆文龙，在知晓自己的身世后可以双枪破敌；也不是干将莫邪之子，随生母在远离仇人的艰难环境里养大，对仇人没有了解只有仇恨。他与仇敌情同父子，生活了 16 年，又饫甘餍肥，长于侯门。指望这样的一个大孩子能复仇、能做他老谋深算的丞相祖父和 300 人的大家族都没能做到的事，岂不是太理想主义了吗？

当然，“这都跟我无关”的话仅是这个被可怕的现实压垮了的孤儿的本能反应与托词，就像“不复仇”只是这出戏的编导者按照“现实主义”的逻辑推演出的必然结果，并不等于历史的真实，更不代表编导者的道德选择和历史评价。

二、传统观念的颠覆与重构

时代变了，观念变了，对古典观念的颠覆便不可能不出现。对古典道德观最先出现的抨击集中在古典爱情观、贞节观的领域。其实，《潘金莲》这样的戏剧作品最终完成了对历史人物爱情观、贞节观的颠覆，是因为“五四”以来一系列反映现代爱情生活的文学作品为此做了长期、大量的铺垫。今天，虽然在青年人眼中《梁祝》与《罗密欧与朱丽叶》的故事依然凄美、动人，但现代的爱情观已经远远不同于传统的爱情观了，在绝大多数青年人看来，“殉情”恐怕是一件极其愚蠢的行为。

同理，当政治斗争在现代人的心目中已不再仅仅是“忠奸”之争时，当法国人的谚语“没有干净的政治”已开始在非法语世界流行时，对传统政治观的颠覆便也成了必然。金海曙与林兆华不做这件事，别人也会去做。传统的、非黑即白的、脸谱式的政治斗争描述模式已然受到大众的怀疑。就像当年苏东坡称“论画以形似，见与儿童邻”一样，用“好人”和“坏人”来图解历史，是“见与好莱坞邻”了！有趣的是，当对古老贞节观的颠覆几乎已经被全社会接受的时候，传统的“忠义”观却依然有很大的市场。人们可以将寡妇再嫁当成平常事，将“贞节”淡化，但对“义”的道德要求却没有丝毫放松，不但在现实生活中舆论不容许“不义”的行为，就连对戏剧人物的新阐释也会遭到众谴。

的确，“孝”与“义”是中国人道德的底线，但同时，“孝”与“义”又都具有两面性。“义”的本质是以牺牲个体利益来维系人际关系与集团利益，因此，在现代社会，对“义”的提倡要有度。虽然五四时代的思想家曾对封建主义的道德观进行了猛烈、系统的批判和清扫，指出中国封建社会对“孝”“义”的提倡超出了人性的范畴。但近年来，却出现了封建主义沉渣泛起的现象，比如在很多地方出现了重塑“二十四孝”雕刻和图画的事。其实，在当代青年人的眼中，像“老莱子戏彩娱亲”“郭巨为母埋儿”这些古代道德典范，是野蛮、愚昧和不可理解的。

在我们继承与弘扬中华传统文明的时候，应该注意区分精华与糟粕。把孩子同洗澡水一同泼掉无疑是愚行，但企图在捡孩子时把泼掉的脏水统统收回来更是不智。

三、人性的超越

说淡化“忠奸”概念是现代意识的觉醒，是一种进步，恐怕会有许多人反对。但对历史上的“善恶”观做一番审视与追问，无疑是必要的。《心经》中所谓“不生不灭，不垢不净，不增不减”的观照，是大智慧，也是对世俗善恶观的一种超越。善与恶的概念是随着人类的进步与时代的发展而不断变化的，现代人有权在精神上质问程婴为了给主人留下后代而杀死亲子的必要性乃至合法性。

复仇与宽恕是两种不同的境界，也是两种不同的文化。一切伟大的思想体系与文明宗教——从儒家的“恕道”，到佛教的慈悲喜舍，到基督教的“爱你的敌人”，都主张宽恕、原谅与包容。实际上，超越仇恨比复仇更需要勇气，也更困难。我一直这样认为：古代哲人与文明宗教提出的有关“恕”的思想，是人类在精神世界的一大进步，是对人性的了不起的超越。

就文艺而言，大部分武侠小说之所以难入文学殿堂，很大原因是其思想性的缺乏，只是因循“冤冤相报”的因果链而发展情节。对现实而言，当今世界的不太平，大都由“复仇”文化所引起。比如伊斯兰世界与基督教世界的宿怨，巴勒斯坦与以色列的“冤冤相报”。在这个意义上，人艺版《赵氏孤儿》颠覆得还不够。但，颠覆，毕竟是超越的第一步。

（原载《艺术评论》2004 年第 2 期）

车轮上的中国

——读王文澜、王福春的摄影作品

中国古人喜欢用一匹白马从狭小的门缝中急驰而过的感觉来比喻时间的短促，称时间如“白驹过隙”。不知为什么，每当我欣赏摄影作品时，总会想到这几个字。这倒不是因为快门的开合如“白驹过隙”般灵动与急速，而是因为摄影艺术在瞬间把流逝的时间固定的特质，让我想到了门缝中的那匹白马在一瞬间“不止不行”的状态。也许正因为如此，当我们通过摄影作品回顾过去的时候，我们才会有许多感受和思考，甚至有一种“第二次涉过同一条河流”的错觉。在此次“紫禁城国际摄影大赛”上，王文澜的《自行车王国》和王福春的《火车上的中国人》，就让我真真切切地又一次回到了逝去的中国。

飞驰而过的时间除了让我们联想到白马，还会让我们联想到车轮。因此，用人与交通工具的共存关系，用交通工具上的人来反映一个逝去的时代，绝对是一个聪明的选择。王文澜和王福春不约而同地选择了用他们的照相机记录同一个时代、同一个中国——车轮上的中国，只不过一个拍的是自行车，一个拍的是火车。有趣的是，两位摄影家的作品虽然都采用纪实的手法，都用的是黑白胶片，都把镜头对准了普普通通的百姓，都真实而生动地捕捉到了那个时代生活的鲜活瞬间，都给了人们极大的美感和微妙的触动，但是，仔细琢磨起来，那感受却十分不同。

读王文澜的《自行车王国》，我感觉到的是一个亲切、舒服、闲适、充满着诗情画意的中国：不管是那个城市街头静谧甚至带点风雅的修车小摊，还是在大学图书馆前常见的排成两条长龙似的临时存车处；不管是那个穿着拖鞋、后衣架牵着一头毛驴的优哉游哉的汉子，还是车大梁上驮着孩子与踩着高跷的“关公”前后脚去赶社火的农民；不管是穿着当年时髦的军大衣、背着吉他和哥们儿去找寻都市之夜的欢乐，还是一个人在暴风雨后的街道上遄行，都让人感到一种愉悦和轻松。即使像一头牛似地拼命用自行车拉着一大车满载的竹筐，也不会让人仅仅感到苦和累，那镜头里面的美感，使你面对这个难得一见的运载工具时只觉得惊奇。你不会怪那个推车人太贪心或不自量力，而是会带着一丝微笑由衷地佩服他杂技演员般的勇气和劳动技巧。还有那张让人过目难忘的照片——像蚁群一样浩浩荡荡推车通过火车闸口的人流、车流。这个触目惊心的场面，也让人在惊诧的同时，产生一种难以言说的会心一笑。更不要说那对在汉白玉栏杆下小憩的祖孙俩了。真不知道这爷俩的那份“大自在”是来自皇城根儿的历史积淀还是来自优越的社会制度。

读王福春的《火车上的中国人》，我感受到的却是一个拥挤、混乱、肮脏甚至丑恶的世界：不管是那个奋不顾身争抢上车的拥堵的车门，还是那个严重超载、根本没有立足之地的车厢；不管是吊床上男孩晨光下孤独的“雄起”，还是卧铺车厢里旁若无人的集体“晨妆”；不管是临时牌桌上雷打不动的麻将运动，还是窗口旁望着两只呆鸟的四双无神的眼睛。所有这些与火车有关联的图像，竟然都引起令人不快的记忆。

应该说，这两种车轮上的中国都是真实的，我们自己的经历都可以为他们做证。应该说，这两位摄影家都是杰出的，他们用他们的照相机客观地记录下了令他们感动的瞬间。这两组照片，正好是中国社会的两个侧面，合起来，才是刚刚成为过去的那个中国。但是，为什么自行车轮上的中国令人愉悦而火车轮上的中国却令人不快呢？这是一个十分复杂和不容易简单回答的问题。我觉得，在美学的层面上，虽然自行车也是工业社会的产物，但人力驱动的原理使其依然可以成为农业社会的象征。对千百年的传统文明，它不仅不构成威胁，而且还带有某种与玩具类似的游戏性质。与自行车在西方世界常常被看成一种体育器材不同，对绝大部分的中国人来说，这个当年与手表、缝纫机、收音机被称为“四大件”的两个轮子的车辆，不仅仅是城市中最便捷、最普遍的交通工具，也曾担负起城乡居民许多货物的运输任务。对中国大多数家庭来说，它曾是最贵重的动产，在中华人民共和国成立后的很长时间里，它是富足生活的体现。自行车，在我们这一代人几乎每个人的生活中，都曾经有过有关它的美好记忆。

火车却不同，它是典型的工业文明的产物，它巨大的力量使它在给人类社会带来巨大变革的同时，也以摧枯拉朽之势破坏着原有的生产关系、社会关系和男耕女织的田园景色。它把中国带进现代化，给古老的中国带来了城市文明、西方文明和无数美丽的梦想；它迅速缩短了人与人的距离，也同时把农村定义为落后与萧瑟。当我们这一代人看到火车时，首先想到的是离乡背井，是“上山下乡”，是“支边”，是“下放”，是无数与生离死别有关的特定场景；而对后一代人来说，火车是民工潮的最明晰的见证。只有它知道那一双双年轻的眼睛里为什么会同时闪现出希望之光与迷茫、困惑。

自行车是舒缓的田园诗，是改良，它和驾驭它的人可以轻易地融为一体，让你物我两忘；而火车，则是震耳欲聋的进行曲，是革命，它可以载你去任何地方，但对你而言，它永远是他物、他方。自行车的铃声，是诗句的一连串省略号，清脆悦耳；火车的轰鸣则像战争中的大炮，凄厉、巨大，又总在你不想听的时候响起。当然，仅仅从生产力的角度来看，火车的确比自行车要“进步”许多。但是，生产力与技术的进步，并不一定给人们带来的都是幸福。社会的所有进步，其实都是有代价的。今天，当我们的社会取得了空前伟大的进步之后，当我们的社会已经认识到环保的重要并开始努力保护迅速消失的物质及非物质文化遗产的时候，把王文澜的《自行车王国》和王福春的《火车上的中国人》放在一起看，倒是有一种特殊的味道。

（原载《影像的力量：紫禁城国际摄影大展作品集》，紫禁城出版社 2004 年版）

我看“堂会”

最近，一种名为“堂会”的商业演出形式悄悄走进了京城，在成都、广州甚至江南小城，也出现了各种各样的“堂会”。一时间，“堂会”成了一个吸引人眼球的“新名词”和“时髦”事物。同时，围绕着“堂会”这个名词和现象展开了一场虽算不上激烈，却针锋相对的争论。争论的一方认为“堂会”有很浓的旧时代色彩，“过去都是有权有势人家玩的游戏”，表示一听到“堂会”这个词就“不舒服”。一位曲艺界的老前辈说：“小时候我就经常到有钱人家去唱堂会，不管小孩还是老人，只要是做寿就给人家磕头，就是为了一个红包。那时候，艺人社会地位低下，去唱堂会都是为了生存。不过，在那里演出几乎失去了人格和尊严，我可以说身受其害。”而另一种观点则认为，在新社会条件下“堂会”的复出，是艺术市场化的自然结果，满足了社会对艺术的消费需求，也为许多青年演员提供了艺术实践的机会，不但不是旧社会丑恶现象的重现，而且是“旧时王谢堂前燕，飞入寻常百姓家”，恰好体现了社会的进步，是一个在新形势下向民众普及文化、传播文化的方式。那么，新“堂会”究竟是旧堂会的“复辟”，还是“旧瓶装新酒”或当前艺术市场化的“创新”呢？对这种形式和现象是应该大声叫好，还是应该严厉批判呢？

首先，恐怕要先知道旧时候的“堂会”是个什么东西。堂会，是清代、民国年间流传的一种重要演出形式，尤以北京和大城市为最。在艺术形式上，它可以是主家喜欢的任何戏曲、曲艺，任何剧目、曲目；任何出得起钱的人都可以为任何私人目的（婚嫁、祝寿、孩子满月，等等）办堂会，参演的人员也可多可少，可名可不名。这些都与正式的剧场演出没有大的区别，唯一的区别是其演出的地点或场合。简单说，私人或团体为私人目的在专业剧场之外的地方（在本府、会馆、饭庄等）包场演出，都叫“堂会”。

艺术的发展，需要一个环境，也离不开经济的支持。西方学者在论述艺术史时，常常用一个“恩主”的概念。我们可以不喜欢这个词，可以认为它伤害了艺术家的自尊，也没有正确反映艺术家是推动艺术前进的主要力量。但是，我们却也不能否认，在任何时代，都只有富有的阶级才有能力提供艺术家进行艺术活动所必需的条件。事实上，这个“恩主”的角色随着社会的改变和时代的变迁而不断变化并呈逐渐下移的趋势，从皇帝勋戚、达官贵人逐渐过渡到普通的商人、财主。堂会在清代中期之后在我国滥觞，实际上反映了中国传统艺术在那个时代，已经从历来最大的“恩主”宫廷下移到普通富裕阶层，反映了清代皇权的逐渐衰落和民间艺术的广泛崛起。当然，统治阶级扶持艺术是为了自己的享受，但是，我们不能因为旧社会的有钱人办了堂会今天就视堂会为罪恶之源，这就像我们不能因为慈禧为了自己的享受贪吃冰糖葫芦而我们今天就不吃它一样。

有人认为“堂会是旧社会艺人的悲哀”，是出自说者自己亲身的体会。对历史观察中个体生命的感受，我们应该充分尊重和理解。虽然艺术的发展离不开政治和经济，但也不能简单地等同于政治和经济。当我们判断历史的时候，应该超越个体的主观感受而用一种群体的、更高的、更广阔的、更客观的视角。一个人的感受是否反映了历史的真实还需要更多人相同感受的验证。前些时候，《今天杂志》曾刊载了一篇名为《下岗女演员独创京剧堂会的特别经历》的文章，讲述“一个江南小城的失业京剧女演员，在经历了谋生的困顿与迷惘之后，终于文化回归，创立了独具一格的京剧堂会，她为自己找到了充分施展才艺的新舞台的同时，也为小城增添了一道民俗新景观”。我想，这个下岗女演员对“堂会”的个体感受，便与那位老前辈不同，似乎也可能更具现实意义。重要的是，这个关于“堂会”的争论，让我们更深切地体会到了艺术的复杂性和历史的复杂性。在文艺界刮起“红色经典”之风时，一个在“文革”中受到迫害的老作家写文章说：“我一听到《红色娘子军》的旋律就想起那个恐怖的时代。”面对这种铭心刻骨的痛苦和经历，我们每个人都应该肃立。但是，我们是否可以完全用一个在政治事件中受到迫害的人的视角评价《红色娘子军》这部中国当代艺术史上十分重要的艺术作品呢？

从艺术的发展来说，当年的堂会的确起到了某种积极的作用，它使艺术家得到了更多互相观摩切磋和表演的机会，也使更多人欣赏了原本只有皇亲国戚才能欣赏的艺术。今天的“堂会”，当然也不是为打工者服务的，但让一些“先富起来”的人在“堂会”上接受一些艺术的熏陶，哪怕只是浅层次艺术的熏陶，也总比让他们在麻将桌上或洗头房里“消费”要好得多。“文革”中“批林批孔”，曾批判孔子“有教无类”的思想，称他从“学在官府”到“私学”的变革仍然是“从少数统治阶级到稍稍多一点的统治阶级”，批评孔子没有专门建立“面向工农兵”的学校。今天，可再别用这种逻辑了。至于认为“堂会”现象的出现，加剧了当前贫富差距的社会问题，我觉得更是张冠李戴、打错了靶子。当那个下岗的女京剧演员在“堂会”中找到了饭碗的时候，我们没有理由不为她高兴。

而且，今天的“堂会”，无论是其内容、形式，还是其所反映的社会关系，已经与旧时的堂会有所不同了。“堂会”，其实只是一种形式，一个演出场合。把它泛政治化不对，把它就当成艺术本身更不对。一场“堂会”

是“旧社会”腐朽东西的“复辟”，还是传统艺术的继承发展或是新艺术的展现，应该视这场“堂会”所包含的节目内容而定。假如在节目中出现的是低级趣味甚至黄色下流的东西，当然应该反对，而且不管它叫“堂会”还是不叫“堂会”。假如在名为“堂会”的演出中出演的是优秀的、正派的传统艺术，我们为什么不为它叫好呢？在艺术市场化的过程中，可能还会出现许多伪艺术、假艺术猖獗而真正优秀的艺术反而被忽视的现象，出现旅游文化吞噬纯正的民族民间艺术的现象，甚至出现地方保护主义刻意保护文化造假的现象，这才是我们应该充分警惕并与之坚决斗争的。也许，在今天的“堂会”里令艺术家的尊严受到侵害的事情还会发生，但我相信，那种坚持要演员表演《关公战秦琼》的“老爷子”，毕竟会越来越少。因为，从本质的意义上说，我还是相信文明的进步。虽然，这进步常常很慢，并常常要求我们付出超出我们想象的代价。

（原载《北京日报》2005 年 3 月 21 日）

是非公道自在人心

2004年12月20日，云南省丽江市中级人民法院初审判决云南学者吴学源和《艺术评论》杂志“撰写登载的文章《‘纳西古乐’是什么东西？》是针对原告宣科的文章。文章有侮辱、损毁原告名誉的内容，其行为已构成名誉侵权，应承担侵权责任”。至此，引起全国文化界、法律界、新闻界广泛关注的这一案件初审结束。

此案的一审判决结果本在意料之中。但出人意料之处，是一审判决居然可以建立在这样一个逻辑上：对一个由学术问题引发的案件，却把学术问题的真伪对错统统抛开，把作者为何做出学术判断的论证过程统统抛开，只剥离出作者判断结果中的几个词句，便判决作者“侮辱、损毁原告名誉”。在这样一个因媒体履行“文化打假”职责而引起的案件中，这个逻辑的不合理性是显而易见的。这就好比甲揭发乙是“贪污犯”，假如乙没有贪污，那么，甲当然“侮辱、损毁”了乙的名誉，但假如乙的确贪污了公款，那么，便不能简单地判定甲“侮辱、损毁”了乙的名誉。而目前的一审判决，就是不管乙是否有贪污的行为，只因为“贪污犯”一词是贬义词，就判定甲“侮辱、损毁原告名誉”。这样的判决，无疑是难以服众的。实际上，本案所涉及的学术问题并不深奥，只要稍有良知和常识就可以判断。

一、案件的由来——一台晚会的广告词与申报联合国“人类口头和非物质文化遗产代表作”

宣科所主持的丽江“纳西古乐”，是丽江旅游的金牌项目。应该说，宣科能够在不长的时间里，利用丽江独特的地理优势、文化资源和改革开放的大好条件，充分发挥他的语言才能和商业才能，把一个在云南这个民间艺术大省里普遍存在的民间艺术“炒”成一个世界性的文化品牌，是有着突出贡献的。在中国，甚至就是在云南，类似所谓“纳西古乐”这样的民间艺术不知有多少，比所谓“纳西古乐”古老得多，而且艺术性也高得多的艺术品种也不知有多少，但在文化市场化的尝试中做得比宣科更好的人的确不多。然而，“成也宣科，败也宣科”。宣科虽然有着一流的口才和绝顶的聪明，但他没有基本的学术训练，也没有认真学过音乐。客观地说，他只是一个自学成才的音乐爱好者。多年来，宣科在主持这台晚会时天马行空，信口胡说，不顾及丝毫学术的严肃性，“创造”了许多学术界尽人皆知的笑话。比如把在我国广大地区、众多民间乐种中普遍流传的工尺谱说成只在纳西族保留，比如把在云南洞经音乐中常见的《八卦》一曲不加任何考证就说成“杨贵妃的情人唐玄宗李隆基在公元 741 年创作的”，等等。

那么，为什么学术界（除了音乐学家伍国栋在 1999 年第 1 期《人民音乐》上发表《“纳西古乐”名实谈》一文外）过去对这些胡言乱语没有展开批评呢？为什么音乐界这么多年来一直忍受宣科的信口开河呢？其实，原因很简单。在绝大部分学者的眼里，宣科的这些不值一驳的胡说只是他那台商业晚会的宣传广告，并不具有任何学术意义。一个卖瓜的人夸自己的瓜甜是“世界第一”，一个卖烧鸡的人封自己是“烧鸡大王”，一家现代化的酒厂称自己的产品是某朝某代的“宫廷御酒”，会有学者认真质疑吗？

假如宣科永远把自己的广告宣传局限在自己的演出场所，今天依然不会有太多的学者对他提出批评和揭露。

但是，在2001年末，丽江县政府为了申报联合国“人类口头和非物质文化遗产代表作”，把宣科的这台晚会“纳西古乐”报到了文化部。2002年5月，云南和海外的一些媒体在不知道申报材料已被文化部专家组否定的情况下，相继播出、刊载了“纳西古乐”申报遗产的消息。5月15日，《参考消息》(云南广告版)转载香港《大公报》“纳西古乐将申报联合国人类非物质和口传文化遗产”。5月28日，《丽江日报》发表了《古乐申报进入关键阶段》的文章，文章称：

纳西古乐被誉为中国古代音乐的“活化石”；

纳西古乐“主要是具有原始社会遗风的歌舞‘热美蹉’，有700年历史的大型管弦乐‘崩石细哩’，以及唐宋元时期的词曲和道教科仪音乐这三类”；

纳西先民创作的“崩石细哩”这样有章节、有故事、有和声的管弦乐，其产生的时间比“交响乐之父”海顿创作的《第一交响乐》的年代还早480多年。

《紫微八卦》等洞经音乐，是唐宋元时期的中原词曲和道教科仪音乐；

纳西古乐中使用着在中原地区早已失传的古谱“工尺谱”。[①]

一石击起千层浪，一直保持沉默的云南音乐学界再也无法沉默了。大家都知道，中国有56个民族，有许多像“昆曲”“古琴”一样珍贵并急需

① 《丽江日报》2002年5月28日。

保护的文化遗产；作为民族民间艺术大省的云南，也有许多珍贵、优秀的文化遗产需要保护。而联合国的这项工程，却是每两年才评一次，每个成员国不分大小，每次只能报一个项目。假如把所谓“纳西古乐”这样一个没有经过学术界论证、连民族属性都有疑问、充斥着诸如“唐玄宗作曲”这类笑话的东西报到联合国的话，那么，中国的音乐学界，尤其是云南的音乐学界将不得不为此蒙羞。就是在这种情况下，多位云南省的资深音乐学者不约而同地采取了行动。5 月 24 日，《中国民歌集成・云南卷》主编、云南艺术学院杨放教授和《中国曲艺集成・云南卷》主编、云南省群众艺术馆黄林研究员联名给中国文学艺术界联合会主席周巍峙写了《关于把云南汉族民间洞经音乐误为纳西古乐的不当做法应以迅速纠正的意见》：

从《参考消息》云南广告版 2002 年 5 月 15 日（转载香港《大公报》）获悉：“纳西古乐将申报联合国人类非物质和口传文化遗产”，读后颇感困惑，因为现在所谓的“纳西古乐”，实际是从大理、鹤庆传入丽江部分乡镇的“汉族洞经音乐”。众所周知“洞经音乐”原本是广泛流行于云南各地城镇的汉族民间传统乐种。在受汉文化影响较为久远的彝、白、傣、壮等部分少数民族以及泰国、缅甸等邻国的华人中也普遍流传。……就其在纳西族中传播的实际而言并未发生实质性的变化。因此将其命名为“纳西古乐”是极不严肃的。

……而近年来又有人将纳西族民间丧葬乐舞“白沙细乐”（又称“崩石细哩”或“别时谢礼”）……掺杂所谓的“纳西古乐”中演出，企图掩饰纳西色彩的虚假，但依然无济于事。纳西族“白沙细乐”与汉族“洞经音乐”是风马牛不相及的。……现在搅和成一锅粥，实在是不伦不类，说白了这完全是个别沽名钓誉的人为了营利的目的而胡乱拼凑出来的一盘名副其实的大杂烩……

再说，什么“纳西族人喜爱演奏的《八卦》曲，即是唐玄宗所作……”更是荒唐至极。发此“妙论”的人如是出自对音乐的无知还可以原谅，但值得注意的是这类荒谬绝伦的狂言妄语屡屡见诸报端或某些新闻媒体，误导舆论对社会和国际文化交流，已经带来不良影响，实在有损我国文化形象。

周巍峙主席见信后，于8月4日夜给文化部孙家正部长和晓光副部长写信。信中写道：

这几年关于“洞经音乐”的形成、发展及评价等问题，西南地区音乐界如杨放、黄林、吴学源等民族音乐研究专家早就对某些宣传、评介丽江“洞经音乐”的文字有不同看法，认为不少内容不符合事实。……现在丽江要把“洞经音乐”作为“纳西古乐”向联合国教科文组织申报世界文化遗产，这就成了一个代表国家向国际组织正式提出申请的十分严肃的问题了。不知文化部是否已收到丽江提出的报告？是否已在研究处理这个问题？我不清楚。我总觉得对这类重大文化问题必须采取十分慎重的态度，先在国内组织音乐界、历史界有关专家学者，认真进行反复论证，做出科学结论，得到大家同意并经领导部门考核后，才能向联合国教科文组织提出正式申请。

8月6日，文化部领导将周巍峙主席的信批到负责“人类口头和非物质文化遗产代表作”审批申报工作的中国艺术研究院，要求该院迅速“弄清情况，如属实，当纠正”。8月15日，中国艺术研究院向文化部领导提交了《关于“丽江纳西古乐”申报人类口头和非物质文化遗产代表作情况的说明》：

我们认为，巍峙同志和王民基同志及云南艺术学院杨放、云南省群艺馆黄林同志反映的意见是对的。这些意见与我院人类口头和非物质文化遗产代表作申报项目评审委员会的意见是完全一致的。

……我院评审委员会从2002年2月开始多次组织专家对第二批代表作申报项目进行讨论研究，评审前组织专家做了多次调查，并对史料进行归类研究，对实物进行鉴别，在大量调查研究基础上，召开了三次评审委员会会议，评委们对申报项目逐一审定。其中第一次会议上，我院音乐研究所音乐史专家即通过分析对“纳西古乐”的申报提出质疑。指出“纳西古乐”的名称与实不符，从其发展源流看，应为“洞经音乐”。当地作为丽江演出团可姑妄称之，但从学术品质上看，作为“代表作”申报项目是不能通过的。专家们并指出，丽江的洞经音乐在媒体宣传和申报材料中都有许多弄虚作假的成分，缺乏学术的严肃性，比如称《八卦》曲为“唐玄宗”所作，称“纳西古乐”是我国现存的唯一唐、宋古乐，都没有任何根据，既没有经过考证，也不是学者负责任的学术发言。在我院第一次专家委员会评审会议后，向文化部提交的“评选报告”附件“会议纪要”中第三条结论，就是针对这一情况所提：“对于申报材料，专家们认为内容要严谨，实事求是，涉及历史问题要有明确的历史资料和考证结论，涉及理论观点，要有学术基础，并与目前国内相关领域中公认的观点相符。”这次会议通过讨论和研究，专家委员会一致同意不批准“纳西古乐”的申报。

而这年的6月28日，云南省另一位资深学者吴学源，也向有关方面提交了一份“意见”，认为“不论什么项目，向联合国教科文组织提出申报人类口头和非物质文化遗产代表作都是一件大好事，是应该积极支持的，但所申报的项目必须要实事求是，具有史实性、真实性，决不能弄虚作假”。

为了捍卫学术的尊严和严肃性，为了反映云南省音乐学者压抑已久的声音，同时也为了廓清是非、正本清源，真正促进云南省民族民间艺术的可持续发展和文化遗产的合理保护，《艺术评论》发表了吴学源的《“纳西古乐”是什么东西？》，同时，还发表了《宣科神话》[①]《神性与美——东巴文化及其对当代人的启示》[②]《云南映象：有根的艺术》[③]等系列文章。我们怀着对民族文化的深厚感情，批评了文化造假行为，同时讴歌和弘扬了云南真正优秀的传统文化。

二、吴学源其人其文

吴学源，现为云南省文化厅艺术集成志办公室副主任、《中国民族民间器乐曲集成·云南卷》编辑委员会主任，大半生研究云南民族民间音乐文化。云南省129个县中他对其中的近120个县进行过田野工作，对云南16个少数民族的音乐进行过系统的整理和研究，尤其热爱纳西族的音乐文化。《中国民歌集成·云南卷》中的99首纳西民歌均由他记谱整理，曾多次采访已过世的“白沙细乐”的唯一传人和锡典先生，并与人合著40多万字的《纳西东巴音乐》一书。早在1980年宣科还未接触洞经音乐之前，吴学源就曾到丽江与丽江地区群艺馆馆长蓝伟一同召集当地的洞经艺人座谈，并建议由群艺馆将这些老艺人组织起来，成立古乐队。

吴学源的文章是针对遗产申报所写的，吴文认为把三种完全不同性质

---

① 《艺术评论》2003年创刊号。
② 《艺术评论》2004年第5期。
③ 《艺术评论》2004年第6期。

的艺术形式（纳西族歌舞“热美蹉”、已经基本失传的音乐“白沙细乐”和“唐宋元时期的词曲和道教科仪音乐”）拼凑在一起，冠以“纳西古乐”之名来申报是不妥当的。

吴学源在文章中针对组成所谓“纳西古乐”的三大部分提出以下学术观点：

1.“热美蹉”是“舞”不是“乐”

吴文认为：“热美蹉”是纳西族的歌舞形式，不能把“热美蹉”和其他纳西族歌舞分开单独划到“纳西古乐”里面，这样，会形成对纳西歌舞艺术的肢解。

2.“白沙细乐”已基本失传，且不能称为“大型管弦乐”

吴文认为：申报中的“崩石细哩”，即大家都知道的“白沙细乐”。吴文简要回顾了学术界对“白沙细乐”的研究过程，提出两个观点：一是“白沙细乐”在20世纪50年代已濒临失传，经音乐工作者1956年和1962年两次抢救性挖掘，整理了8首曲调。而宣科的古乐会中“除了个别年轻的笛子演奏者（原歌舞团的专业演员）会吹《笃》这一首曲调外，这个以白发苍苍的洞经老艺人为主的乐队根本不会演奏这部音乐的其他大部分乐曲，也无法看着洞经音乐工作者根据录音记录的乐谱进行演奏”。二是“一支竹笛、一根芦管、一把二簧（类似京胡）、一把胡琴、一把琵琶、一架古筝（遗憾的是古筝谱未能传下来）的细乐形式能说是大型吗？如果是指乐曲结构，离开丧葬仪式，按套曲形式联奏，所有曲调奏完也就不到20分钟”。而宣科不但把这样的形式称作“大型管弦乐”，且和有着特定含义的西方交响乐相比，甚至得出“其产生的时间比‘交响乐之父’海顿创作的《第一交响乐》的年代还早480多年”的结论。据此作者认为：“这说明宣科先生等人的确缺乏最起码的中外音乐史常识。”

3. “洞经音乐”不是道教音乐

吴文认为：所谓“纳西古乐”第三个部分的“唐宋元时期的词曲和道教科仪音乐”其实就是大家所熟知的洞经音乐。作者在概述了洞经音乐的来源、内容、作用及其在云南传播和发展的历史之后指出：在“涉及洞经音乐的民族属性和社会属性定位”的问题上，宣科一会说洞经音乐是“道教音乐”，一会说是“儒教音乐”，而在大量演出的宣传中说是“纳西古乐”，洞经音乐“在宣科先生手中，就像魔术一样被变过来变过去”。更重要的是：洞经音乐原是汉族文人谈演《文昌大洞仙经》的音乐，后广泛流传于云南省汉族、白族、纳西族、壮族、傣族、彝族等民族和地区。将其冠以“纳西古乐”之名，起码在学术上是有欠斟酌的。

4.《紫微八卦》是个谎言

对于宣科在近 10 年里广泛宣传并被国内外媒体广泛报道的“《八卦》一曲是唐玄宗李隆基在公元 741 年创作”的谎言，吴文进行了揭露，指出“称为《八卦》的洞经音乐曲调，在云南各地的洞经音乐中都有”，“曾被聂耳改编为家喻户晓的民乐合奏曲《翠湖春晓》”，其来源是《文昌大洞仙经全八卦》一书，其中有 64 首赞颂文昌神的唱词，并以中国八卦的卦名“乾、坤、坎、艮、震、巽……”为序，所以称为《八卦》。如果宣科真的发现了至今仍存的唐代音乐的话，那无疑是中国音乐史乃至世界音乐史的重大发现。但可惜的是，对这样一个重大而严肃的学术问题，宣科从未做任何研究，而他说此结果系经音乐学家何昌林考证的话，也已被何昌林先生否认（见法庭上出示的何昌林先生的证词）。曾登载何昌林先生这段“讲话”的《丽江洞经音乐晋京演出学术讨论会记录》[①]，也被署名记录者黄大岗否认（见法庭上出示的黄大岗先生的证词）。黄大岗称此记录是丽江自己

① 周文林主编：《宣科与纳西古乐》，云南美术出版社 2001 年版，第 141 页。

整理，在电话上希望以黄的名义发表，黄同意，但未看记录整理稿。

据此，吴学源先生认为：“把‘热美蹉’‘白沙细乐’及‘洞经音乐’三个不同音乐类型的音乐品种拼凑在一起而编造一个名不副实的所谓‘纳西古乐’的帽子来戴上，这完全是商业炒作行为，甚至是‘挂羊头，卖狗肉’。”

三、一审判决为何不能被接受

一审判决之所以不能被接受，在于判决中存在着两个明显的错误：一是借口法庭对学术问题不做裁决而罔顾学术问题的是非对错，但同时却把作者学术判断结果中的几个词句剥离出来，不顾前因后果，断章取义；二是在判决中将“宣科”“纳西古乐”“申遗活动”这三个不同的主体混为一谈，将宣科这个自然人与一场音乐会和一个行为统统画上等号，把作者对一场音乐会和申遗活动的批评统统认作对宣科本人的“侮辱”。

判决书认为：“……将‘纳西古乐’称为‘东西’，就具有对原告和‘纳西古乐’明显的轻蔑和侮辱的意思。”其实，文章写得很清楚，对“纳西古乐”是什么东西的设问，作者在文章的开始部分便回答了这个问题：“那么，所谓‘纳西古乐’究竟是什么东西呢？我认为，现有的关于‘纳西古乐’的内涵和外延都非常模糊，严格说，它只是宣科先生七八年来一台晚会的名称、一个商业品牌。”[①] 非常清楚的是：这被质问的主语“纳西古乐”是加了引号的，如果不带偏见的话，任何读者都可以明了题目所问的“纳西古乐”只是宣科自己的这台晚会，既不是指宣科本人，更不是指真正

① 本文中所有未单独说明的引文，均见吴学源《“纳西古乐”是什么东西？》一文，《艺术评论》2003 年创刊号，第 21—26 页。

的纳西族音乐。而对于一台作者认为充满着商业炒作、胡拼乱凑的晚会，为什么不可以提出质问呢？为什么一提问就是“侮辱”呢？而“轻蔑”一场晚会，怎么就构成对宣科的侵权呢？难道对所有的商业性演出，观众一定要赞美才行吗？

判决书还从文章中抽出了六句话，认为“明显超出学术评论的范畴，是对原告宣科名誉的贬低、损毁，已构成名誉侵权”。下面，我们把这六句话的前后文如实录下，请读者自辨：（底下加横线的话是被判决书单独抽出的话）

> 过去的近十年中，宣科先生曾一度在演出中大谈丽江洞经音乐中的《八卦》一曲是唐代皇帝唐玄宗创作的《紫微八卦》，此观点尔后曾大量见诸大陆及台湾、香港的若干媒体报道。这个谎言十分荒唐，完全是对观众的一种欺骗。
>
> 关于“纳西古乐中使用着在中原地区早已失传的工尺谱”，此话更是一种毫无音乐常识的胡言。
>
> 对于把“热美蹉”“白沙细乐”及“洞经音乐”等三个不同类型的音乐品种拼凑在一起而编造一个名不副实的所谓“纳西古乐”的帽子来戴上，这完全是商业炒作行为，甚至是“挂羊头，卖狗肉”。

关于这三段话，有必要在这里普及一点音乐常识。首先，由于音乐考古是一件极其严肃和艰难的工作，而留存至今的唐代音乐少之又少。所以目前被学术界所承认的中国唐代音乐，只有根据现存日本东京国立博物馆的唐初手抄卷子《碣石调·幽兰》打谱的同名琴曲有音响。此外，就是著名的25首敦煌琵琶谱（现存巴黎法国国家图书馆），为了正确破译这25首只有音高没有节拍节奏的乐谱，从20世纪初开始，一批学者为此殚精竭虑，做了大量工作。其中中国学者叶栋和席臻贯，甚至为此积劳成疾，最终倒在探究唐代音乐的漫漫长路上。因为唐代音乐的珍贵，甚至保存在日本的只有六行的《天平琵琶谱》(抄写于747年前)，也被众多学者认真研究。而他们终其毕生的精力，却仍没有最终的结论。但凡对中国音乐史有一点常识的人都知道，如果宣科真的在丽江发现了唐代音乐，那么，这不仅是中国音乐界的大事，而且会震惊世界音乐界、考古界、历史界。作为一个中国的音乐工作者，我们会最先、最热诚地为宣科的伟大发现欢呼。但是，他所说的“唐玄宗创作的”《八卦》一曲，实际上在云南许多地区都有，当年聂耳改编的著名民乐合奏《翠湖春晓》，就是根据《八卦》的曲调改编的。请问：这样不经过任何考证就可以把一首常见的乐曲宣称是“唐代音乐”，甚至申报世界文化遗产，算不算是“这个谎言十分荒唐，完全是对观众的一种欺骗”?

关于工尺谱的问题，没有受过音乐教育更没有到丽江以外其他任何地方做过音乐考察的宣科可能真的不知道这种乐谱是全国许多民间乐种、剧种普遍使用的乐谱，更不知道在河北农村，许多十来岁的孩子都会唱。真是无知者无畏，当宣科以无知加上狂妄的态度宣布“只此一家，唯我独有”时，除了说你“此话更是一种毫无音乐常识的胡言”而外，还能说什么呢?

至于作者称宣科把“热美蹉”“白沙细乐”及“洞经音乐”三个不同类型的音乐品种拼凑在一起而编造一个名不副实的所谓“纳西古乐”的帽子来戴上，“完全是商业炒作行为”，又错在何处呢? 而“挂羊头，卖狗肉”，不过是“名不副实”的同义词。即使这句话不好听，但只许宣科做，不许别人说的判决，无疑是缺乏公信力的。

其他三条“罪状”，则更无论如何也得不出侵犯了宣科名誉权的结论：

不仅蒙蔽了广大的国内外观众、新闻媒体，也蒙蔽了许多不同级别的领导，一些社会名流、知名学者、国内一些不了解云南省音乐情况的音乐界人士，乃至蒙蔽了国外一些国家的高层官员。

文化打假势在必行，这样的国际玩笑应该收场了。

希望宣科先生切切不可利令智昏，今后的路要走好。

首先要问：说宣科蒙蔽了许多人，是不是事实？把一首普通的乐曲说成唐代的是不是蒙蔽？把只有几件乐器，演奏最多不过 20 分钟的乐曲联奏说成是“大型管弦乐”“交响乐”，甚至在向联合国申报时说出“其产生的时间比‘交响乐之父’海顿创作的《第一交响乐》的年代还早 480 多年”这样可笑的话，是不是“国际玩笑”？而“希望宣科先生切切不可利令智昏，今后的路要走好”的话，只能说是劝诫和“希望”。把“今后的路要走好”这样善意的祝愿判成“名誉侵权”，真不知道需要多么大的勇气。

关于艺术评论的写法，也有必要在这里普及一下文体写作常识。根据上面那六句话就判定作者“明显超出学术评论的写法”，似乎过于武断。我们知道，学术文章分为多种，有学术论文、学位论文、学术报告、学术笔记、学术通讯、学术评论等，其要求和写法各有不同。比如学位论文，除要遵循一般学术论文立论严谨、引用要有出处等一般规则外，还有字数和工作量的要求。而艺术批评，是学术文章中的一种。因为艺术本身是感性的、个性化的，因此，艺术批评的文字，不但比一般论文要有更多的个性色彩，而且一定要有价值判断和好恶的表达。如果艺术批评只能说拥护、赞美、恭维的话，不能说反对、批评、谴责的话，只许用褒义词，不许用贬义词，那艺术批评将不复存在。比如鲁迅在评论梅兰芳的演出时曾写过这样的文字：

他未经士大夫帮忙时候所做的戏，自然是俗的，甚至猥下，肮脏，但是泼辣，有生气。待到化为“天女”，高贵了，然而从此死板板，矜持得可怜。看一位不死不活的天女或林妹妹，我想，大多数人是倒不如看一个漂亮活动的村女的，她和我们相近。[①]

鲁迅批评梅兰芳的戏时用“猥下，肮脏”这样的词，别人批评他的时候，同样也有让被批评者难受的词汇。成仿吾评论鲁迅的小说时说：“《狂人日记》很平凡；《阿 Q 正传》的描写虽佳，而结构极坏；《孔乙已》《药》《明天》皆未免庸俗；《一件小事》是一篇拙劣的随笔……”

成仿吾在评论胡适的诗时，更曾在引用原诗《人力车夫》后写道：“这简直不知道是什么东西。……这样浅薄的人道主义，更是不值半文钱了。坐在黄包车上谈贫富问题劳动问题，犹如抱着个妓女在怀中做了一场改造世界的大梦。”[②]

这样的褒贬，应该是文艺批评的常态。假如只要有贬义词和谴责的语言就要吃官司的话，鲁迅、成仿吾不知道会吃多少官司！凡是关心艺术批评的人，凡是阅读过艺术批评文章的人，都不会在吴学源的文章中找到“明显超出学术评论的写法”，更不会认为这样的文章应该由丽江市中级人民法院裁决。还是鲁迅说得好：“文艺必须有批评；如果批评不对了，就得用批评来抗争，这才能够使文艺和批评一同前进，如果一律掩住嘴，算是文坛已经干净，那所得的结果倒是要相反的。”[③]在这里，作为《艺术评论》的主编，我诚恳地希望宣科能写出像样的反批评的文章，“用批评来抗争”，本刊翘首以待。

判决书中关于名誉权问题的阐述，也值得探讨。判决书认为吴学源的文章“是对原告宣科名誉权的贬低、损毁，已构成名誉侵权”。我们要问：

---

① 鲁迅：《略论梅兰芳及其他》，载《鲁迅全集》第五卷，人民文学出版社 1981 年版，第 464 页。

② 成仿吾：《诗之防御战》，《创造周报》第一号，1923 年 5 月。

③ 鲁迅：《看书琐记（三）》，载《鲁迅全集》第五卷，人民文学出版社 1981 年版，第 444 页。

当一个兜售假货的人被证明贩卖了假货时，是谁“贬低、损毁”了他的名誉权呢？是打假者还是贩假者自己呢？虚假的东西，究竟有没有“名誉权”呢？而我们的法律，究竟是要保护造假者的名誉权还是保护打假者的名誉权呢？2000年10月27日，日本著名考古专家藤村新一在日本宫城县上高森遗迹一个深1米左右的发掘坑内，在50多名新闻记者的众目睽睽之下，挖掘出“大约70万年前旧石器时代前期的石器”，从而使日本本土第一次出现了“旧石器时代前期文明”。但11月4日，《每日新闻》的专题采访小组请藤村看了偷拍下来的藤村在22日往遗址里掩埋假石器的一段录像带，藤村当时“像瘫痪了似的，沉默不语”。据藤村后来交代，在他的“考古”生涯中共伪造了42处考古遗迹。当然，藤村新一的名誉从此一落千丈，但是，与宣科伪造“唐代音乐”被揭露一样，“贬低、损毁”他们名誉的，其实只是他们自己。

四、文化打假的意义和思考

一个本属正常的学术批评，引起如此轩然大波，是坏事也是好事。对我们而言，官司的输赢其实已不再重要。这件事所引发的一连串思考，才具有深远的社会意义。

首先，全社会应该努力创造一个正常的艺术批评环境。媒体对社会不良现象的监督权，是社会赋予媒体的职责；艺术批评，是保证艺术健康发展的基本机制。在艺术批评中，批评家应该站在人民的立场上旗帜鲜明地抨击丑恶现象，惩恶扬善。在我们国家，名人不能有豁免权，而且应该更多地接受媒体监督。对中华民族的最高利益而言，学术的公器作用、独立批评的道德价值、社会正义的表达和坚持，应该具有比一时一地的经济利益更重要、更崇高的地位。

其次，面对越来越多的因媒体批评所引起的名誉侵权纠纷，我们的立法机构应尽快制定相关法律和司法解释，清除法律盲点，杜绝这种把个别词句从整个文章中剥离出来，断章取义的做法。“文革”中，这种做法曾伤害了多少好人，又给我们的民族造成了多大的损失啊！假如我们的法律不能保护打假者，反而保护了造假者的利益，那么，这样的法律无疑是对立法本义的背叛。假如我们的执法者不能保护正常的学术批评，反而纵容了对学术尊严的践踏，那么，这样的执法者，无疑站在了社会正义的对立面。我们清楚地看到，这种不公正的判决如果最终得到确认，将在以下几个方面在社会上造成不利影响。

1. 助长歪风，败坏社会风气，冲击民族道德底线

在文化产业化的进程中，出现个别造假现象是不可避免的；在某些人进行原始资本积累阶段，出现各种丑恶现象也是正常的。问题是，没有有力的社会监督与法制建设，我们得来不易的改革开放成果就将为此蒙受重大损失。推进社会进步的最基本的力量，是人民和人民的愿望。不公正的判决，将助长歪风邪气，损害社会公正，冲击民族的道德底线。

2. 学术贬值，正常的艺术批评受挫

“学术乃社会之公器”，所谓“公器”，强调的是学术的独立地位和基本目的。学术，不依附于任何权势，也没有私利的追求。学术所表达的，只是对真实、真相、真理的探索。不公正的判决，将使学术贬值、学者受辱，使正常的艺术批评受挫，甚至造成没有人再敢讲真话的局面。

3. 法律失信

不公正的判决所伤害的绝不仅仅是涉案的一方，它其实会更深地伤害法律本身。当法庭的判决与公众的良心裁判不一致甚至大相径庭时，人们会怀疑执法者的素质、公正性、廉洁度。长此以往，会造成法律的失信。如果说学术的悲哀还不会立刻影响到全社会的话，法律的悲哀则会造成国家司法机关公信度的下降，对全社会造成不可挽回的影响。

4. 影响全国文化遗产的申报工作

目前，各地都在争取申报各种文化遗产、拟定保护措施。应该说，这是一件关系到中华民族传统文化保护和良性发展的大好事，也会极大地提高申报成功者的知名度。但是，如果用司法的手段纵容像“纳西古乐”那样使用非学术方式申报的话，将给全国各地的申报工作树立一个坏榜样。而为了地方的眼前利益不顾申报工作的科学性、严肃性，甚至编造谎言，不仅会干扰申报工作的公平、公正，给我国的传统文化保护工作带来危害，而且将严重损害我国的国际形象。

5. 使当地的名誉蒙尘，文化产业和旅游业受损

用长久的眼光看，用司法手段保护地方造假行为的最大受害者，应该是当地的长远利益。目前的这场官司，已经轰动全国法律界、文化界、艺术界、新闻界，而且绝不会随着一纸判决书就尘埃落定。一方面，假的就是假的，没有任何力量可以长久地保护谎言；另一方面，主持正义和坚持学术尊严、坚守舆论监督权的人们会继续战斗。而一场不名誉的官司，将像梦魇一样长期困扰当地的文化产业和旅游业，甚至使丽江这个美丽的名字蒙尘。宣科，这个曾极大地促进了当地文化产业和旅游业发展的“奇人”，也会随着这场“著名”官司的暂时结束，越来越快地显现他的负面影响，并给当地今后的发展埋下一颗干涩的苦果。

在权势和利益面前，学术是脆弱的；但在学者的心中，学术的尊严与公正却是至高无上的。我们相信：是非公道自在人心，真理最终会赢得胜利。我们同时也相信，一个勇于超越地方暂时利益的、坦然面对真理与世界的新丽江，将会赢得全国人民更大的尊敬和越来越多人们的热爱。

（原载《艺术评论》2005 年第 2 期）

大象有声

——钱绍武雕塑中的音乐

两千多年前，老子在东方说出了石破天惊的字：“大音希声，大象无形。”道尽了艺术的真谛。两百多年前，谢林在西方把建筑喻为“凝固的音乐”，把音乐喻为“流动的建筑”，令人思路大开。而我在钱绍武先生的雕塑作品集中，真的听到了音乐，令人心动的音乐。

这音乐，是从青铜与花岗岩中流出来的，因此，带着金属的凝重与岩石的坚贞，带着火光、汗水，带着大地的朴质、山峦的雄奇，也带着地球亿万年的苍茫与人类积存至今的智慧。这音乐，或沉重，或轻松，或如江南小巷中的胡琴，呜咽婉转；或如大漠高天下的浩歌，慷慨激昂。有的，简直就是交响乐的全奏，磅礴奔涌，如飞天之瀑。

第一首，当然是《大路歌》。这是钱老 1959 年在苏联列宾美术学院的毕业作品。这位当年风华正茂的中国青年，在异国他乡，选择了青铜，选择了一首歌，选择了祖国普通的劳动者作为他感情托付和表现的对象。这是偶然，也是必然；是他艺术生涯坚实、奋进的“前奏曲”，也是一种冥冥之中的预示和征兆。青铜和岩石，从来就是音乐的载体和忠诚的伴侣。也就是在老子的那个时代，一个名叫曾侯乙的国君曾把一个由 65 件青铜编钟和 32 件石磬组成的庞大乐队带到了地下。而“金声玉振”四字，不但反映了中国雅乐时期宫廷音乐的辉煌，而且作为儒家音乐审美的最高追求，至今矗立在孔庙高大的门楣上，彪炳显赫。

《大路歌》，是和当年的钱绍武同样富有才华的热血青年聂耳的著名歌曲。这首产生在20世纪30年代的革命歌曲，以坚毅的节奏刻画了中国筑路工人的群像。假如说，钱老在苏联肯定听过的《伏尔加船夫曲》是俄罗斯人民苦难灵魂的倾诉的话，那么，《大路歌》则是中国近代劳动人民觉醒的怒吼。在钱老的这尊长2米、高0.7米的青铜雕塑中，三个半裸的筑路工人拼命合力拉着巨大的石磙前行。他们其中一个伏身向地，身体几乎与大地平行，像一头拉着重犁犁地的牛；另一个则回身向后，身体像一面鼓张的风帆，又像一张弯弯的大弓；而中间一个则像弯弓上蓄势待发的箭矢，引颈向前。他双目炯炯，逼视着前方一切崎岖、苦难与不平。六只结实的脚同时踏进大地，六只结实的手紧握着如箭杆一样绷紧的拉绳。巨大的石磙，像压在中国人民头上千百年的苦难，终于在这一瞬间被拉动了。在“大家努力，一齐向前，大家努力，一齐向前，压平路上的崎岖，碾碎前面的艰难……”的歌声中，我们听到了雕塑家的心声，听到了雕塑家对中国人民苦难的同情与力量的歌颂。同时，也从形式上听到了进行曲的力度与节奏。三个重心向前的男人与沉重的石磙之间，是一根旋律线一样的拉绳，三者构成了进行曲最基本的节奏：强、弱、强……那只巨大的石磙，只雕出了一半，后半部分的缺失与翘起，不但给人以石磙马上要被拉动的错觉，而且为音乐不断的节奏，留下了无尽的空间。

第二首，是缠绵悱恻的二胡独奏《阿炳像》。这是钱老1993年的作品，至今回响在无锡惠山阿炳的墓侧。阿炳，这个穿行在江南小巷中的道士、乞丐、民间艺人，把他的整个生命，浓缩成了一首旷世之作——《二泉映月》。20世纪80年代初，享有世界声誉的指挥家小泽征尔流着泪听完了这首乐曲，当他说出“这是应该跪着听的音乐”这句话时，阿炳的在天之灵应当欣慰了——他用他一生的贫穷和落魄，用他一生的艰难和困苦，用他一生所受到的社会的轻视和践踏，为后世的所有中国人换来了尊严与赞誉。随着中国国门的打开，这首乐曲屡屡奏响在世界各地的音乐厅，乐曲深刻跌宕的旋律，不但诉说着阿炳生前死后的哀荣，还倾泻着民族不朽的精神和多难的历史。

阿炳是民族音乐的大师，而塑造大师的人，也必须是巨匠。我佩服钱老《阿炳像》的精妙构思。100 个雕塑家，恐怕有 99 个在为阿炳塑像的时候会选择他专心"拉"琴的坐态，让右手的手臂尽量伸展，让左手的手指在弦上奔突。但钱老偏偏选择了一个在冷雨凄风中踽踽独行的形象。他佝偻着羸弱的身体，侧低着头，斜倾着肩，整个身体就像一棵在风中簌簌发抖的芦苇。他的两只手臂没有演奏家在乐声中的舒展与洒脱，而是如残疾一般，左臂卷曲向上，紧夹着琴杆，右臂艰难地向里"推"。虽然钱老没有让阿炳拉开二胡的弦弓，尽情演奏，但他消瘦的身姿依然充满着音乐的流动与韵律。那被风扯起的衣襟，那内弯的手臂，那颤抖着、挣扎着的身躯，以及那破旧长衫上粗犷朴拙的刀痕和"遮颜"的破帽，就像《二泉映月》深沉哀怨的旋律，如泣如诉。

最令我赞叹心仪的是《张继·枫桥夜泊》。这尊作于 1993 年、立于苏州寒山寺枫桥文物陈列馆的青铜雕像，完全是一首清丽的弦乐小夜曲。诗人斜依书箧，头微仰，身半卧，眉轻蹙，目假寐，整个身体流畅贯通的线条，形成了舒展轻盈的旋律；由两三个干净平滑的大面构成的身体，则形成了简洁丰盈的和声。这首抽象与具象结合、古典与现代相融、灵动与沉稳共存的小夜曲，还有一个最后的华彩乐段，那是作者的神来之笔——一支轻松地搭在腿上的手臂，像婉约流畅的旋律缓缓流向一只微微抬起的食指——张继，这个醺醺然的诗人，正在凝神细数着钟声。

佛寺的钟声，共有 108 记，象征着人生 108 种烦恼和修行路上的 108

个关坎，是所有“晨钟暮鼓”的佛教寺院共有的仪规。但这个不大不小的寒山寺，只因为“月落乌啼霜满天，江枫渔火对愁眠。姑苏城外寒山寺，夜半钟声到客船”的诗句，便在中国成了一所家喻户晓的寺院。据说，这首诗还是选入日本小学课本中少数的中国唐诗之一，因此使寒山寺除夕闻钟，成了许多日本游客来中国旅游的首选。假如说是张继的诗句让该寺名传遐迩的话，那么，钱老的雕塑，则可以与无形的唐诗前后呼应、光辉互映，堪称寒山寺文化的两件瑰宝。

钱老的雕塑每尊都有着极强的音乐性，让人听到各种各样的声音：那昂首高歌、两臂张开如风中鹰翼的《陈子昂》，似黄钟大吕，让人听到他“前不见古人，后不见来者”的慨叹；那轻扬玉手、朱唇微启的《觅渡女》，如莺啼燕语，让人听到姜白石“绿丝低拂鸳鸯浦，想桃叶，当时唤渡”的丽辞。即使是那些紧闭钢唇的《孙中山》《曹雪芹》《伍子胥》《炎帝》《神农氏》，也让人感到一种逼人的声浪。那是一种来自地心深处的声音，巨大、深沉，是老子所谓“听之不闻名曰希”的“天籁”，你充耳不闻，但它的确存在。

音乐，是时间的艺术，它美艳绝伦、动人心魄，但转瞬即逝。雕塑，是空间的艺术，它长久屹立在天地之间，但冷寂无声。

（原载《艺术评论》2005年第6期）

《年鉴》成人礼赞

有朋自远方来，开门揖客，见友如昔，旁立一女，亭亭若天人。友命曰："叫伯伯"，方知为其女也。今日忽闻《年鉴》第二十卷杀青，"别时君未婚，儿女忽成行"句，蓦然跃出，讶而喜，欣而慰，叹人生之倏忽，感后进之精猛，遂有欲赞者三。

慎终追远，先贤之教也。今《年鉴》成人，首当告祭黄师翔鹏在天之灵。赞曰：

巍巍高山，荡荡江河，
肇始之功，深思远泽。
创刊伊始，前路维艰，
开辟草莱，资料为先。①
恍兮惚兮，如昨日兮，
师挥大纛，我为前驱。

① 黄师翔鹏初掌门音研所时，即提出"以资料为中心"之方针，认为无资料之"研究"，无异空中楼阁，遂有创办《中国音乐年鉴》之举，冀图记载今事，积攒资料，以遗后人。

同侪勠力，[①] 从无到有，
瓜瓞绵绵，光鉴永久。

有友可信，吾生之幸也。今《年鉴》成人，韩君锺恩功莫大焉。赞曰：

虽居副座，实负其责，[②]
羽扇纶巾，执戟操戈。
运筹帷幄，指点江山，
史工记史，累帙成编。[③]
恍兮惚兮，如昨日兮，
风雨同舟，如兄弟兮。
人生苦短，知交寥落，
唯余年鉴，烛光默默。

传承有绪，事业有成，众缘和合也。今《年鉴》成人，可赞者众。[④]
赞曰：

白驹过隙，年已弱冠，

---

① 《年鉴》之初，编辑部主任为文彦，参与首卷编辑工作的有安杰、郭诚、孙建英、王秋萍、钱小霞，皆为默默奉献、勤恳尽责之人。光阴荏苒，身世飘零，不通信息久矣，思之惘然！更有魏磊君，曾于《年鉴》草创之时，数次慷慨解囊，襄助出版，而我有因疏忽而礼数不周之误，在此致谢并乞谅之！

② 自 1989 年起，我任主编，韩君任副主编，然大事小事，皆由其负责。尤其在因病住院期间，雨疏风骤，勉力支撑，使《年鉴》未因我病而夭折，后任主编，历经众多艰难，其功厥伟。

③ 韩锺恩首先提出用“史工”的概念替代“史官”的概念，即以“工”的勤勉和低微记载今事，又曾效仿欧洲“年鉴学派”提出以《年鉴》为平台，团结音乐学界同人，培养中国的“年鉴学派”的构想。

④ 《年鉴》后期，先后曾任主编、副主编的有乔建中、张振涛、萧梅、李玫、李岩、金经言、姚盛昌、靳学东、郭树群等人，为《年鉴》操劳尽心者更多，一并感谢！

前程似锦，无限江山。
生逢其时，坎坷生涯，
因缘具足，烁烁光华。
恍兮惚兮，如昨日兮，
廿年回首，如一瞬兮。
卿云烂烂，虬龙缦缦，
祝之祷之，心香一瓣。

（原载《中国音乐年鉴 · 2006》“特别寄语”，文化艺术出版社 2009 年版）

在中国艺术研究院 2007 年毕业典礼上的演讲

尊敬的晓光部长，各位贵宾、同学们、老师们：

大家好！

刚才晓光部长在讲话中提到胡锦涛总书记在耶鲁大学的讲话。今天，当我代表全体老师在这里发言的时候，我想到了另一个非常著名的毕业典礼上的讲话：这是 2000 年，也是在耶鲁大学，当 1000 多名毕业生戴着学士帽聚集一堂的时候，当年全球富豪榜排行第二的一位甲骨文软件公司的创始人拉里·埃里森先生被邀在这个毕业典礼上讲话。这个当年身价 260 亿美元的埃里森先生一上来就说，我请你们做一件事，请你们看一看你左边这个人，再看一看你右边这个人，想象一下 5 年之后、10 年之后、30 年之后，他们会是一个什么样的处境。埃里森先生说，可以肯定的是，他们是一个失败者，而你，也会是一个失败者。为什么？他说让我告诉你，因为你没有像比尔·盖茨那个首富那样退学，也没有像我这样退学，所以你们的未来是失败的。这位埃里森先生的讲话暴露了他的无知和狂妄。耶鲁大学曾经为人类培养了 13 个诺贝尔奖的获得者，还顺便培养了 5 个美国总统，而且还为我们中国培养了詹天佑、马寅初这些为人类做出过杰出贡献的人。古往今来，无论是孔子还是柏拉图，人类一切教育的最终目的从来也不是让学生只是赚大钱。埃里森先生把能否赚钱作为衡量人类教育的唯一目标，虽然他有 260 亿美元的身价，但是我认为他是浅薄的。因为人类所有的教育，最重要的目标是培养学生的人文主义精神：要有强烈的社会责任感；要有追求真理、追求真知的勇气和努力；要有对科学、对艺术、对人类所创造的一切文明的崇敬和肯定；要有一种不倦的追求真理、追求知识的渴望；要有一种爱——爱人、爱自然、爱真理，要有这种爱的能力。同时，还要有为人类的进步，为社会的公平与正义所献身的精神。这一切，用一个北宋时期儒者张载的话来说，就是“为天地立心，为生民立命，为往圣继绝学，为万世开太平”。

但是，埃里森先生的话毕竟包含着一部分真理，那就是这个社会的价值评判体系是多元的，尤其在今天，一顶学位帽已经不能象征着成功。对我们大多数毕业生而言，今天的毕业典礼绝不是你们学术生涯的结束和顶峰，而仅仅是一个开始。最后，我也想像埃里森先生那样，请我们所有的毕业生做一件事情，我请你们想一想，尽量想一想，三年之前，当你拿到录取通知书的时候，当你第一次走进中国艺术研究院这座神圣的艺术殿堂的时候，当你们第一次坐在课堂上听到你过去敬仰的老师给你上课的时候，你想的是什么？

想起来了吗？那么，记住它，永远不要忘记！

祝贺你们，也祝福你们。

谢谢大家！

再现神话的“神话”

当《哈利·波特》席卷全球，原产中国的“花木兰”和“功夫熊猫”被改贴上“美国生产”的商标行销世界的时候，国人或有不平：我堂堂中华，历史悠久，文化灿烂，从口头传说的无比丰富到《山海经》的瑰丽奇诡，从伏羲女娲、夸父精卫到浩如烟海、灿若星河的历史人物，哪个神话和故事不能编出一部好戏让世界惊艳呢？遗憾的是，就像在国际贸易中我们长期只能大量出口低附加值工农业产品一样，缺乏国际视野和品牌营销经验的“中国制造”文化产品，也长期不能打入世界主流文化市场。普通的民众可能并不知道，我们一些媒体在宣传某某人或某某文艺团体在国外“获得热烈欢迎”，演出“引起轰动”的报道中常常丢掉一句话：“此次演出系赠票，观众基本上是我们组织的。”而自己花钱租“金色大厅”，自己花钱包机组织记者团、观众团不远万里飞到外国，自己人演，自己人看，然后回国大肆宣传自己“走向世界”的闹剧，也曾经蔚然成风。

实际上，在文化市场上“走向世界”的标准很简单，那就是让外国人自己掏腰包买票来看我们的戏。而我所知道的真正能让外国人买票进剧场的表演中国传统文化的艺术团体，除了杂技团、木偶团以外，大概数“汉唐乐府”最为成功了。

“汉唐乐府”是来自海峡对岸的中国著名表演艺术团体，创办人陈美娥是一个既谙熟中国传统乐舞精粹又深知欧美主流文化品位的艺术家。她创造性地把中国闽南文化中保存的我国“人类非物质文化遗产”南音和国家级非物质文化遗产梨园戏中的科步（舞蹈）结合起来，开创了“梨园乐舞”这一独具魅力的艺术形式。从20世纪90年代开始，陈美娥和“汉唐乐府”陆续制作的《艳歌行》《俪人行》《梨园幽梦》《荔镜奇缘》《韩熙载夜宴图》《洛神赋》《教坊记》等作品，可以说部部成功，出出精彩，佳评如潮，不但成为国际重要艺术节和欧美诸多国家级剧院竞相邀演的对象，而且其中的《韩熙载夜宴图》与《洛神赋》还于2007年和2008年应故宫博物院和中国艺术研究院的邀请进入故宫，在紫禁城皇极殿隆重献演。我曾经在荷兰和法国目睹“汉唐乐府”受到欧洲文化界、艺术界同人和普通观众欢迎的盛况，也曾经专门了解了“汉唐乐府”在欧美的票房情况。要知道，在类似巴黎市立剧院这样久负盛名的世界顶级剧院连续公演12场而且场场票告售罄是很不容易的，对于一个来自“陌生文化国度”的艺术团体来说，这几乎就是一个“神话”。而在美国林肯中心演出之后被《纽约时报》评选为“全美舞蹈年度风云榜”最佳舞作，对一个以在全世界弘扬中华传统文化为己任的中国艺术团体来说，更是一个绝无仅有的巨大成功。

连续创造欧美主流社会票房“神话”和专业评论佳绩之风的“汉唐乐府”，在北京太庙首演的《武丁与妇好》，演绎了一段纯粹“中国风”的徜徉于史实与神话之间的凄美故事。陈美娥用婉约抒情的南音音乐和梨园科步配合《诗经》中千古不灭的诗句，把殷商时代的一个伟大传说呈现得美轮美奂。作为一个堂堂正正的中国人，陈美娥有着对中华文化的满腔深情；作为一个艺术家，陈美娥有着杰出的艺术想象力和创造力；作为一个艺术团体的创办人和组织者，陈美娥有着超出常人的巨大能量和不屈不挠的斗志。正是靠着这份对中华传统文化的挚爱和激情，陈美娥才能将古老的中国艺术和世界的时尚品位结合起来，创造出一个又一个的“神话”。我曾经和她开玩笑地说："你办的事没有不成功的，因为神鬼都怕你！"的确，创造神话的人一定本身就是一个神话，"汉唐乐府"是，陈美娥也是。我和陈美娥的许多朋友一样，一直认为这个似乎永远年轻、永远美丽、永远风风火火的女人有着命运特殊的眷顾和垂青，在天降大任的同时，她也一定得到了"天"的加持和护佑。

（原载《中国文化报》2010 年 10 月 1 日）

“士”的传统与“新文人画”
——读刘明康美术作品集《旧忆》

读刘明康的画作，不由得想到“新文人画”的概念，进而联想到“士”的传统。在中国，“知识分子”这个词是近代才经日本从西方“转口”而来的，与中国古代的“士”有同有异。相同之处很多，不但同指受过教育的“读书人”，而且，无论中西，这个群体所强调、所担负、所引以为傲的，还应该是对“道”的担当及对社会正义的追求。西方重视“知识分子”对社会的批判态度和对公众利益的关注；古代中国的“士”，更是把舍生取义作为最高追求。从“士为知己者死”“士可杀，不可辱”的古训到“文士”“雅士”“勇士”“壮士”等大量与“士”有关的称谓中，就可以了解到“士”这个阶层在中国人心目中的地位了。

不同也有很多。当代的所谓“知识分子”，越来越多地成了一群受过主流“高等教育”、掌握了某种专业知识的“脑力劳动者”或“白领”的同义词，在精神上越来越贫瘠、单薄、苍白，失去了“士”的精神意义与文化意义。在中国历史上，“士”从来不仅仅是“通古今，辩然不，谓之士”。在所有“有用”的知识之外，“士”还要“左琴右书”，懂得琴棋书画“四艺”，甚至“士无故不撤琴瑟”，将艺术实践作为最重要的生活内容和终其一生的生活方式。“琴”与“书”，“情”与“趣”，不但完善了中国古代文人的人格，而且成就了他们“为万世开太平”的理想。在刘明康的画作中，我似乎看到了“士”的影子，也看到了“新文人画”的影子。

刘明康的画作，是他个人生活的回忆，也是一代“知识分子”共同的记忆，用他自己的话讲，就是“设法把走过的路，看到的事，用画笔写成小故事，向大家一一道来”。在他的这些“小故事”里，我们看到了异域风情，看到了童年时光，看到了形形色色不同的人，更看到了一些已被“现代化”的巨大橡皮涂擦掉的物质或非物质的文化遗产。而无论是欧洲月下的古堡、伦敦宏伟的大剧院，还是浦东的鸭场、吴淞的小火车站、生产队的老仓库，无不在观画者的心中勾连起某种情感、思绪，或清晰或朦胧，或甜蜜或伤感，甚或有一种淡淡的乡愁与难言的惆怅。“旧忆”与“忆旧”也有不同，“忆旧”是动词，是一个情感的过程，以“忆”为手段，以“旧”为皈依；“旧忆”却是名词，是动态时光的固化，像一本珍藏在祖母箱底的老相册，是由转瞬即逝的吉光片羽串起的珠串，应该供在家堂正中的香炉前，可与同代人共享，也可供后人寻根觅祖。

我不是画家，我也缺乏从技术上评判画作的习惯与能力。但是我知道，中国古代最伟大的艺术鉴赏家们曾经为我们品评画作奠定了一些原则。南北朝钟嵘在《诗品》中特别强调一个“味”字，天才地、创造性地将艺术给人的感觉用人们在享受美食时的生理快感来形容。在谈到五言诗时，他强调五言诗“是众作之有滋味者也”，反对“淡乎寡味”的东西，指出“使味之者无极，闻之者动心”的作品，才是艺术的至境。值得深思的是，在中国人的语言习惯中，还常常在“味”字后面加上一个“道”字，“道可道，非常道”，“味道”二字，近乎体验艺术品的至境。在《旧忆》的一些貌似平淡的画作里，我的确体会出一点“味道”。

也是南北朝，那个中国历史上最富艺术气质的时代里，一个叫姚最的美术评论家在其评价体系里提出“画有六法，真仙为难”的观点。他特别推崇萧绎的画作“特尽神妙”，是因为这位画家并非“职业”画家，而是在其皇帝工作的“业余时间”里，“斯乃听讼部领之隙，文谈众艺之余，时复遇物援毫”，是我们所谓“画着玩儿”的。也正因为他在绘画时“不加点治”，没有把技术当成绘画唯一的追求，所以才能“造次惊绝”，成为“心师造化”的艺术典型。文人画的高妙之处，在于重神似、重意境、重性情、以书入画。早在西洋“抽象派”画风出现之前800多年，苏东坡就已吟出了“论画以形似，见与儿童邻”的名句了。董其昌所谓“画山水唯写意水墨最妙。何也？形质毕肖，则无气韵；彩色异具，则无笔法”的话，虽失之为极端之语，然亦被广大“知识分子”视为圭臬。

当然，刘明康不是萧绎，萧绎只顾画画而丢了正业，成为历史上最好的画家之一，但同时又是历史上最失败的皇帝之一。刘明康在任中国银监会主席期间，中国的金融业顶住了“金融风暴”，是历史上中国银行业发展最快的阶段。刘明康将成功归于“党的领导和同志们的努力”，我还想再加上一条：他在工作之余还画画儿。可不要小看这一点，这，就是“士”的传统，而他的画，就是我所谓的“新文人画”。

（原载《艺术评论》2013年第2期）

艺术常青的歌剧家王昆大姐

首先，以一个晚辈的身份祝贺王昆同志从事革命文艺工作60周年，这个纪念活动的意义不仅仅是对她个人的艺术生涯的一个回顾，而是对所有的中国艺术家都有启发的一件事情。王昆同志给我打电话，说你是搞艺术研究的，在座谈会上从学术角度谈谈。我虽然是搞学术研究的，但不是搞声乐的，来之前我就读了一些东西，尤其是乔羽同志给她写的文章，我看总结的那两条，总结得非常好：第一他说王昆为中国民族声乐创立和发展建立了功勋，第二点就是说她在歌舞团对后辈的培养。我听了王昆同志演唱会以后，有两个比较大的感受，一个牵扯民族声乐的特征问题。在王昆老师年轻的时候，所有的歌唱家，包括在座的歌唱家，个性的特征非常明显。最近十年，许许多多的人都感受到对现在的歌手你要不看电视机屏幕的时候，光听声音是听不出是谁唱的，这个问题严重到前些时候在报纸上展开了讨论，就找这里头的原因。我觉得王昆同志60年来都能保持自己的个性，在保持自己个性特征，结合自己嗓音、自己条件的同时不断地博采众长，不断地进步，不断地学习，越来越完善，但是始终没有丢掉自己的个性特征。这一点，我觉得值得现在的许多歌手学习。

但是从理论上讲，现在这种千人一面，千人一声，不看电视机屏幕不知道谁唱的状况不仅仅在声乐领域存在，也不仅仅在民族声乐领域存在，在其他领域，比如民族器乐领域，我觉得现在也存在这个问题。中华人民共和国成立以来，九所音乐学院培养了大批学生，确实是功劳非常大，但是由于我们的教育体制，和我们许多搞民族音乐的人自觉不自觉地把西方的这种教学模式作为一种典范，导致我们现在可以批量生产音乐家。但是生产出来的音乐家大都个性不强，我们在强调规范性、科学化的时候，丧失了个性化，我觉得这是我们音乐界包括音乐教育界都普遍存在的一个问题，当然这种情况的产生有多方面的原因。从理论上讲，我们现在这种传统艺术包括我们的声乐，它实际上在农业时代就产生了，在个体的农业经济里，艺术的个性化是自然而然的，但现在中华人民共和国成立几十年来，中国进入工业化建设，这种工业化的、集团化的生产方式在文化上也带来了第二次浪潮。我们常常用一种规范，用所谓的科学的东西，进行批量生产，它的损失就是丧失了艺术的个性。但是就像我们现在越来越多的人认识到北京推倒了四合院而盖大楼是一种失误一样，在艺术上同样存在“把四合院推平了，来盖一模一样的像鸽子笼一样的大楼”的问题。这表面上是一种进步，是一种科学化，但它带来的负面效果是损失了许多个性的东西。我听了王昆同志那天的演唱，感受特别深刻，我觉得现在应该结束第二次浪潮对我们文化上的影响，要回归自然，同时也要回归个性。

其次，我想谈谈王昆同志的艺术生涯说明了一个问题，也解决了一个问题：几十年以来，在声乐界一直流传着一种影响比较广的说法，即一些学习西洋唱法的人有一种理论认为西洋唱法比民族唱法好，不是从美学上讲，而是强调西洋唱法科学，说民族唱法只有年轻时能唱，因为唱法不科学，艺术生命不会长。那天我听王昆同志以 74 岁的高龄，在舞台上演唱一个多小时，精力充沛，声音非常厚实、结实，始终没有疲乏，我觉得她的实践恰恰说明了过去那种理论是错的，我们的民族声乐，不是不科学，更不是不能唱久，不能唱到年纪大。过去我们讲，人生七十古来稀，74 岁的高龄那天看王昆大姐在台上，根本看不出这个年纪来，而且声音始终这样饱满。我觉得在她的实践面前，过去那种理论，认为民族声乐不科学的理论，应该是不攻自破的。之前说了乔羽同志总结的两点，总结得非常好，应当再加上一点：我觉得王昆同志对我们文艺事业还应该有第三个贡献，就是在晚年她把自己声乐的经验上升为理论，这样会对我们的文艺事业有更多更大的贡献。

好，就谈到这里。

（原载田青主编《说王昆 · 王昆说》，中国电影出版社 2012 年版）

常识更重要

所谓常识，指的是一般的、普通的、众所周知并无须特别学习或特别论证的知识。在“常识”二字之前，人们还常常习惯地加上一个“小”字，用“× × 小常识”来表示“常识”的谦卑与低下。随着社会的发展，人类的知识体系几乎在用一种“爆炸式”的速度膨胀，而教育的专门化、专业化，更加深了社会对“专业”知识的尊重和追求。对“专家”的培养，成了高等教育的唯一职责，而“专家”，也似乎成了当今的“萨满”，可沟通天地且无所不知。

社会分工的细化与教育的专业化本是社会发展的必然，各行各业的“专家”，亦为现代社会所需，但问题是：专业教育在向知识领域细化、深化的同时，不但在各个专业之间形成了不可逾越的樊篱，而且忽略了通识教育的全面和广博，甚至忽略了一般的常识。

常识的重要，因为它常常能超越“专业”的局限，“返璞归真”，从而更接近真理。比如活跃在老百姓口中的俗语、成语、歇后语，就蕴含着无数常识和智慧。但是，我们也应该知道每个人的知识领域都有自己的盲区。对任何人偶尔“缺乏常识”的失误，也不必过于苛求。把外文书中的孟子（Mencius）回译成“孟修斯”，把孙子（Sun-Tzu）回译成“桑·祖”，把蒋介石（Chiang Kai-shek）回译成“常凯申”，把毛泽东的名篇《念奴娇·昆仑》中的“昆仑”当成作者姓名，的确“不可原谅”，但也不能只因为一次误译就断定译者没有学问，更不应该抓住不放。但对那些号称用绿豆汤就可以“包治百病”的“专家”们，却应该鸣鼓而攻之，因为他不仅违背了所有常识，也违背了伦理道德！

常识往往比专业知识更重要！但仅仅是“往往”而已！

（原载《早春简讯》2013 年第 1 期）

人生难忘是初衷

年轻时初次读到古人形容时间的成语“白驹过隙”时，只有一点肤浅的感受，只是佩服古人想象力的丰富和遣词造句的用心。待年华老去，尤其是甲子之后，再想到这匹从时间的门缝中倏忽而过的白马，才知道“白马非马”。这匹转瞬即逝、你永远也抓不到的“白马”，其实就是你不断流逝的生命。

也仿佛只是瞬间，《艺术评论》创刊已经10年了！10年前，我在这本杂志创刊号的《创刊词》中为这本即将破土的理论小苗定了一个不算低的目标：

> 品评作品，论衡流派，臧否人物，匡正是非，该褒则褒，该贬则贬。以深入艺术本体，令人信服的说理、分析，以健康的文艺批评，努力促进文艺创作的繁荣。弘扬先进文化，坚持正确导向，引领时代潮流，为本刊宗旨。

创刊号的封面，是我和设计师共同设计的：纯黑的底色上，只有框在长方印边中的四个暗红色的宋体字——艺术评论。没有复杂的构图，没有五彩缤纷的颜色；既没有具象，也没有抽象。应该说，这种“质朴”还是有力度、有强烈的视觉效果的。我当时曾在一家书店摆放杂志的书架前有意做过观察，我欣喜地发现，很多人都在十多本花花绿绿的杂志中首先把注意力投向了这本封面纯黑的杂志。本来嘛，中国民间的美学家们早就给在衣柜前踌躇的姑娘们提出过这样的建议："要想俏，一身皂！要想精，一身青！"

其实，"扮酷"与"吸睛"并不是我们的初衷，甚至也不仅仅因为我们曾在《创刊词》中宣称："我们崇尚质朴。我们相信真理的存在形式一定是质朴的。"之所以把封面设计成黑色，理由很简单——因为中国戏剧舞台上包公的脸是黑色的！

是的，你可以说我们有一点不自量力，有一点自命不凡，有一点不知天高地厚。但是，你不能说我们不应该对批评家及对一本以艺术批评为宗旨的杂志提出这样的要求！《创刊词》上有这样一段话："'评论'是什么呢？——'评'字一边是'言'，一边是'平'。说话人人都会，要做到公平不容易。现在有些所谓的艺术评论如坊间的广告，瞎吹胡捧，伤了'评'字的真义。我们把这个'平'字当成本刊最高的追求，提倡公正，反对'捧杀'和'棒杀'。"

作为主编，我在写《创刊词》时还用锥子、刀刃、锅盖做了一个蹩脚的比喻："锥锐而无容，刃利而欠厚，唯锅盖较'全面'，但拿锅盖拍不死老鼠也打不住苍蝇。我们宁可要有独特见解、思想锐利但不够'全面'的文章，也不要面面俱到但说了等于什么也没说的文章。"

应该说，我们的理论和实践是统一的。众所周知，一个专栏——"文化打假：宣科与'纳西古乐'"给我们引来了一场历时一年多并吸引了众多媒体与公众关注的官司。官司的起因是我们刊载了《中国民族民间器乐曲集成·云南卷》编辑委员会主任、云南学者吴学源针对文化商人宣科的打假文章。吴学源根据其数十年对云南民族民间音乐深入、严肃的学术研究，指出宣科所谓的“纳西古乐”只是一台“商业晚会”的名称，而其主要内容则是在云南广为流传的汉族的“洞经音乐”；而所谓“唐明皇创作”“比海顿的交响乐早 ×× 年”的话，纯属没有任何根据的随口妄言。

官司在丽江打，结果不言而喻。但是，一个成功的文化商人的本领再大，也不可能指鹿为马；地方保护主义再猖獗一时，也仅仅能“保”住这场官司暂时的“赢”。十年过去了，历史做了最公正的审判：因为造假，当时号称向联合国教科文组织申报“人类非物质文化遗产代表作”已“进入关键阶段”的“纳西古乐”，不但至今在三批、共 1219 个国家级非物质文化遗产项目名录中找不到名字，甚至连云南省级名录都无法入选，更遑论进入“联合国”的名录了。

宣科和他的“纳西古乐”赢了面子，但输了里子，一场不大不小的官司，不但让全国音乐界、学术界和云南的老百姓知道了该如何正确对待民族文化遗产，而且让我们始料未及的是，这场官司还为中国的法学界提供了一个生动的案例，引发了深刻的思考。2006 年，人民出版社出版了黄东黎、刘海波主编的论文集《法的界限》，收集了有关这场官司的所有文章，让千千万万个坐在法学院课堂的学生从这场司法闹剧中学习“司法如何审裁学术作品的名誉侵权纠纷”。而这本论文集的书名“法的界限”，也正好为这场官司做了最简练的总结。

当然，值得《艺术评论》欣慰和自豪的还不止这个“歪打正着”的法学“贡献”，十年里，我们刊载的众多文章，始终坚持我们的初衷，对我们身边已经发生或正在发生的种种文化现象进行了忠实的报道和公正的评论。这样一本杂志能坚持十年，受到广大读者的喜爱，这本身就已经说明了问题。在《艺术评论》发行第 100 期的时候，我曾经写了一篇短文《百期之期》，说了我的三个“期望”。在庆祝《艺术评论》10 岁的今天，我想不出比这更好的祝词，也没有另外的期望，那么，就相信“重复就是力量”吧。

一、要坚持理想

在一个越来越物质化的社会里，“理想”二字似乎已经被贬低、被曲解、被“非理想”化了。坚持理想的精神性和非物质性，应该是文艺批评最起码的底线；而提倡人类最宝贵的精神价值、弘扬人类所创造的最宝贵的精神财富——包括我们强调的优秀的中华传统文化，应该是批评家无法推卸的责任。曹丕在《典论·论文》中说：“年寿有时而尽，荣乐止乎其身，二者必至之常期，未若文章之无穷。是以古之作者，寄身于翰墨，见意于篇籍；不假良史之辞，不托飞驰之势，而声名自传于后。”自古至今，所有能够超越“年寿”、超越“荣乐”而不朽的优秀文艺作品，无不是因为其本身具有永恒的精神价值。作为创作者，可以不拘泥于“文以载道”的束缚，可以标榜“不假良史之辞”，但文艺批评家不可以如此！文艺批评必须“载道”，文艺批评家必须努力做一个发现美、发现伟大、发现永恒、发现人才的“良史”！

二、要坚持公正

公正与公平，是批评家的操守，也是文艺评论的基本准则。刘勰说：“凡操千曲而后晓声，观千剑而后识器。故圆照之象，务先博观。”所谓“圆照”，是刘勰在佛教思想与语言的影响下创造的美学词汇，它表示一种准确、彻底、公正、全面、深刻，没有偏见、差错、遗漏的美学判断。有人或许会问：当今社会，就连一些法官都不能做到公正与公平的时候，文艺批评可以做到完全的公正与公平吗？我们必须承认，文艺评论的确存在主观性，但这“主观性”只能是美学的，而不能是道德的！换句话说，对艺术作品的不同判断，只能是审美习惯与喜好多元化、多样性的表现，而不能是“吃了人家嘴短，拿了人家手短”，更不能“昧着良心说瞎话”！那种蜷伏在权势与金钱之下的“吹捧”文章，是文艺批评的耻辱。

三、要坚持品位

光有理想与公正还不够，还要有品位。艺术评鉴有主观性，但更有客观的标准和品位的高下。所谓“客观”的标准和高尚的品位，是被历史上无数杰出艺术家的伟大作品逐渐培育和不断证明的。中国古代文艺批评中一些既有民族性又有前瞻性的观点和追求（诸如“风骨”说、“气韵”说），世界上不同民族、不同时代、不同艺术领域、不同艺术流派的代表性作品及现当代一些大家的优秀作品，都为“品位”二字做了明确的注脚。反对低俗、拒绝平庸，揭露和抨击伪艺术，是艺术领域的当务之急，也是批评家的职责和《艺术评论》需要长期坚持的原则。

我以为，能做到这三个“坚持”很不容易，但这是对艺术批评的起码要求，更重要的，它还是我们办刊的初衷。让那匹时间的白马疾驰而过吧，我们能承诺的只有四个字：不改初衷。

（原载《艺术评论》2013 年第 10 期）

刘雪纯的启示

第一次面对刘雪纯的画作，很多人都会用“震惊”这个词来表达自己的感受，尤其是颜新元的朋友们。

刘雪纯是画家颜新元的“老婆”[①]，20 世纪 90 年代初我去湖南考察佛教音乐，途经长沙时想参观湖南省博物馆，经同学李路明介绍认识了时在博物馆工作的颜新元。我现在已经不记得在博物馆看到什么了，只记得当时让我震惊的是颜新元湖南民间“水陆画”的私人收藏，无论其规模数量还是其精彩的程度，都远超我的想象。我本以为这些产生在湘楚大地，浸透着无数先民信仰、感情、才华的宗教艺术品早就在历次政治运动尤其是“文革”中灰飞烟灭了，待看到颜新元的收藏，我才又一次见证传统文化的生命力。回京后，我帮颜新元在中央美术学院附中展览馆举办了“颜新元藏湖南民间水陆画展”并为之写序。之后，我们成了朋友，而他的老婆刘雪纯，留在我印象里的似乎只有一个在厨房里忙碌的“影子”和饭桌上淳朴的笑容。

及至有一天，我看到刘雪纯的画作。

“震惊”两个字，没有丝毫的夸张。人们首先诧异的是一个出生并长期

---

① 颜新元:《我的老婆刘雪纯》,《画刊》2007 年第 5 期。

生活在湖南乡下且没有受过一天美术教育的“堂客”，居然会“画画儿”，而且是西洋传来的油画！难道只凭“共枕眠”的缘分与“交流方式”就能把绘画的能力输送给对方?!

更令人诧异的是刘雪纯画作的艺术品质。在这个淳朴寡言的“弱女子”笔下，绚烂的色彩与安宁的心境相融，大胆的想象与日常的事物共显，民间美术的技法与油画的表现方式同在，中国千百年的审美习惯与西方近代的艺术潮流难解难分。面对刘雪纯的画作，你真的很难分清抽象与具象、想象与现实、传统与现代、东方与西方，更难把其归为哪一个流派，哪一种画风。你说她的色彩和构图来自民间美术吧，她又有文人画的淡雅和超脱；你说她消融了笔触的“平涂”和夸张的“变形”是我们祖先的遗绪吧，她又让人联想起西方现当代抽象主义大师的同类手法。人们对刘雪纯的绘画风格和艺术价值可以见仁见智，但对她的才华和在其作品中所表现出的惊人的力量却不得不表示敬佩。

刘雪纯的出现与画作给了我们许多启示：让我们重新思考什么是绘画？什么是好的绘画？在艺术中最重要的是什么？应该怎样学习艺术、学习绘画？

中国古代的《乐记》论述音乐起源的一段话完全适合绘画：“凡音之起，由人心生也。人心之动，物使之然也。感于物而动，故形于声；声相应，故生变；变成方，谓之音。”绘画，也是“人心”对外界事物有所“感”的结果，没有心不行，没有物不行，没有感悟也不行。“感于物而动”是艺术产生的“第一推动力”；而“以心传心”，把感动了艺术家的事物用艺术的手段再现以感动艺术的受众，则是艺术的功用。同时，画家心灵的纯净也是其画作“纯净”的必然结果。刘雪纯画作中的力量，就是通过和她本人一样的平和、宁静、含蓄来表达的。

刘雪纯没有受过正规的美术教育，似乎是“无师自通”，属于“天才型”的“素人”画家。其实，正如古人所言，“外师造化，中得心源”，向大自然学习，并与大自然相近、相交、相知、相通，永远是艺术学习的第一课。而从襁褓时就与刘雪纯同生共栖的湘楚大地上丰富多彩的民间艺术，其耳濡目染之力，其化人入心之深，恐怕是四年正规的学院派教育所难望其项背的！说到学院派教育之弊，也不仅仅是只学技术与技巧不能出画家与杰作，只能出画匠和平庸伪劣之作。更重要的是应该警惕，不要让所谓“正规教育”的过程，成为扼杀想象力与创造力的过程。

刘雪纯没有被“正规教育”扼杀，是她之幸；颜新元有这样一个老婆，是他之幸；我们有这样一个淳朴、自然、直接从大地母亲的怀抱里起身走来的画家，是画坛之幸。

再谈刘雪纯：什么途径可以帮助我们达到艺术的制高点

——在“一家人画展”北京开幕式上的致辞

我跟颜新元是朋友，但是我是雪纯的粉丝和崇拜者。刚才颜新元讲他早年相中他的夫人刘雪纯是一男二女两选一，我当时在想，假如我也在那个画面里，我跟颜新元两男和雪纯一女的时候，我肯定跟颜新元有一拼的。

真的！我对颜新元的创作，他的思想，他的努力，是很有同感的。我们是志趣相投的朋友。但是我必须说，我见到雪纯的画的时候，当时就跟颜新元讲：我更喜欢雪纯的画，我至今是这样认为的。其中有一个原因，我是学音乐的。大家知道，在中国的音乐界，我提倡原生态的歌唱，把全国各地各个民族的和没有经过学院教育的民歌手请到中央电视台来歌唱。

这曾经在“青歌赛”上盛行一时。但是，这个做法得罪了一批因此切身利益受损害的人，很多人不满意，所以去年的“青歌赛”取消了原生态组。为此，我专门在《光明日报》上发表了一篇文章，题目非常简单，就叫《青歌赛不应取消“原生态”组》。

我为什么提倡歌唱界的原生态？我觉得，就像雪纯的画一样，她虽然没有受过专业的教育，但正如戴士和老师说的，艺术就是人的解放，解放的意思就是解脱枷锁。我们很多学艺术的人在学的过程中，不知不觉地就套上了枷锁。

我在路上跟颜开讲，他们这一代跟他妈妈有一个非常大的不同，就是，雪纯画画不必寻找灵感，她本身就是民间艺术里边的因子。她没学画画，就开始了画画。但，颜开这样的一代学院里面的人是有意想学画画，当然颜开也是一个非常有为的青年。颜开这一代人一个最大的特点就是：他们在非常努力地拼命想画好，想寻找自己的路，在艰苦地求索，但他们没有雪纯那样的一份幼年起就拥有的文化的氛围，所以，就不知道往哪走。

对颜开这样的一代人来讲，找到自己的艺术语言、艺术前途，是一个艰难的过程。但是雪纯根本没找，她就是把她闺女剩下来的油彩画在画布上，她的画就感动了我。

我觉得，她的画里既有天资又有人的这种感情，又有千百年来中国民间的传统，同时也受到了西方的现代派的影响。从她的画里能看到很多东西，而且这些东西非常自然地融合在这个装饰性非常强，但是又有生机的画作里。雪纯的画给我们的启发和启示都很多。西方很多画家也是，他们也没有受过美术训练，但一画就好。这是什么原因呢？当然有天资，天资就是一般人所说的“天才”。

我觉得，所有的天才实际上也在学。一个放羊娃唱歌得了金奖，有的人就说：我上音乐学院学了 10 年没得金奖，为什么你给一个放羊的人这么高的分？他以为放羊的人没有在音乐学院学唱歌。放羊的人虽然没有在音乐学院学唱歌，但是，他也在学呀！他在跟他的爸爸妈妈学，跟其他的人学。学习的途径很多，有许许多多的途径都可以帮助我们达到艺术的制高点。

社会有一个关于家庭的“经济”概念，认为私有制产生之后，为了财产的继承才有了家庭。但是，从一个亲情的家庭上升为一个文化的家庭，一个艺术的家庭，这不是每一个家庭都能做到的。

颜新元一家人画画的状态告诉我们，在颜新元这样的一个家庭里，在这样一个社会细胞的单位里，是可以有这样一种最高的表现形式的：一家人其乐融融地创造着艺术！所以，颜新元有这样的老婆，这样的儿女，这样的女婿，这样的儿媳，这样的家庭，是非常令我羡慕的——比我羡慕他的 2 万件艺术藏品有更多的羡慕。

（原载《当代中国画》2015 年第 12 期）

凤凰卫视“中华文化人物”颁奖词

王景贤颁奖词（2013 中华文化人物）

我一直认为，人类早期的戏剧艺术不约而同地选择了用假面（傩）来间离演员与观众，是出于人类的谦卑。但我一直也不明白，为什么人们会放弃自己粉墨登场的便捷而去操弄复杂的傀儡？是出于对神明的尊崇，还是出于对机械的迷恋？是因为审美的需要，还是仅仅为了显示人类无尽的想象力与对“物”的操控力？

直到有一天，我认识了一个人，我才明白：木偶戏是人类童年的产物，却不是戏剧的初级阶段，它比所有其他戏剧都更加成熟，因为它从出现之日起就清醒地认识到：再现的现实是虚幻的，与其自己扮演他者，不如完全塑造一个绝对的他者并赐予它生命。在让我明白了戏剧艺术的本质的同时，这个人还让我认识了一个木偶艺术家的本质，那就是宗教徒般的献身精神、不懈追求、充沛热情，其中最重要的是对祖先遗产的敬畏之心与将其发扬光大的责任感、使命感。

20 年来，他带着泉州木偶团走遍世界各地，当世人用“不可思议”这类的惊叹赞美中国木偶艺术的时候，当世人在北京奥运会的开幕式上看到一个人用手中的30多条丝线出神入化地操控美丽的傀儡的时候，当联合国教科文组织向世界公布“福建木偶戏传承人培养计划”入选“保护非物质文化遗产优秀实践名册”的时候，人们应该记住这个人的名字：王景贤。

2014年1月8日于澳门

田家青颁奖词（2015中华文化人物）

中国人在形容一个人笨的时候，常常说这个人是“木头脑袋”，但是，有这么一个人，他用大半生和木头相依相伴、相知相恋，结下了一世因缘。他不仅视木头为生命，平等相待，用心呵护，从一而终；而且还赋予木头以生命，像抟土造人的女娲，用木头创造出一件又一件独一无二的艺术佳作，让人们听到木头的呼吸氤氲，闻到中华家具千百年悠远伟大的历史。

他用锛凿斧锯展现了“金克木”的千年哲思，他用榫卯的凹凸阐释了“负阴抱阳”的至理大道，他用勤奋把半生的追索凝聚成一本厚厚的《清代家具》，他借音乐的翅膀把近年的灵感不断幻化成有着“明韵”旋律的创新设计。

他，就是中国古典家具领域杰出的学者、专家——田家青。

2016年1月6日于陕西省西安市

王亚蓉颁奖词（2016中华文化人物）

中国古代的学者在解释“华夏”二字的时候说：“中国有礼仪之大，故称夏；有章服之美，谓之华。”在华夏大地上创造生产的美丽丝绸，不但成为古代中国的标志，甚至通过一条以它命名的文明之路连接了世界，给希腊雕塑穿上了衣服，给东方美学增添了“飘逸”一词。

但是，古代的丝绸究竟有多美丽？由于丝绸有机物的属性，多少古墓中无比珍贵的丝织品或已融于泥淖，或在出土的一瞬间化为了尘土！被白居易称为“应似天台山上明月前，四十五尺瀑布泉”的古代丝绸，还能够被今人有幸一睹芳容吗？

多亏了这样一个人，她追随沈从文从事纺织品考古近半个世纪，从现场挖掘到整理、研究，经年累月，孜孜以求。她更是凭着惊人的毅力与耐心、出众的才华和巧思妙手，居然让残破的文明重现。她从古墓的冷水中淘沥出千古匠心，她在一片片残破的丝绸遗骸里寻觅到一代又一代织女们的灵魂，她将被历史的罡风吹散的云霓重新聚拢，她用周秦汉唐的经纬织出了当今中国的文化自信与瑰丽霞光。古代的织女应该感谢她，是她让她们不朽；今天的国人更应该感谢她，是她让中华民族“天上取样人间织”的非物质文化遗产得以复兴并传承不绝。

她，就是古丝绸修复专家、中国科学院考古所特聘研究员，高级工程师王亚蓉。让我们向她致敬。

2017 年 1 月 11 日于广东省深圳市

才让多吉颁奖词（2017 中华文化人物）

各位朋友晚安！

在讲述之前，我先给大家读一段话：“佛教产生于古代印度，但传入中国后，经过长期演化，佛教同中国儒家文化和道家文化融合发展，最终形成了具有中国特色的佛教文化，给中国人的宗教信仰、哲学观念、文学艺术、礼仪习俗等留下了深刻影响。”

请问大家知不知道这段话是谁说的？是在哪个场合说的？

这段话，是习近平总书记在联合国教科文组织总部讲演中的一段话，这一天，是 2014 年 3 月 27 日。我们为什么要记住这一天呢？是因为自 1909 年宣统皇帝颁布《废庙兴学令》之后的 100 多年里，这是所有中国最高领导人第一次正面肯定佛教在中国历史上的作用。

在中国 960 万平方公里的土地上，有多少佛教文化的璀璨遗产呢？从应县木塔到五台山大佛寺、南禅寺，到大同云冈、洛阳龙门，到甘肃麦积山、敦煌，再到乐山大佛……一代又一代的佛教艺术家以超人的毅力，完全抛弃了一切世俗的名利思想和急功近利的行为才为我们留下这些信仰之力与艺术天才的双重创造。

在佛教传入中国后的 2000 年里，有多少佛教徒为创造中华文明殚精竭虑、上下求索；又有多少高僧大德不惜身家性命，越流沙、渡重洋，历尽千辛万苦舍身求法，传播文明：玄奘、鉴真、东皋禅师、弘一法师……鲁迅先生在半个多世纪之前，曾经非常冷静、客观、公正、恰如其分地把他们誉为“中华民族的脊梁”。

藏传佛教文化，是中国传统文化中重要的组成部分；汗牛充栋的藏文典籍和其他中国少数民族古籍文献是中华传统文化的珍贵载体，但由于年代久远、流通困难、保存分散，许多古老的藏文典籍面临着损毁消失的危险。在这样的时刻，有一位普通的僧人走出了他宁静的寺庙，走进了喧嚣的世间，他以“我不下地狱，谁下地狱”的气概，克服重重困难，垒起了高耸入云的“喜马拉雅文库”。他带领团队整理出版了共 95 册 4000 万字的藏族古籍经典《伯东班钦全集》，成就了这部堪称藏文百科全书式的皇皇巨著。目前正在打造的第二部大型丛书《五明学百本精粹》250 册，是继藏文《大藏经》后体量最大的藏文丛书项目。他用新科技接续了历史和今天，用慈悲和大愿为众多藏区的孩子铺建了通往幸福明天的道路。

“深入经藏，智慧如海”，这位为人类骊海探珠、龙宫取宝的僧人，就是才让多吉仁波切。

2018 年 1 月 10 日于广东省深圳市

鸡汤与醍醐

——台湾陈佳宏居士《吟月不孤》读后

目前坊间流传不少“励志”类的书籍，被称为“心灵鸡汤”，或“循循善诱”，或“娓娓道来”；或有“先进科学”支撑，或有奇闻逸事装点；或以古今中外大人物的奋斗史做证，或用历史上真真假假的“名人语录”串烧。其作者，或有“心理学博士”头衔，或是社会公认的“成功人士”。既然名为“鸡汤”，肯定有温补之效，但鸡汤毕竟不能当饭吃，而且，佐料放多了，鸡油没撇净，会油腻烧心；水多料少，又有寡淡无味、故弄玄虚，甚至骗人图财之嫌。

醍醐，本是乳之精粹，在佛经翻译中，选择作为梵语 manda 的译意，意为本质或精髓。悉达多太子苦修多年，未得究竟，也是在尼连禅河沐浴之后，接受了牧牛女的乳糜供养，才在菩提树下顿悟成佛。这乳糜，不就是醍醐吗?

鸡汤，可以暖胃、补体；但只有醍醐，才可醒脑、养心。

读陈佳宏居士的《吟月不孤》，则有饮“醍醐”而有所悟之感。在这本诗散文自传合辑中，作者借诗抒情，以文澄怀，用自己真实的经历剖心。作者坦坦荡荡的心胸、磊磊落落的襟怀、大大方方的倾吐，都非一般“作家”所能为。

其诗，看似平淡，却用极凝练的语句概括了复杂斑驳的人生，也时有弦外之音、惊世之语。比如用“不痛不痒”四个字总结了当今不少生活在“脸书”里的宅男宅女的全部生活；比如用“我真的很感恩，我真的很幸福”两句话来阐述自己对人生的终极态度；比如用“界碑”的形象来比喻人类不可逾越的隔阂；比如用“守经达权”的道理启发人的心性……

当然，他的诗，也充满着诗人的不俗意象和况味，这里仅引一首《有你真好》：

你望着橱柜时
我带你进入试穿
你瞧着时间时
我牵你来到餐馆

云被你紧盯
愕然惊叹你不语可人
水挣脱你纤细指尖
却似筝弦跳跃

有你真好
有风真好
白昼真好
夜幕真好
为你拉开卷轴
添上五颜六色
加水研磨

我人生随你叙说

这首诗，既有“水挣脱你纤细指尖，却似筝弦跳跃”的动感与情境，也有从头至尾贯穿全诗的“有你真好”的充沛而真诚的满足感。以诗论诗，仅最后一句“加水研磨，我人生随你叙说”，也称得上现代诗里的佳句了。

其文，亦如其人：不是那种树干挺直伟岸、树冠葱茏苍翠、隔着十里八里远远望去便知是“成才”的嘉木名树，而是不起眼、不醒目，初看平常，甚至稀松的小树。待看久了，才看出它不是通衢大道旁持枪“立正”的护卫，也不是足以支撑殿堂穹顶的“四梁八柱”或灿烂华盖，它是壁立千仞崖隙岩缝里挣扎而出的一棵老松，皴裂扭曲，如虬似蟒，丑陋怪异，不循常理，不走“正道”。

他的自传，却不是一本《忏悔录》，而更像是一个行者的悟道史，任人生悲苦、心路曲折，依然迤逦前行，凭着的，就是眼前心中的那盏灯。在自传中，他根本不像一个在“告解室”里向神父忏悔的罪人，没有面对“罪行”的纠结、悔恨、痛苦，更没有泪流满面，顿足捶胸，发誓要“痛改前非”；却更像是一个脱却了镣铐的灵魂，无怨无悔，潇洒自然，自如自在，用平常心款款道来，似乎他所说的这个人不是自己，而是别人。他仿佛高高在上，俯视着这个曾经的“自己”，轻轻松松地“讲故事”。因此，我们在读这个出生在“无亲家庭”、没有受过良好教育、一直面对贫困与轻贱的“不良少年”的种种“劣行”时，也没有丝毫的怜悯与同情，反而带着一种类似“欣赏”的态度。这原因，恐怕与作者下笔时的初衷与愿望有关。他为什么要写出自己的经历，为什么要用诗文与读者交流呢？用他自己的话说，就是：

今藉以文会友，盼能鼓励面临环境压力，生活彷徨失落的人，以本人的曲折人生，做为借镜，他山之石可以攻错！更珍惜现有的还掌握手中的机会与决心，不能放弃任何可应用，可寻求的资源，不向命运低头，突破万难，相信必可扭转乾坤，神迹乍现，步向坦途！

这是一个“过来人”的良知，这是一个经历过惊涛骇浪终于到达彼岸的船夫向后来者伸出的手臂，奉献的舟楫。古之大德说过：大迷大悟，小迷小悟，不迷不悟。陈居士把他由迷转悟的过程写出来，叫作“现身说法”，是菩萨行，菩萨道。如有善男子、善女人从中悟道，不啻是得醍醐而灌顶，也是殊胜因缘。星云大师有“三好”之教，即“存好心，说好话，做好事”，陈居士的书，即“三好”之应，更重要的是他用亲身经历告诉我们，只要做到“三好”，坏人也可变为好人！

我出生在大陆一个普通知识分子家庭，几十年也算是经风雨见世面，随社会巨变而载浮载沉。但两岸关山迢递，咫尺天涯，同龄之人，竟走着各不相同的路。因此，我读这本书，又像是读一本台湾底层社会的近代史，新鲜，有趣。读时，间有唏嘘、赞叹、惊诧、难解之种种反应，这恐怕又是作者写时未曾想到的。但，人心都是肉长的，更何况，我们还是同文同种，同是佛弟子，同读圣贤书。

吟月不孤，当然。“秦时明月汉时关”，这朗照两岸千百万年的明月，在天上，也在心中。

2017 年 6 月 9 日

（二）

序文

《法鼓艺术初探》序

法鼓者，佛乐之遗绪也。佛乐者，中国传统文化之奇葩也。今人欲考古乐，欲兴国乐，欲使略嫌喑哑之中国音乐史金声玉振、高歌慷慨，则不可不精研佛乐。所以然者何？僧俗两界，审美之观念异也。乐在俗世，以标新立异为胜；曲在佛门，以衣钵真传为高。故古今俗乐，新奇迭变；佛曲梵呗，一脉相承。时人或嘲某人不趋时尚，辄曰“老古板”。若以此三字谓佛乐，人固以为讥之，余独以为誉之也。老板老腔、古字古音、源远流长，孰可轻之？

试观今日之乐坛，几成流行音乐一家之天下。时人尚时曲，古今一也，本无可厚非。然当今之世，地球变小，传媒发达，一曲乍出，则地不分东西南北，人不分黑白黄褐，旬日之间，众口一词，则不可不为虑也。夫天下大同，圣人之所教，人类之共望也。然世界大同，文化不可大统。全球共唱流行曲，岂是文化兴盛时？天下有识之士，无不视多元化文化构架为来世之大势也。

为此狂潮迭起、新旧嬗变之际，师旷老矣，旧谱星散，识古乐者日鲜月渺。吾辈若不奋力抢救，效诺亚以造方舟，存古乐以飨后世，而听任千年之声绝响于你我之前，则九泉之下，何能无愧于列祖列宗，无疚于子孙后代欤？

郭君得天时之佑，地利之便，孜孜于法鼓研究者，凡数年，终成一帙，可嘉可贺。郭君忠萍，女，天津杨柳青人氏，毕业于天津音乐学院，曾与余同窗四载。当其时也，同学辈大抵皆僭冠“工农兵学员”之冕，独郭君“货真价实”，生于垄亩，长于田畴，且年龄小、基础薄。四年之中，唯见其勉勉然，余无可言。既出校门，各奔东西，无音讯达十余年矣。一日，君忽至，携书稿以示。余拜读匆匆，感喟良多。想昔日同学之中，不乏才高学富之辈，然数年之后，大都如我之碌碌。而郭君潜心专研，成绩斐然，此非为天助，实为人谋也。

蒙郭君嘱为序，某不才，非为可序人之人。然开卷之时，有感、有思、有欣、有虑、有得、有悟，遂成小文。岂敢称序，仅借此以抒胸臆耳。

1988 年岁末于津门

（原载郭忠萍编著《法鼓艺术初探》，百花文艺出版社 1991 年版）

二胡与宋飞

——写在宋飞二胡专辑之前

几年前，我在为宋飞二胡独奏音乐会写的前言中曾说过："在 20 世纪的中国音乐史中，二胡的崛起是一件大事。新旧嬗替，代有因革。当钟磬绝响，古琴寂寥，琵琶与笛、筝、笙、管苦撑着民族器乐的舞台时，从宋元时才见踪迹的外族乐器二胡，却蓦然而现，突兀而起，从中原的穷乡僻壤和江南的小街陋巷登上了民族器乐的宏伟殿堂。"的确，二胡与琵琶、管子（古称筚篥）一样，本是一种外来乐器。但是，在目前的世界乐坛上，二胡已成了中国民族乐器的代表。二胡在中国的流行与崛起，生动地说明了中华文明的包容力和"化腐朽为神奇"的特质。二胡的起源，史家或推于唐时之奚琴，但奚琴"两弦间以竹片轧之"[①]，与宋代沈括所谓"马尾胡琴逐汉车"的"马尾胡琴"还是有较大区别的。因为用竹弓还是用马尾弓，不但是乐器形制构造的重要区别，也应该是不同民族不同的生态环境、经济手段及生活习惯的反映。我以为，宋元时的"胡琴"，才是现在二胡类乐器的真正前身。《元史 · 礼乐志》中所谓"卷颈龙首，二弦，用弓捩之，弓之弦以马尾"的"胡琴"，是可以看成二胡的直系祖先的。

---

① （宋）陈旸：《乐书》。

值得注意的是，这样一件可能与游牧生活有关的乐器在进入以农业生产为主的中原之后，在相当长的一段时间里似乎只在小范围流传。一直到中国的戏曲艺术开始勃兴之后，二胡才找到用武之地——为蓬勃发展的各种戏曲伴奏。在与戏曲艺术载浮载沉的同时，二胡还在另一个领域里辗转呜咽，为一个与娼妓一样古老的职业——乞丐——增加一种乞讨的技术手段。也就是说，仅仅在几十年前，二胡还不过是乡村土台子上的伴奏乐器和乞丐手里的讨饭工具而已。当你在这张唱片中听到宋飞出神入化的演奏时，当你在二胡独特的音色中陶然忘机时，你真该想到：这件乐器如此撼人的魔力，只是这几十年来中国音乐家们共同努力的结果。一件普普通通的乐器在几十年里便取得这样的进步是惊人的。假如说是刘天华给了二胡改换门庭的机会，把一个农家姑娘改造成窈窕淑女，而阿炳把祖先的神灵送给她作为最贵重的嫁妆的话，那么，宋飞及其他一些年轻而才华横溢的二胡演奏家们，则从各个方面增加了这位美女的光彩和魅力。

宋飞是目前活跃在中国乃至世界舞台上的二胡演奏家中比较突出的一个。她出身二胡世家，其父宋国生教授不仅长于二胡教学，且有深厚的民间音乐修养和作曲方面的成就，为宋飞演奏技巧尤其是基本功的训练和音乐感的培养打下了坚实的基础。成人后，宋飞在实践中不断摸索、创新，很快便脱颖而出，赢得了群众的喜爱和专家的肯定。宋飞好学、多思、眼界较宽、气魄较大，存博采众长之志，有卓然成家之象。从这套专辑的曲目中便可看出宋飞的实力：既有经过时间淘汰的经典作品如《烛影摇红》《大浪淘沙》，又有近年来涌现的优秀新作如《阳关三叠》《竹韵》；既有神采飞扬、个性鲜明的小曲，又有像二胡协奏曲《长城随想》这样的大作；既有《二泉映月》这样脍炙人口、经常演奏的名曲，又有像孙文明的《流波曲》这样较少演奏但韵味独特、内涵深厚的乐曲。

梨园行素有“人保戏，戏保人”之说，音乐依然。一件乐器的成熟，是一代又一代优秀演奏家们努力的结果；而一件表现力丰富的乐器，也会成就一个又一个杰出的音乐家。宋飞若是为二胡而生，二胡则是为宋飞而鸣。愿宋飞莫辜负了这个难得的缘分。

舞者如歌

——资华筠与她的随笔集《学而年轻》

资华筠命定就该是一个舞者，但遗憾的是她没能生活在把舞蹈视为生命本质的时代，没能生活在社会上的每一个自然人在“咏歌之不足”时都会“不知手之舞之足之蹈之”的时代。大约从她出生前1000年开始，被儒家礼教笼罩着的中国社会，就已经逐渐将舞蹈从大部分人的生活中剔出了。“正派人”在生活中不再舞蹈。舞蹈诞生时最重要的功能——建筑在肢体运动之上的群体性自娱——从“四体不勤”的汉族知识阶层的社会生活中消失了。人们现在只能用艳羡的目光想象唐代诗人们在酒酣耳热之时的联袂踏歌。宋元以降，除农村的广场舞蹈以外，汉族舞蹈逐渐演变为两个极端：或者以简易的动作与道具祭祀，成为“礼”的廉价附庸；或者作为“声色犬马”的同义词，变成男性社会里女性的一种“娱人”技能。

这是汉族舞蹈的悲哀，本来也应该是资华筠的悲哀。当她选择以舞蹈为职业的时候，她理所当然地遭到老师的反对和母亲的警告。但是，这个当年的小姑娘竟鬼使神差地认定：“舞蹈可以点燃人的心灵！”甚至认为这种不过是“有韵味的动胳膊动腿”居然比“大烟囱冒烟”的作用还大！要知道，那个时候，中国正处在忙着脱却千百年农业社会的旧衣，赶着迈进工业社会的门槛，把“远方的工厂冒青烟”都写进歌词而当成“进步”的时代。所以，以资华筠为代表的一批青年知识分子选择舞蹈作为终生的事业，应该说是中国舞蹈的幸事，也是他（她）们本人的幸事。当她和她的同事们在中国人刚刚“站起来”，正渴望得到承认的时候，从世界青年联欢节上捧回一枚金质奖章之时，她们不仅为自己的选择正了名，同时也为过去总被与“舞伎”“舞女”连在一切的舞蹈艺术正了名。作为舞者，她们是在中国整个阶级社会中第一代受到社会广泛尊敬的人。在此之前，即使宫廷里的“小蛮腰”与“长袖善舞”，也仍然意味着对女性与舞者的亵玩和轻贱。

资华筠的新作《学而年轻》出版了，读她的文章，你可以透过资华筠笔下那些带着传奇色彩的故事，跟着这些新中国的艺术使者像“地下工作者”一样走过罗湖桥，进入当时一些与我国没有建立外交关系甚至带有敌意的国家。出访演出前“风萧萧兮易水寒”般的悲壮送别、饭店里的“策反信”、剧场外的催泪弹、“在特务的眼皮底下看斗牛”……现在看来，恍如隔世；但在当时，却又是多么惊心动魄。新中国给了舞蹈艺术前所未有的发展空间，也给了舞蹈艺术许多额外的负载与机会。当几乎所有的文化艺术都被一个“四旧”的大碗扣在底下的时候，资华筠和其他艺术家一样落到了自己事业的低谷。对于一个天生的舞者而言，不能舞蹈，可能就等于不能呼吸。但是，当事过境迁，当“记忆的筛选器”本能地按照与天地一样博大的原则过滤了一切不须记忆的东西之后，再回眸那一段历史，不少人会对老子“祸兮福所倚，福兮祸所伏”的哲理有了真切的感受。我总认为，“文革”对中国自然科学的发展无疑是一个巨大的打击，但对社会科学与文学艺术的影响，却可能要复杂得多。“忧患出诗人”，抛开当事者的个人感受不谈，如果仅从文学史与艺术史的角度看，人们真该客观地评价魏晋战乱之于阮、嵇，“安史之乱”之于李、杜的巨大催化作用。读资华筠回忆这一时期的文章，人们不难发现，“文革”之后，资华筠一下子成熟了，无论是她的舞蹈还是她的人格。当她重新登上舞台的时候，人们看到，她和许多同她有着同样经历的中国艺术家一样，不但没有在灾难中毁灭，反而像火中的凤凰一样灿烂而有致地飞上了一个新的天地。

舞者的最大敌人，恐怕就是时间了。但也许正因为青春易逝、人生苦短，所以在一个全社会都在感慨“人生须臾”的时代，舞蹈反而会得到充分的发展。魏晋南北朝时“清商乐舞”的发达，就不能不说与当时的社会思潮有关。但是，一个真正的舞者，即使当他（她）告别舞台之后，也依然可以舞蹈——用他（她）的头脑和笔。与一般人对舞蹈演员“四肢发达、头脑简单”的偏见相反，资华筠不但有着挺拔的身姿和柔曼的四肢（这一点在她 60 岁之后依然如此），而且还善学、多思、广读、勤写。看她的舞评和书评，读者常常会像被她的舞姿吸引一样被她的敏锐和睿智吸引。在“艺札书评”中的许多文章里，都闪烁着理论和思想的闪光，也显示了她的美学观念和舞蹈学构架。

古人说：“诗言志，歌咏情，舞动容。”其实，无志者岂能咏情？无情者岂能动容？“情”字，应该是一切艺术的本质与生命。我认为，这本集子中最感人、最有价值的文章，是那些“追思与感念”。读《胖嫂，您在哪里？》等文章，我找到了当初读鲁迅的《一件小事》时的类似感受。在中国知识分子的天性里，有着一种一直保证他们不堕落的东西，这就是知识分子的良知和良心，这就是知识分子与普通百姓之间的血肉联系与那种在民众面前拂之不去的“歉疚”之情。从白居易在田边“今我何功德，曾不事农桑。吏禄三百石，岁晏有余粮”的自责，到鲁迅“榨出皮袍子下掩藏着的小来”的自省，一直到资华筠对“胖嫂”的深情呼唤，一脉相承，灯灯相续，实际上传继着中华民族赖以生生不息的一笔宝贵的精神财富。

写到这里，忽然想到朋友对资华筠的一个评价，说她身上有一种“贵族气”。我不知道在新中国所谓的“贵族气”究竟指的是什么？是舞者中少见的“高级知识分子”的家庭出身？是她读书的习惯或流利的英语？还是她举手投足间流露出的雍容风度及看似不经意却倍显教养与品位的装扮？我倒是觉得，她身上真正的“贵族气”，应该是她那种与生俱来的“众生平等”的思想和广博的善良。她用同样的真诚回忆与感念临时工“胖嫂”和一个北方大城市的市长，她用“记忆的筛选器”忘记了在“文革”中有负于她的人，但她却忘不了所有培养过她的先辈。她不仅多情地爱着舞蹈、爱着祖国、爱着自然、爱着亲人、爱着朋友、爱着许许多多普普通通的老百姓和一切让她爱、值得她爱的事物；同时，她又有幸得到了多少深沉、厚重的爱啊！在《沾满泪水的巧克力》中，那一块老人瞒着小外孙用报纸包着专门留给她的巧克力，不是称得上“情重如山”吗？读到这里的时候，我忽然明白了一个道理：我过去不明白资华筠为什么常常“乐此不疲”似地为朋友们的各种事情帮忙，评职称啦，要房子啦，找工作啦……是因为资华筠自己便是在许许多多朋友们的帮助下长起来的。换句话说，她身上沉积的爱与情太多，她必须时时转嫁出去才不至于被这么多的情压垮。

文如其人。资华筠的文笔也像她的外表，在普通、朴素（在现今社会甚至有点寒碜）的底里透出一种浑然天成和教养。这，其实也很接近所谓的“贵族气”。因为，真正的“贵族”，总是会本能地与“穷人乍富”式的炫耀心理划清界限的。当然，她的文字也有点像她身上的那股“女人味儿”，总要超过她其实很认真地追求的理性。我不懂舞蹈，但我觉得，最难编的舞蹈恐怕是类似《老子》《苏格拉底》《毛泽东》的题材了，因为，人们真的很不习惯接受一个思想着的头颅在肢体动作中呈现。但是，我却有理由期待资华筠的文章会越写越深刻，不仅像她当年挥舞的红绸一样恣意、热情、灵动，还要像她在“CIAO”的发言一样在简洁中蕴含更多的理性闪光。

（原载资华筠《学而年轻》，东方出版社 2000 年版）

《少林功夫国际学术研讨会论文集》序

自释教东传，建寺可谓无数。若论建寺之时间、规模，先建者有之，盛大者亦多。然论其名望，则当推少林。修禅者尊少林为祖庭，习武者举少林为圭臬，弄文者奉少林为智慧灯，播艺者拜少林为无尽藏。四海之内，普天之下，有聋者、瞽者、痴者、愚者，无未闻少林之名者。

少林之名高，名副其实。达摩面壁地、慧可断臂处，焉能寂寂？“禅武同源，禅拳归一”“天下功夫出少林”，岂可寞寞？然佛成而魔生，名显而患藏。一部电影《少林寺》，扬少林之名于天下，亦流曲解佛教之毒于全国。如今少林功夫，声誉益隆，车未进登封，已见武校招牌林立，熙熙攘攘，如过江之鲫，皆以“少林”名之。《金刚经》云：“即非法相，是名法相”，或言此哉?!

商品社会之形成，旅游事业之发展，均为大势所趋，不可阻挡。然利弊相伴，福祸相生，若随其鼓荡，一哄而上，不加引导，则弊大而利微。以少林功夫而言，禅为心，武为表，无禅则无少林，无禅则无功夫。若以商为中心，以拳脚为根本，则少林功夫危矣！

永信禅师深解法相，妙悟禅机，大悲大智，圆润朗彻，遂有此次少林功夫学术研讨会之盛。究其本意，无非正本清源，兴利除弊也。近闻禅师有将少林功夫申报联合国“人类口头及非物质文化遗产”之意，则更为明心见性，功在千秋之举。考其事，申报者所需条件甚繁，然必备者有二：一具极高之价值，二临承继之困境。此二者，少林俱备矣！

会议论文结集，禅师命予为序，予乃一介书生，不通武道，于少林功夫，素存顶礼膜拜之心，愧无忝列门墙之幸。然恭敬不如从命，谨剖心沥胆，坦呈胸襟，岂为危言耸听，实为爱之深切也。颂曰：

少林功夫，四海名扬。
禅心武表，日月崇光。
人类遗产，有待维护。
正本清源，法流长驻。

2003 年 2 月 27 日于中国艺术研究院宗教艺术研究中心

（原载《少林功夫国际学术研讨会论文集》，少林书局 2003 年版）

《中国音乐的历史形态》序

昔年，再生兄之《中国古代音乐史简述》既出，饮誉京城，其体例新颖，裁玉为珠，总括其成，时有创见，可谓林中秀木，独具一格。吾戏称为音乐史学界之一方诸侯，其令人不敢侧目者多矣。

再生兄虽非生于齐鲁，但大半生耕耘于“四面荷花三面柳，一城山色半城湖”之地，教书育人，颇有所成。虽居泉城，远离京畿，然其所思所想，常怀庙堂之忧，难忘魏阙之念，爱乐即恋国，述文即抒情，文章善于从大处着眼，如本集中《传统的音乐和音乐的传统》《横看成岭侧成峰，远近高低各不同——20世纪中国古代音乐史的研究》等篇，皆高屋建瓴，气宇轩昂，有登泰山而小天下之势。集中短文如《至于红梅》等篇，则凝练通达，灵动剔透，可见微而知著，能以小而见大。或因其心慕古风，自恃孔武，遂时有与人争鸣之事，不平则鸣，未失本色。

再生兄出中文系之门，入音乐学之地，经年累月，孜孜不倦，著书以自立，授徒以广学，今启此文集者，可觅吾兄之学问，知吾兄之心胸也。

刘君再生，多年至交也。忆1991年盛夏，吾携妻挈子，赴鲁散心。时大暑，酷热。继南师、再生兄与吾同游，谒寺洗心，戏水澄志。其汗如雨下，酒似泉涌，海阔天高，自由欢畅之境，犹如昨日。或曰：

当年夫子叹喟然，
风乎舞雩浴沂南。
春风不必春三月，
水自青兮天自蓝。

2003 年 7 月 13 日

（原载刘再生《中国音乐的历史形态》，上海音乐学院出版社 2003 年版）

《歇庵诗草》序

戒贤法师，当今之青年诗僧也。师俗名朱国贤，福建福鼎人。其乡虽地僻民穷，然俗存正信，素有尊佛慕道之风。师 13 岁即随其叔父悟邦法师出家兴福寺，14 岁至东南名刹莆田广化寺参学。该寺道风谨严，有“一进山门增道心，南山风范见传承”[①]之誉。其所印经书，流布大江南北。师在此潜心学佛，深海寻宝，龙宫探珠，尤耽于唯识之学。17 岁，毕业于该寺福建佛学院。20 岁于莆田梅峰寺受比丘戒。后至厦门南普陀寺，任教于闽南佛学院。

泱泱华夏，诗盛数千载。国风悠悠，楚辞荡荡，唐诗瑰丽，宋词辉煌。自近世西风东渐，语体诗盛行，旧体诗似成明日黄花。青年读之者盖寡，能以其言志抒情者益鲜。师天资聪颖，才华过人，所出之句，清丽婉转，颇存古意。既无今人诗常有之浮夸病，亦无昔僧诗“苦寒病瘦”“清寒孤寂”之宿疾，安然自在，直抒胸臆，彰显当代青年僧人之襟怀。其叹母哀世之作，尤感人至深，意境已超越僧俗古今之别矣。

或云：“在家则张仁义礼乐，辅天子以扶世导俗；出家则运慈悲定慧，

---

① 赵朴初视察广化寺题诗。

佐如来以阐教利生。”[1]诗虽小道，古之大德无不视为弘法之舟楫。皎然、灵澈之清境，寒山、拾得之自然，贾岛之苦吟，齐己之诗囊，直至近世八指头陀之五律，苏曼殊之七绝，历代诗僧，如灿灿星河，迤逦夜空，蔚然而成中国文学史之奇观。戒贤法师之作，当其遗绪也。

吾与戒贤法师之缘，始于 2004 年春“中华佛教音乐展演团”之盛举。当其时也，海峡两岸佛教三大语系、八大丛林、男女二众共百四十人将巡演于我国台、港、澳地区及美、加诸大剧院。吾与大陆僧众于厦门南普陀寺排练之暇，新加坡弟子陈慧珊[2]引我于师寮饮茶，遂得以结识诗僧。师温文尔雅，心地澄澈，谈吐不凡，遂时时造访，相洽甚欢。或品茗谈诗，或观花赏月，或默坐无言——斗室之中，唯一几、两椅、数枝梅、几曲琴而已。

一日，与师同游寺后半山之阿兰若处，山风习习，树影婆娑，顿觉天地心胸俱清净无碍，几近物我两忘，遂口占打油一首：

浮生闲半日，
已是前世修。
此处能为鬼，
再也不用偷。

诵罢，与师相视大笑。

即归京华，俗务缠身，唯余“忙”“累”“烦”三字。每于触枕欲眠之际，常轻叹一声：噫吁——戒贤师，吾口渴思茶也！

---

① （唐）裴休撰，柳公权书《玄秘塔碑》。

② 时为伦敦大学亚非学院博士后。

台湾佛光山文教基金会欲出版法师诗集，师嘱我为序，即遵师命并窃思日后聊以此文骗取师之清茶半盏耳。

权且为序。

2004 年夏于中国艺术研究院宗教艺术研究中心

（原载戒贤《歇庵诗草》，台湾佛光山文教基金会 2005 年版）

写诗的人永远年轻

——《把爱连起来——鲍和平歌词集》序

歌词界有句众所周知的话："好诗不一定是好歌词，但好歌词一定是好诗。"诗与词，本没有本质的区别，唐诗演变为宋词只是从齐言变为长短句，其"诗"的性质和美学规律则一以贯之，并无二致。当然，诗是读的，词是唱的，读与唱，也不过是"嗟叹之"与"咏歌之"的区别，是同向的发展，是时间的增加，不是两件事。至于将诗词"被之管弦"，音乐化，则无论是"铜琵琶、铁绰板"的"关西大汉"，还是"执红牙板"的"十七八女郎"，也无论是"美声唱法""民族唱法"，还是"通俗唱法"，都是诗人词客的愿望，哪个写诗的人不愿意他的作品被口口传唱呢？

鲍和平是我的老友。20 世纪 80 年代，我在中国艺术研究院随杨荫浏、黄翔鹏二位先生读中国音乐史的研究生，和平则在中国音乐学院的音乐文学班进修，这两个单位，都在什刹海旁的恭王府内。恭王府，原是清乾隆时的宠臣和珅的宅第，嘉庆四年（1799）和珅获罪，宅第入官。咸丰皇帝将府邸赐予恭亲王奕䜣，是为恭王府。恭亲王奕䜣是道光之子，咸丰六弟。在同治、光绪两朝总理国家大政及外交事务，人称"鬼子六"，是洋务派首领。和珅和奕䜣当年气焰熏天自不必说，因盛极一时的电视连续剧而成为当代中国家喻户晓的人物，则是后话了。

在恭王府读书的那段时间，对我与和平而言都是人生中最值得珍惜的时期。一则那时的我们都还属青年，有抱负，肯学习；二则那个时期的中国正处于改革开放的初期，国门乍开，信息爆炸，各种新说异论纷至沓来，我们就像饿坏了的孩子爬上饭桌一样，饕而餮之，吃相不雅。我与和平，常常互相推荐一些新书，也常常就着一把花生米，喝着一毛钱一大两的散装二锅头，坐而论道。恭王府的夜晚是宁静的，竹影摇曳的“天香庭院”、伟岸临风的银杏树、阔大寂寥的几进院落，还有庭院间高墙如仞、暗影婆娑的夹道，以及豪华褪尽但仍使人时时会生思古之幽情的昔日王府的一切，都见证了我们那时的纯真、热情和对祖国、对学问的赤诚。

也就是在那个时期，我其实已经有一种悲观的情绪在滋生。一日，正伏案读书时，同窗在旁吟道：“叹年光过尽，功名未立；书生老去，机会方来。使李将军，遇高皇帝，万户侯何足道哉？”他念得抑扬顿挫，意在李将军遇高皇帝而得展宏图大略的志向与期许。但我，却突然感到一种巨大的、莫名的苍凉。人们常常感慨世上最难堪之事，莫过于英雄老去和美人迟暮，但是，“书生老去，机会方来”的吊诡，不是更令人无奈吗？人的成功，究竟多少赖于机缘，多少赖于自己先天的才能与后天的努力，是因人而异，而且答案各不相同的。我们先后离开恭王府，他回天津发展，我留在北京做事。从此咫尺天涯，各自在命运的旋涡里载沉载浮。一晃 30 年过去了，这期间，有多少春种夏收、秋敛冬藏？有多少清夜扪心、酒后梦醒？有多少孤灯彷徨、通衢慷慨？又发生了多少我们当年或盼望，或期待，或厌恶，或痛心，甚至想都想不到的事呢？所谓“弹指一挥间”，这挥去的，岂止是汗水与青春；而挥不去的，除了那份几乎是与生俱来的责任和沉重的感情外，恐怕就是那份早熟的苍凉了。

和平毕竟比我年轻，而且，我的本质是悲观主义的，和平的本质却是乐观主义的。我最佩服他的，就是他“永不悔改”的天真和热情。多年不见，使我惊诧的是，他居然还在写诗！我曾经说过，一个人如果在 18 岁之前没有写过诗，那么，这个人绝不会是理想主义者，也绝不会是浪漫主义者，甚至不会是一个有同情心的人。但是，假如一个人 28 岁之后还写诗，那么，他要么是职业诗人，要么是永远长不大的孩子。我个人以为，一个人应该在 18 岁时写诗、28 岁时写小说，48 岁之后应该写学术和哲学范畴的东西。当然，我说过了，这只是我个人的看法。

和平的歌词，有许多可以称为诗，可以当成诗来读。这个现在还把自己的心掏出，“把它高高举起来，穿过树林，沿着小溪，要把心给你看”的家伙，简直看不出有一点的苍老、一点的世故、一点的晦暗。一个人 50 多岁了，还可以把心随随便便掏出来给人看吗？还可以仅仅因为一个人“从我身边匆匆走过”就“愿那天重新出现，愿那个情景重复一千一万遍”吗？还可以振臂高呼“明天万岁”吗？还可以说出类似“当我在歌唱大海，我也被大海歌唱”这样疯疯癫癫的话吗？这是不是和平永远长不大的铁证？

但，我却正因为这而佩服他，羡慕他。面对和平诗意盎然的歌词，我在感到自己已经变老的同时，更感到和平的年轻，感到他的热情与活力。

我是久已不读诗了，只听说当今诗坛冷落，诗人与诗都在贬值。这当然不是好事，在当今这个物欲横流的社会，必须有人继续写诗。因为，只有诗，才是对抗物质至上主义的力量。诗，是操守，是坚持，是精神，是理想主义和浪漫主义最后的战壕。只有诗，真的只有诗，连音乐都不行。音乐太容易被物化，太仰仗物质，太难抵御技术与物质的诱惑。诗的纯粹，诗的个性化与非物质性，可以使它永远是精神的旗帜。在中国传统的美学中，“诗意”是一个广泛而深刻的概念，它是一个标准，一个涵盖一切艺术形式的标准。只有达到这个标准的，换句话说，只有具有“诗意”的艺术，才是好的艺术。我服膺这个标准。

和平是诗人，他的歌词是诗。

（原载《天津日报》2016 年 3 月 4 日）

《中原古乐史草稿》[1] 再版序

陈美娥的《中原古乐史草稿》要再版了，美娥嘱我作序。“序”之难写大抵有二：一是受人之托，碍于情面，不得不写，却对欲序之人、欲序之书知之甚少，无话可说；二是对欲序之人、欲序之书有所了解，但见解不同，倘若如实写出，则如当年鲁迅为刘半农的《何典》作序一样，自己倒是说痛快了，却得罪了朋友。我给美娥写序，难在要说的话太多，实在不知道先说什么好！

就从《中原古乐史草稿》的原序说起吧。那篇序文，是我的导师黄翔鹏先生生前所作。黄翔鹏先生，是治中国音乐史的大家。先生的研究，直接承继了杨荫浏先生的衣钵和方法，以史带论、以实证史，进一步推进了中国音乐史研究的学术化。而美娥作为一个南音艺术家而著音乐史，的确是太“业余”。按一般的印象，一贯强调学术专业化、强调史学基础训练的黄先生，是不可能为此书作序的。但先生毕竟作了，而且，通读全文，你不得不承认，黄先生之序，也绝不是囿于情面、敷衍交差的应景文章。先生在这个序里，提倡了一种开放的、富有包容精神和批判意识的、强调感性与直觉的史学方法。其实，由司马迁开创的中国最早的史学流派，是一

① 再版后改名为《中原古乐史初探》。

直存在着大量的感性和直觉的。只是在史学发展的过程中，考据之学及对材料的鉴别逐渐成了史学的基础和重点。让史料说话、让文物说话，的确是最可靠的方法。但是，唯史料、尚考据的史学方法也有其弊，人躲在史料之后，不免使史变得比其应有的颜色晦暗，这一点在治艺术史时尤其显得突出。常常，音乐史写成了“死”的音乐史，音乐发展过程中那些活态的东西，那些一直流传而且至今还在的东西，那些可以被我们用心和感官直接感知的东西，统统被文字的混凝土封在了底下。所以，黄先生对美娥“靠音乐家的直感来看待历史”的“业余”之作，没有丝毫的轻视和不屑，而是积极扶持，并且提醒“从事理论工作的研究者，应该尊重艺术家的感性之论，并且用它来打开自己的某些思路”。

从本书的初版到今天，已经过去了 13 年。这些年里，美娥始终在为南音艺术的存在与发展摸爬滚打、呕心沥血。这期间，有多少风声雨声入耳惊心，又有多少国事家事天下事令人唏嘘啊！假如说黄先生的仙逝是中国音乐史界不可弥补的损失的话，美娥的丧兄之痛对她而言，则更是天地有时尽，此恨无计除。守俊去世后，每次见美娥之前，我都会提醒自己不要提起守俊的名字，以免美娥伤心。但真是奇怪，似乎是鬼使神差，每次却都会提到这位个性鲜明的台南汉子，惹得美娥掩面！唯一的解释，恐怕就是守俊的在天之灵希望我在那时想起他吧？

没办法，看到美娥，就会想起守俊，想起他的豪爽，想起他的热情，想起他的幽默，想起他的“代表性曲目”——他用地道的闽南方言结合卡通式的表演，却坚称是“标准普通话”朗诵的童谣《两只蝴蝶》。只要他在酒桌上用他那“hui（飞）到东、hui（飞）到西”的大舌头和“天真烂漫”的表情献演（现眼），我都会大笑不止，畅饮至醉。

我和陈氏兄妹相识是在 1995 年 9 月，当时我在荷兰莱顿大学讲学并参加欧洲民族音乐学会的年会。在那次会上，我第一次看到“汉唐乐府”

美艳曼妙的表演。在莱顿，我们都住在荷兰的中国音乐学者施聂姐夫妇的家里（那栋房屋，后来建成了一个小巧的中国音乐博物馆）。虽然来自隔绝了半个世纪的海峡两岸，但对中国传统文化共同的挚爱，使我们一见如故。美娥的典雅与美丽及她那身在当时的大陆还绝少看到的中国古典风格的装束，都令我有如见天人之感。而她对南音艺术的执着和对中国传统文化的向往，又随着我们交谈的不断深入而深深地感动着我。老实说，当时这位和妹妹对比鲜明的哥哥给我的第一个感觉是有点怪异的，守俊在我们谈文化时一直像个哑巴，直到那个晚上才露出真面目。那晚，我和美娥兄妹、施聂姐夫妇、英国学者钟思第和陈慧珊一起去酒吧喝酒。酒桌上，大家唱民歌、讲笑话，满座皆欢。酣饮之后，大家抢着付账。这时候，守俊掏出一个塞满了美元的皮夹子往桌上一拍，说："来，大家比一比，谁带的钱多谁付账!"以前，一些台湾商人留给大陆人一种较普遍的负面看法，就是财大气粗、恃富傲人。但那一晚，守俊这混合着豪爽、孩子气、江湖气，甚至还带点直白、粗俗的作风，却不但没有引起我的反感，反而留下了特殊的好印象。

1999 年，美娥兄妹率"汉唐乐府"到大陆演出《艳歌行》，看后，我在《光明日报》发表了一篇名为《穿越时空隧道》的文章。在文中，我借《艳歌行》的观感毫不客气地批评了当代民族音乐的西化倾向。我问道："我们经常听到的所谓'民族音乐'中的绝大部分，为什么和我们在中国古典文学和其他古典艺术中所感受到的意境那么格格不入?"我承认"代有因革，乐随时变"，"但是，那种在李清照长短句里徜徉着的高贵、矜持，那种在青花瓷上凝结着的悠然、闲雅，那种在西湖龙井中蕴发着的清澈、恬淡，那种在《红楼梦》的每一行字里都弥漫着的从容、丰富和大气，那种在中国古典诗词和其他古典艺术中常常能品味到的、被中国文人称为'韵'的东西，我在现在的'民族音乐'舞台上却很难见到了"。而"台湾汉唐乐府演出的《艳歌行》，不但让我们穿越时空隧道，领略了一次久违了的、真正中国味儿的高贵、典雅、悠闲，而且，还给了我们一个新的灵感和启发”。

我所谓的“灵感与启发”，实际上就是我近年来在民族音乐领域提倡的“新古典主义”。我希望我们年轻一代的音乐家，能够接续上被近代的激烈变革打断的文化血脉，把被我们在泼脏水时一起泼掉的孩子捡回来，重新恢复对祖先的尊崇和民族文化自信。我的这些观点，是美娥十分赞同并身体力行的。此后，我多次到台湾访问，或讲学授课，或参加学术会议，或带领佛教音乐团去演出，遂与陈氏兄妹交往渐多。对这对兄妹为南音打拼的经历了解得越多，就越喜欢他们这一家人。美娥的才华与喷薄的生命力、守俊的豪爽与练达、守俊夫人的艺术造诣，都让我越来越熟悉、欣赏。没有想到的是，就在守俊准备引团北上，在北京大展宏图的时候，他竟撒手而去，抛下妹妹、妻儿、事业，以一个非常符合他性格的突兀作风离开了人间。

唯一值得朋友们欣慰与庆幸的是，美娥没有倒下，她在浴火般的痛楚之后，毅然继续前行，戏照排、书照出。就在她沈浸了几年、全身心地准备推出新戏《洛神赋》的当口，她又张罗着将此书再版。我知道，此次再版前，美娥将全书中古籍的引文全部按善本进行了仔细的校对，改正了一些初版时的错误。我以为，这些校正本身，不仅是一种学术的进步，更是对黄翔鹏先生拳拳之心的最好报答和纪念。

黄先生走了，本来应该由先生写的再版序只好由我这个不肖生代笔了。黄先生留给我最深的印象与其说是他的学问，不如说是他的为人。所以，我写此序，也照先生的样子，只写人，不谈学。毕竟，文章千古事，不如一点心。文章是可以作的，心，却是天地之间唯一至大并永存的东西。

2006 年 4 月 23 日于北京

（原载陈美娥《中原古乐史初探》，中国广播电视出版社 2007 年版）

《木卡姆为你送行：周吉纪念文集》序

戊子春夏之交，周吉君来京，授课于中国音乐学院。晨，其弟子久候不见师踪，乃寻至其下榻处。叠唤无应，遂破门入，见君席地而眠，有醍醐氤氲，其态安详，如醉如梦，然已仙逝多时矣！呜呼！“七尺红罗书姓字，一抔黄土盖文章。”众友闻之，无不惊诧哀痛，泣泪唏嘘，久难置信也。

周吉君，江苏宜兴人氏。幼耽音乐，心怀奇志，弱冠即赴疆，数十年白驹过隙，习维吾尔语，学热瓦普琴，深入南疆北疆，纵横千里万里；亲证大漠孤烟直，敢疑长河落日圆。轮台夜雪，铁马常陷崎岖路；莎车晓雾，金月时绕诵经声。其间采风不止，创作不辍，觅龟兹古乐，造边塞新声。漫漫黄沙砺筋骨，莽莽戈壁锻豪情。匆匆万物逆旅，百代过客，谁信汉家儿，竟成维族翁？君由乐手始，而以作曲、指挥、学者终。晚年奔波申遗，身家俱忘，心存何物？唯天地木卡姆耳！

君性豪爽，善酒，暇时偶流连牌桌，广结友，有古侠士之风。当其去也，吾之新疆还复旧日新疆乎？世人若有欲晓木卡姆之端倪者，奚求教于何人？书至此，难复言也！

呜呼哀哉，伏惟尚飨！

田青泣拜

己丑暮春

（原载田青主编《木卡姆为你送行：周吉纪念文集》，文化艺术出版社 2009 年版）

《杨荫浏全集》序

1978年，小泽征尔君[①]于中央音乐学院聆听一少年二胡演奏，曲罢，掩面而泣，曰：“此曲只应跪听之……”今日，举世皆知《二泉映月》之名，皆知华彦钧“瞎子阿炳”之号，而鲜有知杨荫浏之言之功者，此大不该也！

阿炳，天纵之才也。其曲作动于中而形于声，感天动地，千古一人！然茫茫华夏，万千瞽者丐者，纵有师旷之聪，均如草芥随风逝，唯有阿炳留其名！何以故？世有伯乐而有千里马，世有杨荫浏而有华彦钧也！

杨师荫浏，音乐学之泰斗也。古之中国，尊礼重乐；古之文士，左琴右书，然不知何时竟贱乐成风，非但以罪徒为乐工，竟以操琴弄乐为耻也！杨师自幼习乐，博通中西，辨音审声，度曲研律，著书立说，终成大家。因师在，遂有中国之音乐学也！因师在，遂有乐人之不朽也！因师在，遂有中国音乐长河之灼灼轨迹也！

今《杨荫浏全集》问世，凡十三卷，其深其广，时人无可比肩者，今

---

① 小泽征尔（Seiji Ozawa，1935 —　），世界著名指挥家，曾多次率世界一流交响乐团访华。1978年，小泽征尔应邀担任中央乐团首席指挥，他在中央音乐学院聆听17岁女生姜建华用二胡演奏的《二泉映月》后，曾热泪盈眶，说：“……这种音乐只应跪下来听。”同年9月7日，日本《朝日新闻》刊登了发自北京的专文《小泽先生感动的泪》。

人亦难望其项背！昔子期闻伯牙鼓琴，有“峨峨兮若泰山！洋洋兮若江河”之叹，以其语赞师之成就，亦不为过也！

师辞世之前二年，弟子考研投奔门下[①]，未几，师竟仙逝！泪尽之时，曾有《雨霖铃》一阕，今恭而录之，以为序：

春归巷陌，却闻仙逝，月沉星落！十番鼓儿[②]呜咽，筝哭瑟痛，哀凝金钹。只盼耳提面授，竟长辞莲座。泪尽矣，举目高天，乐史皇皇如碑立[③]。

等身著作称巨擘，弄八音，常顾管弦错[④]。古今融会中西，制律管，荀卿惭涩[⑤]。更寻旧曲，应换白石一声欣诺[⑥]。百年后，风吹桃李，乐坛青青色。

2010年1月6日

（原载《杨荫浏全集》，江苏文艺出版社 2011 年版）

---

① 笔者不才，于 1982 年考入中国艺术研究院研究生部，忝为杨荫浏师之关门弟子。1984 年杨师仙逝，黄师翔鹏继为吾师。

② 即十番锣鼓，流行于江浙的民间乐种，杨荫浏幼而习之，其研究见《十番锣鼓》。

③ 杨荫浏师 1925 年即以英文著《中国音乐史纲》，其《中国古代音乐史稿》为中国音乐史划时代之作，故称“皇皇如碑立”。

④ 杨荫浏师之学术生涯，一贯主张理论联系实际。师善笛箫、昆曲，亦精于西洋音乐，且尝以乐律学知识指导乐器制造。古有“欲得周郎顾，时时误拂弦”之说，故言之。

⑤ 荀勖，古代乐律学家，曾制律管 12 支。杨荫浏师亦曾制管研律，且正古人之误也。

⑥ 姜白石，即姜夔（1155？—1221），字尧章，号白石道人，其《白石道人歌曲》为史传唯一有旁谱之宋词音乐，杨荫浏师译之并有《宋姜白石创作歌曲研究》。

不断升华的生命

——资华筠从艺 60 周年庆

“人生有涯”，一个偶然的生命从呱呱坠地到走向众生平等的必然，中间的过程构成了无限重复与无限变化的种种可能。遗憾的是，绝大部分人的生命过程是重复大于变化，只有绝少部分人能够在生命过程中不断升华，就像一个高高跃起的舞者最大限度地延长滞空的瞬间一样难得，资华筠从艺的 60 年，就是一个不断升华、不断向上的生命过程。

从一个优秀的金牌舞者，到一个创立学派的舞蹈理论家，再到一个关心社会、关注人生、在社会生活中独具影响的真正意义上的知识分子，资华筠生命中的每一个阶段、每一次升华，都像一次由蛹化蝶的过程，在最后轻盈一跃、展翅腾空之前，也许有着许许多多不为人知的困惑、彷徨、挣扎、求索，也一定付出了超出常人想象的努力。假如说她早年放弃读书考大学的“正常”途径而做了专业舞蹈演员需要克服的困难主要是来自社会、家庭对舞蹈事业的偏见的话，那么，当她“功成名就”，成为万人瞩目的著名舞蹈家之后在舞蹈理论研究领域孜孜以求、最终开宗立派，以《舞蹈生态学》等一系列著作成功地“华丽转身”而成为舞蹈理论家，则要克服包括自身在内的许多障碍和不足。艺术的实践与理论之间，既有着密切的通道，也有着森严耸峙的壁垒，真正能够打破这壁垒的人，真是太少太少了！这一点，在所有艺术领域里，舞蹈领域尤甚。因为舞蹈实践主要靠的是肢体，靠的是从早期即开始的严格甚至严酷的肢体训练。而理论家所需要的，恰恰是能够摆脱身体的羁绊、“上穷碧落下黄泉”、遨游六合之外的心与脑的历练。我曾在一个座谈会上亲耳听到一位著名舞蹈家谈到资华筠文章时由衷的敬佩与赞叹。那位舞蹈家说：“我读华筠的文章时总在想：她怎么能读这么多书呢？”这句话，是真诚的，同时，也是真实的。它真实地反映了绝大多数舞蹈实践者对资华筠的看法和认识，也同时衬托出资华筠从肢体舞动到思想舞动这个升华过程的难能可贵。

毋庸讳言，在我们目前的教育体制下，常常是从少年就开始的艺术训练普遍存在着重技能轻理论、重技术轻艺术、重身轻心的现象。而基本是从大学本科才开始的理论教学，又普遍存在着脱离实践的弊病。一方面，艺术实践的教师不强调读书、动脑；另一方面，理论教学的教师又远离艺术实践，“纸上谈兵”，喜欢玩玄之又玄的“纯理论”。当前，许多歌手和舞者的表演常常让你觉得他（她）们似乎一辈子没有读过一本书！而读一些所谓“元美学”的文章，你又会觉得作者似乎一辈子没有听过一首歌、没有看过一幅画、没有观赏过一段舞蹈和一出戏！令人尊敬的著名美学家朱光潜最令人尊敬的一句话是他搞了一辈子“美学”之后的大彻大悟：“不通一艺莫谈艺，实践实感是真凭！”

资华筠从舞者到学者的升华给人的启迪很多，先贤曾把一个人的成功归结为三种原因或三种力量的结合。唐代著名的史学家刘知几最早提出一个治史者要具备才、学、识三种不同的优势。清代的大学者袁枚更清晰地把三者的关系比喻为“学如弓弩，才如箭镞，识以领之，方能中鹄”。“才”是天生的，尤其在艺术领域，“才”是第一位的，没有“才”，就是无镞之箭，称不上是武器。“学”是后天的，是后天的学习与积累。有“才”而无“学”，终难成大器。所谓“江郎才尽”的悲剧，常常是恃才轻学的结果。

而“识”却很难说是先天即有还是后天习得，它常常是“直觉”“悟性”与经验统一后形成的正确判断。资华筠有舞者之才，有后天不断的努力与学习，更有在关键时刻“翻身下马”和“纵身上马”的勇气与识见。妙龄之时，她“翩若惊鸿，婉若游龙”，在舞台上“大显身手”；韶华渐逝，她通过艰苦的努力，把“眼、耳、鼻、舌、身”与“色、声、香、味、触”这佛教所说的“五根”“五识”及时过渡到依心而起的“意”，从“色法”而“心法”，从物质的色界转为心与脑的灵界，才能在古稀之年仍能在无形的舞台上展现另一种智慧之美。

从追求“美”到追求“真”，是舞者到学者的转变；而追求“善”与“善行”，则需要另一种升华。作为朋友，我最欣赏资华筠的，其实是她多年如一日的直心、直言与直行。资华筠的直言，是留给所有认识她的人最深刻的印象。她可以拖着病体为朋友和需要她帮助的人奔波，也常常会不顾对方的感受和“面子”随口扔出一句让人不免尴尬的话语。因此，有一些朋友会把自己想说而不敢说的话“委托”她去说，她也曾因言而得罪一些人。依资华筠的聪明，她不可能不知道言行的因果，但她常常不顾后果，“仗义执言”，也曾经多次当众“批评”领导，实践她自己“篡改”领袖语录而形成的“名言”：“严重的问题是教育领导。”就是在这样一种“忘我”的状态下，资华筠完成了她生命中最后的升华，成为一个关注社会和普通人生活的知识分子——知识分子，无关所学专业，更无关学历、学位和职称，而是“关心个人利益之外”的事务的人。作为一个真正的知识分子，资华筠对她个人利益之外的公共事务表现出极大的热情。从数届全国政协委员的提案，到她对周围人与事的臧否与牵挂；从提案在天安门广场为普通民众修建公共厕所，到为了保护中华民族优秀的非物质文化遗产而呼吁、奋斗。应该说，她作为一个公众知识分子的形象是高大的，虽然这个角色身上的光辉没有舞蹈家在聚光灯下那样耀眼夺目。尤其在她年已古稀并身染重病的情况下，她仍然积极关注非物质文化遗产保护的诸项工作，并身体力行，令人不禁在敬佩的同时感叹她生命力的旺盛与坚强。

当然，除了才、学、识之外，成功还需要命运的特别眷顾。讲到命运，我知道资华筠是长存感恩之心的。因为她不能不感恩，命运对她实在是太好了，总是在她生命过程的不同时段给她那个时段最需要、最稀缺的东西：少时，给她姣好的容貌和婀娜的身姿；及长，给她学习的渴望与能力；渐渐老去的时候，不但给她智慧和慈悲的情怀，甚至依然让她长久保持着青春的激情、青春的体态、青春的肌肤！奇怪的是，对命运特别眷顾资华筠这件事，我和她的绝大部分朋友一样，没有丝毫的妒忌或不满。在庆贺她从艺 60 周年的时候，我真诚地祈祷：愿命运继续垂青这个美丽的生命，让她的生命成为一个永远的奇迹！她是值得的！

（原载《甲子归哺——资华筠舞蹈艺术生涯 60 年纪念文集》，文化艺术出版社 2010 年版）

百期话“百”

在中国传统的语境中，“百”字常常是一个虚数，极言其多而已。比如“百尺竿头”“精神百倍”“百折不挠”“五十步笑百步”等，但今天我们《中国音乐学》已经百期的“百”字，却是实实在在、无虚妄、不夸饰的！而这其中浸透着多少人的心血、智慧、劳动，却又岂是一个“百”字了得！

《中国音乐学》始创于20世纪的80年代。那是一个什么样的时代呢？是“百转千回”？是“百废待兴”？是“百舸争流”？在每一个青春恰与80年代重叠的人心里，那都是一个难忘的时代。回忆起那个时代，人们最多、最直接的记忆是：理想主义。就是在那样一个理想高昂、激情澎湃的时代里，《中国音乐学》诞生了。

仿佛就是在不知不觉间，《中国音乐学》已经出版了100期了！这期间，有理想与现实的激荡，有个人与社会的碰撞，有学术与金钱的角斗，有主流与边缘的互换，有观念与思想的交锋，有顺利与挫折的轮替……可以这样说，不管时代与环境如何变化，每一个《中国音乐学》的编者、作者和读者，都为它的成长付出了自己最大的努力。

感谢音乐学界的前辈，他们为庆贺《中国音乐学》100期的出版，寄来了亲笔贺词，其中的深情与深意，后生晚辈当铭记于心！我这里还要特别感谢中国艺术研究院领导的大力支持，有此，我们才能够大胆地说出目前学术出版界很少刊物敢说出的话：本刊今后将杜绝有偿刊载和人情文章，文章能否在本刊刊载的唯一标准，就是文章的质量！当然，为了贯彻这一方针，我们重新落实了编辑三审制，并精简改组了编委会，所有编委都将负责实际审稿工作。为了庆贺《中国音乐学》100期的出版，许多老一辈音乐学家或题词，或赐稿，使这一期刊物平添了无限光彩，在此谨致谢意！

就是靠音乐学界老一辈的扶持和关照，刊物才能走到今天。今后，我们希望中青年学者能够继承发扬音乐学界的优秀传统，端正学风，奋发向上，早日成为中国音乐学界的栋梁。

“百感交集”，应该是我面对100期《中国音乐学》时的心情。在10年前的世纪之交，我曾以《一个悲观主义者的呓语》为题发表了一篇半开玩笑半认真的文章。没想到，当我“预言”音乐学的纸质媒体将“消失”之后仅仅10年，命运就以“反讽”的形式回报了我当年的“反讽”，让我担起《中国音乐学》主编的责任！对我当年“预言”的“失败”，我“百辞莫辩”，只有尽职尽责，像我的历届前任一样，“千方百计”，努力把刊物办好！

“行百里者半九十”，让我们共同努力，祝愿《中国音乐学》有一个光明的、不被任何“呓语”吓倒的、“百福俱臻”的未来。

（原载《中国音乐学》2010年第3期）

会飞的丫头

——《乐心飞扬：母亲眼中的宋飞》代序

人们都知道“知女莫若母”，但不是每个母亲都会写一本书来送给自己的宝贝女儿，更不是每个女儿都能提供给自己母亲足够丰富、精彩、有意义的写作素材。从理论上讲，众生平等，母爱无边，任何一个孩子的一颦一笑，在母亲看来，都是独特的、美妙的、精彩绝伦的！我多年前在我和宋飞共同生长的地方——天津，就亲耳聆听过一个年轻母亲自豪的、发自内心的夸耀：“我儿子的屎是甜的！”但要把自己儿女的成长写成一本书，光靠这种存在于每个母亲心里的天然的感情还不够，说简单一点：您孩子的“甜”，得让别人也认为是“甜”才行！宋飞母亲写的这本书，让我们从一个母亲的视角看到了一个本来和别的孩子没什么差别的丫头，如何一步一步地学走、学跑、学跳，最终飞了起来的过程！

我和宋飞的父亲宋国生老师，是半师半友的关系。“文革”期间，几乎每一个“毛泽东思想宣传队”，都演出过他创作的表演唱《老两口学毛选》，那生动活泼、民族风格浓郁的旋律和当年劫夫创作的“语录歌”一样，至今仍是我们这一代人聚会时酒后必唱的曲目。等我以“工农兵学员”的身份进入天津音乐学院作曲系学习时，赶上“教育革命”的浪潮，把原有的各个系和专业打乱，按军队编制分成几个“队”，于是，民乐系的宋国生老师，就成了包括我们作曲系学生在内的“二队”的“队长”。在其后下乡“拉练”、为贫下中农演出的过程中，我们常常在一起切磋一些和创作有关的问题。但他真正成为我的“老师”，还是在我毕业留校任教和他成为“同事”三四年之后。1981 年，我报考中国艺术研究院音乐研究所杨荫浏先生的研究生，复试时，需要演唱两首民歌并用民族乐器演奏一首乐曲。我的二胡，是自学的业余水平，怕难入杨先生的法眼，于是，“临时抱佛脚”，请宋老师给“拾掇拾掇”。宋老师根据我的情况，建议我拉《汉宫秋月》，速度慢，一来可以掩饰我的“技术差”，二来可以给我一个“表现内涵”的借口。有趣的是，由于时间的关系，我只来得及让宋老师给“拾掇”了曲子的前一半，后一半实在没有时间上课了。但复试的时候，不知道是因为宋老师的“教学效果”太显著了，还是我的演奏实在是“呕哑嘈杂难为听”，反正在我刚好故作深沉地拉到乐曲一半的时候，担任考官的黄翔鹏先生说：“好吧，就拉到这儿吧。”于是，我成了杨荫浏先生的关门弟子，而我从小看着长大的宋飞，有时会嬉皮笑脸地跟我说：“嘿嘿，咱俩还是师兄弟呢！”

真正和我的这个“师兄弟”接触较多，是从 20 世纪 90 年代初期开始。那时候，宋飞已经花枝摇曳，在民乐的舞台上烁烁放光了。有一天，她来找我，让我给她们几个“姐妹”即将组织的“华韵九芳”做顾问。我因为目睹半个世纪以来中国民族器乐在西方强势文化的冲击下，在一种民族自卑感和要复兴图强的强烈愿望相结合后产生的冲击下走进了一条模仿西方、摈弃传统的弯路，曾接连发表了一系列文章，主张中国的民族器乐要回归传统，接续传统，走小型化、多样化的道路，因此高兴地答应了。我曾在《“华韵九芳”与新古典主义》的文章中这样写道：

……那种在艺术上不加选择地强调“人家有的我们也要有”的思

想，那种基于民族乐器和民族乐队“音不准”“音色太刺耳”“音域太窄”“转调不方便”的思路而在竹笛上加键、在二胡上加指板、把阮或马头琴放大后当成大提琴立在地上拉，按照西方管弦乐队的编制和规模组建中国民族乐队的“改革者”们，实际上进入了一个误区。……这种对传统文化的“改革”，是以“鸦片战争”以来中华民族的屈辱史为背景的。在学习西方、振兴中华的历史重压下，这些“改革者”们的爱国心、凌云志及出众的才华和想象力，不得不用在了对西方音乐文化的模仿上。他们虔诚地相信，只要把我们的民族乐器和民族乐队“改革”成西方乐器和乐队的样子，我们民族的音乐文化就能摆脱“落后”的局面。他们不屑于深挖自己的传统，在某种程度上，还有意无意地割裂了传统（如不去挖掘仍在中国民间流传的类似“五调朝元”的固有转调方式，不去向那些能用指法和“口风”在一支竹笛上转五个调的老艺人学习，而宁可牺牲民族韵味去追求“十二平均律”的“音准”）。其思想的深处，其实还是一种隐蔽着的民族自卑感——认为我们的乐器和乐队不如西方的乐器、乐队“科学”；我们的混合律制不如西方的“十二平均律”“科学”。其实，艺术不是科学，在艺术领域，也本没有“先进”与“落后”的区别。不同的民族，只有不同的美感和不同的审美习惯。一个受西方音乐教育的耳朵可能认为西北民间音乐中的“fa”不“fa”，“si”不“si”，觉得那个被西北农民世世代代称作“苦音”的音阶中比本位“fa”高，又比升“fa”低的音“不准”，但正是这个起码已有了两三千年甚至更长历史的音现象，不可替代地构成了我们中华民族，尤其是西北诸民族共同的、长期的审美习惯和音阶体系。同理，在西方“强势文化”进入我国之前的数千年里，欣赏“中庸之道”、喜欢“中和之声”、讲究不同音色的对比和在旋律的横向进行中体现多声思维，有着从北方的“笙管乐”到南方的“十番鼓”“江南丝竹”等几十种合奏形式的中国人，也从没有觉得我们传统的乐队组合中一定要加上什么“低音声部”、一定要用三度叠置的和声才好。

我的这些观点，无论在当时还是在现在，都有不同意见的争论。因此我格外重视宋飞和“华韵九芳”的实践。毫无疑问，“华韵九芳”是成功的，可惜的是，出于各种原因，“华韵九芳”没有能坚持得更久。宋飞，曾经是“华韵九芳”的灵魂人物，但她当时太年轻，而其余的八个姐妹不但和她年龄差不多，又都是各自专业里的尖子。宋飞当时还不具备一个真正的领袖人物应该具有的融合力和包容度。当然，我这个“顾问”也没有当好，没有真正融入这九朵芳菲之中。

现在，宋飞长大了，她不但顺利地走完了一个从天才琴童到成功演奏家的多姿多彩的求索之路，而且实现了一个从演奏家到教育家的飞跃。这最后的一飞，不简单，也更不容易。因为要做好中国音乐学院这所中国民族音乐最高学府的领导，光靠才气加努力是远远不够的，指尖上再厚的老茧和舞台上堆积如山的鲜花都不能代替对中国民族音乐现状的清醒认识和对中国文化未来发展方向的准确判断。一个可以在琴房的硬凳上坐十几个小时、在冰冷的钢丝琴弦上拉十几个小时的身体，应该被一个时时保持清醒与观察高度的头脑所代替。在这篇“代序”的最后，我把我过去曾写过的一段话送给她，希望她能同意并身体力行，贯彻到她艰辛的教学工作之中：

当中国社会由“农业文明”向“工业文明”过渡的时候，在中国民族音乐的一切领域里，几乎都存在着西方文明的强烈影响。在专业音乐教育中，民族器乐的教学也充分体现了对西方音乐教育体制的模仿。在形成了“成批”培养相当水平的专业演奏家的能力的同时，或

> 多或少地牺牲了与传统文化的联系。从刘天华所编写的第一批以小提琴练习曲为蓝本的二胡教材开始，民族器乐的教学便以西方器乐的教学方法、教学原则、教育体制为全面模仿的对象。据说，只有西方的器乐教学方法才是“科学”的，而我们沿袭了千百年的、浸泡在传统文化整体氛围中的、深得禅宗精髓的“口传心授”，却被视为“不科学”“陈旧”的垃圾而遭扫地出门。几乎在所有的音乐学院里，民族器乐的教师们都常常面对着“土”的压力和“洋”的傲然。一种认为在教学中用“琵琶练习曲第6号”就一定比用《老六板》“正规”的偏见由来已久。……以西方音乐教育体制为蓝本、以西方器乐训练方法为参照系的音乐学院民乐系在培养出一批具有高超演奏技巧的“专业演奏家”的同时，或多或少地割断了与我国悠久的文化传统与音乐传统的联系，使音乐院校出来的民乐演奏家们普遍存在着技术强、艺术弱、文化缺的现象。

当然，目前音乐院校的毕业生普遍存在的“技术强、艺术弱、文化缺的现象”不是一天两天形成的，其中的原因也很复杂，所以不会在短时间里改变，更不是宋飞一个人能改变的。但我对宋飞是从来充满信心与期待的，因为我一直认为，宋飞之所以成为宋飞，是因为她有头脑、肯学习、有理想。她不应该仅仅成为一个优秀的二胡演奏家，她应该有更大的成就。今天，当她飞到这样一个高度的时候，我希望她能继续扇动她坚强、美丽的翅膀，像庄子想象中的那只大鹏一样，在民族器乐的苍穹下，完成她华美的转身，完成她宿命中的重任。

因此，我衷心地祝愿她——我的这位“师兄弟”，这个会飞的丫头。

（原载阎璞《乐心飞扬：母亲眼中的宋飞》，湖南文艺出版社 2011 年版）

生命之树常青

——《说王昆·王昆说》序

歌德在《浮士德》中借魔鬼之口说了一句名言："理论都是灰色的，唯生命之树常青。"作为一个吃理论饭的人，我对这句话的理解和感受是复杂的。对这句话的前一半，我既有深刻的认同感，又有一种发自骨子里的不甘心和否定的倾向。但对这句话的后一半，我却是完全感佩并服膺的，尤其是每当我看到王昆大姐或听到她的歌声的时候。2010 年的一天，我听说王昆大姐要复排《白毛女》，因担心她的身体，曾特意赶到她府上劝她。但任凭我搬出多少"灰色的"理论，她的决心却岿然不动。后来我给周七月打电话，让他也劝劝他母亲，七月说："劝了！没用！我们家三个姓周的劝不动一个姓王的！"待到 2011 年夏复排后的《白毛女》在国家大剧院成功上演，在剧场里我看到三个"姓周的"——老周部长和七月、八月这爷仨的脸上，已全是自豪与欣喜！面对这样一个年已 87 岁高龄却依然奋斗不止的老艺术家，你除了由衷的佩服、尊敬、祝福之外，就只有自叹不如了！

就像王昆艺术生命的旺盛与长久令人不可思议一样，王昆留给中国艺术界的启迪与思考也远远超出了"声乐"的范畴。

她是中国现当代革命文艺史重要的亲历者和见证人。七十多个寒暑，从晋察冀到延安，从北京到世界，王昆经历了中国革命所有的辉煌与坎坷！她真的是“党的女儿”，她自从参加革命，便把自己全部的生命献给了自己认定的道路，不改不悔，不折不挠。其中多少白云苍狗、冷暖炎凉，她始终保持着初心不变。难得的是，无论是当年甚嚣尘上的“极左思潮”，还是当今惊涛拍岸的经济大潮，她都不为所动。“我心匪石，不可转也；我心匪席，不可卷也。”《诗经》里的这两句诗，真真切切地概括了这个河北唐县的农村姑娘跟定了共产党之后的人生道路。她晚年执意要复排《白毛女》，不仅仅是一个老歌唱家对自己曾经首演的歌剧作品的依依不舍，也是一个老共产党员对自己曾真诚信仰过的理想的眷恋和致意！“阶级压迫”与“阶级斗争”，这个被 80 后、90 后感到陌生甚至反感的概念，也不仅仅曾经是推动中国社会从积贫积弱的旧中国走向复兴的最大动力，而且也是王昆和她那一代革命者启蒙的思想基础和笃信不疑的信念。

她是中国歌剧和中国民族声乐的先行者和践行者。假如说王昆被选为中国第一部民族歌剧的第一代主演更多的是命运的安排的话，那么，在其后几十年的时间里，王昆对民族声乐孜孜不倦的学习与探究，却是一种完全主动的追求。在中国从农业社会向工业社会过渡的大背景下，当西方文明的一切都成为中国“现代化”的楷模和榜样的时候，当“科学主义”全面击溃中国传统文化的时候，被誉为“唯一科学”的某种唱法一统天下便是可以理解的了。王昆在 20 世纪 50 年代曾经进入中央音乐学院进修并向苏联专家学习“美声唱法”。因此，她经历了许许多多像她一样来自民间的“原生态”歌手被源自西方的“正规”音乐教育“规范”的过程。苏联专家要求王昆“忘掉”她自己的一切（包括她天生的美丽的音色、自然的发声方法及自小便遗传在血液里、根植在生命中的民族的审美观），这个过程对大部分求学者来说无疑是毁灭性的，这种“正规”的教学体系就像西医的“化疗”一样，不加分别地在杀死癌细胞的同时杀死无数健康的细胞。没办法，这是一个时代的思潮，是尊重“文化多样性”思想未萌之前的占统治地位的思想：科学是万能的，它不但凌驾于艺术之上，而且，就像 1+1=2 一样具有“普世价值”，“科学的唱法”也只有一个！

值得庆幸的是，王昆没有被这个高傲而强大的体系毁掉，她及时克服了那个时候人皆难免的崇洋崇新的心理，摆脱了“上洋学堂”的诱惑，实现了自我的复归与救赎。当她重新按照自己的艺术直觉和审美感受“天然”而不是“科学”地歌唱时，她不仅仅找回了那个独特的、充满魅力的、只属于“王昆”的歌声，她实际上是在强势的、源于西方文明的强大文化体系面前维护了民族民间的歌唱权！当然，这个重新找回自己的过程是充满困惑与痛苦的！多年来，身在演艺圈的每个人其实都看到过身边一些原来“会唱歌”的青年歌手在进入专业教育的机器之后变得“不会唱”的现实，而大多数本来燕瘦环肥、高矮不一的青年歌手从这台教育机器的出口出来之后，全变成了高鼻梁、双眼皮、骨肉停匀的“标准美人”！遗憾的是，当这些以牺牲自己的歌唱个性换得一纸文凭的侥幸者被推入社会之后，却只能消失在同质化的人海之中了！

她是慧眼识珠的“伯乐”和成功的声乐教育家。在她主政“东方”期间，发现并提携了一大批优秀的歌唱人才，远征、郑绪岚、成方圆、朱明瑛、牟玄甫等人都是在她的扶持下走向成功的。一直到 2011 年她复排《白毛女》，还发现并推出了一个原来唱河北梆子的青年歌手王娜。作为声乐教育家，王昆最大的贡献就是推翻了所谓“科学唱法”认为“屋子只有一个门，所有人都要从一个门出去”的理念，以多样性的审美观和宽阔包容的胸怀，在充分尊重歌手的特性和嗓音条件的基础上真正做到“因材施教”。她把歌手不同于别人的东西看成“特色”而不是缺点，鼓励学生展现自己，发挥自我。因此，她的学生个个特色鲜明，没有一个是自己的“拷贝”。她的学生不多，但我认为她是一个真正的教育家，因为教育的本质和目标只有一个，那就是成就学生，而不是成就自己。

她是一个人，一个女人，一个妻子和母亲，一个终生不悔、有着远大理想与坚贞信念的革命者，一个好学不倦、喜欢学习、善于学习、精益求精的艺术家，一个被大众喜爱、有着独特音质音色的歌唱家，一个民族歌剧艺术的开创者和七十年如一日的推动者，一个让亲人疼、让朋友敬、让群众爱的生命的奇迹。算起来，我认识王昆大姐，也已经近半个世纪了！我管王昆叫大姐，是因为我们两家是世交。她的四叔王鸿寿和家父是北京大学的同学。中华人民共和国成立后在天津，两家过从甚密。我第一次见到王昆大姐，大约是在1962年或1963年，当时我在读初中。东方歌舞团到天津演出，在第一工人文化宫门口的台阶上，穿着演出服的王昆大姐只问清我"是田伯伯的儿子"之后，便递给我两张票，匆匆赶回后台了。那天的演出，是我一生中看到的第一场高水平的歌舞晚会，这么多年过去了，那天舞台上璀璨夺目的灯光仿佛还在眼前闪亮。当时正值"三年自然灾害"时期，物质的匮乏加上文化生活的匮乏，让一个初中男生眼里的世界完全是单调和晦涩的，但舞台上的光明与曼妙的歌声和舞姿，却让我看到了另一个世界，一个色彩斑斓、光辉夺目的世界！也许，我此生与音乐和艺术的缘分，就是始于这个晚上？

今天，那个在剧场外的台阶上从大姐手里接过两张票的少年，已垂垂老矣！而那个当晚唱完《北风吹》又唱了一首叙利亚民歌《你呀，你呀》的"著名歌唱家"却依然活跃在中国民族歌剧的舞台上。"理论都是灰色的，唯生命之树常青。"此魔鬼之咒乎？

2011年9月12日中秋之日

（原载田青主编《说王昆·王昆说》，中国电影出版社2012年版）

演奏家需要头脑

——在宋国生教授执教 50 周年学术研讨会上的发言

为庆祝宋国生老师从事教育生涯 50 年而出版的这本文集，是宋老师 50 年二胡教育实践的系统总结，他和他的弟子们的理论探索，从一个侧面反映了民族器乐领域的长足进步。我曾经在 20 世纪末给宋老师的爱女宋飞写过这样的话：“‘在 20 世纪的中国音乐史中，二胡的崛起是一件大事。新旧嬗替，代有因革。当钟磬绝响，古琴寂寥，琵琶与笛、筝、笙、管苦撑着民族器乐的舞台时，从宋元时才见踪迹的外族乐器二胡，却蓦然而现，突兀而起，从中原的穷乡僻壤和江南的小街陋巷登上了民族器乐的宏伟殿堂。’的确，二胡与琵琶、管子（古称筚篥）一样，本是一种外来乐器。但是，在目前的世界乐坛上，二胡却已成了中国民族乐器的代表。二胡在中国的流行与崛起，生动地说明了中华文明的包容力和“化腐朽为神奇”的特质。……值得注意的是，这样一件可能与游牧生活有关的乐器在进入以农业生产为主的中原之后，在相当长的一段时间里似乎只在小范围流传。一直到中国的戏曲艺术开始勃兴之后，二胡才找到用武之地——为蓬勃发展的各种戏曲伴奏。在与戏曲艺术载浮载沉的同时，二胡还在另一个领域里辗转呜咽，为一个与娼妓一样古老的职业——乞丐——增加一种乞讨的技术手段。也就是说，仅仅在几十年前，二胡还不过是乡村土台子上的伴奏乐器和要饭花子手里的讨饭工具而已。当你在这张唱片中听到宋飞出神入化的演奏时，当你在二胡独特的音色中陶然忘机时，你真该想到：这件乐器如此撼人的魔力，只是这几十年来中国音乐家们共同努力的结果。”[①]应该说，在二胡这个登堂入室的专业化过程中，宋国生老师的努力和贡献是非常突出的。

他是一个专业的、有独特风格的二胡演奏家；一个早熟的、曾经有很大影响的业余作曲家；一个成功的、桃李满天下、勤于探索和“琢磨”的音乐教育家。作为实践者，他一直追求理论的学习与探索；作为演奏家，他多思敏求，显现出多方面的才华。宋老师的成功有着多方面的原因，除去天资、努力、机会之外，我以为使他超越一般民族器乐演奏家的地方，是他的勤于动脑。我曾经说过我和宋老师的关系，是“半师半友”。所谓“师”，是因为他真正教过我半首《汉宫秋月》[②]；所谓“友”，就是无论我在天津音乐学院作曲系当学生还是当教师，身在器乐系的宋老师，总喜欢和我们作曲系的师生在一起“闲聊”。这么多年过去了，一次次“闲聊”的内容早已忘记，但留在我记忆里最深刻的印象，就是宋老师的“好琢磨”——喜欢动脑筋。一个优秀的演奏家，不仅仅需要灵巧的手指，还需要用心和用脑；而一个音乐教育家，则更需要有理论的指导、探索、总结。

宋老师的许多探索性的理论总结是有价值和令人耳目一新的。比如，他根据自己多年的教学实践，总结出了一个“综合教学法”，强调“以艺术表现为目的，以乐感培养为前提，以科学理论为指导，神、气、体态为一体的，运用各种有效手段，开发学生音乐才能的多角度全方位综合立体教学法”。这样的一个教学法，无疑是对那种长期以来只强调技术、技巧训练

① 宋飞二胡专辑前言。

② 见笔者为阎璞《乐心飞扬：母亲眼中的宋飞》所写的代序《会飞的丫头》。

而忽略艺术与文化学习的“唯技术”教学法的突破与超越。把“开发学生音乐才能”作为民族器乐教学的目标，也显然比把所有学生都培养成“演奏家”的目标更实事求是，也更符合现代教育思想。宋老师认为：“二胡教学和其他器乐教学一样，是一项复杂的系统工程。它的最终目标是要使学生能够在美的思维支配下，充分发挥身体各有关部位的生理机能，有效地掌握二胡的乐器性能，自如地运用各种技术技巧，使演奏获得尽可能完美的艺术效果，进而引起听众情感上的共鸣，给听众以美的享受。”① 只有在这样一种高度上，民族器乐的教学才能够在教学过程中不断探索出一条符合艺术教学规律，既有目的性，又有可操作性的教学方法来。

在具体的教学中，宋老师还总结出“目的与手段，全局与局部，内容与形式等三个方面的辩证关系”，重点探讨了“二胡演奏中体态律动与气息运用”的关系、“二胡演奏中音色与音色的变化”等相关内容。在讨论“音色”的这篇论文里，他从“基本音色”与“变化音色”的研究开始，结合“刚柔”“明暗”“薄厚”“深浅”“干润”“浓淡”等音色的变化与对比，从美学角度对二胡的音色表现力做了深入的分析，具有较高的美学价值。他还结合自己在演奏中的经验，论述了二胡演奏中风格的重要性，从“时代风格”“民族风格”“地域风格”“个人风格”等几个侧面对学生准确表达乐曲的风格提出了明确的要求。应该说，宋老师的理论不同于一些职业“理论家”们的“理论”，全部是他 50 年教学实践的提高和总结，是来自实践、高于实践、从未脱离实践的理论，具有指导性和可操作性。在他的理论中，还可以看出他鲜明的个性：质朴，实际，不花里胡哨，不故弄玄虚。比如他概括的“基本功教学用语中的几个关键词”：“搭上去”“悠起来”“方向感”“量感”“过程感”“对称感”“空间感”，都是他在教学实践中高度浓缩与

---

① 见宋国生《论二胡教学中的综合教学法》。

提炼的关键用语、关键概念。对学生而言，掌握这些关键用语，不但可以使他们免于在黑暗中摸索，易懂好记，而且对他们迅速掌握二胡演奏基本功、提高演奏水平有着“点石成金”的功效。还应该指出的是，就像在他成长期间民间音乐的滋养成就了他日后的作曲生涯一样，宋老师对民族器乐的比较全面的了解和掌握，也对他的二胡专业教学有着非常重要的帮助。他曾经两次为《中国音乐年鉴》写作有关民族器乐的综述，为此，他全面浏览和搜集了有关民族器乐发展的各种信息，阅读了有关民族器乐领域里各个专业的大量文章。在民族器乐教学第一线，像他这样重视提高自己多方面的修养和不断进行理论探索的教师，还是凤毛麟角。

演奏家需要头脑，这似乎是一句废话。但我相信有着 50 年教学经验的宋老师会理解我这句话的含义，也会同意我的意见。长此以往，我们民族器乐的专业教学似乎有很大的成绩，各音乐院校培养的大大小小的演奏家站满了我们的舞台。一个个音乐学院的毕业生，或以能够在两根弦上拉出四根弦的小提琴曲为荣耀，或离座下场，以青春靓丽的身材和舞姿弥补艺术感染力的不足。而更多学乐器的孩子，则一轮又一轮地重复着师兄师姐们的道路，或在枯燥烦琐的技术练习中逐渐磨灭自己对音乐的挚爱，或陶醉在自己指下的“进步”中，把“更快、更高、更强”这原属于体育场上的口号当成器乐演奏的最高追求。面对这积重难返的音乐教育现状，我常常为音乐悲哀，为艺术悲哀，为我们的传统文化悲哀，也为这些无辜的孩子悲哀。但光悲哀没有用，也未免没出息、没志气！我们还是应该以宋老师为榜样，尽心尽力，孜孜以求，在半个世纪的时间里为孩子们的成长和二胡演奏事业动脑筋，想办法。我相信，宋老师的这本书，会给我们一个回答，也会给我们以信心与启迪。

2011 年 8 月 21 日于天津音乐学院

《一本书读懂中国音乐史》序

看着冰琳的这部书稿，有一种特别的快乐。假如说看到子女逐渐长大成人感到快乐，是因为看到了自己生物基因得以延续的话；那么，看到学生的成就而快乐，则是因为看到了自己学术生命的延续。

20 世纪 80 年代初，我的《中国古代音乐史话》在《音乐爱好者》杂志连载三年后结集出版，我的老师黄翔鹏先生慷慨将其论文集《传统是一条河流》中的“短引”赠我以为“代序”。黄先生在这篇名文中把一部中国音乐史比喻为“永远流动”“万古常新”的一条长河，先生以他一贯的激情说：“你要不知道她的流域有多宽广，流程有多长，你就无法理解她的丰富多彩以及这种千变万化的来源。我曾长期地临河兴叹：不肯跋涉千里，怎能穷尽她的全貌？探流溯源有多艰苦，沉浸出没有多费力，而自己对她的无知又多可怜啊！”

先生赠我序言的时候，我正在中国艺术研究院研究生部攻读中国古代音乐史专业。我 1982 年入学时，导师是杨荫浏先生。但 1984 年初春，杨师仙逝，黄翔鹏先生继而成为我的导师。许是我三生有幸，得以先后追随这两位中国音乐史界泰斗级的人物。在这里我想说的是，在和黄师接触的日子里，他对杨荫浏先生的尊重和爱戴，给我留下了极深的印象。无论何时，黄师提到“杨先生”三个字的时候，都是那样恭敬谦卑，时时事事不违尊师之礼，让我等后生晚辈亲眼看到老一辈学人的品德、礼数和深厚的师生之情。

冰琳在随我攻读中国音乐史专业的博士之前，是再生兄的硕士弟子，培养了较好的学习习惯，打下了较好的学术基础。她为人良善、聪颖好学，在写作她的博士论文《历代琴僧研究》的过程中，她一方面深入经藏，一方面多方参访，在占有大量史料的基础上较清晰地梳理出中国历史上曾存在过的琴僧现象，对研究佛史和琴学都有较大的学术意义。而她的这部《一本书读懂中国音乐史》，则几乎是我当年《中国古代音乐史话》的“升级版”，无论其普及中国音乐史、弘扬传统文化的目的还是读者群体的定位及写作手法和风格的追求，都一脉相承。不同的是，她的书不仅仅局限于古代史，还一通到底，接续了中国近现代音乐史。其选题丰富而精当，论述准确而明白，其规模更远超我当年的框架。“青出于蓝而胜于蓝”，是当然，也是必然。

所有生物的本能概括起来其实只有一点，即保证个体生命的生存和延续。来自《诗经》时代的成语“瓜瓞绵绵”，就是生物 DNA 绵延存续的礼赞。而因亲眼看到自己的学生把自己的学术生命接续下去的快乐，恐怕只有人类才有。

几点回忆与感受，算是序吧。

（原载司冰琳《一本书读懂中国音乐史》，中华书局 2013 年版）

清音赋流水　泼墨写云山

——杨秀明音乐·绘画展前言

音乐是时间艺术，绘画是空间艺术，在常人看来，二者分别而对峙；若依佛法来看，则时空不二，音画一如，时间空间，密不可分。音乐当然是“情动于中，故形于声”；绘画虽是状物肖形，但也是“感于物而动”，两者其实都是人对客观世界的主观反映和情感抒发。面对娑婆世界，中国文人用琴弦和画笔创造着无尽的艺术，同时，也形成了“左琴右书”的千古风流与人文传统。

杨秀明，我称其为“最后一个传统文人”。因为他既没有读过音乐学院，也没有读过美术学院，其艺术造诣，均来自民间传承和以自学为主、游学为辅的传统修习方式。作为著名古筝演奏家，“潮州音乐”国家级非物质文化遗产传承人，他可谓名满天下。但他兼善丹青，长年习画，则世人多不知之。此次“杨秀明音乐·绘画展”不但展示了这位长年生活在“海滨邹鲁”的修行者的禅筝艺术，也第一次让人们欣赏到这位“素人画家”的精彩画作。

刘勰《文心雕龙》中说：“异音相从谓之和，同声相应谓之韵。”谢赫在《六法》中首先推崇的也是“气韵生动”。这个“韵”字，是中国音乐与中国绘画共同的追求。杨秀明的古筝，得潮州音乐之真谛。多年前，我在为他的唱片所写的序中，曾这样评价他的音乐：“深得中国传统文化之精髓，雅而不矜，丽而不俗，动中有静，静中有动，清朗恬淡，光明洞澈。如莲花不着水，如日月不住空。”

他的画，亦如他的音乐，自然脱俗，随意泼洒，直逼禅境。当年赵朴老曾为其所绘长卷题词曰：“海潮往复高低呗，林鸟和鸣大小弦。早许音声为佛事，不期画笔落梵天。溪头池角鱼蛙乐，牛背山腰岁月闲。画到未生前面目，雄鸡一唱破重关。”

“未生前面目”哪个能参破？且听“雄鸡一唱”，试看天下，白也未白?!

2013 年 10 月

从人到猿
——刘若望雕塑艺术的哲学意味

把雕塑艺术称为“凝固的音乐”，把音乐艺术称为“流动的雕塑”，似乎已经是老掉牙的比喻了。但我一直认为，无论是雕塑还是音乐，也无论是其他的任何艺术，假如能上升到哲学的高度，甚或有一点哲学的意味，才是艺术的至境。当然，艺术与哲学，是人类认知世界、表述世界的两种不同的智慧表现形式，哲学的高度抽象与理论性和艺术的直观与感性，似乎截然不同。但也正因为其不同，才使艺术与哲学在一个更高的层面有了互为参照与超越自己的可能。

在刘若望的雕塑作品里，总有一丝哲学的意味。

第一次看到他的作品，是在“798”那个小小的广场。那天，我应邀去参加另一个艺术家朋友的展览开幕，在寻找我要去的那间展厅的时候，我忽然看到了那群狼。

那组雕塑被命名为“狼来了”，但当我突然遇到这群狼的时候，却根本没有想到这个为了教育孩子不要撒谎而充分普及的儿童道德故事。我记得当时的那种莫名的震撼，也许是因为“突然”，我似乎真的在荒原上独自遭遇了一群狼，触目惊心！

但凡让人感到震撼的艺术品，不仅仅是它的体量和力度，常常还要有

“出人意料”的创意和手段。“狼来了”就是如此，这群混合着野性与神性的动物被刘若望“请”到这里，在唤醒人类集体潜意识里的恐惧的同时嘲笑着人类——这个在千万年残酷“生存竞争”中的胜利者。同时，它还强迫重新面对这个物种的人们考虑：当这个人类的“世仇”真的从这个世界上完全消失的话，那么，人类的“胜利”究竟有什么意义？为了个体的生存与种族的延续，不断在物种内外进行你死我活的争斗，似乎是“进化论”描绘给我们的真实图景。但是，生命的终极目的就是为了用自己的生命去消灭其他的生命吗？

面对这群狼，我感到后脊梁一阵阵发凉。这种恐惧，与千百年前我的某个祖先在荒原上遭遇真实的狼群同样真切！但是，与祖先“逃跑”还是“拼命”的选择难题不同，我的困惑似乎更加沉重，也更加难解。面对这群在现代生活中已经基本消失、更多地存在于故事、神话或动物园里的物种，我不得不想到人类的命运和未来。人类，被我们自己称为“万物之灵”，俨然是世界的主宰。为了人类的生存甚至远超生存需要的贪欲，我们一直肆无忌惮地攫取着这个星球上的一切资源，无限制地扩大着“文明”的领地，而且，理所当然地、毫无内疚地消灭着一切“人类的敌人”。今天，面对自然资源的迅速枯竭、环境的急剧恶化和人类无休止的贪欲与野心，人类的处境，恐怕比我们的祖先在荒野里遇到狼群还要危险！那个代表人类挥锏与狼群对峙的武士，显得那样的力不从心与渺小。他的英勇显得可怜巴巴，而他的孤独，却分外深刻而强烈。人与狼，在同一个时空里，有着同样的壮烈，同样的无奈，同样的悲剧性。在汉语的语境里，狼从来都是残暴与凶恶的代名词，“狼子野心”“狼心狗肺”等成语，似乎寄托着人类对狼的深仇大恨。但，正如佛家所说“境由心造”，存在于人心中的贪欲，是比“狼来了”还要可怕的威胁。

刘若望的其他作品也有着同样的“列阵”方式，同样的规模，同样的大气磅礴，同样的震撼力，也都促使读者由观照而生哲思。读他的《东方红》及《尚武》系列、《天兵》系列、《车马仪仗》系列、《原罪》系列，似乎看到了雕塑家一条清晰的思想轨迹。假如说在《东方红》系列里那群仰天高歌的陕北壮汉让我们产生了个体与群体、大众与英雄、历史与现实、歌声与枪声等一系列由“革命”而引发的思考的话，那么，在《人民》《尚武》《车马仪仗》里的形形色色的百姓与士兵，却让我们进一步思考人与人、心与物、文与武、对与错、和平与暴力、使命与责任、胜利与失败、草根与精英等一系列值得深思的问题。

刘若望在他一系列作品里对故乡的回望、对历史的凝视、对人生的思考没有停留在形式和感性的层面，也没有局限于对个人命运的追索与诘问。当他最终发现他充满感情塑造的陕北乡亲与跃马挥刀的武士们，都像那些在家乡黄土地下埋藏了 2000 年才重见天日的“兵马俑”一样，白白浪费了孔武与忠诚的时候，他应该感到了“人”的无奈，甚至感到“人民”的软弱与无力。人民，这个在我们的教育里被赋予了无限希望、终极力量、道德的制高点乃至一切政治的天生合法性的群体概念，被雕塑家用泥土、青铜、生铁、玻璃钢和他凝重、稚拙甚至呆板的群像不断地重复表达。的确，这个生在陕北黄土地的雕塑家“宿命”般地被笼罩在“兵马俑”的气场里，他的许多表现“人”的群塑，都似乎在回应来自故土、来自地下的“俑”的咏叹。当高度褒义的“人民”被还原为“芸芸众生”之后，失望与无力感便是所有理想主义者必然产生的情绪。

于是，雕塑家把目光从地下转到了天上。他的《天兵》系列，反映了雕塑家试图摆脱“俑”的阴影和“人”的束缚，克服“群体”的无力而做的尝试。那些身穿古代甲胄、锤击导弹、刀斩航母、充满神力的“天兵”，不再列阵，不再做无谓的集体冲锋，而是用貌似原始的冷兵器与现代化的武器“单挑独斗”！我们可以从这组作品中领略到雕塑家瑰丽而充满趣味的想象力，看到雕塑家幼年时代沉浸在神怪故事、武侠小说里的灵魂，也能悟到雕塑家希图用传统文化对抗现代文明的理想，但我们不知道雕塑家弃“人”归“神”的转变是给了他新的希望，还是给了他更深刻的无力感？

终于，《原罪》系列横空出世！那群兀立在莽原上的巨猿仰面苍天，如泣如诉，如怨如怒，在空寂寥落的地平线上发出了“大音希声”般的呐喊。不知道为了什么，当我看到这群猿的那一瞬间，我仿佛听到了元杂剧《感天动地窦娥冤》里窦娥撕心裂肺般的吼唱：

> 没来由犯王法，不提防遭刑宪！
> 叫声屈，动地惊天！
> 顷刻间，游魂先赴森罗殿，
> 怎不将，天地也，生埋怨……

怒斥天地的激情，被雕塑家用巨猿充满力度与紧张感的巨大身躯和不可名状的表情传达给观众，令人震撼，令人惊悚，令人深思。这群将苦与痛、呐喊与沉默、力量与无力感杂糅在一起的动物的“天问”，更将“我们从哪里来，又到那里去”“你是谁，我是谁”的古老哲学命题横亘在我们面前，让我们无从逃避！

在这群巨猿面前，我又想到了那群面貌同样狰狞可怖的狼和那个独自面对狼群的武士。雕塑家从这个孤独的“人”开始，经历了凡人（《东方红》《人民》）、武人（《尚武》）、贤人（《高山流水》）、圣人（《高山流水》）、半人半神（《天兵》《战神》）等不断的寻觅，最终又回到了野兽（《原罪》）。雕塑家在他短短的几年时间里，用他一个接一个的系列作品，从始点到终点，画出了一个巨大的圆。这个圆，正如人们所熟悉的太极图，极抽象、极概括地体现了中国古典哲学的美与精粹。而雕塑家正是用他勾勒出的这条“从人到猿”的轨迹，在嘲笑了“从猿到人”的进化论的同时，揭示了人类苦苦追索的思想轨迹。假如说那个孤独面对狼群的武士反映了人类今天的整体困境，而用冷兵器战胜了导弹、航母的“天兵”反映了雕塑家对“人民”的失望，那么，这群猿的出现，则分明体现了雕塑家在绝望中的呐喊。

面对现代文明，这个给人类提供了无限可能同时又暗藏着无限危机的怪物，雕塑家把这群猿用他习惯的方式列阵排开。我们听不到群猿无声的呐喊，也不知道这群野兽是“代人请命”，还是“替天行道”；我们更不好武断地推测“从人到猿”仅仅是雕塑家创作题材的随意选择，还是他深思熟虑、蕴含深意的天才之笔。但我们可以肯定地说：生物学的理论无论如何解决不了人类面对的基本问题。当“科学”超越所有宗教赢得地球上最多信徒的时候，当“进化论”培养出的“科学家”们发明了越来越多“转基因”食品和铺天盖地的化肥、农药、抗生素、维生素的时候，“万物之灵”面临着从未有过的危险与挑战，“发展”的“硬道理”遇到了无数剪不断、理还乱的“软阻力”。虽然玛雅人的预言被证明系子虚乌有，但不断龟裂的土地、不断干涸的河流、越来越频繁的恶劣天气和自然灾害，让人们不得不审视自己的行为是不是“触犯天条”，因而开始遭到大自然的惩罚？

真的希望达尔文的理论是对的——当人类毁灭了自己之后，衷心祝愿猿们再次“进化”成人，开始下一个轮回。

人啊！人！

2013年3月31日

（“从人到猿——刘若望作品个展”序，北京798艺术区闳约艺术馆，2013年4月）

《京西民间佛事音乐及其保护研究——以张广泉乐社为个案》序

我一直相信师生之间是有缘分的。2008 年博士招生时，时任中国艺术研究院音乐研究所所长的张振涛非常恳切地对我说："咱所的硕士毕业生姚慧今年报考你的博士。这孩子的父亲刚刚遭遇车祸，撇下她们娘俩，她母亲没有工作，她之前一直准备考博士也没有找工作，假如考不上，我怕她痛上加痛，承受不了……"面对一个女孩的困境，而且她考试成绩也不错，我便毫不犹豫地收了她。姚慧不善言谈，因遭丧父之痛，话语更不多，加上我之前并没有特别注意过这个学生，所以我始终没有对她寄予什么厚望，只希望她能够按照学院的要求顺利毕业就好。可当最后我看到她的博士论文全稿时，不免大吃一惊！她用三年的努力与勤奋完全颠覆了我对她的最初印象，甚至改变了我对女孩子做学问的看法。

说起来，姚慧与佛教音乐也有一点缘分。姚慧来自内蒙古，在博士论文最初选题时，我们拟定的是一个关于长调的题目，她也曾花费了一整年的时间深入内蒙古锡林郭勒盟草原深处进行长调的调查，后终因语言障碍难以深入而不得不放弃。后来，我为她选定了"张广泉乐社"作为研究对象。在做此题目前姚慧可以说对佛教一无所知，没想到，当她开始阅读佛教的相关经典与文献时，却有一种似曾相识的熟悉感，这使她很快进入了状态。由于张广泉乐社的京西民间佛事音乐的主要表演场合是丧葬礼俗，而丧父之痛对于姚慧来讲，不仅仅是刻在一个年轻人生命中的一道伤痕，而且是一个契机，使她在对死亡有了面对面的真实体验之后，能够真真切切地融入民间丧礼及佛事音乐中，解丧父之悲情，悟佛事与佛教、丧礼与音乐、个体生命与社会人生之间的文化与心理关联，并且把这种感同身受的切实感贯穿到她的研究与写作中，笔触间往往饱含深情。通过她的文字，你能读到一个有理想、有追求的青年学者对生与死的哲学思考与文化诠释。

对于佛教音乐与民间音乐的关系问题，音乐学界时有讨论，但结合某一个具体个案、具体深入剖析佛教音乐与民间音乐的互动转化过程的研究并不多见，姚慧以翔实的第一手田野资料为依据，对佛事音乐的民间化过程的关注值得肯定。全书以京西张广泉乐社为论述对象，以职业乐人为主体，紧紧抓住其生存环境、方式和策略等基本特征，剖析并论证了京西佛事音乐走向民间化、习俗化的必由之路。她通过从禅念为主的公本焰口到片段器乐穿插在佛事仪式中间的智化寺音乐焰口，从大打铙钹的法器门焰口到吹唱合一、随腔伴奏的新型焰口演变过程的研究，勾勒出了佛教音乐进入北京民间的清晰轮廓，突出了丧葬礼俗对民间佛事仪式及其音乐的塑造意义，其论对理解中国其他地区佛教音乐与民间音乐的关系具有一定的参考意义。在对“寺庙佛事音乐”向“民间佛事音乐”转化的论述中，姚慧将丧葬礼俗作为全书界定佛事音乐与民间佛事音乐的主要依据，准确地论断了民间传统丧葬礼俗的作用，从而确证了丧葬礼俗是民间社会与国人生命的根本需求，而乐人则因适应并满足了此需求才得以生存与发展。

姚慧跟随我读博士的主要研究方向是中国非物质文化遗产保护研究，因此除了对京西民间佛事音乐进行个案研究之外，她还对宗教类非物质文化遗产的保护给予了重点关注。在当下非遗论文迭出而深入精彩之作难觅的研究现状下，姚慧的思考与探索则更显难得。中国的主流意识形态受“宗教是人民的鸦片”“宗教是迷信”等思维模式的束缚，长期对其采取彻底否定的态度，受其影响宗教类非遗的保护在中国近十年的非遗保护工作实践中，也变成了一个不仅重要且困难重重的敏感问题。最初，不论是政府官员，还是学者大都对其采取保守、回避的态度。经过专家学者的努力，虽然有些项目通过“改头换面”的策略进入了国家名录体系（比如湘西土家族传统的丧礼乐舞以歌舞中的衬字“撒叶嗬”为名而进入名录），得到了间接的保护。经过十年来的努力，全社会逐渐开始认识到宗教和丧俗等非物质文化遗产的保护是一个不可回避的问题，认识到将音乐、舞蹈、绘画等具体艺术形式从其宗教文化整体中抽离出来的保护方式已经给中国的非物质文化遗产带来了新的问题。

针对这些问题，姚慧本书下篇的四章从当下民间佛事音乐的变迁入手来论证宗教类非物质文化遗产和基于信仰的丧葬礼俗的保护问题，将这一课题的学术意义和实践价值做了准确的定位与提升。因为有上篇的研究基础，下篇对“保护”的论述透着丝丝入扣的切实感而显得理由充分，举措得当，切中保护之道的要津。四章的论述层层深入，姚慧用了将近三分之一的篇幅，系统全面地阐明了她的核心论点：“保护的前提应是正确辨明宗教文化、信俗文化现象与‘迷信’事象的区别，认识到把‘迷信’强加在许多文化遗产的头上是西方二元论思维及我国特定历史条件下政治运动的后遗症。若剥去宗教类非物质文化遗产和丧俗身上多年被包裹着的政治外衣，它们只是一种不带任何阶级属性的中性的文化，一种中国人日常生活所必需的世代传承的生活经验。因此，我们应该将京西民间佛事音乐作为宗教文化整体中的一部分进行保护，而不是使其从宗教、丧俗的文化整体中剔除出去，单纯地实现俗化、空心化的纯艺术形式的保护。”这些尖锐的批评和论断在当下是有重要价值的，尤其是论文中“解读迷信”的部分整理发表后，得到了中国社会科学网、中国民族宗教网、中共中央党校中国干部学习网、佛教在线等多家网站转载，可见该文的现实意义。姚慧的每一个阐述或环节，你可能不一定完全同意，但是她的论文反映了青年一代知识分子的思想，而且对我们几十年形成的一种思维定式进行了有理有据、合情合理的分析和批判。

总体来说，作为进入学界的第一本专著，姚慧此书具有以下特点：结构合理，条理清晰，论述充分，论证有力，文笔晓畅；分析与议论，描述与阐发结合自然，多有不落俗套的独到发现和解放思想的果敢直言，没有就事论事，视野开阔，由小见大、由近及远，层层深入开掘，抓住关键，集中揭示本质；正反比对，论辩求证得体；材料翔实，解读游刃有余；在抓住特点、突出重点、关注热点、解读焦点、探索疑点、强攻难点等方面都有较明显的突破，可以说是非遗保护研究领域的一部优秀著作。

姚慧志存高远、心无旁骛、踏实勤奋，对学术有着强烈的热情与兴趣，她常常说自己做学问乐在其中。在博士论文答辩会的最后，姚慧面对所有的答辩委员说，希望可以在之后的人生中坚持走学术的道路。在当下这个匆忙奔跑的社会，我不知道还有多少年轻人愿意静下心来坐冷板凳，愿意把自己的一生与学术捆绑在一起。当然这样的誓言，不应该只是一句简单的空话，她需要有足够的勇气来迎接现实的冲击与考验。姚慧家境贫寒，父亲离世后，她与母亲相依为命。2012 年姚慧有幸在中国社会科学院民族文学研究所做博士后，没有经济来源，只靠微薄的博士后工资维系娘俩的生活。在出站找工作时，她仍然面临着是否要坚持做学问的选择，生活的艰辛与面对生活的无力感并没有折损她的决心与坚守。对她这种几近执拗的坚持，我亦喜亦忧。我深知在当前的社会条件下这份坚持的不易与甘苦，更知道当前青年知识分子择业的困难。为了帮她找到一份合适的，既可以发挥她的才能又有利于社会的工作，我可以说是煞费苦心！虽然其前途尚不明晰，但我相信天不负人，只要姚慧一如既往地奋力前行，不但她所经历的一切必将成为她一生的财富，而且也一定会有她报答父母恩、国土恩、众生恩的机缘！

（原载姚慧《京西民间佛事音乐及其保护研究——以张广泉乐社为个案》，商务印书馆 2017 年版）

知感恩者命不薄

——为“‘飞跃巅峰’宋飞与北京交响乐团音乐会”而写

宋飞又要做音乐会，出唱片，找我求序。

我说：“写过好几篇了，哪儿还有可说的？”

她说：“我这次的音乐会，不为别的，就为感恩。”

我问：“感谁的恩？”

她答：“父母、老师、同学、学生、作曲家、演奏家、观众……多了去了，没有他们——当然还有你——哪里有我？”

于是，我“忽然想到”，对宋飞，我还真有话说。

说她的天才？说她的演奏技巧？说她的勤奋刻苦？说她的好学聪颖？说她的爸爸宋国生对她的培养？说她对二胡事业的贡献与责任？

这些，我早就说过了。

但，感恩，我还没有说过。

这没说过的，其实最重要。

宋飞知道感恩，我特别高兴。她有今天，该感恩的人太多了。

没有当年“马尾胡琴随汉车”的多元一统的中华文化交融的先驱们，就没有“胡琴”的称谓。

没有阿炳的传承与坚守，没有刘天华的改良与创造，没有蒋风之、张悦、张韶、闵慧芬、王国潼，包括其父宋国生在内的一批二胡演奏家的努力，没有刘文金等一批作曲家的创作，二胡不可能在“胡琴”家族中一峰突起，在其“兄弟姐妹”们仍然主要作为戏剧曲艺的伴奏乐器和地方音乐的特色乐器的时候，成为音乐会独奏乐器和各类民族乐队的主奏乐器。

要感恩许多“无名英雄”：一个小小的活动“千金”的发明，一种借鉴小提琴的“揉弦”方法的使用，用金属线代替丝线，“把位”的增加及音域的扩展……这些很难一一找到“首创者”的看起来不起眼的“小”改变，能够迅速普及并在短短的一两代人的时间里成为主流，以至让今天年轻的二胡学生以为“自古如此”，的确说明了“改良”的必要性和有效性。就是这种群众性的一点一滴的改进，逐渐培育出了现代二胡这个优良品种。而一切可能引起“基因突变”的“革命”——比如像小提琴那样“解放弓子”，像小提琴那样在弦后加“指板”（这些都是在“文革”前后“乐改”狂潮中的“实验”）等，都同样迅速地被实践所否定。二胡的进步，和我们国家的进步一样，不容易，有曲折，但毕竟浩荡东流，丽日高天。

当然，一代杰出的、知名民族音乐家们的共同努力，为“二胡”的辉煌铺垫了底色，提供了弹药和粮草，彭修文、刘文金等一批指挥家、作曲家的贡献，不仅仅是天才与智慧的付出，还有加鞭催促和指引方向之功。如果说宋飞是宇航员，而他们，则是宇宙飞船的设计师和工程师。

还有学生。我欣赏宋飞说到感恩时没有忘记她的学生。教学相长，而且，他们还是你艺术基因的延续。

知道感恩，懂得感恩，才是活明白了。

知道感恩，懂得感恩，是本质，也是修养。

知道感恩，懂得感恩，宋飞，你就好好拉你的二胡吧！

2016年8月3日

《泉州傀儡戏》序

2014年1月8日，中国文化促进会和凤凰卫视主办的“智慧东方——2013中华文化人物”颁奖大会在澳门举行，王景贤与杜维明、席慕蓉、陈可辛等人一同获此殊荣，而我作为颁奖嘉宾和讲述人则被要求在2—3分钟之内概述他对中华文化的贡献。我和景贤是好朋友，对他的工作、生活，乃至性格爱好都有了解，对他在木偶剧团的成绩更了然于胸，但如何把我对他的了解浓缩在2—3分钟之内，而且要让在场的所有嘉宾和凤凰卫视的广大观众了解一个在现代生活中早已被边缘化了的古老艺术品种和它的带头人的贡献，却不是一件容易的事。下面是当年我为景贤写的颁奖词：

我一直认为，人类早期的戏剧艺术不约而同地选择了用假面（傩）来间离演员与观众，是出于人类的谦卑。但我一直不明白，为什么人们会放弃自己粉墨登场的便捷而去操弄复杂的傀儡？是出于对神明的尊崇，还是出于对机械的迷恋？是因为审美的需要，还是仅仅为了显示人类无尽的想象力与对“物”的操控力？

直到有一天，我认识了一个人，我才明白：木偶戏是人类童年的产物，却不是戏剧的初级阶段，它比所有其他的戏剧都更加成熟，因为它从出现之日起就清醒地认识到：再现的现实是虚幻的，与其自己扮演他者，不如完全塑造一个绝对的他者并赐予它生命。在让我明白了戏剧艺术的本质的同时，这个人还让我认识了一个木偶艺术家的本质，那就是宗教徒般的献身精神、不懈追求、充沛热情，其中最重要的是对祖先遗产的敬畏之心与将其发扬光大的责任感、使命感。

20年来，他带着泉州木偶团走遍世界各地，当世人用“不可思议”这类的惊叹赞美中国木偶艺术的时候，当世人在北京奥运会的开幕式上看到一个人用手中的30多条丝线出神入化地操控美丽的傀儡的时候，当联合国教科文组织向世界公布“福建木偶戏传承人培养计划”入选“保护非物质文化遗产优秀实践名册”的时候，人们应该记住这个人的名字：王景贤。

我在如此简短的颁奖词中用了三分之二的篇幅讲了我对傀儡戏的理解，是因为对大多数观众而言，这个古老的剧种是幼稚、浅薄，只属于儿童的“小剧种”，对他的代表性艺术家获此殊荣也许会有疑问或不解。因此，我特别强调了全世界许许多多民族都存在着类似的文化和类似的艺术形式，并特别强调了木偶戏比其他艺术形式“更加成熟”的一面：它洞彻了戏剧的虚幻性及戏剧与现实的关系。用《金刚经》里的话来说，就是“凡所有相，皆是虚妄。若见诸相非相，则见如来”。在所有的戏剧形式之中，也真是只有木偶戏最接近“诸相非相”。当然，发明或创造木偶与木偶戏的先辈们绝不仅仅是如我所说“既然演员扮演也是假的，不如干脆造一个假人”那么简单，实际上，无论是木偶头的雕刻艺术还是操纵木偶的技艺，都和其他艺术形式一样，是一个充满艰辛同时也充满愉快与激情的过程。而这个“过程”，其实是一切艺术家的“来处”和“归宿”，也是“原因”与“结果”。

我对木偶戏的理解不一定准确，这仅是我的一念之思、一家之言。我对景贤的概括也不一定准确，但是，我相信大部分有幸观看过泉州木偶戏的观众和景贤的朋友、同事都会同意我的看法：在 20 世纪最后 10 年和 21 世纪开始的 10 年，当中国社会在改革开放的大潮中经历一个前所未有的巨大变化时，木偶戏与其他几乎所有非物质文化遗产一样，经历着一个或消亡灭绝或绝地重生的考验。而就是这个王景贤，率领泉州木偶戏杀出一条血路，不但赢得了生存的机会，还创造了发展的空间，更是每年数次走出国门，使泉州木偶戏这朵瑰丽的中华古典艺术之花在世界范围亮丽绽放，成就了一次令人激动和振奋的“凤凰涅槃”。

我在颁奖词里仅仅用“宗教徒般的献身精神、不懈追求、充沛热情，其中最重要的是对祖先遗产的敬畏之心与将其发扬光大的责任感、使命感”这短而又短的两行字来概括王景贤的性格特征和获奖理由似乎很不够，但其实在现实生活里，能做到我这里说的每一个词，都是很难的，能够都做到的人，更是少而又少。而王景贤的优秀，也还不仅仅表现在上面所说的这些“精神”层面，还有他的艺术创造力与作为一个艺术生产者和领导者执行力的“务实”层面。过去，我们从他创作的一系列木偶戏的剧目中欣赏到了他瑰丽的艺术想象和出众的文采；今天，他又拿出这本《泉州傀儡戏》，让我们看到了他在学术上的努力。

因为欣赏他的奋斗精神和侠义肝胆，更因为我们是保护非物质文化遗产战线上的战友，所以，多年来我对景贤几乎是“有求必应”，他让我写个序，我还能不写吗？

2017 年 1 月 14 日

《地远歌长——大花苗的基督教音乐研究》序

多年前，当我第一次听到西南少数民族的基督教合唱时，曾经感到不可思议：这些只有在音乐学院或西方大教堂才能听到的古典多声部合唱，从这些来自僻远山区的少数民族乡民口中自然纯熟地唱出，而且声部清晰、和声丰满，甚至比大城市的一些由专业指挥训练的合唱团还要地道！这种巨大的反差不但让我对这些少数民族乡民是如何习得这些西方合唱艺术的过程产生兴趣，而且引发我思考一些问题：

一般认为西方古典音乐中的合唱艺术是“高雅艺术”，是“先进”民族的文化，而西南少数民族是“落后民族”。文化，真的可以分成“先进”与“落后”的吗？

当一个陌生的基督教文化被传教士带到深山苗寨之后，原住民的信仰与生活方式产生了怎样的变化？两种文明的冲突与交融会给这片土地上的人们带来什么？歌声，真的是人类历史的“密码”吗？

为什么苗族在与汉族千百年的交往中鲜有对儒、释、道的全面吸收和皈依，但在短短的几十年里便出现了大面积信奉基督教的情况？是中原的和尚、道士没有基督教传教士的艰苦卓绝吗？

在基督教传教的过程中，音乐起到了多大的作用？是传教士的说教还是歌声把山民集合到了教堂？

来自西方的基督教音乐进入苗寨并被普及之后，苗民原来的“非物质文化遗产”面临怎样的处境？

……

2008年，在第13届CCTV全国青年歌手大奖赛的舞台上，由40多名普通的苗族乡民组成的“云南小水井苗族唱诗班”演唱了德国作曲家舒曼的作品《茨岗》，他们用完美的和声和天籁般的歌喉震撼了在场的观众和评委。我当时在现场，我用所有可以表达的方式对他们的歌唱表达了我的高度肯定和赞誉，希望这支唯一没有经过专业指挥训练的，来自民间、来自大山、来自生活本身的合唱队能够进入决赛。但我是“原生态唱法”组的评委，不能给他们直接打分，在与众多专业合唱团的PK中，他们没能进入决赛。

2012年，我在中国音乐学院上课的时候认识了陈蓓，她是中国音乐学院声歌系的青年教师，曾在中央歌剧院工作并在德国学习美声唱法和西方古典音乐。当她提出要报考我的博士生时，我说：“我招的专业是宗教音乐研究。”她当即问我：“基督教音乐不是宗教音乐吗？巴赫不也是宗教音乐家吗？”她的诘问给我留下清晰的印象，但我却不太相信一个从小学习声乐的人能够通过中国艺术研究院的博士生入学考试。

结果是她以优异成绩考上了！

当然，跟我读博士不可能真的研究巴赫，我招收博士生的学科是“中国宗教音乐”。我本科学的是作曲，老巴赫至今依然是我的至爱，但我从“而立之年”就不再认为只有“邻居家的饭香”，研究中国的民族音乐，研究中国的宗教音乐，是我几十年的坚持。于是，我建议陈蓓以苗族的基督教音乐作为博士论文选题。

题目定了，但我一开始并没有信心，我担心她能否顺利完成从歌者到学者的转变。声乐是高实践的艺术，它和器乐、舞蹈、杂技、竞技体育一样，需要长时间的、有时是枯燥乏味的技术训练。在这一过程中，生理条件与悟性常常比理论和广博的知识背景更有决定性作用。因此，大部分专业从事声乐艺术的青年，会忽略理论的学习，更缺乏学术训练。而且，做这个题目，是要深入僻远山区进行田野考察的，这个在舞台上亭亭玉立，在生活中看起来“弱不禁风”的声乐教师，能完成这样一个无论是考察过程还是理论深度都充满挑战的学术任务吗？

我先安排她读书，恶补音乐学、人类学、社会学、民族学、宗教学的基本著作。我告诉她，“手不释卷”不是什么个案和传说，而是每一个学人都曾经有过的共同经历。让我对她开始产生信心的是“读书”没有让她感到压力和恐惧，而是让她产生了兴趣，甚至从中得到了她前所未有的乐趣。她在给我的读书汇报中写道：

田老师，我绝不算是什么才华横溢的学生，在音乐学领域尤是。但有一点，应该算是优点吧，我对未知的事物有强烈的求知欲。这几天我陆续收到快递送来的书，其中《中国基督教》《在未知的中国》《“窄门”前的石门坎》《基督教音乐之旅》《云南少数民族基督教仪式音乐研究》，还有《普天颂赞》，这几本是我同时在读的，为什么要同时看呢，因为每接到一本书我都急不可待地想知道里面的内容，而且我发现同时阅读它们竟能让我从中找到相关的、同一事件之间的横向联系，从而便于记忆。读到一半时我脑子里对自己以后要做的事情已有了依稀的感觉。（2012 年 5 月 10 日）

其后，她在三年的读博期间五次去苗寨做田野工作，每次都是独自一人，背着录音、录像的设备和简单的行囊。她之前从来没有去过这么偏远的少数民族地区，也没有经过田野工作的训练，如果我能够带她做一次考察，应该对她有很大帮助，而且，我也十分渴望去苗寨亲聆这神秘而美好的歌声。但是我那几年太忙了，实在抽不出时间。后来她跟我说，当她开始和当地群众沟通遇到困难和障碍的时候，当她在泥泞险峻的山路上遭遇车祸的时候，当她在四面漏风的茅屋里被不知名的蚊虫叮咬得满身脓包并发炎溃烂的时候，她才知道“学问的分量”。

好在，苗族乡民的淳朴与善良给了她支撑的力量，饱含着苗族民众信仰与感情的歌声给了她安慰，而一个在穷乡僻壤生活了千百年的古老民族在近代整体皈依基督教的历史，在震撼她的同时也使她产生了浓厚的兴趣和欲知究竟的学术热情。在先后五次的田野工作中，她不但采录了大量大花苗基督教音乐的素材和口述史资料，收集到一些珍贵的原始谱本，整理了大批歌谱歌词，弄清了许多过去困扰学术界的历史问题和疑惑，还形成了自己独到的观察角度和观点。更让我高兴的是，她在这过程中，还和当地的普通群众交了朋友，产生了真挚的友谊。当我看到她和当地的男女青年一同歌唱并对他们进行声乐训练的时候，我感到由衷的欣慰。

陈蓓的这本书是在她博士论文的基础上改写的，她通过对西方基督教与中国历史上最古老的部族之一“苗族”之间历史渊源的追述开始，系统梳理了基督教在黔西北地区传播的历史。在此基础上，她把黔西北大花苗教会音乐的发展史看作基督教在黔西北苗族乃至整个黔西北少数民族地区传播过程的代表性缩影；在对其发展过程进行研究的同时，她积极关注由于教会音乐功能的改变而形成的活态民间音乐的现存状况，并以葛布教会与大松教会为例，就教会音乐与社会生活的关系进行了深入的比较和探讨。其中以大松教会晚祷告仪式、葛布教会主日仪式、葛布教会新堂落成庆典仪式、葛布教会洗礼及圣餐仪式为代表的基督教仪式及仪式音乐的田野调查报告为例，对今日活态的大花苗基督教音乐进行了全面的记录与考察。

在对一种被称为“波拉德字母谱”（俗称“苗谱”）的分析与研究中，

作者进入音乐本体，对照田野工作的大量采访和现场录音，对收集的珍贵谱本进行整理、考证、研究，梳理出苗文赞美诗本土化进程的一个完整脉络。最重要的是，作者用较大的篇幅解读了基督教赞美诗本土化过程中的精神产物——“苗族灵歌”。作者认为“苗族灵歌”是西方基督教在中国西南少数民族地区本土化过程中衍生出的一种新的宗教音乐文化类型，是外来文化与本土文化双向改造的结果。苗族灵歌产生的历史背景与蜚声世界的“黑人灵歌”之间存在诸多相似之处，作为产生于中国西南少数民族地区的一种奇特的文化现象。作者认为：

从表象上看，基督教文化的传入一开始就直接解构了苗族文化的深层结构。但是，文化是多层次的，表层文化（物质文化）较为容易被新的文化渗透、融合，从而快速趋同，但是一个民族深层文化（信仰文化）的根基是不会被轻易瓦解的，它是民族文化的核心，是几千年的精神积淀，体现着一个民族的特质。对有着几千年悲壮迁徙史的苗族来说，对祖先的崇拜、对古老家园的记忆是骨子里的。在皈依基督教之前，苗族古歌、芦笙调及祭祀时巫师所唱的“引路歌”“还魂歌”等是苗族音乐敬拜的主要形式；信仰基督教后，民间的音乐敬拜方式被教会禁止了，唯一允许的方式就是唱西方的“赞美诗”。在这种民族情感得不到尊重、民族核心文化被践踏、精神自由被压抑的背景下，“苗族灵歌”的诞生便不是一种偶然，它成为苗族信徒借鉴西方圣歌方式来宣泄民族情感和宗教情感的一种表达手段，是基督教音乐文化本土化的重要表征，是黔西北大花苗教会音乐文化成熟的标志。

陈蓓的研究没有囿于一般音乐学的框架，而是从大文化的角度看待历史现象与当今苗族的文化现状，在研究基督教如何通过音乐在短时间里重塑了苗族的生活风貌之后，她还希图找到这些问题的答案：

> 一个有着几千年悠久历史的中国西南少数民族，缘何在短短20年间整族皈依基督教，而儒家文化2000年未能对苗族实现“教化”？
>
> 一个西方宗教在少数民族地区本土化的发展过程中，西方基督教音乐文化与原住民民族音乐文化的冲突，调适的过程及影响是什么？

她在研究了儒、释、道在西南地区的传播史之后，认为：“与周边国家以‘仰慕者’的态度对中国文化无条件、海绵吸水似的全盘接受不同，苗族的历史是与汉民族抗争的历史，是被汉民族不断排挤、被迫迁徙的历史，这千百年的历史经历造成了这支民族集体潜意识里对汉文化或是与汉文化相关的文化本能地存有一定的排斥心理。”

而当这个没有文字、“歌唱的民族”遇到基督教这个“歌唱的宗教”时，情况起了变化：

> 基督教文化对于这支千百年来逃避战争只为求得生存而不得不在原始高山峻岭中独群索居、自我封闭、几乎与世隔绝的苗族部落来说，是一种既和自身固有的传统文化不同，又与千百年来相互既有影响又有对抗的汉族文化不同。基督教文化是一种全新的外来文化，是一个极具魅力的“第三者”，对黔西北苗族而言有一种几乎不可抵抗的吸引力。其次，相对于儒、释、道三教高深的学说理论，《圣经》的道理相对浅显易懂得多，里面记载的许多传说故事都与苗族“古歌”传唱的本民族历史故事有着极为惊人的相似之处，传教士们将《圣经》与“古歌”里的传说故事附会在一起，再给这些浅显的道理配上生动的音乐，这样直接、感性的传教方式对没有文字却能歌善舞的苗族来说无

疑是最深入人心的“教化”。黔西北大花苗基督教教会音乐发展史可以看作基督教在黔西北苗族社会百年传播史的一个缩影，基督教音乐在基督教文化本土化过程中起到了决定性的作用。

作者在对基督教在该地区传播、发展的历史进行了认真的梳理之后，得出了一个“基督教音乐的本土化是基督教本土化的标志”的结论；再通过对一个不信教的苗族村寨与整体皈依基督教的村寨的比较，得出了基督教通过普及基督教音乐、创造苗文、把现代教育与医疗带进苗寨等方式把“现代文明”引进该地区的同时，也摧毁和削弱了苗族的传统文化和非物质文化遗产。作者指出：

基督教音乐给苗族社会带来的影响是多维度的：一方面，本地民族的传统音乐文化因为基督教音乐文化的强势介入而造成了几乎是毁灭性影响；另一方面，基督教和基督教音乐文化又给当地苗族社会带来了巨变……基督教音乐将他们从一个古老的音乐民族成功打造成现代的音乐民族，让大花苗族群获得了强烈的民族归属感和社会认同感。因此，我们应该用历史的眼光、辩证的思维来正确看待基督教和基督教音乐文化在黔西北苗族地区的百年历程和对苗族社会产生的深远影响，从而做出我们客观的评述和判断。

诚如作者所说，“历史的眼光、辩证的思维”，是面对宗教文化的正确态度。最近，习近平总书记指出，做好新形势下宗教工作，就要坚持用马克思主义立场、观点、方法认识和对待宗教，遵循宗教和宗教工作规律，深入研究和妥善处理宗教领域各种问题，结合我国宗教发展变化和宗教工作实际，不断丰富和发展中国特色社会主义宗教理论，用以更好指导我国宗教工作实践。

从歌者转化为学者，是一种艰难的蜕变；从用心歌唱到用灵魂思考，更是一种升华。

很高兴看到学生的进步，更高兴给学生的著作写序。

2016 年 8 月 16 日

（原载陈蓓《地远歌长——大花苗的基督教音乐研究》，宗教文化出版社 2018 年版）

世纪绝响

——《阿炳传世乐曲》序

1950 年，中华人民共和国诞生的第二年，在这个百废待兴却又充满着希望与生机的夏天，当时在中央音乐学院工作的音乐学家杨荫浏回到家乡无锡，找到他少年时代便曾教过他民族乐器的民间乐师华彦钧，因为他听说这位被人称为“瞎子阿炳”的天才音乐家已经病重，怕不久人世了。杨荫浏带来了那个时代最先进的钢丝录音机，并从乐器店借来了琵琶和二胡，交给因为病重和贫困已经三年没有乐器也没有碰过乐器的阿炳。仅仅经过三天的恢复和与新乐器的磨合，杨荫浏就为阿炳录下了三首二胡曲《二泉映月》《听松》《寒春风曲》；三首琵琶曲《大浪淘沙》《龙船》《昭君出塞》。第一次听到自己被录下的声音，阿炳非常高兴但并不满意，他说有二三百首音乐都在肚子里，希望能再恢复练习一段时间，于是，杨荫浏与阿炳约定明年开春再来。就在这年的 12 月 4 日，阿炳丢下他一肚子的音乐，走了。

1978 年，共和国刚刚结束一场文化浩劫，又是一个百废待兴的日子，世界著名指挥家小泽征尔在中央音乐学院听到 17 岁的女学生姜建华演奏了《二泉映月》。据说，这位潸然泪下的大音乐家说了这样一句话：这音乐，是应该跪着听的！

2014 年，在巴黎联合国教科文组织总部，一场体现中华人民共和国十余年来非物质文化遗产保护成就的“中国非物质文化遗产专场演出”吸引了 140 多个国家驻巴黎的外交官们。在一位优雅端庄的女二胡演奏家登台演奏《二泉映月》之前，我作为这场演出的总策划和艺术指导，尽量用我能够做到的最简练的语言向全场来宾介绍了阿炳的身世，介绍了我的研究生导师杨荫浏先生抢救性记录保护的功劳，并引用了小泽征尔的那句话作为结束。令我惊讶的是随后弥漫在剧场里的那种肃穆虔敬的气氛，我问那位担任翻译的中国女留学生是怎么翻译“跪着听”这句话的，她说：我告诉观众，听这首乐曲要像在教堂里聆听天使的声音。

我不想在这个序里再啰唆非物质文化遗产保护的重要性了，也不想再肯定中国艺术研究院音乐研究所以杨荫浏先生为代表的音乐学家们几十年来为中华民族的文化事业所做的贡献了。我只想提醒所有有幸得到这盘音响的朋友：

如果没有杨荫浏，世人将不知道在 20 世纪无锡的街头，曾流浪着一个被称为“瞎子阿炳”的天才音乐家；更不会听到这首今天被视为我们民族音乐代表的不朽名曲《二泉映月》；也不会想到在旧中国千百年的历史长河中，可能出现过无数像阿炳一样的身怀绝技的“乞丐”。在他们卑微甚至残破的身上，曾负载着我们民族多灾多难但生生不息的文化，而我们今天需要做的，就是像杨荫浏一样，把这些可能转瞬即逝的宝贵遗产保护下来，原封不动地传给我们的子孙。

阿炳不朽！

使不朽成为不朽的杨荫浏不朽！

丝桐神品

——中国艺术研究院馆藏古琴大家录音珍品《丝桐神品》序

在一出中国人家喻户晓的京剧《空城计》中，苦于无兵防守的诸葛亮面对攻城的 15 万敌军，故意大开城门，自己端坐城楼之上，气定神闲地弹着一件乐器。他边弹边唱道：“我这里只有琴童人两个，我是一无有埋伏二无有兵……”在诸葛亮飘逸潇洒的琴歌声中，敌军统帅司马懿唯恐中了埋伏，下令撤军。这段脍炙人口的精彩唱段，是京剧最著名的“老生”唱段之一；这个故事被后世的军事学家奉为人类历史上最成功的冒险；而诸葛亮所弹的这件吓退了 15 万敌军的乐器，叫作古琴。

古琴原来只叫“琴”。中国古代名物的习惯，是一字一音一意，琴与瑟、筝、钟、磬、笙、鼓等单名的乐器，都是中原固有的乐器，而琵琶、筚篥等乐器，则大抵是张骞凿空西域之后通过丝绸之路传入中原并逐步中国化的。因为“琴”在中国文化中无出其右的重要性，在汉语里，琴字逐渐成为所有乐器的统称，为了有所区别，才在“琴”字前加了一个“古”字，是名古琴。古琴是中国文人的乐器，因此，它也像中国文人一样，还有一些雅号，比如瑶琴、玉琴等，也有一种更直接的称呼：七弦琴。

在中国乃至世界上，人们发明和使用着许许多多的乐器，所有的乐器都各具特色，其中有许多乐器有着丰富的表现力和文化积累。但是，像古琴这样负载着如此众多文化内涵的乐器却绝无仅有。因为古琴不但有着3000多年悠久的历史，留下了3000多首古老乐曲，拥有世界上独一无二的、从公元7世纪一直使用到现在的乐谱系统，曾经涌现过许许多多著名的琴家，最重要的是古琴自诞生之日起，就与中国的传统文人和传统文化联系在了一起，在中国文人的“四艺”——琴棋书画中居首，自魏晋之时，就有“左琴右书”之说，成为文人必修的功课。而且，因为孔子“无故不撤琴瑟”，以琴歌“教化人生”，所以古琴被称为“圣人之器”，在中国传统文化之享有崇高的地位。

但是，随着中国传统社会在近代的衰落，中国传统文化也一步步走向衰落。中国百年来的社会巨变与西方文化的强势进入，使古琴艺术与其他所有中国传统文化一样，遭到前所未有的冲击。古琴艺术，这个中国文人的代表性艺术，更因为“文人”这个阶层迅速被“知识分子”阶层所取代而失去了生存的空间。在某种程度上说，在今天我们所称为非物质文化遗产的所有艺术品类中，古琴艺术的“濒危性”首屈一指。1956年，民族音乐研究所（即今天的中国艺术研究院音乐研究所）和中国音乐家协会派遣古琴家查阜西、许健、王迪负责进行了一次空前规模的古琴普查[①]，以今天的眼光来看，普查的结果令人百感交集，亦喜亦忧：喜的是这门曾经无比辉煌的古老艺术经过百年雨打风吹之后，依然一息尚存，根脉犹在；忧的是在一个时有6亿人口的堂堂大国，能找得到的“琴家”居然不足百人！

应该怎么评价当年这次普查的意义和价值呢？应该怎么评价当年录制并留存到今天的这近300首琴曲和这些演奏者的资料呢？可以毫不夸张地说，假如留存在人类记忆中的那场史前大洪水真的发生过的话，那么，它就是“诺亚方舟”中保存的生命种子，它就是那个在许多民族口头传说中

---

① 请参阅《1956年古琴采访工作报告》。

最终延续了人类与人类文明的“葫芦”里的“葫芦籽”！

中国的民间智慧中有这样一句话：三十年河东，三十年河西。谁都没有想到，古琴艺术从衰到盛的时间仅仅用了不到10年！2003年，中国古琴艺术入选联合国教科文组织“人类非物质文化遗产代表作”，成为全人类共同的骄傲与遗产。这样的一个喜讯传入中国，正值这个在近代受尽了列强欺辱，而经改革开放20年努力奋斗之后经济建设取得了举世瞩目的伟大成就、民众开始回眸历史、寻找文化自信的基点、重新燃起复兴传统文化热潮的时候。于是，首先在大城市和经济发达地区的青年知识分子和大学生中间，悄悄兴起了一股“古琴热”，接着，这股“热”以超出所有人预料的速度向全国、向社会各个阶层蔓延。不到10年的时间，古琴，这个在当代社会生活中曾经几近绝迹的乐器及其所负载着的一切，不但成为中国传统文化的象征，成为“高雅”一词的最佳解释，而且，迅速成了“时尚”的代名词，城市里迅速扩大的“中产阶级”和“首先富起来”的人们，尤其是有钱、有闲、有文化、有精神追求的中青年女性们，成了“古琴热”的主力。而一些极具商人气质的各色人等，也瞅准这个机会把自己装扮成“古琴大师”，开办琴馆、广收徒众，有人甚至出版了《七天学会古琴》的“畅销书”，把自古被文人视为“圣人之器”的古琴“拉下神坛”。几年前，在北京居然开始流行一个“北京新四大俗”的说法，把“听昆曲、学古琴、喝普洱、练瑜伽”讽刺为“雅中之俗”，令人又是一个喜忧参半：喜的是我们的传统文化从被遗忘、被抛弃、被边缘化到被崇敬、被追求、被普及；忧的是鱼龙混杂、泥沙俱下，传统文化在迅速走向大众的同时，被庸俗化、浅薄化、商业化、泡沫化。

去除传统文化热中“发烧”的部分，唯一的方法是正本清源，让民众知道传统文化的真谛和精髓是什么。具体到古琴的学习，我们希望有志于学习古琴的朋友，尤其是青年朋友，首先要对传统文化有一种敬畏之心，对传承了我们古老文化的传承者有一种感恩之心，然后，再静下心来，听一听前辈是怎么谈古琴、怎么弹古琴的。我们今天出版这套珍稀的、原汁原味的、由先辈古琴家演奏和录音的古琴音响，就是为了给今天的习琴者一个参考、一个榜样、一条进入古琴灵魂的通道。必须指出，其中一部分录音存在着由于当年设备的简陋和琴人多年荒疏所造成的瑕疵，但是，被打磨了的历史不是真实的历史。我相信今天的年轻人，有能力、有眼光也有胸怀面对这些在音响中依然呼吸着的生命，直接面对他们，感受他们的心跳和体温，因为，在这些音响中流淌着的不仅仅是琴音，而是我们血脉的源头。

《天韵社曲谱》序

昆曲艺术自2001年被联合国教科文组织批准为首批“人类非物质文化遗产代表作”之后，短短几年时间，便从“亟待保护”的状态一步跨过“濒临灭绝”的危险，迅速成为知识阶层，尤其是中青年知识分子追求的时尚。一时间，群贤毕至，趋之若鹜，“听昆曲、学古琴、喝普洱、练瑜伽”居然被京城的时尚先锋们自嘲为“新四大俗”。据北京大学“百年讲堂”的人讲，无论国内外任何知名文艺团体，也无论任何艺术形式，在这个地方能卖票满座的只有一个：昆曲。

当然，这个“热”也有个“预热期”。真实情况是2001年昆曲入选“人类非物质文化遗产代表作”的消息在我国各主要报刊上出现时仅仅占了一个“豆腐块”大的位置，社会上绝大多数的人（包括当代知识分子）大都不知“昆曲”为何物，甚至根本没听说过“昆曲”的名字。随着2003年“古琴艺术”和2005年“新疆维吾尔木卡姆艺术”“蒙古族长调民歌”陆续入选此项目，尤其是从2006年开始席卷全国的非物质文化遗产保护高潮兴起之后，“昆曲热”才渐成规模。这期间，白先勇和“青春版《牡丹亭》”无疑起了推波助澜的作用，而近年来从国家层面积极鼓励、扶植、宣传传统文化，更为“昆曲热”提供了良好的社会氛围。

平心而论，这“新四大俗”的追随者虽然主要都是城市白领，其“热”

的原因也都和商业的介入有关，但“热度”不同，未来发展的前景亦有不同。瑜伽与普洱的热，基本上是商业运作的结果。在古琴热里，也发现越来越多商业化的倾向：一方面是古琴价格的飙升带来古琴制作业的空前繁荣；另一方面是以教授古琴技艺为标榜的“琴馆”在全国各一二线城市（现在已向三四线城市蔓延）如“雨后春笋”般的兴起，其中既有刚学了半年琴就开琴馆的“老师”，更有把《七天学会古琴》做成畅销书的“大师”。

面对打着“保护非物质文化遗产”旗号的商业大潮，表现得最淡定、最平和、最有尊严的是昆曲。

原因主要有两个：一个是昆曲的商业化运作投入成本太高，不但培养一个可以登台演出的专业演员的时间和费用惊人，同时，一些利用现成演员尝试商业化运营的昆曲演出（比如北京“皇家粮仓版”的《牡丹亭》）也难以为继，最终入不敷出，无疾而终。另一个最重要的原因是昆曲自古便有不同于“剧曲”的“清曲”一派，这个过去基本限于文人士大夫阶层、今天依然限于知识分子阶层的“圈子”，使昆曲“清曲”和“曲友”成为中国所有传统剧种中唯一不依附职业演员队伍的独立存在，这和其他许多剧种的“业余演员”“爱好者”不同，与京剧的“票友”传统也不同。在某些方面，坚守“清曲”传统的文人士大夫甚至是“居高临下”地看待专业演员和商业演出的。魏良辅在其《南词引正》中说：“清唱谓之冷唱，不比戏曲。戏曲借锣鼓之势，有躲闪省力，知者辨之。”龚自珍在《定庵续集》中说：“大凡江左歌者有二：一曰清曲，二曰剧曲。清曲为雅宴，剧为狎游，至严不相犯。”传承这种“清曲”的曲社和曲友，素以珍重传统、规矩谨严、强调“布调收音”、围桌按拍度曲、不念白、不用锣鼓、奉“清”“雅”为圭臬，以魏良辅在《曲律》中提出的“字清、板正、腔纯”为最高的追求。

曲社的兴起及其在近现代的发展，是保证“清曲”文人传统的主要原因。昆曲“天韵社”恐怕是我国现存最早、最著名的曲社之一，其发轫于明天启年间（1621—1627），初称“曲局”，至清代道咸之际仍延绵不绝，自清光绪元年（1875）起，公推曲家吴畹卿为社长。1920年定名“天韵社”。中国艺术研究院音乐研究所首任所长、著名的音乐史学家杨荫浏（1899—1984），曾是该社的中坚。音乐研究所存有20世纪早期高亭公司录制的昆曲《琵琶记》唱片，共3分25秒，唱片标明演唱者为“杨习贤”，但唱片开始录有一句“报幕词”：“高亭公司特请杨荫浏先生唱南套”，所唱内容即《琵琶记》中赵五娘的唱段【尾犯序】：“无限别离情，两月夫妻，一旦孤另。官人，你此去经年，望迢迢玉京，思省。……奴不虑衾寒枕冷，奴只虑，公婆没主，一旦冷清清。”音乐研究所金经言先生1992年在德国发现这张唱片的录音后，曾放给当时尚健在的曹安和先生听，曹先生听后很开心，认为这段“报幕词”确系杨荫浏先生的语音，大约录制于1923年至1925年。但为什么唱片封面的署名与报幕词不同，“杨习贤”与杨荫浏究竟谁是这段录音的演唱者，还需要进一步研究。

由于战乱、政治运动和时代的巨大变迁，从20世纪30年代到21世纪初的半个多世纪里，无论是“清曲”的传统还是曲社的传统，都曾经中断。唯一的例外可能是在1984年杨先生去世之前的两三年里，他曾经给当时音乐研究所的研究生讲过昆曲课，并传授过“清曲”的演唱，他按拍轻吟的神态与优雅嘹亮的曲笛声，永远地留在了有幸听过此课的学生们的记忆里。这独一无二的传承，应该是那个时代“命如游丝”的“清曲”最后一根未断的“游丝”吧？

有幸旁听过杨先生昆曲课并有幸获得杨先生和曹安和先生“耳提面命”的还有一个人，就是那时候还是音乐研究所青年学者的孙玄龄先生。此次出版的《天韵社曲谱》，就是曹安和先生生前一直使用、孙先生在曹先生去世后妥为保管的曲谱。天韵社复社之初，我建议无锡的朋友去找孙玄龄先生请教，旅居日本多年的孙先生得悉天韵社即将恢复的消息后，遂将杨先生生前使用的曲笛与这本珍贵的曲谱赠予新天韵社保管。古人铸鼎等重器时，常常会在器物上铸有“子孙永保”的字样，希望新天韵社的朋友们，能像对待“国之重器”和“传家之宝”一样对待这本珍贵的曲谱，对待“天韵社”的传统，对待杨荫浏、曹安和先生的文脉，对待音乐研究所金经言、孙玄龄等一批学者之后的努力，这样，才能使已经成为“人类非物质文化遗产代表作”的昆曲子孙永保，万年永享！

曹安和（1905—2004）先生是我国民族民间音乐研究领域的著名学者，她自幼天资聪颖，有着极佳的音乐天赋和深厚的文化修养，犹善琵琶、昆曲。1929 年毕业于“国立”北平女子文理学院并留校任教，兼任“国立”北平大学艺术学院讲师，历任中央音乐学院教授，中国艺术研究院研究员、研究室主任、顾问。1992 年享受国务院政府特殊津贴。2002 年获中国音乐“金钟奖”终身荣誉奖。她一生著作颇丰，著有《时薰室琵琶指径》《民族器乐独奏曲选》等著作及《关于琵琶的问答》《民族音乐家刘天华》《我国古代乐谱简介》《杨荫浏与音律》《杨荫浏与音乐史》等论文。更与杨荫浏先生合作出版了《瞎子阿炳曲集》《定县子位村管弦曲集》《苏南十番鼓曲》《关汉卿戏曲乐谱》《西厢记四种乐谱选曲》等大量研究成果，还与简其华先生合作译谱《弦索十三套》，与李廷松先生合编琵琶谱《浔阳夜月》等，可谓著作等身、授徒无数、影响深远。

大家都知道，曹安和先生是杨荫浏先生的表妹，一生跟随杨荫浏先生学习、研究中国传统文化。她终身未婚，将生命全部交给了她挚爱的音乐和学术。最令人敬佩的是她一生以杨先生的“助手”自居和定位，她是杨先生的崇拜者，更是杨先生几乎所有著作的第一读者、誊写者、抄录者和“隐形”的合作者。是她，跟随杨先生在 1950 年赶赴无锡为阿炳录下了今天闻名于世的《二泉映月》；是她，在杨荫浏先生所有丰碑般的著作里都默默留下了一个忠贞女性的学术智慧和奉献精神。她一生满足于将自己融化在杨先生的著作里，无怨无悔。1985 年她 80 岁生日时，学生们为她祝寿，谁都没有想到她讲的第一句话，居然是："可惜杨先生 80 岁时没有为他做寿……"至今思之，仍不胜唏嘘！她去世前不久，音乐研究所为她和缪天瑞、李纯一、郭乃安四位研究所的耆宿颁发了一个没有奖金的"终身成就奖"，每个人只有一个"奖状"，上面是由我为四位先辈分别撰写的一句话，其中献给曹先生的是这样一副对联：

紫箫碧琶，百年难得真知己；

冰花玉蕊，一生不改最初心。

今天，杨先生、曹先生都已仙逝了，但曹先生留下的曲谱还在，二位先生留在曲谱上的墨迹还在，最重要的是，天韵社还在，昆曲还在。我相信，当天韵社和中国广大新一辈昆曲爱好者也像杨先生、曹先生生前一样按谱清唱的时候，我们一定会听到杨先生清幽的曲笛声，会看到曹先生在杨先生身后的安静祥和的笑容。

（原载《天韵社曲谱》，上海辞书出版社 2017 年影印版）

《“燕乐二十八调”文献通考》序

多年前，一位音乐学院的资深教授曾经对准备报考音乐学系的女生说过这样一句话：“你们学音乐学，既耽误了音乐学，也耽误了你们自己。”

20 世纪即将结束的时候，《黄钟》学报请几位音乐学家“瞻望”21 世纪中国音乐学的发展前景，我不合时宜地写了一篇《中国音乐学——一个悲观主义者的呓语》，其中我“预测”道：“在今后三至五年内：北京大学等一流综合大学将陆续成立艺术院系并设立音乐学专业，其学生中的 99% 将是女性。”

今天看来，无论是那位教授的“苦口婆心”，还是我的存在精确性误差的预测，都需要修改。因为，音乐学有了一个足以赢得我们尊敬的女性学者——李玫。

最早知道李玫的名字，与好友周吉有关，她和周吉合作创作的古筝独奏曲《木卡姆散序与舞曲》由她本人首演于 1988 年，1991 年为中国国际广播电台录制并向 50 多个国家广播，收入多种古筝曲集。那时在我的印象里，她似乎只是目前数以百万计的“古筝大军”中一个除了演奏还有点创作才能的“小才女”而已。

真正见到李玫，是在一个学术研讨会上，在什么地点，研讨的什么内容都记不得了，只记得李玫的发言给我的感觉：思路清晰，有很强的逻辑性，而且，态度诚恳、直率，没有某些学者的故弄玄虚和夸夸其谈，更不做一些学术“大咖”们以不变应万变的“即兴”发言，总是围绕着主题发表她经过深思熟虑的看法，且常有突破成说的新鲜观点。

其后，接触多了，对她的研究成果，渐渐心生敬意，尤其是她有关“中立音”现象的系列研究，更是既高屋建瓴、具有广阔的学术视野，又脚踏实地、从一斑而窥全豹，紧紧抓住在受过西方“正规”音乐教育的耳朵听起来“不准”的“钢琴缝里的声音”，条分缕析，层层深入，找到了一把可以打开中国传统音乐的钥匙。她的硕士论文《陕西、潮州、维吾尔族木卡姆音乐中“中立音”现象及人文背景分析》把陕西和潮州传统音乐中存在的“fa 不 fa，xi 不 xi”的现象与新疆维吾尔族木卡姆音乐中的相似现象进行了关联性的深入研究，揭示了不同民族、不同地域民间音乐中存在的类似现象的原因、文化背景及其合理性，为“文化多样性”提供了实实在在的文化实例和理论阐释。假如说她的这篇硕士论文揭开了“中立音”现象的帷幕的话，那么，她在大量田野调查和资料查证的基础上完成的与硕士论文形成姐妹篇的博士论文《“中立音”音律现象的研究》(此文先后获得 2001 年度福建省优秀博士论文奖、2002 年度全国优秀博士论文奖）则进一步将她的研究引向更深入、更广泛、更有理论创见与哲理性的思考。

“中立音”现象的“发现”及被我国音乐学界重视，其实与发轫于 20 世纪 80 年代的“十大集成”中《中国民族民间器乐曲集成》的普查及编纂有关。就像哥伦布发现新大陆之前那片广袤的大陆早就存在一样，所谓“中立音”也早就在陕西、潮州和维吾尔族木卡姆音乐中大量存在，且时时回荡在高天厚土之间，世世代代浸润着我们祖先的心灵。但是，一直到我们这些受过专业训练、上过“视唱练耳”课的音乐工作者一遍又一遍听着录音带里混杂着沙沙声的音乐但就是记不下谱子的时候，我们才开始思考，是他们的音不准，还是我们的耳朵和我们的教育出了问题。

对“中立音”的研究，是李玫学术生涯的开始，也是她取得学术成就的开始，虽然她的博士论文得到了学位评定机构的省级和国家级的奖项，但其实一直没有得到音乐学界的公允评价和足够的重视。李玫给人的感觉有点“技术至上”的味道，仿佛她关注的只是“技”和“术”而鲜谈“艺”，更不谈“道”，这也许和她所从事研究的学科乐律学有关。的确，乐律学是音乐的基础理论，是音乐学中最接近科学的学科，来不得半点的忽悠与猜测，更不能像玄学一样谈空说有。但李玫有关“中立音”的研究，却绝不仅是乐律学范围的事，甚至不仅仅是音乐的事，它是地地道道的大文化，关涉一个民族与自然、历史、生活方式、生产方式甚至与生命本体有关，更与每个民族和族群的生活权力、文化权利有关。当世界被所谓“主流文化”包围、侵蚀、压迫的时候，当人类过去赖以生存、今后赖以发展的“文化多样性”被“文化同质化”越来越普遍、越来越迅速替代的时候，她的研究，促使人们深入思考人类文化多样性的意义，是为人类文化的未来提供的有力的理论支持。

我一直猜测李玫能够找到这把开启传统音乐之谜的钥匙可能与她早期的音乐实践有关，她在学习古筝演奏的时候一定接触过大量中国的传统筝曲，虽然说“茫茫九派流中国”，但真正有韵味、有特色的还要属“东南西北”——中国的“东南”潮州和“西北”陕西。无论是潮州音乐中的“活五”还是陕西眉户中的“花音苦音”，一定曾经在李玫的心里激起过层层涟漪，这里，有对血管里流淌着的祖先音乐基因的唤起，也有对真理探寻与追求的学术渴望。

乐律学是音研所的一个传统研究领域，从缪天瑞的开山之作《律学》，到杨荫浏《中国古代音乐史稿》中对“燕乐二十八调”的研究，再到黄翔鹏从“一钟双音”的发现所引发的一系列乐律学的新解新说，也曾经在20世纪80—90年代成为音乐学研究的“显学”，一时间“引无数英雄竞折腰”，但乐律学研究对研究者的素养要求，除了理性思维、数学基础之外，更需要的是“板凳宁坐十年冷”的耐心与韧劲，还要远离功利的追求，彻底摈弃一切俗世的渴望。当年朱载堉如果没有独居土室19年的孤独与困苦，恐怕也不会有他在乐律学上划时代的贡献。

虽然没有像朱载堉那样远离人世，但李玫也常常给人“远离人世”的感觉，她的“疾恶如仇”和“不谙世情”，使她“得罪”了一些人，也让人觉得她缺少了一些女人的柔软。本文开头提到的那位教授可以用李玫的成功佐证他的话：为了不“耽误”音乐学，女性只能“耽误”自己！但了解李玫的人笑了，因为，她不但给音乐学增添了光彩，自己的生活也是多姿多彩：她没来得及“耽误”自己，就找到了一个好老公，虽然老公的家乡远了点儿。

《“燕乐二十八调”文献通考》是李玫的新作，她请我为此书作序，却是为难我。我这个中学数学不及格，平时生活“不识数”的人，一贯对乐律学敬而远之，根本没有对此书做评价的资格。但推脱几次，“不谙世事”的她却“不依不饶”，推不掉，只好在心里偷偷骂一句“好男不跟女斗”，写了这些感想。

《清新致爽——余青欣古琴专辑》序

2003年，余青欣将她刚刚打谱完成的琴曲《那罗法曲》弹给我听，并将刊载这首佛家琴曲的《枯木禅琴谱》拿给我看。这是一个复印本，是余青欣请她的亲戚从美国某图书馆复印回来的。此曲旋律灵动，节奏清奇，在悠然的意境中充满生命的美丽，与人们一般想象中“佛曲”应有的枯寂冷清完全不同。我喜欢这首曲子，更赞赏余青欣为将这首鲜为人知的乐谱再现而付出的艰辛与热情。

琴人都知道，中国现存的琴曲，无论是能够回荡在人们耳畔、被人们所熟知的琴乐，还是大量躺在谱集里没能见天日、达人耳的字谱，几乎都是表现儒家、道家思想的乐曲。虽然我常常把中华传统文化说成“三根柱子两层楼”，把儒、释、道比喻为撑起中华文明的最重要的三根支柱，但是在琴曲中，似乎只有一首《普庵咒》孤立在“儒道互补”的汪洋大海之中。所以，听到余青欣打谱、演奏的《那罗法曲》，说我是“欣喜若狂”也不为过。兴奋之余，又深有所感，于是，我为余青欣写下了《琴心与佛心》这篇文章，她说要在她准备出版的琴曲专辑中作为序言。但不知是什么原因，她的CD始终没有出版。

又过了几年，国家图书馆在文津街7号老馆举办“部级领导干部历史文化讲座”，请我讲我当时出版不久的新书《禅与乐》，我便请了两位音乐家在我讲课时现场演奏两首乐曲，其中一首是管子演奏家郭向吹奏的《江河水》，另外一首便是余青欣弹《那罗法曲》。我在简单介绍了《那罗法曲》的作者空尘和尚之后说：这首乐曲长期湮没，几乎无人知晓，今天的演奏，可能是自光绪十八年（1892）该琴谱出版后除编著者本人外古琴界第一次公开演奏此曲。而我们今天所在的这个地方，就是当年空尘和尚“访友京都，闲步旃檀寺，听喇嘛齐歌梵呗”后创作此曲的地方！国家图书馆老馆西边小巷往北50米的305医院，就是旃檀寺旧址。

这是天意，还是偶然，我不知道，我只记得当时余青欣的演奏声动屋宇，出神入化，犹有神助，以至满座肃然，如聆仙音。事后有听者曰：“我今天才知道音乐是什么！”

我和余青欣曾是邻居，她在20世纪90年代后期组织“中华雅乐组”，请我做顾问，一度交往甚多。她为人仗义，性格直爽，谈吐随性，从不矫饰虚伪。她虽视我为兄长，但有不悦，亦耿介直言。一次非遗演出之前试音响，我安排的工作人员略有疏忽，她见到我时便高声指斥我安排未周。事后才知道，她事前事后，都主动协助工作，做了许多不是她分内的事。

君子之交，似乎应该如此。2012年审批“第四批国家级非物质文化遗产传承人”的时候，我时任专家委员会音乐组组长，我主张余青欣和另一位和她差不多年龄的申报者可以下一批再上，要先考虑成公亮、丁承运这一年龄段的琴人，稍后再考虑她们。我的态度，她后来是知道的，但是，她没有因为“老朋友在关键时刻不帮忙”而对我心怀芥蒂，我也没有跟她做任何解释。我知道，她是了解我的，她知道我为人处世的原则。多少几十年的老朋友会因为一件小事、一个误会反目成仇，在评选“国家级非物质文化遗产传承人”这样的大事上，她能理解我，她是个大女人！

今天，余青欣的儿子电话告知我他妈妈病危，我和中国昆剧古琴研究会的几个朋友希望尽最大努力、以最快的速度出版这盘专辑，希望让她尽快看到它。这两张CD，是她一生的心血结晶，其中，有她的付出，有她的感情，有她的艺术，有她的灵魂，有她所有想和我们说的话。

话语止步的地方，就是音乐的开始；音乐开始的时刻，就是我们赤诚的心愿与祈祷直达上天的时刻。

“清新致爽”，是余青欣自己为专辑起的名字。

“大乐与天地同和”，这是中国古代先哲为我们留下的最朴素、最明白、最深刻的判断。

在写下这行字的时候，我是一个彻底的唯心主义者。

2015年12月8日

早春读书班启事

两千多年前，孔夫子认为人生最大的快乐只有两件事：学习与会友。他在人类历史上最伟大的教材《论语》中教导学生们的第一句话就是："学而时习之，不亦说乎？有朋自远方来，不亦乐乎？"

一百多年前，一个曾经创办了"商务印书馆"的大学者张元济写了一副对联，总结了他历经"三朝"人生巨变后的心得："数百年旧家无非积德，第一件好事还是读书。"

既然如此，我们这些难得的好朋友，为什么不在摆脱繁忙俗务的一天里，聚在一起读书、品书，同时体会人生这两大快乐呢？感谢我们的老朋友郑欣淼、刘明康、田青先生，他们倡导了早春的读书讲座。

我们会用最挑剔的专业目光举荐国内第一流的学者为我们导读，在让读书成为愉悦的同时，快速充电，不断成就我们自己。

我们负责锻造优雅的环境、高尚的品位，需要您做的只有一件事：抽出半天您千金难买的时间莅临本读书坊。

谨此馨香顶礼，至诚相邀。顺颂大安！

三、对话音乐

与艺术结婚怎么办？
——田青、吕胜中对话

吕胜中：最近我为什么老在电视里看见田青啊，大奖赛评委，还有古琴节目之类的，真烦，我想这个人怎么又出来了。不过你每次出来我都认真地看下去。

田　青：我以为你想我呢！像这种坏人见面就讽刺我，嫌我上电视上多了。我给你讲我两个原则：第一音乐是专业，这是我要做的事，决不上那种瞎捧场的电视；第二是说我要说的话。我坚持这两条，你只要给我机会我就说，说我要说的，决不说假话。我就坚持这两条，你作为现代人拒绝电视也是不对的，我干吗要拒绝啊，顺这个势。

吕胜中：古琴那次我觉得挺好的。

田　青：还有琵琶，也是宣传中国文化，你说电视里哪有好东西，好东西太少。

吕胜中：最近好东西多一点。

田　青：吕胜中去了就更多了。这些民族传统的东西发展到一定程度，就像好多留学生出国，出国以前满脑子都是西方的东西，到了那十年以后开始又找中国的东西，人有这么个过程。林语堂曾经写过，他们二三十年代的留学生，年轻时穿皮鞋，穿西服，拿着文明棍，满口洋文，老了以后改穿长衫布鞋，拿一本《楚辞》。所以中国文化的确是一种有年纪、有资历的文化，你必须有资历、有阅历才能欣赏它。但年轻人也有喜欢的，比较少数，像我们这些人从小时候就喜欢，这是一种特殊的缘分。一般的年轻人不可能喜欢父母这一代的东西，都叛逆啊，小时候是远的地方就好，比如说美国。我们那时候欣赏苏联，我们年轻时把苏联想象得美好极了，我的一本破苏联画报，存着，我弟弟把它包书皮了，我就跟我弟弟吵了一架，大闹了一场，就因为那个东西对我来讲是一种精神。

吕胜中：我觉得我们国家有些特殊，不一定非要形式上穿唐装什么的，但是我觉得当中有一种精神，关键最可怕的是一种精神断裂，这种断裂以后是很难接上的，比如京剧、民歌，现在也有好多年轻人去听，但他们本身与这些是有距离的。

田　青：前几天的《实话实说》把陕北唱民歌的王向荣叫去了，后来又让我谈了些事，就是关于民歌的保护，包括民歌的现状问题。有两种观点，有一个人说，这些东西亡不了，我听着这个没道理。我谈的就是现在整个产生民歌的土壤变了，生产关系变了……

吕胜中：好像有一个人提出反对意见，说这样说就不发展了？

田　青：当然我们想让它发展。

吕胜中：不，你说进博物馆。那咱俩意见统一，以前我也认为民间艺术最好进博物馆，我觉得这是一种最好的保护。

田　青：我觉得进博物馆有两个问题，一个是这些东西不以我们的意志为转移，我们想让它发展都不可能……

吕胜中：我对你的回答不太满意，你应该叫他分清楚，就我们所说的民歌，或者是民间艺术，我们其实说的是传统。传统的东西你发展下去就不是传统了，你可以发展，可以以各种形式发展。

田　青：对，你那是从根本上说了。还有一个问题，我们现在说的这些传统的东西，我们拼命地宣传的，其实在现代工业化社会里已经很难生存。我们没办法让多元化社会都接受我们的东西，我觉得现在我们搞传统的人心态也越来越正常。比如那天我看的什么儿歌也要抢救，都要抢救，我说我们不需要这样抢救，我们就干自己的事，谁喜欢就干，从来就是知音找自己的知音。尤其在将来的社会里，你搞你的前卫的，我搞我的传统的，谁愿意干什么就干什么。另外，我觉得，进博物馆本身是对这些东西的肯定，好东西才进博物馆，我花两毛钱买点破东西能进博物馆吗？所以现在大家玩古董，有人尽玩唐代的，你那唐代的一块破砖有没有价值？有价值，但不具备文物收藏价值。得在那个时代就是值钱的东西留到现在，才能值钱。为什么红木家具留到现在值钱，它在那时就值钱。

吕胜中：我反对。哦。民间的就不行？

田　青：民间值钱，红木也有民间的。我是说在那个时代就有价值，民间也不是什么东西都能留下来。所以我觉得进博物馆应该是对这些传统的东西的肯定。

吕胜中：民间的也有好的和不好的，不要以为凡是民间的就是好的，是吧？

田　青：我为什么想到博物馆化，这是我研究韩国和日本对待传统艺术的态度时想到的，比如日本的“能”剧，它就是那个博物馆化的东西。所有的日本人从小就被告知，这“能”是我们古代的东西，是好东西，大家知道拉倒，谁也不花钱去看，除非外国人来了，他陪着人去看，装出一副懂的样子，你仔细问他，这是什么意思，他冲你笑笑，我们也不懂，但这是我们祖先的好东西，够了，将来这样就够了。一提起某个传统东西，大家说，这是老东西，是我们中国的。你不可能要求每个人都喜欢，所以我说博物馆化是一个没有办法的办法。

吕胜中：我觉得不是，我觉得它是一个好办法，是一个最好的办法。曾经有人提出过，那是 1986 年的时候，当时提出像保护生态一样搞民俗保护区，让住在里面的人，小孩戴老虎帽，老头穿老棉袄，不看电视而看皮影，当时我就觉得太可笑了。

田　青：一厢情愿。

吕胜中：我说你们怎么在家看电视，不看皮影呢？哦，你们就穿着皮鞋呢，让人家穿老虎鞋。

田　青：那天我也讲了这个，就是说不能为了满足一些欧美旅游者的兴趣，我们中国就不发展。他希望中国永远小桥流水，我在十几年前就听外国人谈这些，说你们建这么多大楼有什么意思，我跟他辩论，说我们中国人也要享受这种现代的物质生活。他希望大老远到中国来，看到小桥流水，一些小风车，然后牛背上坐着牧童吹短笛，凭什么为了让你高兴我们就永远原始，那不可能。现在反过来作为文化人，我们也有点希望人家王向荣就在圪梁梁上，天天唱山歌。

吕胜中：他现在挺洋了。

田　青：他已经洋了，而且穿这身衣服一看就像地主，白的纯丝的带团花，牛皮精致的圆口鞋。王向荣的民歌我那天听他一唱，觉得和以前大不一样，那种山野之气没有了，更多的是迎合城里人的一些东西。最近倒有个事，前段时间有个记者给我打电话，说他们县里非常想在文化上打个翻身仗，贫困县还拨了不少钱，搞他们所谓的摸索，也就是怎么跟国际接轨。结果搞了一台不伦不类的东西，到北京来演，就好像把斯特拉地瓦利的小提琴刷了一层油漆一样，把民间的东西都按照他们的审美标准刷了一遍，结果到北京反响平平。

吕胜中：已经来过了？

田　青：来过了，我们都不知道。然后他们意识到自己走错路了，现在县委非常重视，想请一些我们这样的人到他们那里去给他们谈一谈，对方负责所有的吃住行，另外找一些传统的真正好的民歌听一听。哎，我说这好，就到土窑洞里听一听。听听有没有真正好的，你去不去？

田　青：这次大奖赛民歌业余组，我给了索朗旺姆我所有打分里最高的分，她是西藏来的，这个人就是牧民，你听了索朗旺姆吗？

吕胜中：听了一下，那个人最后得奖了？

田　青：得金奖了，不容易。这也是这些年我们一直在不断宣传，不断努力的结果。大奖赛这些评委，还有其他学院派的，开始对她很保留；我讲我的观点，你不能把唱法说成科学或者不科学。说中国的大本嗓不科学，天津那个唱京韵大鼓的骆玉笙，就是大本嗓，80 多岁还唱，你说人家不科学？西方的科学发声让你到 80 岁还能唱吗？

吕胜中：我最近有本书，就是针对科学……在艺术上，是没有所谓科学的造型法，那是伪科学。你想想看，解剖图，还有原子结构图等，这才是科学，而且当代科学都可以看到极微观的世界了。那么美术在做什么呢，造型艺术在做什么呢，还是肉眼可以看到的东西。我们看到田青——哎哟，好久不见——远距离科学地看——哦，是田青，然后握手，会吗？所谓科学方法，训练人的眼睛看世界，这是死的，静止不动的。实际上在原始艺术、民间艺术中没有这样的东西，它是在风景当中去看风景，它不是在风景之外去看风景。你看西洋造型法我画风景，理论上我不需要知道风景背后的一切，但是在民间艺术、原始艺术当中，我可以走到风景当中去看，我可以在风景之中画风景。

田　青：你看咱俩这叫英雄所见略同。

吕胜中：心有灵犀不用通。

田　青：音乐上更厉害，强调科学唱法到一个可怕的地步。贬低对方时就说这种唱法不科学，一句话，就打入冷宫了。一说是科学就了不起了，科学变成艺术上最高的褒奖的词汇了，这是不对的，艺术跟科学是两回事。

吕胜中：何况这个科学，其实它并不科学。

田　青：它不科学。包括这个共鸣，颅腔、头腔共鸣，你打开脑袋，里面都是脑浆，你怎么共鸣啊，连点缝隙都没有，有缝隙麻烦了；胸腔共鸣，你打开里头，肠子、肚子、肾，它又没空气，有空气你放屁放出去了，你怎么共鸣啊！所以最简单的一个词，你仔细研究起来，都不是真的科学，但是他们强调这个那个位置发声什么的。后来我讲声乐这个东西，千万不要讲理论，也不要讲科学。最早是在纪念沈湘的一个座谈会上，有人提出沈湘死了，可惜，他教了一批学生，金铁霖就是他的学生，为什么可惜呢？声乐教授一辈子没写一本书。后来我就发现，声乐不能写，我说很多东西是不能够理论化的，怎么唱歌是一种感觉，什么“位置”“立起来”，我的声音怎么立起来？位置是靠前还是靠后，怎么靠前靠后？你拉我一把，我靠后了？这种感觉好像禅宗修行，这叫如人饮水，冷暖自知；既无法用语言确切表述，更不能替代。我做气功感觉通了，我告诉你怎么叫通了，你练去吧，我怎么说你也通不了。

吕胜中：科学本来不是个坏词。

田　青：不是个坏词也不是个好词，它是个中性词，就像物理、化学，它有褒贬吗？没有。可是现在我们把它当褒义词来用。你如果指的是它的自然性，或者是符合人性的东西，那恰恰是现代科学所不能涵盖的东西。咱不用科学这词，我现在烦这词。现在把科学外延无限扩大，好像你娶个媳妇挺漂亮，哟，真科学！

吕胜中：哈哈！至今我没听说娶媳妇科学的。

田　青：一男一女多科学啊，还能生儿子，两男就不科学。

吕胜中：起码我觉得像京剧那种，有时候你吼那一嗓子，很舒服，而且感觉顺着气了，我觉得和中国的经络啊、元气学说都是特别一致的，我就想说这个的科学。

田　青：那正好是反科学的。艺术跟科学有互相交叉融汇的东西，所以艺术里有科学的东西，但是艺术本质上是反科学，或者是跟科学走截然不同的路。科学讲可重复性，咱们俩在实验室里，多少克加多少克，在一定的温度一定的条件下，我创造出一个东西来一定要可重复，全世界才承认。在别的实验室里，只要按照你的条件做出来，也应该和你一样，这叫科学。科学还讲规范化，3 厘米的螺丝在任何一个国家里，都要配 3 厘米的螺母才能合上，全世界都按这个规范生产，这恰恰是艺术的天敌。艺术怎么能可重复呢？你吕胜中与别人一样，有什么价值？艺术就要独特，不能重复；重复别人叫抄袭，重复自己叫自渎。它必须超越，必须创造，必须与别人不同，甚至自己今天与去年不同，这是艺术孜孜以求的东西，这不是反科学？我为什么反对他们在艺术教学里提倡科学呢？学生来的时候有方的、有圆的、有三角的，之后他拿锉刀都给你锉平了，锉成一个样子。按照他那种方法，他叫科学性，我说这是可操作性，用这个办法比较容易教。所有的人到我这来都变成中庸之才，唱出来都一样。现在你要是不看电视机屏幕你就不知道是谁在唱，过去不是这样，你一听王昆是王昆，才旦卓玛是才旦卓玛。现在化妆也化成一样了，你看这新娘照，你不知道哪个是自己媳妇。我们艺术学院的教师呢，用科学的方法，所有人都能教。他用科学性恰恰阉割了艺术的本质的东西，是反艺术的。所以我说艺术反科学、科学反艺术，里面有这个道理。

田　青：还有一点，艺术不能变成一个铺天盖地的东西，多好的东西也经不住这个。在本质上艺术具有一种贵族性，郑板桥的“难得糊涂”现在到处都挂着；一个破饭馆开张了挂个“难得糊涂”，我跟老板说，你什么“难得糊涂”，你是“难得明白”，人家明白人是难得糊涂，你本来就是糊涂人还有什么难得糊涂？你这饭馆，今儿改川菜，明儿改湘菜，不知道哪个是挣钱的，你本身就糊涂，跟着大溜走的人，叫什么“难得糊涂”？本来是个雅的东西，只要一普及，就变成了俗的东西。就像旗袍，本来是淑女的很高级的，现在只有饭馆的小姐穿，哪个高级的淑女再敢穿旗袍？冷不丁被人叫：“穿旗袍的那位小姐，给我拿条毛巾来。”

吕胜中：还有“小姐”，本来是好词，现在不敢叫了，好像“三陪”似的。

田　青：艺术一定要与生活有距离，民间艺术不是生活本身，它是生活里的一部分，是艺术化的东西。

吕胜中：我想你说的有时候有距离，是说艺术不是一个生活的还原，因为生活本来就如此了，没有必要再去复制一个生活的原型摆在这儿。

田　青：在生活里艺术的分量也不能占多了，它真是装饰。如果你周围全是艺术品，这东西受不了。

吕胜中：那就是博物馆仓库啊。

田　青：就像去大奖赛当评委，别的评委都开自己的车去，只有我是打的去的。我上车第一件事就说，师傅，劳驾您把这个收音机关了，他还在放歌，我真是受不了。艺术这东西真不能多，多了就麻烦，再好的也不行。就像我们这些以艺术为职业的人就是跟艺术结婚了，结婚了就没有什么爱不爱的了，就如何经营它，如何发挥自己的责任感，如何控制自己不要过多的移情别恋而已！

吕胜中：对对，我觉得有些事情你要坚持做，并不是我是艺术家我就整天需要艺术，恰恰是不是艺术家的人需要艺术，对不对？我觉得这就已经是社会分工了，变成一种文明的无奈了。创作就是灵感来的时候最兴奋，但你要把灵感付诸实现的话，这个过程是要劳动的，是很累的。比方说我剪小红人，一开始想法很激动，后来开始剪的时候我也很激动，但我剪那么多，上百万个，每一个都那样激动我肯定支撑不住。

田　青：这个时候没有热爱，靠的是责任。

吕胜中：是责任，“我要做下去，我要做下去”。在这个过程当中会有一种修炼。

田　青：我们今天谈话最闪光的一点是，艺术的爱和爱情的爱是一样的，都有一个阶段，它不可能永远爱下去，后来更多的应该说是责任。

吕胜中：我曾经举过这样一个例子说明艺术的这种状态，因为很多人老觉得艺术家好像是一种特殊的人似的，老拿腔调自我表现。我觉得自己比较理性，实际上艺术家是在替代很多人做艺术。比方说我老婆做饭，我做艺术，我有饿的时候，需要吃饭，她整天做饭也烦，也需要有种精神的宣泄，看看艺术，吃点精神食粮。只不过如此而已。有学生叫我看画，我说到底干什么，他说我最喜欢，那我说你未必要让我看，你自己感觉好就够了。但是如果你面对公众，那么就有一种公众的准则了。公众的准则现在是借助评论家、评委什么的，去听，哦，原来他好在这里，你投这一票，大家就学着，这个东西值多少分，我得好好听听。为什么选你当评委？因为你有专门评判这个东西的一些技术，画家、艺术家也是，因为你有这个技能，我们不能，我们长期做饭。没有这种技能了，时间长了，就放弃了自己评判艺术的权利，所以就推选出一批人来，你们替我弄吧，我发给你一天 1000 块钱，你不是需要吃饭吗，你用这 1000 块钱买饭吃，就这样。

田　青：对，这和工人做工是一样的。

吕胜中：要不为什么我们新时期说知识分子也是劳动人民，我们是劳动者就体现在这里，我很辛苦呢。

田　青：你对谭盾的音乐怎么看？

吕胜中：谭盾前两天还在电视上出来，我是偶尔看了一眼，他那个水的音乐我挺有兴趣，他就在用水演奏。

田　青：这就是各种水的声音，还有一段音乐就是所谓无声音乐，指挥就在那瞎比画，所有的演奏员就跟傻子似的看着指挥，心里在骂，什么意思？然后观众心里也在骂，不过没声。这个就是观念吧。

吕胜中：那个东西就是指挥家的舞蹈。

田　青：但是舞蹈太臭了。这就是观念和艺术之间还要不要有界限？比如说老庄的“大音希声”是一个哲学，很了不起；可是真到舞台上，我花了 70 块钱买票来听音乐，你告诉我“大音希声”，让我坐一会儿，回家了，我怎么能够没有一种被愚弄的感觉呢？

吕胜中：它可能已经离开了音乐本身。

田　青：那么听音乐的人反感，这是很自然的事。

吕胜中：那不一样，刘索拉那嗷嗷叫是什么？不是和那没有声音一样吗？就是即兴吗？

田　青：不，刘索拉的即兴里面还有很多是经营过的，也就是她排练过的、想过的，也不是张口就唱的。这个声音你可以说嗷嗷叫，你不喜欢，但那个没有声音的你是不是觉得挺好的？

吕胜中：我觉得挺好的。

田　青：假如要你买票你去吗？

吕胜中：你拿我比不太恰当。你又不给我票，你原来说过给我票的。倒是我听过一次崔健的演唱会，那次事情使我想了很多很多。那是 1993 年，崔健为癌症患者在体育馆募捐演出。我挺喜欢他唱的歌，平时听磁带，没听过他的演唱会。当时一个德国朋友给了我票，我就跟他一块儿去了。这是我第一次也是唯一一次听摇滚乐现场，简直开了眼界了。我们的座位很好，离音响很近，朋友准备两团棉花，堵着耳朵，因为太响了。崔健一出来大家就都站起来了，都不坐了，我一个人坐着，因为我觉得挺累的，就坐着听吧。我就没想着站起来，然后我就看见灯灭了，大家都开始点小蜡烛什么的，有的打着小手电筒。哎哟，前面那人摇呀晃的，而且周围人都开始晃。我一个人坐着后来终于坐不住了，因为我觉得不对，就我一人坐着，感觉跟傻子似的；那我也赶紧站起来了，大家都晃我觉得我也需要晃，因为只有两人站着不晃，一个警察一个我。我也开始晃，晃了以后我突然觉得极不舒服，我自己极不舒服，我不想晃。人家晃是全身心的，当时我朋友问我你不高兴吗？他突然觉得我是不高兴了。

田　青：你觉得你不是你自己了。

吕胜中：但是我的朋友说，你是不是不高兴、不舒服了？我变成不舒服，变成有毛病了。回来的路上，德国人就开始批评我了，架子太大，看不起人家，或者摆派。我说没有，我平常挺喜欢这东西。他说那你为什么不晃，我说我晃了挺不舒服，他说那为什么？我就想了一晚上这事，为什么我不晃？

田　青：你说你这不是中了病了，以后我能给你票吗？给了你晚上都睡不着觉了。这就是欣赏是不能强加给你的，就像对美的教育有时会走向反面。天天宣传强调《蒙娜丽莎》很美，跟我自己不经意间发现她很美完全是两个过程。你为什么在听摇滚时晃动得不舒服？因为这种动是别人强加给你的，别人都动，你不动不行。可是你内心不想动，你跟自己较劲，这个时候你跟艺术是疏离的。

你在摇滚的环境里，但是没有进入摇滚里面去。

吕胜中：我想我可能是这么回事。因为每个人都需要宣泄，而我在我的艺术当中已经宣泄够了，不需要再找其他地方宣泄。他那个音乐我觉得很好，我挺喜欢听，可是没到需要晃的程度。可能崔健去看我的展览，他也不会像其他观众那么激动；其他观众激动得不得了，有一个台湾人说，我看了后我想跳；可能崔健就不会这样，他在他音乐里面可能已经跳过了，他知道他激动之后应该做什么。我想就是这样，所谓艺术家的创作过程，可能就是这样一个晃的过程。这种晃我觉得确实能平衡自己。可能艺术家看艺术很少激动的。

田　青：不，应该是更多的激动。

吕胜中：是吧，一激动就晃。

田　青：不同吧。比如我现在有这种感觉，艺术家反而更容易激动。看一个破电影，其中有一个情节特别感人，你也激动半天，一般人可能就糊里糊涂过去了。

吕胜中：我挺奇怪，一遇到这种别人都哭的东西我反而不哭，倒是别人觉得不哭的时候，我心里慌慌的，要流泪了，有时候不经意的一句话，就戳着你肠子了。

田　青：所谓故意造出来的、胳肢人想让人流泪的东西。那艺术家不会流泪。你只要有一点不真诚，艺术家就会感觉到。

吕胜中：像我心情不好的时候，我就特别愿意出去。

田　青：吼两声。

吕胜中：吼还得找音。我不知道别人，我觉得这是调节身体特别好的一个方式。比方说，“我为祖国献石油”，有时候觉得这样好；“甘洒热血”，这就对了。实际上我特别懂音乐，但是我不太爱在家弄音响，有时候自己心里就有声音。那个声音可能是谭盾的无声，我挺喜欢的，第一次听说我就觉得他这个挺棒的。但这得是个有音乐心境、音乐需要的人去听，就能听出自己的音乐来，我觉得可能是这样。但是指挥在里面会干扰，没有必要有指挥。

田　青：一旦理念突破，如约翰·凯奇一开始搞的《四分三十三秒》，第一个做的是聪明人，把钢琴盖打开，四分三十三秒，看着表，起来就鞠躬。第一个是大家，尤其在西方，把老子的“大音希声”拿出来。第二个再做，没意思。

吕胜中：我觉得对着公众的演出都是形式。

田　青：一个是形式，还一个你是真诚地做艺术还是有哗众取宠之心，这里头区别很大。

吕胜中：但是你要知道，所谓哗众取宠，可能每一个艺术家都有这种罪恶，因为艺术家本身就是罪恶，我觉得。

田　青：那你说得更深刻了。不是艺术家就没罪恶吗？

吕胜中：我们说的是艺术的文明的罪恶，比方说凯奇体会到的这个无声的意境，它为什么需要一种形式去表现给大家看呢？表现给大家看，那就有一定的假；所以说真善美、假恶丑，我觉得它是一个人人格的全部。任何一个人不能说，哎呀，田青，纯得不得了，真善美是吧，你眼睛就不美，那小眼睛。

田　青：我就美在这双眼睛。一个大老爷们一双秋波样的眼睛受得了吗？艺术本身是假的，但是艺术里要有真，没有真就不行。

吕胜中：我觉得它是全部人格的总和。有个故事我讲过多次，那是在陕北，在一个剪花巧手家里，正聊天呢，来了个邻居，将近50岁的一个女人。这个剪花巧手挺好开玩笑，说她这邻居哭得可好听了。我们第一次听这种词，我就开玩笑说，你哭给我们听听吧，怎么个好听法啊。要求了两次，这女人还真酝酿了一下感情，想要哭给我们听。然后就说没伤心事哭不出来。我觉得这个事特别有意思，当然也是一晚上没睡着觉。你说这里面多矛盾，多复杂，伤心才能哭，但哭得好听是愉悦生者的，农村一般死了人才哭嘛，但是哭得好听是带着假，假就是对死者的不敬，又不是真的。

田　青：这个假不是虚假之假，是假什么之名的假。假艺术之名阐述她的感情的东西，所以你不能完全说假就是虚假的东西、丑的假，艺术都是假。

吕胜中：你看你错了吧，假的不一定是丑的，我就想说这个。你哭得让那么多人觉得好听，特别在死人的悲伤气氛下，这是一种调节。而且我还看到，孝子不是在灵堂前跪着吗，执事顶着个盘子在上供，往灵堂一排排递菜，递第一盘菜的时候就扭迪斯科，然后还能做各种特技，一会儿在鼻子上顶着，一会儿又叼着几根烟，手里还能够干吗干吗，一边还唱着什么的。

田　青：表演性很强。

吕胜中：好多孝子跪着跪着就偷着往后面看着，他一下子就把气氛调节了，使悲伤变成有滋有味了。我觉得一些民间艺术活动是非常人性的，就包括这个悲伤和哭什么的。我看过李泽厚的美学，我觉得李泽厚懂得中国主流的文化，但如果他再深入，他美学的东西就会写得更好一些，这就是中国传统美学的问题，是包容全部人格的美学，它并不仅仅是真善美，它是包容真善美、假恶丑全部人格的美学，所以它是更人性的。比方说你当评委，我们叫你整天挺在那个地方，你累不累？你累死了。

田　青：所有挣钱的活都累。

吕胜中：不挣钱也累，你想当学者也累，整天当学者多累啊。美院有个故事，十年前吧，高仓健当时是中国男人的标准，美院有个学生，大家都说他长得像高仓健，他就整天这样，目光炯炯，作威武状。有一天他回到宿舍把帽子一拽，把衣服一脱，把脚一叉，然后说："当高仓健真累。"还有一次，我在美院搞讲座，美术系有个当代美术研修班，请我去和学生见见面，聊聊天。我一去吧，可能我这些年不大露面，学生有些紧张，那么一紧张一崇拜，就容易不说人话，问的问题都不应该是我回答的，应该是党中央和文化部回答的，“你说中国美术向何处去”，有类似这样的问题。

田　青：它愿上哪去上哪儿去。它向去处去。

吕胜中：我觉得谁都不愿说不是人话的话，在这种气氛下谈话是没法进行的。后来我就说了自己的一件刚遭遇的事，在事情现场的那种情况下，我如果继续当教授就要受伤害了，于是我就变成了一个痞子，把事情平息了。跟学生这样一说，他们马上开始都说人话了，只说小问题，不谈“中国美术向何处去”的问题了。其实他们有时候是不敢提小问题，怕你笑话，怕你觉得他无知。所以有时候你别光当评委，适当时候也当当坏人。

田　青：我坏人当多了。

吕胜中：我觉得艺术最重要的是真实，因为真实里面就是这样的。

田　青：因为艺术本身是假的，小说不是假的吗，戏剧不是假的吗；假里头全是假的，就没看头了，必须有真才有东西。生活就是真的，所以人们需要一点艺术，艺术就是假的，全是真的也不行。

（原载《艺术世界》2002 年第 10 期）

行走的刘索拉

——与刘索拉对话录

田　青：前些时候听了你回国后搞的那场音乐会，就是那场“刘索拉与她的朋友们”，有些感受。这是在一个爵士音乐节上的爵士音乐会，但听了后却感觉与一般印象中的爵士音乐不完全一样。那么，我倒是觉得，它的意义就在于你找到了一种把爵士音乐与你的母文化、与中国的传统音乐结合的东西，而在这种把中国音乐的精髓与西方流行音乐形式结合的同时，你还没有忘记你自己的个性。换句话说，你似乎在保持和张扬自己个性的同时，找到了一种把东西方两种不同音乐概念和形式融合在一起的一条路。我觉得这是非常有益的一种尝试。但从另一方面说，正像你说过的那样，它又是一个什么都是，同时什么都不是的非驴非马的东西。它既不是东方的，也不是西方的。也许，在场的西方听众，会从你的音乐中听到一种他们认为是东方的东西；而对中国听众来讲，你又带来了一种能够震撼他们的、来自西方的东西。所以，我很想听听你自己怎么看待自己的作品，而你出国之后的这些年来，在音乐方面你又做了哪些思考。

刘索拉：其实，音乐是一种特别不能掩盖的东西，尤其是我做的这种东西，就是所谓的爵士乐。对我来说，爵士乐不仅是一种音乐发展的特殊手法，而且还是一种生命哲学。爵士乐是不能骗人的。一上台，该怎么着就得怎么着，你是什么人就是什么声音。因为它不是事先设计得特别严密的。虽然我的音乐设计很结构化，因为我想利用爵士这种东西再进行一种创造，不遵守爵士乐的曲式结构，也不用爵士的和声结构，而是用我自己创造的一种结构，和声结构也是根据我的音乐结构布局的。在这种设计好的音乐造型中，我给每一个音乐家都留了空间。就是说，除了写下来的调子外，剩下的有些空间要留给音乐家较量，也就是打擂台。音乐家打擂台的时候，你是谁就是谁，这个时候见仁见智，音乐家的素质就表现出来了。这也包括我自己。比如说，我在一个曲子里面，有的时候可能会写五分之四，有的时候就写了五分之二，剩下的五分之三都是我在台上当时的表现。而这种表现，有的时候是赤裸裸地在表现。有的时候会搭一个架子，乐队的架子都搭出来了，但是我的架子还没有搭出来，就是为了到时候我有一个能够表现的空间。在这个空间里，使人感到特别悲哀的是，经常你会非常赤裸裸的。因为没有余地，没有时间让你假装，没有提供这样一个基础。有的时候脑子里转出什么你就说什么，这时候是谁就是谁了，今儿就今儿，没辙。

田　青：我听你说到这儿有一个感想，是不是你到了西方才找到了一种能更赤裸裸地、更真实地表现你自己或者说可以把自己完全放进去的音乐？因为在我们中国的音乐里，现在也许缺的正是这种东西。但实际上，中国古代的音乐中有许多也有一种即兴性，包括很多合奏形式，比如我们大家熟悉的“十番”啊、“江南丝竹”啊、北方的“笙管乐”啊。其中有许多地方是可以张扬自己个性的，比如在北方吹管乐里的唢呐，吹到高兴的时候，是完全可以自己“海吹”的。但是，现在大家在舞台上看到的“中国音乐”，的确大部分是没有个性的，是很难让你表现自己的。那么，你本来是学西方古典音乐的，可到了西方找到了爵士乐，是不是你觉得这种音乐更能把自己完全放进去，更能赤裸裸地、不改样儿地把自己呈现出来？

刘索拉：其实这是一个教育问题。我直到发现爵士乐之后，而且是发现了自由爵士乐后，才发现有这么一条路。懂得越多越发现，其实中国音乐里早就有这种较量。但是，就是你刚才说的，我们后来的教育不提倡这个，把所有的老一辈发疯发完了的东西，给记谱了，记完了以后，就交给下边的人，一代一代传下来，说这是大师的谱子，不能变。就这么传下来，可是谁也别忘了，当时听古琴曲，比如说传统古琴曲，那叫什么《潇湘水云》之类的，还有听传统琵琶曲，那里面含有作曲者的人生哲学，他是在即兴发挥，只不过我们后来把它变成了谱子，而且还要分析，加上词，说这一段是描写大好山河，那一段是描写什么豪情壮志，等等。这么一弄，那个曲子的真正意义就全没有了。只有你把这些东西全扔掉，你就听着音乐，想着这是那个音乐家的思维的反映，反映到手上，它就出来了。这个时候是最有意义的。你都用不着想为什么作曲者在这里表现了这个曲式？为什么他在这里发展了？没有为什么，他的脑子当时就这么一转，音符就出来了。经常是这样出来的。那些音乐是与他的神经系统、脑力活动、血液循环、生理需求、健康状况等有关的。其实，老一辈的古谱里肯定是有许多这样的东西的，只不过我们的教育方法有问题，没这么教育。对我来说，仔细想想挺可怜的，30 年来我受的教育都是按书本和谱子来的，学大师作品，分析大师作品，都是这样下来的。完了以后呢，到了国外我得重新来，重新找。在国内时，我就特别想找到一种东西，能发挥我的个性，可是我在国内就找不到这种东西，就是不知道该怎么办。到了国外，我觉得我像是在爬着走，一点儿一点儿，一步一步，一个曲子一个曲子地熬，来发现什么东西才是我真正想要的、能表现我个性的。比如说先从学蓝调开始，学完蓝调以后，才懂得什么是说唱音乐。现在想起来，觉得那时特别傻，明明中国摆着那么多的说唱音乐，却不懂。以前听说唱音乐的时候，老一辈给你教了好多社会背景分析、曲式分析，然后告诉你这谱子是这么下来的，这点儿是这么唱的，这个曲牌是什么意思，都是学术性的东西，我就记住了。可是我就没有弄明白，小彩舞的嗓子为什么那么沙哑？为什么她唱那一句的时候，要带一个滑彩下去？她为什么到后头又挑上来了？那个意义并不是说，小彩舞在这一段表现了祖国的山河更加壮丽，根本不是那么回事。老艺人在这时候，她要显示她嗓子的东西，她嗓子的功夫就在这里，这是她对那一句的人生理解，和她对那一乐句的生理反应，因此声音这么一拖一吊，她才觉得舒服。以前没有人这么告诉我，所以 30 岁还得去学蓝调，去听黑人朋友讲人生。他们告诉我怎么唱蓝调，然后再去体验蓝调的人生观，又得学两年，才能真正进入一种生活的状态。先进入了黑人的生活状态，感到黑人的生活状态，反过来再去想自己那些东西，突然觉得我懂了。闹了半天，1949 年以前的老艺人，就是这种状态。我当时怎么没直接就这么学？还得跟黑人学。学出来才知道，闹了半天，我们中国也有这玩意儿。它只不过是调式、调性不一样，说的词不一样，其实它的哲学观和审美观都是一样的。民间艺术要说故事，它要吸引人，而民间艺人的生理状态，就是要用他的原嗓儿唱故事，就是在唱故事的时候显示他的原嗓儿的力气和魅力，就用不同的技术来表示，因为他们每个人的嗓子不一样，所以有人往低了走，有人往高了走。而且他们说哭，说笑，说悲哀，都有一种统一的感觉。再加上民间艺人的生活不稳定，他们的演唱中总带着他们每人的生活经历留下的特点。全世界的民间艺人都有一种统一的感觉。它就会使旋律特别地丰富、高挑、往下沉，包括向梆子那种高音的喊，秦腔那种沙哑的叫。这里边也全有，但是分析的方法不一样，教育的方法不一样，我们的教育忽略了它们人性的一面，而突出了学术的一面。于是乎，我们没学到人性，可是一个作曲家的人性是非常重要的。一个作曲家先得感觉到自己，人的身体是在音乐里头，而且你的人性也在里头。我觉得那样音乐才能出来。做音乐得先感到自己的身体，而我等于是倒着走，所以我觉得我的路走得特长，特冤枉。这玩意儿都是在 20 多岁时就应该知道的，可是我不知道。我从小就被教育控制得净玩儿脑力游戏了。我还得重新去学蓝调，然后又发现爵士，还不是传统爵士，传统爵士比较死板一些，而是自由爵士。传统爵士的音调特别典型，特别美国化，确实感到还有距离，只有在自由爵士里头，你有所余地。通过自由爵士，再去懂得传统爵士和爵士的人生观，这又需要一段时间。懂得这个音乐的时候呢，我也不能照搬，首先我不能搬爵士音乐，我也不能搬蓝调音乐，我不是美国人。但是什么东西是我自己的？从哲学意义讲，不只是曲式学和音乐形态，也不能光从学术与音乐的角度来讲，这是“爵士”，那不是“爵士”。如果你把这个弄懂了以后，其实就很容易找到你自己的一个声音。所以，爵士对我来说是一种哲学，是一种人生观，是一个怎么活着、怎么说话的东西。包括蓝调，其实也是这么一个东西，它不光是一个音乐的东西。

田 青：你一开始便提到音乐里的真诚，这的确是一个非常重要的而且是本质的问题，但另一方面又是一个长期被我们忽略的问题。刚才我们的谈话还牵扯一个目前很多人都在反省的问题，即我们的音乐教育。我也写过一些文章批评这四五十年来的音乐教育。我的着眼点是：第一，我们目前音乐教育的模式，基本上是西方的模式。其中一半是学习苏联的，另一半是改革开放以来学习西方现代的一些思想、方法。苏联的模式，实际上也是西方 19 世纪末 20 世纪初的东西，除去意识形态的部分，它的教育思想和方法，总的来看还是西方的体系。现在，越来越多的人认识到，这种体系里教育出来的学生与自己的母文化，与中国传统音乐的关系，被忽略了，被剪断了。你自己刚才说也是到了美国先找到蓝调后才发现中国也有类似的传统。现在国内的许多青年人也是这样，他们在西方的乡村歌手那里“发现”了一种可以直接表达自己情绪的、可以“说”自己心里话的音乐，许多作曲家也在学这些东西。但实际上，我们自己本来就有这些东西。拿说唱音乐来讲，我们其实最有历史和传统。自从佛教传入中国，也就是公元前后的时候，说唱音乐便逐渐流行。从魏晋的“唱导”，到隋唐的“俗讲”“变文”，都是一种连说带唱的音乐形式，都是佛教徒为了给老百姓讲佛经，讲佛教的教义才发明、运用的一种音乐形式。我们现在读研究生，都要有一个“导师”，这个“导师”，也就是“唱导师”，原来就是指佛教说唱音乐的演唱者的。大家都知道现在有一个“敦煌学”，敦煌学研究的对象也就是“敦煌卷子”——在北京、巴黎、伦敦、莫斯科，都藏有不少。这所谓的“卷子”，其实就是当时“俗讲”的底本，也就是当时说唱音乐的唱词。当时，佛教的“俗讲”是非常盛行的，这从唐诗中就可以看出来：“街东街西讲佛经，撞钟吹螺闹宫廷”“仍闻开讲日，湖上少鱼船”，都是说当时说唱音乐的盛况的。而且，这种说唱音乐一直演变、延续下来，甚至影响到近代的中国传统音乐。比如南方的弹词，便可以看是古代说唱音乐的遗绪。说到近代的说唱音乐，大家都很熟悉了，像南方的弹词系统——包括苏州弹词、扬州弹词等，北方的鼓词系统——包括京韵大鼓、梅花大鼓、西河大鼓等，其实是非常流行的。甚至一直到 20 世纪五六十年代都很盛行。当时是为政治服务，说唱这种形式特别适合为政治服务，唱英雄人物，如唱黄继光、唱董存瑞，有很多。实际上，说唱音乐在中国的衰落，是在改革开放之后，是在西方现代音乐、当代音乐大量进入中国后才开始的。在西方强势文化涌入后，中国的几乎所有传统文化都在逐渐式微。这种逐渐式微的结果，便是改革开放 20 年后，这一代年轻人不知道中国也有说唱音乐，再去美国学说唱。

刘索拉：我是到美国才懂了说唱音乐的精神。以前知道有说唱音乐，但是没有什么特别的感受。到了美国学了蓝调以后拿起《今古奇观》一看，突然看出调子来了！想到以前的文学一定有很多是来自说书人的段子……我倒不觉得民乐学生学习西方和声有什么坏处。

举一个例子，比如说吴蛮吧，因为她五线谱识得很好，我常说她识谱的感觉就跟钢琴系的差不多，所以她就什么都能弹。你给她写一个琵琶协奏曲，你可以不给她写中国的，就是外国的作曲家给她写一个琵琶协奏曲她也能弹。你给她写十二音她也能弹。因为她的识谱特别好，而且她对基础和声有一种理解，所以她反而使琵琶这种乐器扩大化了。如果说一个非常民族化的琵琶手，只知道工尺谱，不太知道西方理论，他就有可能对付不了现在的这种多元文化，也就是说比较宽广的多方面创作形式的这样一个世界。我觉得这个世界的前景是一个打破国界的前景，所以我觉得，纯民族主义的东西会有一种障碍。民族文化特别重要，但是我觉得强调太纯粹的民族主义会对艺术家有一种障碍。比如说，我出去以后，多亏了我的西方音乐的底子，使我非常快地理解我想要找的东西。也就是说，对于我喜欢的声音，一听我就知道是怎么做出来的。我没有什么坎儿，那是因为受了音乐学院的教育，所以我没有这方面的技术问题。如果没有学院的教育，就会有技术问题。当然，这对于一些作曲的人来说是远远不够的。反过来说，为什么我们现在听到中国搞爵士音乐的人只是在模仿西方爵士音乐，为什么这想象力没有超出模仿呢？为什么搞流行音乐的人只会模仿别人的流行音乐呢？是他的底子不够，音乐教育不够，他整个的音乐教育都不够宽。他的音乐教育应该是东西方的全面教育。我倒觉得我们当时上音乐学院的时候，音乐学院的民族音乐教育还是给我们打了一个挺好的底子，因为我们每年都去采风，这对我们来说是挺有用的。基本上我们班的同学你就说他骗人还是没骗人、招摇撞骗、出卖民族文化、挂羊头卖狗肉欺世盗名，还是为国争光，不管怎么样吧，反正最起码他有一种东西，他能不管东西南北，拳打脚踢地应付一阵子。就是因为教育的底子给他打下了。我倒觉得受的教育越全面，就是说东西方文化教育越全面，对艺术家的发展越有好处。另外，我觉得教育的问题倒不仅仅是一个知识的问题。我们现在说的是比知识更重要的问题。知识是应该有的，我同意你的说法，学民族音乐的人应该懂得中国古代音乐的传统。我觉得在教育上咱们特别缺乏细节，咱们的教育可能有点糙。比方学传统音乐，就把曲目学了，把谱子给你翻译成简谱或五线谱，让你把大概的基础学了，但是没有学到古代文人的细节。比方说传统古谱的细节，读古谱本身是一种教养，是一个细节，如果你能读古谱，那你这个人的教养一下就高了一块，你的精神境界都高了一块。这是一个细节，我觉得我们忽略了这个东西。细节是一个教养问题，包括对西方文化的理解，我们常忽视细节。拿穿衣服来说吧，这件事看起来很小，但也代表了一个人的文化素养。可是我们现在灌输的，比如说时装，时装杂志给你灌输的是什么叫作休闲装，什么叫作上班装，但却不灌输你审美，不灌输你休闲装或上班装背后的那种文化的东西。什么人穿这样的休闲装，什么人穿那样的上班装，这个又是文化。所以，我们有许多文化教育都缺少细节，只有有了细节，才开始有个性。我们的教育忽视个人性，也就是个性，而且有太多的观念，就像我刚才说的，如果要给你一首古曲，分析的时候，就只说这个曲牌有多长，哪个是 A 段、B 段、发展段什么的，然后是这个是表现什么的，为什么这样，哪个材料跟哪个材料是对峙的，等等。其实现在想起来，那种东西太多了，那种东西可以有一些，但是我觉得有很多东西应该是另外一种说法。

田　青：对教育本身来讲，其实所有的教育都是庸才教育，所谓“庸”，就是“平庸”“中庸”，就是“中间”。因为教育制度是面向大众的，而天才和蠢材都没有办法教育，所以，所有的教育制度都是削去两头，只对中间。当然，所有的教育制度也都有例外，比如你刚才举的你的例子和吴蛮的例子。但我认为，你和她的例子都是一种例外，在这样的教育体制下，居然还没有把你们的个性全抹杀，这本身就是个奇迹。其实，我所谈的教育的弊端和你所谈的你个人的感受，着眼点还不太一样，我看的不是个别的佼佼者，而是看在这样一个教育体制下培养出的大部分学生。我们目前的音乐教育体制，也就是音乐学院的所谓“学院派”教育，可以说是一种几乎完全脱离了传统文化和母文化的一种教育。你刚才说得对，东西方的音乐我们都应该学。我其实不是简单地反对学什么，或提倡学什么，更不是反对学西方和声和西方乐理，这就像我主张重视母语教育，但同样主张应该学好外语一样。但是，母语和外语，还是应该有区别，尤其是作为一种文化。无论任何一个民族，都把母语教育放在第一位。而我们目前音乐学院的民族音乐教育，基本上是一种脱离了民族音乐传统的教育，是一种与我们民族音乐的传承方式完全不同的教育体系。比如二胡或琵琶的教学，便学习小提琴和钢琴的教育模式，提倡拉练习曲；二胡有二胡的练习曲，琵琶有琵琶的练习曲，强调所谓技术的训练。这种教育，有没有成绩？当然有。我们目前全国有 9 所音乐学院，每年都成批量地生产出许多中等水平的演奏家，他们都掌握了一批基本曲目，技术上也都可以。但他们中间大部分人所学的东西、所演奏的东西，常常离我们民族文化的精髓太远了。我前几天从台湾参加一个学术会议回来经过香港，正好赶上香港琴人的一个琴会，就是像所谓文人雅集一样的琴人雅集。当时弹琴的有六七位香港的古琴家，还有一位内地相当不错也有一定名气、经常出国演出的古琴家。香港的这几位古琴家，是真正传统意义上的琴人，他们都有自己的职业，有大学、中学的教师，有医生，有技术人员，有企业家，都是业余弹琴，用我们的话来说，都是业余的。他们每隔一段时间就聚会一次，弹琴、品茶、论道，与千百年来中国古代文人、琴人的生活方式是一样的。听他们几位弹琴，我深深地触到了中华文化的底蕴，感受到一种仍然还活着、仍然还在跳动着的传统文化的脉搏。而我们内地的这位古琴家，是我们音乐学院培养的。过去，我也听过她弹琴。但这次她和这些香港琴人一起弹琴，区别可就太大了。我们的这位古琴家，光从技术上说，不但不比他们差，甚至可以说比他们中的大部分都好——她的音准、节奏感、技巧、熟练程度，可以说是比他们都好。可是，她音乐的韵味、她音乐中的内涵，跟人家一比，可就差太多了！我不知道你练没练过书法？中国的书法，尤其是写行书、草书时，讲究一种“涩”感，就是强调笔和纸摩擦时产生的那种力度。所谓“力透纸背”的那种感觉，也就是说，笔锋在纸上运行时，要吃力。不管写行书还是草书，都要有顿有挫，“宁拙勿巧，宁涩勿滑”。其实，书法最怕的就是“滑”，就是“流利”，一滑，那字就没法看了。而我们的这位古琴家，她所弹的琴，就没有这种“涩”的感觉，那么流利，那么油滑。她给人的感觉，弹的都是技巧，但就是没有音乐。或者说，有音乐，但音乐没有内涵。更可怕的是，那天我很委婉、很客气地问她听那几位琴人弹琴的感觉，她竟浑然不知。她根本没有感觉到自己的弱点在哪里，也许，甚至还以为自己比他们都强！这其实不是她的问题，这就是我所说的我们的教育体系、教育方法的弊病！

刘索拉：我加一句，其实这就是我们的教育制度里没有人文。这是另外一课。就是说，我觉得从技术上来说，我们的教育不错，但是普遍地来说，我觉得我们的人文特别差。几乎所有的音乐家都没有人文教育，除非你自己再去看书。我们就是太缺这种教育。

田　青：这我同意。比如说傅聪，在西方，比他技术好的钢琴家可以说大有人在；就是在中国，目前音乐学院里学钢琴的学生，如果光讲技术，比他好的也有不少。但为什么不论在西方，还是他回到中国，都还有很大的市场，其实就是你刚才所说的“人文”两个字。也就是说，他的琴，有他的与众不同的文化背景和独特的对音乐的理解和阐述，他弹的其实是文化，不是技巧。而我们音乐学院所教的，就是技巧。对这一点，我们许多人都有一致的看法。我们音乐教育的弊病，就是轻文化、重技巧。还有一点，就是重西方的东西，轻中国传统的东西。你刚才讲到的采风也好，你们这几位同学对传统音乐的学习也好，其实就是你们这几个人。现在很多人都认为你们班这批人，郭文景、瞿小松、谭盾、叶小纲，是中央音乐学院历史上培养的最出色的一批人，是前无古人，后无来者的。但即使是你们这批人，也存在着“卖狗皮膏药”的现象，对自己传统的东西，知道得真是不多。但是他知道这好，虽然知道得不多，敢拿出来唬外国人。不过，我们还是不谈少数精英人物或成功人士的例子，我们还是就整个教育来谈。忽略音乐上的母语教育的结果，就是造成这样一些现象，比如音乐学院里学民乐的学生总觉得低人一等，总觉得拎二胡匣子没有拎小提琴匣子“酷”，甚至连我们的中央民族乐团也觉得去了趟维也纳有多了不起，总觉得只有外国人说好了，我们才是真好了。虽然他从事的是民族文化工作，但他自己心里其实瞧不起这个文化。所以现在总提“后殖民主义”——虽然殖民地没有了，殖民主义者也回去了，甚至许多过去的殖民国家整天都在大讲第三世界的东西了，但我们自己根深蒂固的、挥之不去的，却是一种隐藏着的自卑心理。当然，对于一个世界级的音乐家而言，民族主义是不够的，他应该是一个世界主义者。但是，对民族主义，我们还是应该把它放到一个特定的历史环境中看，假如一个社会弥漫着一种民族虚无主义，或以一种崇洋媚外的思潮为主流的时候，我觉得这个时候应该提倡民族主义。假如情形正相反，整个社会民族情绪高涨，甚至排外、仇外、闭关自守、敌视其他民族，这个时候，我觉得就应该反对狭隘的民族主义，提倡一种更高尚的东西。

刘索拉：我觉得现在谈什么大的东西都很空，而且民族主义谈多了，又会成为一个框架，因为咱们中国特别喜欢有一个框架。比如像上次电视台的人就戏曲的专题问我，是不是只有民族主义的东西才能使我们的国家振奋起来，所以我们要振奋民族主义；是不是民族主义的东西使我们国家开始进入世界，所以我们要搞民族主义。当任何一种东西变成框架的时候，就会出现许多假的东西，有很多东西就是假的。我觉得你刚才指出的那些问题，就是中国民族音乐家不懂得中国的传统音乐，或者说中国的整个音乐界，甭管是民族音乐家，还是西方训练的音乐家，缺乏人文的教育。其实这都不是大学的错误，而是小学的错误，是从小学就没有教育好的错误。对我们这帮人来说。经历了“文化大革命”，教育从小学，从初中就没了。这就是一个大损失，所以我们这帮人其实特别“糙”。因为文化，就像你说的，香港的那几个古琴家，弹得可能没有那么快，但是他们整个的格调在那儿。文化是一个几代人的东西。它不是一代人在音乐学院学了两年，就能懂得音乐。音乐是一个从小就有的感觉。尤其现在搞商业化的小歌星之类的，那些已经根本与音乐无关、与文化无关的人，一夜之间突然就变成了一个文化的代表。在这种世界，我觉得需要的是小学教育，而不是大学教育。包括我们这代人，连小学的教育都不全，压根儿就没文化，突然被当成了天才，再给送到大学里去培养五年，说培养出一个天才来，这怎么可能？除非就像你说的，可能 100 个学生里出了半个看着像的，200 个学生里才出了一个看着像的，也不知道多少年才出来一个残废天才。没成天才的怎么办？就只落个残废。

田　青：我插一句，刚才我们说的这个现象，其实还有一个特别可悲的事实，就是音乐和别的东西不同，音乐是一个非常技术的东西，所以它非常可能把一个根本没文化的人训练成一个音乐天才。这种现象在其他领域里可能很少见，但在音乐领域里却挺多。

刘索拉：其实西方人占了一个大便宜，就是全世界的人都学西方音乐，可音乐这东西是和文化连着的，比如说中国出去的搞西方音乐的音乐家，经常感觉到这一点：虽然我这一个曲子弹好了，或者我的一个曲子唱好了，但是其实我根本不懂这个曲子的背后是什么东西。因为老师就只告诉我这个曲子就这么处理，这个音就应该这么处理，我能处理得参加国际比赛拿一等奖，但是当我拿到另外一个谱子的时候，这个谱子老师没有教过，我就不会了。但是西方音乐家就会，他们就算拿不了奖，他们对所有作品也能很快地理解。为什么呢？第一，因为这是他们自己的东西，他们整个的文化，包括吃喝拉撒睡，都是和这个谱子有联系的；第二，他们几代人都会在家里说“哦，这个音色 ××× 弹得真好，你知道你爷爷年轻的时候有什么唱片就如何如何……”他有一种从小传下来的感觉，就像中国人对中国音乐一样。如果你从小就对中国音乐有一种从根底上的认识，那你就不用受突击性的训练。突击性训练是手指上的训练，是嗓子上的训练，是技术上的训练。而整个文化背景的训练，是从你的爸爸、妈妈，甚至爷爷那里开始的。如果你的爸爸、妈妈从小就给你放京剧或者二胡音乐什么的，虽然你还不会，但是你已经知道是怎么一回事了。然后你的父母又会告诉你，这个茶应该怎么喝，这个筷子应该怎么使。

田　青：那你自己的母语教育是什么？

刘索拉：我小时候学过京剧，你能相信吗？后来我发现，我特感谢我妈妈，我们家曾有两个家庭教师，一个教青衣，一个教花旦。两个老师都是为我姐姐请的。但我老是在旁听，有时老师也教我两手儿。虽然我妈妈给我请的是钢琴教师，可能想让我当个钢琴演奏家，但她并不重视让我听钢琴音乐，倒老是给我放老唱片，有河北梆子、河南梆子，三十多转的那种，吱吱吱的，我从小就听那个。所以我的钢琴老是弹不好。其实，我妈妈没想让我当音乐家，她就是给了我一种生活方式，就让我没事听听，说这个好玩儿。再看看怎么耍花枪，老掂掂那花枪是怎么回事，然后再走走台步，小孩嘛，玩儿嘛。但是潜移默化地，这些东西就变成你的一种感觉。虽然后头，比如说我特别想反叛，哪怕后来特别想走摇滚，但是京剧的这些东西跟我割不开。也不光是京剧，还有河北梆子，就是这些戏吧，只要谁一唱我就感动，就因为我从小老听；还有吊嗓子，我姐姐老是抱着一个大坛子，从小在那里“啊啊啊”的，我们家天天都是那种声儿；还有靠腿、绑腰，从小到大，就是这么起来的。所以我从小不喜欢弹钢琴，一弹就要哭，对它没有感觉，但对戏曲倒有好多情结。记得我们班同学陈怡说从小她妈每天早上提醒她标准音，钢琴的音只要不准就不让她碰。我真羡慕她，我妈妈从来不提醒我标准音，就是老让我听戏，所以上了音乐学院以后，我的固定调概念就不强，首调概念特强，为此很自卑。有好多东西我觉得是一个小学的教育，可是我中间断了，比如说古文的教育，我就没有。我姐姐就老是特别替我发愁，因为我姐姐没有断，毕竟是老高中的，我小学就赶上“文化大革命”。我没有受过古文教育，我们家到现在都说我没文化，是白字先生。后来我出国以后，发现这是我一个特别大的缺点，也就是说，对中国文化没有系统地学习，同样对西方文化也还是不系统，都是皮毛的东西。我觉得，这种系统的学习，不是大学能够教你的，就那么几年。系统的学习是从小你爸、你妈和小学、中学给你的影响。我认识一个画家刘丹，在纽约，他画的画之美，我服了。真的服他的笔触了。人家评论说他的画是沿袭了宋代的笔法，他用了新的眼光，糅进去许多现代意识。他的毛笔的那种干涩，用得特别好。我去过他的画室，他的画室干净极了，比我住的地方都干净、讲究得多。我看后羡慕得不得了，我就想学，我问他：“刘丹，你怎么能够这么仔细，文房四宝摆得真漂亮。你哪来的这种感觉？很少见到人这样的。”他说：“我从小养成的。”他家在南京，家里的地方也不大，但是他的爷爷是个老文人，所以对他的要求很严，从哪儿拿的东西用过后一定要放回去。从他爷爷那儿，从小就是这么教育他的。就这么简单的一件事，最后影响到一个艺术家的风格。他的画画得非常细致，是细节的天才。从人到画，你就觉得他是真的，不是假的，他不是为了卖钱把画抹干净，而其实他人特别脏。他不是，他的画跟他的人整个是统一的，他的画之干净，之细致，他整个人的生活方式的干净，对美的偏爱和追求，只要是美的东西，再贵也买，买来以后把玩它，包括他对许多生活细节上的习惯。我跟他聊过天儿，这些习惯不是他后来培养的，不是他后来上了大学，国画院教给他这样做的。国画院出来的人多了，有几个是他这样的？他的那种怪僻是从小养成的，这跟贫富没有关系，而是跟他们家里的教育有绝对的关系。所以我后来到了英国，觉得我学到了英国人的好处，就是整个国家特别讲究教育的细节。细到有时候他们的知识分子都感到特别累，甚至会产生一些变态的想法。但是，正是由于这种细节，他们在艺术上要求得特别细；也就是说，他们创作作品时，想的就不仅是简单的音乐发展手法问题。我们中国的音乐家老是想，我这儿配器对了，我这儿配器好，我这儿震撼了，我是个多大的什么什么。其实，音乐的每一句都有一个态度。如果你听一个好的外国音乐家的作品，他的每一句、每一个和声都是态度；这个和声和那个和声，和声的连接，怎么配器，每一句话都是态度。可是我们往往忽略了这个态度，就像我们在生活中不注意细节一样。就像穿衣服，衣服全穿对了，可袜子却穿错了。这个袜子穿错了，就像一个交响乐写好了，却有一个趣味很低的尾声，你的态度一下子就掉下去了。又比如你全身穿的都是名牌，就是想让人知道你多么有钱。你想炫耀你买的都是名牌，都买对了，因为你到底没有文化的细节教育，只好拿钱撑着。去买那些名牌，又不会搭配，穿上以后，怎么看怎么俗，就像一部大部头的交响乐作品充满了媚俗的陈词滥调。你对袜子的审美，一下子就显出你的人真正是怎么回事。你的袜子一错，懂行的人会说："算了吧，全是假的。"在创作中经常会出现忽略细节的情况。所以，我觉得听现在有些中国音乐家的作品，一些东西挺讲究，如特别有气势，得到了什么样的好评，由于用什么样的材料，或者如何如何，反映特强烈；但是仔细听的时候，你会发现中间有好多细节，缺乏人文的东西。就像你刚才说的弹古琴的事儿，弹得那么顺，可是就那几个音不行，而那几个简单的音不是技术而是人文的表现。作曲家也有这种情况，尽管气势过去了，但人文的东西没跟上，就漏洞百出，就是难看的袜子，或者是难看的背心之类的，就都出来了。然后整个人文的东西一出来，你就觉得气势挺低的。我有时候跟吴蛮也说："你能不能摸琴，别弹琴。"摸琴是用脑子在摸的，不是老师叫你怎么弹的。这个"摸"就是人文的，"摸"就是一种哲学观，你必须得知道怎么摸（笑）。说了半天，这真的不是一个大学教育的问题，而是涉及从小训练的一个问题，还有时代变化后的不同的人文精神。好比美国爵士歌唱家莎拉·沃恩（Sarah Vaughan）的歌就是"摸"出来的。同样一首歌，到了芭芭拉·史翠珊（Barbra Streisand）就是唱出来的，倒了席琳·迪翁（Celine Dion）就成了喊出来的。

田　青：你刚才还谈到一个很重要的问题，就是音乐里的真诚。拿音乐教育来讲，我总觉得，音乐到了学院，到了老师传授的时候，尤其是在现在这种教育体制下，就只能教一些形式的东西。而有些东西，是不能用现在音乐教育的手段来教的。比如在学院学作曲，他可以教你“四大件”，可以教你和声、教你复调、教你曲式、教你怎么配器，但你刚才讲的一些人文的东西他教不了，而且有些东西一到教师的手里也就完了。听说美国有一句俗语：“会的去做，不会的去教。”如果真是这样一个规律的话，那就很可怕了。那就意味着所有天才的或有灵性的音乐家们的所有创作，只要一变成“教材”，只要一到了要“传下去”的时候，就在某种程度上被僵化了、被固定化了，就像一只蝴蝶的标本，它不能再飞翔。它被人为地固定下来，让人们去临摹，让人们从近距离仔细欣赏它的美丽，让人们去分析它翅膀上花斑的“对称性结构”。我们刚才谈到音乐的即兴性问题，比如阿炳的几首二胡曲和琵琶曲，当初他就是随便拉、随便弹的，他每天奏的其实也是不一样的，包括我们大家目前都熟悉的《二泉映月》——当初连这个美丽的题目都不是他起的，只不过录了音以后还没题目，没题目怎么行呢？于是杨荫浏就帮他起了个题目——他录音那天正好拉的这个样子。而录了音以后，再由音乐学家记下谱子，于是便成了以后不管什么人再演奏这首《二泉映月》，就连一个音符也不能动，动一点点，就是错的！但实际上阿炳自己拉，可能没有一天是一样的。那么，音乐的本质是什么呢？也就是我们刚才所说的真诚，还有就是随心所欲。音乐，本来是应该跟着心走的。但一把它固定下来，变成乐谱，再教下去，就变成所有人拉的都是一样的。那么，中国音乐与西方音乐，如果讲优劣的话——当然，其实是不能讲优劣的，东西方的音乐应该说只有传统的不同、方法的不同、审美习惯的不同，实际上各有各的美的地方，各有各的好的地方。有些人会认为中国传统音乐的表现力比西方音乐要差。的确，对许多西方人来讲，一提起中国音乐，他们便会想起唐人街中国餐馆里放的广东音乐。而实际上，广东音乐并不是中国音乐的代表。但是，我们必须承认，在目前舞台上活跃着的大部分中国民族音乐，给人的感觉也大都是一种歌舞升平、花好月圆这样的一种东西，一种粉饰太平的东西，的确缺乏西方古典音乐那种广阔的表现力。比如表现人生的深层感悟或宏大场面之类的东西，比如在贝多芬交响乐中所表现出来的深刻思想及博大胸襟，等等。这些，对我们的民族音乐来说，似乎不能胜任。但我觉得，我们的民族音乐有一些可以在世界音乐之林里独树一帜；或者说有我们不但可以向人家学习，也可以教人家的一些东西；或者说有一些我们认为非常珍贵、应该贡献给全人类的东西。比如，我刚才谈到的在中国音乐的即兴性、随意性中暗含着的对演奏家的尊重，我觉得就是对世界音乐史和人类音乐的一个贡献。中国传统音乐常常强调演奏家二度创作的重要性，给了演奏家很大的创造空间和对音乐的解释权。西方 18 世纪、19 世纪之后的音乐传统，是谱面上怎么写，就怎么弹，强调的是对作曲家的尊重，比如弹肖邦，每个音都不能错。当然，不同的钢琴家，也有风格的不同、理解的不同、处理的不同，但留给一个钢琴演奏家的个人空间，却永远只有一个不会太大的幅度。中国音乐不同，拿中国的古琴音乐来讲，古琴音乐需要“打谱”，就是古琴家根据琴谱再创造。古琴的谱子，传统上是只有音的高低，没有音的长短。所有的节奏乐句、韵味，都靠演奏家自己去体会、创造。于是，一个《潇湘水云》，不同的人弹，就可能有四五种、七八种，甚至更多的演奏谱。我觉得中国传统音乐在这一点上，恰恰是保留了、坚持了音乐的本质。音乐，就是抒发你个人的情怀的，是抒发你自己的感情的。你作为一个演奏家，虽然不是一个作曲家，你仍然可以在音乐中有很多创造，有完全属于你自己的东西，你不必永远藏在作曲家的身后，永远机械地演奏“别人的音乐”，成为一个“发声”的工具或乐器的一部分。我以为这恰恰是中国传统音乐最宝贵的东西，是应该贡献给全人类的东西。但问题是，我们的这些东西，这些传统，现在越来越少。现在，我们的古琴专业是放在音乐学院里学，他们也学打谱，但他们所弹的，更多的是已经翻译成五线谱或简谱的曲子。比如弹管平湖的谱子或者弹查阜西的谱子。他们弹的管平湖的《流水》，与管平湖一个音都不差。这也恰好违背了古琴音乐最本质的东西，或者说最有价值的东西。所以我一直强调传统的中断，实际上就是指的这种现象。

刘索拉：我同意你的说法。其实爵士音乐家常常在演奏古典音乐时加上自己的处理。所以，我现在最想做的一件事就是，如果我能多接触，我能找到这种可能性，去帮助民乐家，怎么能重新理解古曲，发挥他们自己个性地去理解。也许是教育把他们给限制住了，比如说老师在教的时候，告诉你这《流水》是什么意思，等等。管平湖先生已经做出了这样的贡献，作为小孩子你就会觉得：我哪儿会超过管平湖啊，所以我最好照着管平湖那儿打吧，就是照着那个弹。他有可能是这种感觉。就是因为我们的教育，老师没有鼓励他们去如何如何，他们就没有自信敢怎么样。我上学的时候，你要让我即兴发挥个东西，我也不敢。除非老师说：“我给你们留的作业就是《流水》，你们每个人给我弹一个不同的版本。”那我就敢了。问题是你不启发他，不鼓励他，他当然不敢了。因为管平湖版本是白纸黑字写在纸上的，已经被承认的，所以只能去模仿他。但是如果白纸黑字地有人说："你们学古琴的全部重新来，每一个学生创一个版本。你的就是你的，什么王玉珍版、刘玉秀版，每个人创自己的版。"那王玉珍就敢想了，我王玉珍也能创一版。可是没人这么告诉她，而且还使她感到你王玉珍算什么？你刚入学就想创版，你把这个版本给我弹好了，弹像了就算不错了。基本上老师都是这么想：你连那个大师的都没弹像，你还敢创版？我们的传统教育基本上是这样的。说实在的，对于我们的传统音乐家，如果学一学流行歌星的态度可能会好一点儿。流行歌星什么都不懂就敢上台唱，这是另外一个相反的态度。也就是说，现在受教育越多的人，就越不敢撒手，所以教育受得越多人就变得越自卑。因为教育受得越多的人，越爱往旁边来回地看，他的旁边总有大师在告诉他：你得这样，你得那样。而且对流行文化的不屑，所以更加要谨慎，一谨慎，他就更不敢迈步了。而流行文化是彻底的啥都不怵，我什么都没有，我就敢。我就是我。这正是流行文化的可贵之处。这是两个极端，就把受过正统训练的音乐家给堵到那儿了，堵得简直不知道该怎么办。其实，我觉得最大的潜力就是受过传统训练的音乐家，我觉得他们确实可以和世界上的音乐大师平起平坐地演奏音乐。音乐就是打擂台嘛，他们确实有这个底子。

田　青：我现在觉得最令人失望的就是我们的音乐教育，几十年来我们培养的民族音乐家，就是没有像阿炳、像印度的西塔尔大师香卡这样的有自己的人格，有自己完整的一套传统的大师。我们现在培养的学生，是“机械化”生产出来的，他们每个人都一样，每个人都会弹一样的曲目——《十面埋伏》《草原英雄小姐妹》，完全一样，连动作都一样，学的都是刘德海早期的、最夸张的动作。民族声乐也差不多，都是一个老师培养出来的，都是从金铁霖的模子里扣出来的，几乎一模一样。你闭着眼听，根本听不出是谁在唱（现在睁着眼睛听也分不出来了，因为她们化妆的结果也是一模一样）。而另一方面，他们中的许多人，同时还都有一种阴暗的、时时折磨着自己的心理，就是他们并不认同自己民族的东西，就像我刚才说到有的学生拎着二胡匣子在街上走，总觉得和拎着小提琴的感觉不一样。我想强调一点，这种心理的产生不是从今天开始，也不是从新中国开始，而是从 100 年前就开始了。晚清以后，我们一直是挨打的。于是，这 100 年来，这种心理便积淀在我们的民族集体潜意识中，便出现了许多怪现象。比如，我不知道你注意到没有，我们这里有一本杂志叫《乐器》，过去叫《乐器改革》，它团结、集中了一大批人，应该说是一大批有事业心、有责任感、有热情也有聪明智慧的人。这些人几十年来在想一件事，一件其实是很可笑的事，就是如何把我们的民族乐器变得和西方乐器一样。几十年来，他们孜孜不倦地在竹笛上加键、在扬琴上加踏板……无非是以西方管弦乐器为蓝本，来“改造”我们的民族乐器。我不知道你知道不知道，这在中国是一项事业，一项大事业，每年，文化部都要评一个乐器改革的奖。但是，不是我泼冷水，也不是我齿冷，依我看，这么多年的乐器改革，失败的多，成功的少，而少数成功的也多不是“改革”，顶多是“改良”，比如二胡都改用金属弦、活动千斤，等等。但其他许多的“改革”，包括一些很可怕的东西，比如把二胡的弓子从两条弦中

“解放”出来，像大提琴那样拉；比如二胡加指板；比如把笙做得和小管风琴差不多大；比如往琵琶上加品，一直加到没法再加为止。我们看敦煌壁画，知道琵琶最早是有项无品，后来逐渐有了品，中华人民共和国刚成立时琵琶一般是 13 品，但你看现在，已经有 20 多个品，都粘到最下边，右手都快没地方弹了！大部分没法让中国人接受。其实，所有的乐器改革者都有一个基本思想，就是我们的乐器不如人。不如人才改嘛！但印度人、日本人似乎并没有这么干，他们没有去“改革”他们的西塔尔、他们的尺八，而是充分挖掘自己传统里的内容，发扬光大。总结我们所有乐器改革的思路，最重要的其实是两点：第一是认为我们的民族乐器音域窄，要扩大音域；第二是要改成十二平均律，以方便转调，适应大乐队。其他如改善音色等，还是次要的，因为音色一改，就成了另外一件乐器。但是，这里有一个问题，就是在我们音乐学院的教育体系里，有很多传统的东西已经失传了。比如，为什么笛子要像长笛一样加键，是为了方便转调。但在中国民间优秀的吹鼓手那里，一根笛子是起码可以转五个调的。“五调朝元”嘛，转五个调还能回来，这靠什么？靠技术，靠口风，靠叉口技术。一根笛子，六个孔，转五个调！这就是传统！但现在音乐学院的学生不会这个，他没学，也不知道一根笛子可以转五个调。刚才我两次提到“崇洋媚外”和“后殖民主义”，你不搭茬儿，不说话。其实我也不是喜欢“后殖民主义”这个词，这是一个已经被人用滥了的词，容易引起歧义或被人庸俗化。我们可以换一个别的什么词。但这种思想，至今在我们的音乐教育制度里还是占着主导地位的。你不爱谈这个词，不爱用这个词可能有你的道理，可能和你这么多年在国外生活的感受有关。那么，我们可以抛开这个词，你可以抛开这个词谈谈你的看法。

刘索拉：所以我爱把这件事宏观地来说。比如说改良乐器，西方的乐器一直在改良，否则的话，不可能有巴洛克乐队的潮流。之所以会有巴洛克音乐的潮流，是由于他们的乐器改良得太厉害了，所以才会有复古到巴洛克去。中国人有一个概念，就要死加在所有人头上，比如说要改革，大家都得改革；说不改革，大家都不能改革；说民族主义，大家都民族主义，咱们都得跟民族的东西杠上了。我觉得这东西应该是多元化的，比如从西方的发展来说，包括我去年写的那个室内乐作品，就由于我写的某种音色，我的那个小号手必须得带一个新的东西来对付我的那个音色。否则的话，他用传统的方法就没法吹出我的那些音。所以他一看到我的音符是怎么标的，马上就说："我得回去带个工具来。"这个工具就是现在的音乐家们把小号改革了的一种工具，这种工具绝对不是在传统乐器上使的，因为小号手知道爵士音乐家会使这些东西，所以他们就去把这些工具拿过来了。

田　青：对不起，这里有一个很大的不同，就是西方的乐器改良是在自己的基础上，是自己的孩子，从四岁长到五六岁，逐渐成熟起来。我们不是，我们是想让自己的孩子长得像外国孩子才好！我们在改革的时候，是把别人的孩子，把邻居家的孩子当成参照系的。

刘索拉：我觉得这事儿不是特别死的一件事。我不是只提倡改革的，这话不能这么说。我是说，首先，欧洲人也使西塔尔，文化对于他们来说，没有什么是不可以用的。西塔尔不只是印度人使，欧洲人也经常在他们的古代音乐组里使用。所以他们并不觉得这是人家的孩子。欧洲人没有“这东西不是我们的，我不能使”的概念。所以我觉得，我们没有必要分这个是我们的孩子，那个是人家的孩子，这样做就太死了，太民族主义了。再说琵琶、二胡本来也是人家的孩子。还有一个问题，就是说如果有一派人希望改革乐器，而另一派人不希望改革，我觉得应该是这样的：不希望改革的人，就地地道道的不要改革，就保持着特别原味原汁的东西，而且这帮人应该是彻底地好到真的让我们听到和看到古代的声音和古代的风度。就有这么一帮人在坚持，他们也真的相信这一点，连从生活方式上也别骗我们，回家抱着大音箱听“雅尼”，出来就说我们要古代什么的，那就不行了。你整个要统一的，这帮人就相信古代的生活方式，就相信我的音色要弹成这样，要从根儿里头，也就是说从袜子上就穿对了。你别穿尼龙袜子，捂着臭脚，上头穿件亚麻的衣裳，说我这是古曲。你从袜子和鞋都要搞对。这个时候，我觉得你全对了，那你就要保持真的，好的古代作风。还有一批想改革的人，那你就改革吧，成功、失败是你的事，因为你要改革。但是你也不要给自己加一个概念，认为我这改革就是对的，你们保守的就是错的，我这是在给中国开创一个新的什么什么结合的道路。甭来这些虚的，你要想改革你只能说：“作为音乐家，我想听到这个声音。”我觉得音乐就是这么一回事，音乐就是一个特别个人的事。也就是说，作为音乐家我想听那个声音，那个人会说：“作为音乐家我想听到那个声音。”而且，为什么我要听到这个声音，因为它与我的生活方式是一致的。那个人也会说：“我要听那个声音，也是与我的生活方式是一致的。”比如说：“我就喜欢流行音乐，我就想把我的扬琴加踏板，我就想把我的什么东西改成电声。”这都有可能。那就让他去做好了，没有必要去反对他。这样的话，才能显出你那最传统的古代音乐的好处。否则的话，你死抱着你的东西去指责别人，结果谁的好处也没显出来。我觉得音乐就得多元化，就得让他们自己充分地去发挥，用每一个人的感觉去制造一种声音。我刚才也谈到了，我希望声音之后不是声音，也不是空的概念。所以我觉得，提民族主义或改良主义都没用。这不是一个概念，是一个实实在在的态度。这个态度我觉得特别重要，这是一个人对整个社会的态度。比如说，某一个和声的某一个音响，出来的时候这个声音就代表“你好”，这是一个态度。有一种人他就喜欢弹那种特别好的音响，让人听了感到舒服，就像是问“你好”；另外一种人，他弹的每一个声儿都想骂人。这个就是态度，甭管你是什么态度，只要你真有这个态度，你拨这种声儿，别人能听出来：“丫挺的就是这态度。”其实呢，就怕你没态度，每个人都说自己在为国争光。就怕这个。因为一到拿“为国争光”当大旗就虚了。什么庸俗的歌词、乐曲都会说成为民族争光。你看有时候满台都是滑溜溜甜腻腻，没骨头没肉的马屁精，做那种又酸又俗，屁也不是的音乐，人家也可以说是为国争光吧？谁都会说我在为国争光。这样一来，我觉得事儿就会都乱了。我老觉得，诚实的人最好不和冒牌者重复使用同一种词汇，哪怕那词汇不是什么坏词儿。

田　青：没错儿。

刘索拉：咱们刚才说的那些大词儿我为什么不爱使呢？这又说到音乐家的人文，在这儿他会使“大词儿”，什么民族主义、爱国主义、后殖民主义，等等。这些词儿说起来容易，大家都戴上一顶帽子以后，底下连脸都没有了，弄不好把自己绊在里面了。以前老派的西方人，殖民主义者吧，喜欢给第三世界的人强加上西方的审美观，让第三世界西方化。可如今现代的西方“左”派们，为了表示他们对第三世界的同情和支持，又给第三世界描绘了另一种模式，久而久之，这模式又变成了另一种西方对东方的审美，经过传播，又成了东方要接受的定义。就好比从前西方人要东方人越西化越好，现在他们要东方人越东方越好，全穿草鞋、拉二胡、用牛耕地、取河冰冰西瓜才对了他们对东方的胃口。闹了半天还不是我们东方人在掌握自己的命运。有时候说多了后殖民主义就又说到人家家里去了。所以我特别恨这些大帽子。在这些大帽子下面，无论东方人、西方人的个性都藏在下面了，只剩下了宣传。咱们在国内有很多时髦的说法，出去了，一看那边的报纸，又有很多适合那边的说法。我们进口了很多说法，但不是太全。出去以后就发现怎么说都是人家有理似的，于是我们的艺术家赶快加紧用各种时髦的词儿，什么这个主义、那个主义的，那些词儿也特别容易找到支持。又戴上一顶帽子，又没有脸了。所以我觉得，把帽子扔了，每个人是什么脸就拿出来什么脸，我觉得这样比较好。做音乐的是什么料就是什么料，别来虚的。否则的话，音乐出的声音就是假的，你能听出来。尤其是现在，我们是在一个过渡的时期，我们有非常多的问题，真实的困难，聪明词儿有时解决不了咱现在的困难。咱们其实真是一无所有。在这种时候，能让艺术家有他们自己的追求，能让他们找到自己要的就已经是不容易的事了，能够诚实地确立自己的风格又是一个不容易的事儿，无论是追求西化还是追求东化，都得诚实，而不是见风使舵。我们长期以来见风使舵式的艺术家太多了，所以我不觉得用大帽子罩住音乐是什么好事。

田　青：我们再谈点什么呢？

刘索拉：咱们再说说音乐的生理性。音乐是非常生理性的一种创作，要不然我老主张演奏家摸琴，而不是弹琴。比如说，爵士音乐家的钢琴就是摸出来的，不是弹出来的。所以说音乐的生理性是非常强的，哪怕是肖邦这样的大师，当时弹琴的时候，他的许多生理性素质、神经系统、手指动作等决定了他为什么用那样的和声，为什么用那样的技术华彩。肖邦演奏的方式其实和爵士差不多，只不过由于他的波兰背景，所以他用那样的和声，那样的旋律，都和他的文化背景有关系。我为什么说他和爵士有相像之处呢？因为他的一些音乐动机是他的思维与手指动作一起出来的，所以他的那种华彩特别能表现他的个性，因为他不是用公式写出来的，不是坐在那里分析大师的作品，把这个音符和那个音符像数学似的连在一起，他是真的弹出来的。莫扎特也是，所以说这些钢琴家的作品是很生理性的东西。当然，他们的作品比爵士音乐更有逻辑性，而爵士乐更像意识流写作。但是到了后代人模仿他们的时候，那当然就是见仁见智了，你没有这种感觉便弹不出来。也有人模仿得非常好，他已经领会了肖邦的身体和精神素质。这个必须得是身体的东西，你必须得感觉到他的身体性。还有一些当代演奏家干脆把古代大师的魂附在他的身体上了，两个不同时代的身体合在一个身体上，这就是为什么好的演奏家有魅力的原因。所以我为什么喜欢爵士乐呢？就是因为它的生理性特别强，比古典演奏家更具有生理性。如果你是神经病的话，那个音乐出来就是神经病；如果你的脑子是左脑发达，右脑迟钝，那音乐出来就是那种感觉。你能感觉得到，那也可能是大师的作品，但是叫你能感觉到他的大脑中枢有一段停止了，有些像看超声波、心电图那种东西似的，那么精确。所以，我通过蓝调等去反省中国音乐，觉得中国音乐的生理性也特别强，但是就像咱们刚才说的，后代的模仿把这种生理性给弄掉了。所以我老说，你们要学会怎么摸这个乐器，包括唱也是，其实不是唱。我老说唱的声音是从脚底下发出来的，而不是嗓子，不是腹腔，也不是其他什么地方，而是脚底下的那个根。其实唱这个东西，也是生理的感受，你要唱的时候，你感觉的不是嗓子，而是你的手指头尖。当你手指头尖在颤动的时候，你的声音也就出来了。这是整个身体的运动，才反映出那声音。那老一代人的东西，比如那些老艺术家说不出来，但他已经做出来了，他不像我这个大嘴巴，能说出来。所以，我们可以聊聊这个，因为你有特别多的中国音乐知识。其实，这就说到了你刚才说的原装的东西。这种生理性不见得就非得是性的生理性，比如说黑人的音乐，由于他们的背景，性对他们来说是一个特别高的象征。他们的音乐特别性感，特别反映男女关系一类的，所以他们的音乐是生理性的一个方面。但如果是文人雅士的音乐，他就是另外一种生理性，他有衣服下面的那种皮肤和心理状态的生理性奏出来的是一种东西，它是真的，也是好的。不见得都反映强壮的，生殖的那种东西本身就是唯一美的东西。如果有一种东西是包在衣服下的、病态的，它也会特别美，比假硬汉子强。让我想起一些很美的文人画来，一笔一线都很生理性，又比一比那些假充硬汉的音乐，哪个更有魅力？所以，我觉得音乐的生理性不能忽视，因为它是人奏出来的，只要经人手一弹，这个人的身体状况就出来了。再加上古代音乐，弹的人本身就是创作者，跟现在不一样，现在的人分什么作曲家、配器家、演奏家，分了好几层，这削弱了它的直接的感觉。但是古代人本身就是一边在想，一边在写，一边在弹，音乐出来以后，绝对有他的生理状况在里头。

田　青：我觉得你强调的这个音乐的生理性和刚才我们谈到的音乐中的真诚，实际上是从不同层面和不同角度回归、阐述音乐的本质。我们的古人早就说过："情动于中，故形于声。"也就是说，必须内心深处要有感情才会唱。古人也说过："言之不足，故嗟叹之；嗟叹之不足，故咏歌之；咏歌之不足，不知手之舞之足之蹈之也。"也就是讲，音乐也好，舞蹈也好，第一是发自内心的需要，第二是与生理戚戚相关的。我觉得你的"音乐的生理性"的提法倒是音乐学界的一个新命题。在你之前，似乎没有人强调过"音乐的生理性"。我觉得你的这个问题提得好，因为的确如此，音乐的最本质的东西是与人的心理、生理密切关联的。那么，可不可以这么说：音乐在发展中，尤其是在中国的发展中，有一个非常不幸的现象，就是我们的老祖宗，更准确地说，是儒家，在 2000 多年前便开始尽量地减弱、抹杀或者说掩盖音乐的生理性？儒家音乐思想的核心是"礼乐"，他希望"乐"要服从于"礼"。"礼"是什么呢？就是让你规规矩矩，不让你乱说乱动。那么，音乐要服从礼教、礼数，就必然要削弱它的生理性。从另一方面说，音乐在专业化的过程中——应该说音乐的专业化为音乐的发展创造了可能，不专业，音乐就不可能充分发展，就不可能有高的技巧和伟大作品的出现——但专业化的另外一面，便是使音乐逐渐脱离了普通人的生活。目前的中国，虽然现在在各个地方都有一些非常精彩，非常了不起的，甚至可以说是不朽的民歌，但是在中国知识分子的生活里，音乐的地位却越来越低。在汉以前，中国的知识分子还是“左琴右书”，一边是琴，一边是书。以后，又讲究“琴、棋、书、画”，还是把琴、把音乐放到士人修养的第一位。但后来，中国的文人越来越脱离音乐实践，把音乐实践让给了伶工、优伶、倡优、戏子，让给了这些在当时社会上被人瞧不起的人。在中国，只有这些人才去搞音乐，才去搞音乐实践。于是，长此以往，我们中国——我在这里主要指的是汉族——便没有了集体的舞蹈。过去“手之舞之足之蹈之”的场合没有了。在唐代还有“踏歌”，文人、诗人们饮酒之后，还要“联袂而歌”，就是拉着手，唱着歌，转圈儿。完全是集体歌舞的形式。但在宋代之后，就逐渐没有了。也就是说，汉族目前已经没有传统的集体舞蹈了，其实，文人的音乐也没有了，只剩下古琴了。那么，如果音乐一步步脱离生活，只存在于生活的一个角落，或者说音乐被从你个人生活中抽掉了，你只能欣赏，不能参与了，还能谈什么音乐的生理性呢？那时候，生理性没有了！你已经不能参与了，你只能“非礼勿动，非礼勿听”，你听着音乐时还得想着孔孟之道，还不能想着你那个黑人音乐中的“性”！（笑）那么，你认为中国音乐里有“性”吗？

刘索拉：在中国音乐中，我认为特别有“性”。民歌那是当然，就是所谓的那些“酸曲”吧，前两天还有人介绍我到陕北去听酸曲，说那儿的酸曲特别棒，还只许给男的唱，不许给女的唱。哪天我得去那个地儿，去听酸曲，听最有名的酸曲大师唱。他唱的是真正的酸曲，所以他不当着女的唱。我真的想拜他为师。昨天有一个朋友给我讲，那个真正说酸曲的大师，叫韩什么的，现在已经去世了，他唱的是真正的酸曲，而且当着什么人他都敢唱。为什么呢？因为他是个盲人，他感觉不到周围是什么气氛，所以他敢说。后来他的弟子唱，就只敢给男的唱，而不敢给女的唱了。当他唱酸曲的时候，女客都得走，要不他就不愿意唱。我那个朋友给我形容了两个词儿，对我来说真的不算什么，我说："那算什么呀。"可是我真的特别想学这些酸曲，这些非常有生理性的东西。民歌是肯定的，地方戏曲也特别有生理性。我说的生理性，还不是说的光是性，比方说中国地方戏的唱法，什么样的人发什么样的声儿，这原声儿就是生理性。他通过嗓子一出来，比如你听崔兰田唱的河南梆子和常香玉唱的河南梆子，就不是一个感觉，这就是生理性的表现。她们同样处理一个段子，崔兰田和常香玉处理得就不一样，这就是生理性现象给她们带来的，当然还有社会背景、心理状态，等等。我们有一些老艺人，在中华人民共和国成立前用的是一种发声法，之后用的是另一种发声法，可能他们觉得后者更科学吧，可是削弱了他们的声音中的个性。用心理影响生理状态，这种事常发生，是非常可惜的。生理状态往往是很高的一种境界，它决定了一些东西。所以我刚才说的，掩盖生理性的人的演奏，你能听出来是怎么回事。比如你是戴着手套弹的，还是没戴着手套弹的，是能听出来的。我仔细听中国古琴演奏，生理性特别强，弹得好的就是摸出来的。他的手和琴是一种蹭的感觉，是非常生理的。我并不是说这种东西是性的象征，即使知识分子，他总得拿手去弹那个琴，是不是？这手一蹭，它就是一种感觉。

它就是生理性，手感就有了，是不是？那个手感非常重要，什么样的手有什么样的感觉。我听过好多不同的古琴带子，每一个人的手的感觉都不一样，光是蹭弦的感觉就不一样。所以说古琴的生理性是非常强的。那么这样的话，在后头的东西是不是非常浪漫，或者其他什么的，那就有好多心理的东西了，可是心理和生理是连在一起的。比如一个人，他这一辈子心理特别阴暗压抑，但也常有感情冲动的时候，在演奏的手感上他可以特别浪漫，特别有感情。但他们没法隐藏一些东西，尤其听那些最冲动的大浪漫华彩部，即兴的，从那里可以听出混沌的脏音来。

田　青：你谈音乐中的生理性的时候，我忽然想到，如果拿汉族音乐和黑人音乐比，我们经过 2000 年掩盖过的生理性，与黑人音乐肯定不同。你听汉族的音乐，已经不可能“手之舞之足之蹈之”了，你很难跳起来，你可以激动，但很难让你叫。但黑人音乐却很容易让你叫起来。

刘索拉：问题不是叫和舞蹈就是唯一的生理性，不动也是生理性，气功也是生理性，所以说，这个生理性是无所不在的。任何一种真的艺术作品都是生理性的产物，它要摸，要经过摸。我所说的摸，就像用笔写小说的感觉，用笔其实就是你触摸到纸了，你是用你的手在控制着笔，笔尖在走，那感觉就是不一样。有时候用电脑写出来的句子和用笔写出来的是会不一样的；用嘴说出来的句子也和写出来的句子不一样，有人要是说话大舌头他会选择适合他的句子说，是不是？你说画家画出来的画，生理性也很强，什么样的画家出什么样的画，也是因为他的手在画上头。那音乐家更是直接，因为他真的是拿身体在和乐器摩擦。音乐不见得是要叫要跳的音乐，可以是很慢很静的音乐。你和那个音乐家不谋而合，但他可能是男的，也可能是女的，这都没有关系，是你和那个声音在“交配”。这个声音到了你的脑子里，你就开始有一种反应，你的反应使你发出另外一种声音，你是通过乐器的声音在互相呼应。当然，由于你的理性，你知道音乐是怎么回事，所以这音乐出来以后会有一些逻辑性和旋律，是吧？创作的过程，既要轻松又要控制，这两点几乎是同时应在音乐家脑子里出现的。所以我觉得不单是叫才是生理反应，生理反应可以是非常静的。如果这个男的或这个女的非常文人化，从这个人的手里弹出来的琴，肯定会出来这类的声音。有的时候你会听到特别深的那种摩擦琴弦的声音，比如从一个干巴巴的老头手里出来的特别强的摩擦琴弦的声音，其实有一种他的底气在里头。这就是所谓“仙风鹤骨”什么的。他没有办法通过古琴旋律来表达的时候，他就用一种特别深的那种触琴的声音，从那个触琴的声音你就能听到这个人的深度和这个人对音响的感觉。一个音乐家完成了一个心理到生理再到声音的过程时，听者也有此感，你能感觉到手和琴的那种感觉，由此又联想到那个人。生理性也不见得就是交配，也不见得就是性。

田　青：现在你的这个“生理性”已经是包罗万象了，可以是让你叫起来的“生理性”，也可以是像气功那样让你静下来的“生理性”；能够在音乐中体验到一种类似“交配”的“快感”的是“生理性”，表现一种“阳痿”状态的也是一种“生理性”。既然这些都是“美”的，那么，我倒想问你一个问题，有没有你所讨厌的音乐？

或者说，没有“生理性”的音乐你认为是什么样子的？

刘索拉：有一种人，你一听他的音乐，就知道他根本就没有去摸那个音乐，也就是说创作者没有用心去处理那个音乐，他完全是堆砌的。他可能是用一堆词儿，用一堆对的、正确的东西堆的。因为他知道正确的东西能迎合观众，这个东西放进去，可能会是这个效果；那个东西放进去，可能会是那个效果。在那么一种状况下，那个音乐你能听出来是假的、空的、飘的、没有东西的。学院派音乐的例子在这里特别难举，因为学院派音乐特别能唬人，是因为它有好多技术在里边藏着。对普通人来说，这个交响乐被演奏出来，能说它这是假的吗？费了多大工夫才写出来的。可是能听出来是假的，反正我能听出来。但是我觉得在这里特别难解释。我没办法，因为它牵扯和声、配器、曲式等一系列问题。所以我没办法举例，说交响乐是假的还是真的，我们得每一句每一句地来分析。简单地说，很多歌功颂德的东西是假的，很多无病呻吟的东西是假的，但有了大型乐队一起哄，一般人还是听得大眼瞪小眼。有时也不是作曲家有意作假，而是命题作文感觉有限，但什么音乐都能七拼八凑出来，音符多了就唬人。流行音乐假的真的你一听就听出来。说戏曲吧，比如说老的戏曲演员，他们用的是原声唱法，这就跟你刚才说的乐器改革似的，有些新的演员全是美声唱法，他一用美声唱法就没生理性了。他用美声唱法唱中国戏的时候，他就没有“摸”的感觉了。但说了半天，也不能怪音乐家本人，时代造人。

田　青：说到底，还是说这音乐是不是你生命的真实体验，还是个真假问题。所以中国的古人讲："唯乐不可以为伪。"也就是说，只有音乐是不可以作假的。在音乐里作假是一定会被人听出来的，你可以在报告里作假，在情书里作假，也可以在一篇冠冕堂皇的文章里作假，但是，你唯独不可以在音乐里作假，"唯乐不可以为伪"呀！你的音乐是用你的生命写出来的，还是在做一道音乐习题，这其中的区别很大。但是，可怕的是，有的人可能掌握了不错的技术，但是他缺乏人性，缺乏人文。所以，最大的问题其实就是在音乐教育中，光有技术教育不成，光有人文的教育也不成，最终还是一个做人的问题，就是先教他做人。人文，先要"人"，才能"文"。先要让他认识生命的本质，能够真的心里有爱，有自己的喜、怒、哀、乐，有自己的感受，再加上你所说的"摸"的东西，这样出来的音乐，就应该是好的音乐了。如果在音乐中作假，或者说违背音乐的"生理性"，或者说在"生理性"的层面上作假，那就只有一个比喻，那就是妓女了。因为妓女的可悲其实并不在于她以性为商品，不在于她出卖自己的身体和贞洁，而在于她必须在生理的层面作假。艺术也是这样，如果在生理的层面不是自己的、自然的、真实的感觉的话，那就是艺术的娼妓了。你说是不是？

刘索拉：你这种说法反正挺苛刻的。

田　青：我跟你学的。

刘索拉：我不敢。

田　青：我觉得我们还有个问题可以谈，就是音乐与宗教的问题。因为，从20世纪30年代起，就有一种理论否定宗教的正面作用。有的人用唯物主义的理论来批判宗教，有的人既看到宗教在社会上的作用，看到宗教对人的心灵的、精神的作用，又有感于宗教的衰败，想寻找一种替代品，提出“以艺术代宗教”，尤其是提出用音乐来代替宗教。这样一种提法不是没有道理的，因为艺术与宗教在许多层面上是相同、相通的。比如宗教可以净化人心，那么，好的艺术，也可以净化人心；宗教可以让人沉静下来，远离物欲，好的艺术，也可以做到这一点。另外，一种对灵性生活的追求，一种对精神超脱的追求，可以说自有人类以来就存在。而且在一部分人当中，这种追求还是非常强烈的，在很多时候，他们对这种追求甚至超过了对物质的追求。弘一法师的学生丰子恺曾说过这样一段话：人大概可以分为三个层面，第一个层面是最大部分的人，这些人只追求物质，只要物质需求满足了，就满足了。但是，有一少部分人却不满足于物质的追求，他们还需要精神的满足或精神的创造，这少数人便是艺术家，这是第二个层面。还有更少数的人，他们连精神的、艺术的生活也满足不了，还要追求一种更高的、灵性的生活，这第三个层面的人，便是像弘一法师这样的宗教家。我不知道你对这个问题怎么看？

刘索拉：……我在这间屋子里站着，能感到这个空间。如果我想用声音把空间占满，就借空间的力声把声音打出去。其实这不是靠我这个瘪瘪的人，而是靠四面的力……我相信有一种东西比我们高，而且比我们高出还不是一个等次。所以我什么宗教都信。我说不上来该怎么解释，那是一种大智慧，也许你看不见它的形象，但它无处不在。你可以叫它佛教，叫它道教，叫它基督教，但它们是一致的，是一个统一的东西，在我们之上，是我们不可企及的东西。但是这个东西在观照着我们，你得让它去观照，如果你不管它的话，当然就不会有什么作用。你得想办法去听它的，去听大智慧的。那是比我们大得多的一个东西，所以，我相信这个。

田　青：你说你什么都信是一种泛宗教的观念。（刘索拉讲每个人都可以“拿”到一种超自然的力量）而你的这个思想却很接近大乘佛教的思想，就是每个人都有佛性，每个人都能成佛。你刚才谈到其实每个人都能找到一种超人的力量，或一种本身似乎不具备的力量，这也就是禅宗强调的人皆可以成佛。禅宗所谓“迷即佛众生，悟即众生佛”，就是这个道理。重要的就在迷悟之间，你悟了，也就是掌握了自己。所谓“明心见性”，第一是看清了自己的本来面目，第二便是掌握了这种力量。我希望你能把你刚才说的那种声音的感觉，就是那种声音似乎不是自己发出来的那种感觉再细致地说说，也许这不但有音乐学上的意义，还有别的、更深一点的意义。

刘索拉：有很多事情是靠意念做成的。对于演奏家，重要的是先听到一种你想要的声音，然后把它变成一个意念放在脑子里，老是想着它，突然有一天，这个声音就出来了。还有就是借力，借你周围的力，借你身体别的部位的力。除此之外，在日常生活和创作时，我平心静气的时候能听到一个声音，那个声音总是在帮我，但我觉得我听到的这种声音不是最高的，这只是我们周围的声音，是小我。我怎么说呢？那个大智慧是高于我之上的，可能它那个声音不会到我这儿来，我听到的只不过是我们每个人都有一个类似守护神的声音，它会传达大智慧，帮助我去接近那个大东西。我达不到那么高。这个帮我的声音，可以帮我去理会那个大的东西，所以我虽喜欢看《圣经》，也喜欢看佛经，我对它们是一种平等的尊重，也就是说，《圣经》、佛经都来自最大的智者。我不拿它当迷信看，而拿它当智慧看，它们是最智慧的书，是留下来给我们人类的一种训诫，这就是我的感觉。如果你仔细看佛经和《圣经》的话，你能吸收非常多的东西。像你刚才说的泛神论，对另外一个宗教的了解，这对我来说，也是一种看另外文化的方法。不同的宗教下产生不同的人生观，但那最高的，在所有宗教以上的东西，只有一个。在那上面。

田　青：应该说信仰宗教、做一个宗教徒与有宗教意识是两回事，比如你就有很强烈的宗教意识，但并不是某一个宗教的教徒。其实，人也可以分为两种，一种是有宗教意识的人，一种是没有宗教意识的人。一个没有宗教意识的人，假如他正好出生在一个宗教国家，比如生在一个伊斯兰国家，那么，他生下来便是一个穆斯林；但假如他生在意大利的南方，他就会成为一个天主教徒。这并不能说他就是一个有宗教意识的人。同样，假如一个有宗教意识的人，恰好生在一个无神论的国家，他就可能不是什么教徒，但他骨子里的宗教意识无法丢掉，他早晚都会有一种宗教追求。你刚才说你承认有一种大智慧存在，有一种比我们高的东西存在，这其实就是宗教意识。所谓宗教意识，其实就是承认自己在宇宙中不是最完美的。其实，这是一种狂妄，是一种已经给人类带来苦果的无知和狂妄。而有宗教意识的人则相反，有宗教意识——我再说一遍，不见得是教徒，不见得非信什么教——只要是真正有宗教意识的人，几乎都在内心深处有谦虚、谦卑的一面。所以，一个从小受到宗教训练的人，从里到外，一定是谦虚的。这和艺术家就不同了，艺术家常常很狂妄、很骄傲，也许，狂妄是进行艺术创作所必须具备的素质，不狂妄，就没法创作。但我觉得这并不矛盾，所谓狂妄，其实是一种天生的自信，是一种强烈的使命感，是一种“天将降大任于斯人也”的感觉，觉得自己能做一个惊天动地的大事情。这和内心深处的谦虚，其实不一定有矛盾。而所谓内心深处的谦虚，便是你承认在空间和时间里可能有比我们更高的东西。我觉得有这点就足够了，有了这点，人就不会发疯，也不会去做一些伤天害理的事情。因为你相信因果，相信好坏都有报。所以，历史上许多音乐家都与宗教有着密切的关系。比如李斯特、弘一法师，都是从一个杰出的艺术家最后成为一个宗教家的典型。当然，还有更多的艺术家是以艺术名世，但同时有着很强的宗教意识的。我们换一个话题，因为宗教不但对人类的心灵有很深的影响，它对艺术发展的推动力也是非常大的。应该说，对西方而言，假如没有基督教（天主教）的话，那么，整个西方的古典音乐就不存在了。因为纯世俗的音乐，完全脱离了宗教和宗教影响的音乐，在 20 世纪后才开始真正发展起来。在 18 世纪、19 世纪，宗教音乐应该说是主流。其实也不仅仅在西方，在东方也同样如此。因为我们知道，音乐是一门特别需要依靠物质支持的艺术，一个诗人只要有一支笔就可以作诗，甚至连一支笔都没有，也可以在脑子里作诗。但音乐不成，没有一个乐队，没有一个戏班子，音乐就没法表现出来。所以，从历史上看，只有宫廷和宗教机构是音乐艺术最大的恩主，也就是只有他们才有力量支持音乐的发展。当然，我们真正要谈的还不是这些，而是宗教或信仰如何影响艺术家的心灵，如何对艺术家的创造起作用。

刘索拉：英国诗人威廉·布莱克（William Blake）有篇名著叫《天堂与地狱的婚姻》（*The Marriage of Heaven & Hell*）。天使和魔鬼必须在一起才能出创作。魔鬼是能量。艺术家往往是魔鬼那一面特别强。我很讨厌“艺术家”这三个字，我觉得任何人都有魔鬼和天使的一面，只不过搞艺术的人由于职业的原因，使他们显得这一面比较多或那一面比较多。他们只不过有一个比较出风头的职业，我真是挺讨厌“艺术家”这个词儿的，我觉得艺术家和做鞋的也差不多。没有个性的艺术家完全没有什么可吹嘘的，所有人都叫自己是艺术家，你算什么东西？你不就是在纸上画画，或者拿音乐糊口，那你和饭馆里的厨师或端盘子的是一样的。高级音乐家把音乐做好了，和高级厨师或端盘子的是一样的，高级厨师也可以算是艺术家。

田　青：你的这个思想也比较接近佛教的思想，就是没有分别心，这是对的。很多艺术家和学者有很强的“我慢”——就是被佛教称为“毒”，与“贪、嗔、痴”一起列为修道之人必须克服的根本烦恼之一的傲慢。因为你只要有“慢”心，把自己看得过高，就很难正确看待人生了。其实，我平时也一直这样看，人没有根本的不同，职业的不同，只是谋生的手段不同。一个可以把一双鞋做得出神入化的老鞋匠，在他工作完成后那一刹那的感觉，和一个艺术家创作完一个作品后的感觉其实是一样的。

刘索拉：所以我觉得相信宗教用不着包装自己，说自己是宗教徒。往往这样的人是很虚伪，很世俗的。而且他们很可能是坏事做得太多，或心里太阴暗，想用宗教来拯救他们，所以特别想追求一个后果，或在来世，或在现世给人一个好假象。其实我不追求果，我说的我相信因果报应。我是对外来说的，比方说什么人做了什么事，我知道这事后头会有结果，但是我本身不图果，我干任何事不想果，尤其是干好事不想果。我也不想来世。我没有想过，我现在干的事是坏是好，它就会给我一个什么报应，我不图那个。包括责任感，都是命里注定的。你就顺着往下走就完了。我就是这么想的。

田　青：你其实是一个真正有宗教意识的人，你的这种境界实际上也接近了宗教的最高境界。的确像你说的那样，许多人相信某种宗教，是为了自己，为了救赎自己，为自己求来世。但真正的、最高层次的宗教并不是这样，比如地藏菩萨，“我不下地狱，谁下地狱？”“地狱不空，誓不成佛”。这才是真正的宗教情怀。如果把宗教当成一个可以投资、可以生利息的“银行”，当成一笔长期存款，那就不是真正的宗教，不是真正的宗教徒。宗教不是一张信用卡加一身名牌服装，让你“消费”和招摇的；宗教实际上是一种人生态度，一种舍我为人的人生态度。

刘索拉：我觉得这是一个没有办法避免的事情，有的时候都没有办法说。有的时候你意识到了这个东西，你不想意识到它就在那儿，如果你承认它就在那儿，你没有办法避免，它就在那儿，你看见了，那你怎么办？你说没有这个东西，可它就有，你感觉到了。那你就承认吧，而且你服吧，没办法。……所以说魔鬼是创作的动力，而天使是创作的目的。不过，魔鬼是动力，给你一个动力，可是到你真的创作的时候，得沉静下来。因为在你最躁动的时候，创作出来的东西往往是混乱的。所以你需要一个升华。刚才说到的放松与控制，也就是魔鬼与天使的结合。

田　青：当然，现在许多人把创作当成一种欲望的升华。不过，天使和魔鬼是可以互换的，你处在天使的状态，你才能创作出天使般的作品；你如果处在魔鬼的状态，心里是躁乱的，那么，你写出来的东西也肯定是躁乱的。是不是这样？

刘索拉：我觉得世界上的所有作品不见得都是天使的作品。作品可以是天使的，也可以是魔鬼的，可以是非常魔鬼的作品。但是，哪怕是魔鬼的动力，你还是知道怎样把魔鬼的动力引到你这儿来，让它沉淀。哪怕你今天就是要表现魔鬼的动力，你还有一个怎样让它出来的问题，而不是说你带着动力拳打脚踢地就出来了。我现在又想到另外一个问题，就是说在创作上艺术家最单纯的浪漫没用。我觉得把艺术家和常人分开是没有意思的，其实艺术家和常人一样，只不过是在从事一种职业。所以，如果说艺术家身上有魔鬼的动力，常人身上也会有。但是有些艺术家区别在于，你得知道怎样把魔鬼的动力变成艺术品。它是一个常人粗暴的反应，或者是常人混乱的反应。但是有些艺术家经常误解，认为把我的混乱直接反映到作品中就够了，所以我们经常能看到粗制滥造的作品。但是他也是真有感情的，也是真拿感情写出来的，这个就牵扯这种感情是什么类型的，哪怕你就是原本的感情，但由于你所受的教育，这种原本的感情已经不原本了，已经经过了历史的各种艺术的影响，所以你的原本的感情出来后可能就是贝多芬的一个再版。但是你非说这是你的原本，其实可能是你小时候听过贝多芬的作品以后，那个原本进来了。然后你在爆发的时候，你只能用他的手段去爆发你的力量，所以这不是你的东西。但是我们有些作曲家就比较糊涂，觉得我这是原本动力，我是拿命写出来的。在这里，我又不是一个全然主张生理性的人了，不是所有拿命换来的艺术品都是可贵的。一个人写了一辈子贝多芬式的音乐，写死了，等于替贝多芬又死了一次。那种生理性还是闹了个忘我。

所以我刚才又提到为什么在批判大作品的时候，不容易一下子对大众说清楚。因为大作品要牵扯和声的问题，牵扯曲式和配器的问题，但在批判这一点的时候，它就要有一个整体的教育，如果我们中国在整体的音乐教育没有那么高的时候，就特别难去说清楚。比如你说这个音乐之所以陈腐，之所以没意思，主要是和声手法太陈腐了等。我这么说根本没用，大部分人都不知道和声是什么东西，什么叫和声手法陈腐？再说简单点儿，只说旋律庸俗吧，旋律怎么会庸俗？有什么准则？我没有办法举例子，这只好让作曲家自己去掂量了。每人自己对自己有一种要求。其实你得明白，你身上经常反应的是一种什么东西，不是说你随便反应出一种东西来它就值钱，它就是一个好东西。比如说很多人特别浪漫，演奏出很多音符来，比如说古琴，但是听的时候，就像西方 18 世纪、19 世纪的情绪和感情，不是中国古人的感觉。我觉得，那种感觉就是弹琴者受了西化的浪漫派的教育以后，他就在古琴上发泄，显出一种特别酸的文人情绪。其实古人在发泄的时候，没有那种特别酸的情绪。音乐家应该学会明白，音乐还不仅仅是他身上有这种力量、想要发泄这么简单的事，跟文学家写作一样，你得对文字有一种感觉和判断力。演奏家也可以说，这就是我真实的感觉。那对不起，您的感情还得稍微沉淀一下，才能把它变成艺术，而这需要有鉴别力。这里有一个教育过程，就是审美观和艺术知识的教育，使他懂得创作和发泄的不同。

田　青：刚才我们讲艺术家和鞋匠是一样的，但仔细想一想，也还有不一样的一面，似乎艺术家的层次太多，他的层次比鞋匠多，这也许是艺术家与鞋匠的唯一区别。因为审美观是有层次的，你处在这一个层次，就不能理解上面一个层次。但鞋匠不同，一个手艺差的鞋匠，常常能清楚那个老鞋匠的鞋比自己做得好，虽然自己做不了那么好，但是他懂。（刘索拉急于插话）你先等我把话说完。但艺术不同，比如你刚才说的“酸”的作品，你在你的层次上说“酸”，但我在我的层次可能当成美。初中生不懂大学生的“微积分”，但大学生能懂初中生的“代数”。艺术创造、精神文明的创造与物质的创造、物质文明的创造，还是有所不同的。在人格上，修鞋的与艺术家一样，但在职业层面，还是有所不同。

刘索拉：我不同意。因为如果你要了解鞋的历史，了解全世界做鞋的历史和做鞋艺术的历史，你就会发现，鞋在每年出产多少品种和代表多少阶层的审美。那是特别令人叫绝的。鞋其实是非常讲究的，是很重要的。这鞋，就跟我刚才说到的袜子一样，所以我说这是一种基础教育。如果整个基础跟上了，你就知道，不是说你穿着一双皮鞋就行了。这不是皮鞋和布鞋的区别，皮鞋代表什么样的人穿，什么皮，什么底，什么样的造型，什么样的审美观穿什么样的皮鞋。皮鞋有好几百种呢。你是专拣贵的穿呢，还是专拣名牌穿呢？你是穿什么样的做工呢，还是穿什么特殊设计呢？有的皮鞋做工就是专门针对某一种人的，那种皮鞋就是某一种人才能穿，另外一种人就不能穿。比如说，妓女会选择一种皮鞋，上班的职业妇女会选择另一种皮鞋，艺术家会选择他们的皮鞋，商人的皮鞋又不一样了。皮鞋的颜色和你的衣服的颜色，皮鞋代表的情绪是复古的、保守的，还是叛逆的、风流的，还是傻瓜的；还有这鞋是白天穿的、晚上穿的、走路穿的、开车穿的，等等。这就是一个普及教育的问题。一个鞋匠要干的，不是光把鞋给做出来，好的鞋匠会说，这位先生是干这个的，我给他做的这个鞋得符合他的身份。我的手工是怎么做，皮子和底子怎么连；我选什么皮子，和这位小姐的身材和她的气质怎么结合，而且这位小姐挑什么样的样子，要看她的审美。现在我们还没有到这个地步，我经常听到国内出去的人跟我说："看，我买了多贵的名牌！"我当时就想说："这个名牌是不是你这行穿的？是不是适合你？你懂这名牌是什么意思吗？你为什么要穿它？你明白这种设计的含义吗？你举止说话完全跟这件衣服无关，可是你穿着这么一件衣服，你整个是一个怪物。"从这一点来说，音乐也是一样的，比如说音乐中的"酸"，如果我们有从小一直接受的音乐教育，到了小孩儿差不多 18 岁以上时他就知道什么叫"酸"什么叫不"酸"了。十八九岁的青年跟二三十岁的人的身体素质不同，但是十八九岁的青年已经可以接受成年人的一些审美教育了。如果他从小就有一种完整的教育，那他就已经知道"酸"是怎么回事了。他如果受过中国和西方音乐历史的教育，而且这个教育不是片面的，不是扣大帽子的，而是非常细腻的，有人性化的，又是比较聪明的一种教育，而且是从小学、中学就开始了，他们到时自然会有一种选择。

田　青：但目前的问题是，不是被教育的对象不知道什么是“酸”，而是教育人的人不知道什么是“酸”。

刘索拉：所以这就是做教育人的毛病。你们做教育的人得往下学，我觉得你们太容易就觉得你们知道得够了，或者站的地位特别高，你说的就是对的。我觉得你们应该有这样一种感觉，就是还有好多东西你们都不知道。如果做教育的都是这种态度，小孩儿就有希望了。

田　青：我还是做鞋去吧，你这个要求太高了。（笑）不过，刚才谈天使与魔鬼的问题时，我忽然想起佛教里有这样一种说法：“欲令成佛道，先以欲钩牵。”也就是说，佛教其实是充分肯定了欲望与本能在你修行、成道的过程中，尤其是这个过程的初期所起的作用。欲望是一种动力。但是，光有欲望不行，生理层面的欲望如果仍然从生理的层面发泄，还是成不了艺术。

刘索拉：你把艺术搞得太认真了。你老在说艺术，说艺术家光有生理层面欲望发泄成不了道，成不了佛，或者成不了你想达到的一个什么境界。但是艺术不艺术跟这个没关系，很多艺术就是生理方面的发泄。它之所以叫艺术，就是因为它特别直接。所以我刚才一再强调：艺术没有什么了不起。就是有人要通过音乐、舞蹈、美术来发泄他的一些感觉，这就叫所谓的“艺术”。那些艺术都不能达到你说的那种境界，它也叫艺术。想达到那种境界不见得非得通过艺术，艺术并不是一个最至高无上的事情。现在都到 21 世纪了，这个时候艺术已经不像我们在课本上读的那样。18 世纪、19 世纪只有零星的艺术家在世界上被注意着，所以你觉得他们特别了不起。现在这个世界，谁都是艺术家，你要在纽约看剃头的，有些发廊，他们感觉自己是艺术家。因为他们理发时，给你理出各种各样的形状，他们是视觉艺术家。尤其现在又有了那些多媒体艺术、装置艺术，等等。比如说这个大堂，以前的人会说“把大堂装饰一下吧”。请一个装潢师来布置一下就行了。但现在如果请一个人来布置大堂，哪怕他就是挂上几幅画，写上几副对联，那这整个大堂就是他的一个艺术品，叫装置艺术。建筑家也是艺术家，做头发的发型师，如果他开始创造了发型，那他也是艺术家。所以艺术家这个称号，就变得非常平民化，特别一般了。如果一般的话，就没有意义去强调艺术家的特别性，就是艺术家必须什么样儿，没有意义了。所以从现在意义来说，做鞋的确实就是艺术家。其实这就是一个我们看我们自己的问题。刚才我一再说，这是件见仁见智的事。扪心自问，你弹琴的时候，即兴大和弦，大琶音，全是 18 世纪、19 世纪留下来的大琶音，不懂的老百姓会说：“他琶得可真快呀。”那个大琶音出来，跟着一个什么这个和弦，那个和弦的，没什么了不起的，这是最基本的，是一个钢琴系学生起码应该琶出来的声音，那个声音是在重复别人的声音。但是你不知道，你以为他琶出来的是什么了不起的声音，就是这么个意思。其实没有比一般人更特殊的意思，我们每天都在重复前人的声音。我自己也一样。而且现在有多少艺术家是靠投机，或者靠压制同行谋生。就算是出头露面了，成功了，他比一般人能强到哪儿去？他没有什么可强的。所以我觉得这个时候来讨论艺术家的特殊性没有意义。其实，我刚才说错了一点，就是中小学教育，除了应该知道西方音乐史和中国音乐史，我觉得还有很多文学的东西要学。文学素养不提高的话，你不会懂得音乐。就像我刚才说的“酸”。有人也许会问：“我不明白，你为什么说这个音乐‘酸’？”那可能就是你的文学水平不够，不光是音乐水平。

田　青：艺术中的“酸”，还是要有一定的审美修养，达到一定的境界才能感受到。一方面，这里有口味的不同，有的人喜欢“酸”，有他喜欢的道理；另一方面，还是有一个境界、眼界。因为，毕竟艺术还有层次、格调的区别。你刚才提到艺术家要加强文学的修养，其实还不光是文学，只有大量接触、认识不同的艺术作品，才可能有评判艺术作品的能力。另外，他人生的境界也得不断提高。假如一个人到了 50 了，还是 20 岁时的境界，他自己的人生境界不开阔，那么，他还是不懂这件艺术品“酸”在哪里。所以，话题又回到了我们开始谈话时的起点，就是人文教育。看来，一个全面的人文教育的问题，的确应该引起我们的注意了。

（原载《行走的刘索拉——兼与田青对话及其他》，昆仑出版社 2001 年版）

音乐的生命之源

——与崔健对话录

金　燕：今天把两位音乐家请到一起来做这个有关当代音乐的对话，我觉得非常有意思。崔健是位摇滚音乐人，而田青老师是做音乐研究的。摇滚致力于反叛、批判，它意味着不停地打破束缚，打破既定框架；而田老师则致力于发觉和保护民族民间传统音乐文化。一个在破，一个在守。但你们身上似乎又有一些共性的东西，就是为音乐所做的工作都同样地让人感动。

田　青：崔健的音乐是刘索拉推荐给我的，那是我第一次听到她对国内流行音乐很肯定的推荐。我也觉得我们有些共性的东西，都是在追求一种真实，都反对虚伪，都主张自由。我是在历史里寻找我的东西，那是我的个性使然，当然也是在音乐中寻找自己的真实。我觉得崔健的音乐里面，从《一无所有》一直到现在的“真唱运动”，都有一种赤裸裸的真诚在里面。

金　燕：如果说真诚和真实是摇滚的最大标志之一的话，我觉得田老师的行为很摇滚，比如说这些年来所做的对民间文化的发掘和保护工作。

田　青：我不是创造者，我类似一个“翻译”。我是从农村找二八佳人，告诉大家农村还有这么漂亮的姑娘而已。因为我觉得现在艺术界虚伪做作的东西太多了，而且创造力很有限，从银幕到出版，到处是装潢得非常好的一些“垃圾”，在这里我找不到真实的东西，所以我到民间找、到底层找。而崔健自己就在创造，我觉得像这种创作者的创造性是当前文艺界所缺乏的。像你这种有创造力的而且 20 年激情不变，虽然音乐风格在不断地变化，但是最本质的东西没有变，就是你的精神追求没有变，我觉得这点确实很难得。

崔　健：精神是人的一种需要，一种本能的渴望。我记得我小的时候听说哪个乐队要出专集了，提前一个星期就开始激动，特别渴望。我觉得一个下里巴人和一个知识分子都一样渴望精神上的营养。谈精神不如谈论性，性是最平等的，在性面前人都是一样的。

田　青：这让我想到音乐的生理性，很多人都强调这一点，包括刘索拉都说，音乐就是生理的，我记得你好像也有类似的说法。我认为凡是音乐里有精神的人才会强调这个生理性。很多音乐里面没有精神性，也就不会引起生理快感，有些人也在故意避免也不会谈这个东西。就像鲁迅说军阀谈民主，我们就不好谈民主了。所以有许多精神性的人反而把自己装扮成不精神的人，类似王朔那种，把自己装扮得很痞，其实是把自己和那些伪精神的人或者用精神标榜自己的人画一条界线。王朔的东西非常尖锐，非常深刻，但他一定要披上痞子的外衣，这样别人才舒服，他自己也才舒服。像张承志那种，接受的人就少。这跟整个时代缺乏精神有关系。好像非得粗鄙，才有发言权，如果不粗鄙别人认为你是在装。

金　燕：就像崔健，十几年坚持一种东西，一种表现精神的东西，这就会引起很强烈的对立争议，有的人拼命喜欢，也有的人就会觉得很“事儿”。

崔　健：我的作品就是对人的一种刺激或者挤压，有的人就会反抗我的存在。

田　青：你不用理论，你用音乐说话。

崔　健：不，我该理论的时候也理论，毫不客气，该出手时就出手。就像现在搞的这个“真唱运动”。现在的“真唱运动”就有点像草船借箭，把自己放在那，让他们攻击你，他们攻击得越多越好。东风一来立刻就成事了。因为这个运动的目的就是让他们来表态的。很多人都跟我说理解“真唱运动”，可就是不表态，觉得这个运动和我无关，可我要的不是你这个所谓的理解，我要的就是表态。其实真正表态的人是对“真唱运动”的一种支持，哪怕是反面的，说“我就假唱了怎么着吧”?！其实这也是变相地支持“真唱运动”，它就是让你告诉别人你在假唱。我最讨厌的就是那种含糊不清的态度，就像知识分子抹不开面子的那种东西，那种略知一二的浑蛋的逻辑，反正也不是真的浑蛋，流氓也流氓不起来，朋友也不是朋友，成天就和你喝酒，要说敌人也不是敌人，时不常还替你说两句话，然后逢年过节的发个短信息问候一下什么的。他最无聊的时候想起了最好的朋友，其实是他内心无聊了，没事可干了。这种社会关系我觉得也是一种状态。我觉得商业的逐步发展在某种程度上慢慢取代了人和人之间的这种实打实的精神上的沟通和交流，以为钱是真管用。其实整个东南亚的文化都不相信其他的什么艺术。

金 燕：现在的社会就是一个商业化社会，这种商业会不会把艺术完全消灭掉？

田 青：这不会，一方面真正的艺术有它自己的生命力，另一方面商业也要利用艺术，它们互相利用也互相矛盾，但不能说商业就能把艺术消灭掉。从艺术发展史来看，艺术也离不开现在这些东西，过去是帝王是贵族，而现在是商业而已。

金 燕：为什么不会让艺术消亡？这是否涉及人的一种最本能的要求。

田 青：马克思的一种理论就是说，人必须吃饱喝足、满足物质需要以后才会有艺术方面的需求。这句话有对的一面，但也不全对。假如这样解释的话，那非常穷困的人包括阿 Q 临死前还在唱……

崔 健：这种理论在东南亚证明是错误的，其实东南亚早就脱贫了，关键是他们还认为自己穷，他们对物质文明是没有极限的，没有封顶的。严格来讲他们早就脱贫了，最起码从这一点来讲，资本主义在东南亚是成立的。我原来也相信什么经济学啊，以为吃饱喝足了艺术就起来了，后来一看，越弄越不对劲儿。盗版原来盗得还少，现在搞得越来越厉害了，那帮人全发了，他们靠什么发的，靠我们发的。所以我认为比起西方的人性，东方人的人性还需要自己解释。日本已经脱贫了，可他的那种恐惧心理比中国还大。韩国人也一样，他们见着长一辈的人先说对，然后再释放个性，而且还得偷偷摸摸的，喝酒还得靠着边儿。这跟西方的东西差得太远，人家的长辈就可以很随意地和晚辈人在一起吃饭。西方人做事也一丝不苟，而东方人说他们太粗糙，人家严谨的地方东方人粗糙至极。东方式的含蓄真的需要考证，东方人的粗暴同样需要考证。东方人的含蓄是怎么来的，是因为恐惧心理才产生的含蓄，并不是通过礼节或尊重。不能轻易得罪别人，用道德维护我的这种恐惧，来总结出一套东方式的理论。实际上他心里最基本的是由于恐惧造成的，并不是因为真正的文化涵养。

田　青：所以中国摇滚一出来就撤了一个大口子，其实现在中国摇滚在对中国社会的震动上绝对不亚于在西方的。

崔　健：实际上它还是没有真正发挥对文化上的作用和威力。中国的几千年文化早就应该有摇滚文化，可是都没有。而且中国疯狂地发展经济，压缩西方几百年的发展过程，所以造成了这种局势，很多的既得利益者都乐到天上去了，还理直气壮地跟我们说，现在中国发生了根深蒂固的变化。我说他们没有看到那种深层的根的塑料化，而且这种塑料的程序是从树枝上来的，是枝叶文化，其结果却是要把树根塑料化！最简单的例子就是新加坡及中国台湾、香港的文化，都属于树枝文化，很好的那种商业炒作的基础让它们看起来很繁荣，但它们所有的机制都是西方来的，从文化上就是一种塑料式的。

田　青：现在中国人最不重视的就是传统，你看哪有一个城市还算是老城！全中国所有城市都一样，大城市都是香港化，中等城市就是上海化、深圳化，现在小城镇都在大城市化。你像有些小镇就是，把大树都砍了，种一个塑料的椰子树，然后点上灯，非常丑陋的东西。以前艺术的不发展可以归结到没钱，或是政府不支持，现在有钱了，有政府支持了，最大的问题却是一个审美的问题。陕西那个剪花娘子，剪窗花非常棒，到法国去，法国人排着长队请她剪。应该说她剪的窗花是装饰房子用的，但你到她的房间里去看，摆的都是刘德华的照片，你问她为什么不把这么漂亮的窗花贴上呢，她说那个太难看了。一个法国人去侗族的村寨收集当地的服装，几百套，你再看当地的人穿的都是几百块钱那种西装。

崔　健：还有像中国音乐学院的那种“伪民歌”……

田　青：我觉得中国文化有几个致命伤，流行音乐的假唱及专业音乐教育把技术或者很幼稚的技术当成全部的追求，然后重复生产。这是用技术把所有的艺术个性和棱角都去掉！像音乐学院就是这样，进学校的时候，学生们方的、圆的、长的、尖的都有，毕业以后全是一个模子。上次我在歌手大奖赛上批评他们，唱法完全一样，听不出来谁是谁来。

崔　健：其实我们应该写歌，写一个“Rap”，说音乐学院“毁人不倦”

什么的。

田　青：这也是一种本事，能把所有人训练成一样，人类历史上从来没有过，能够用生产线来生产歌手，这真是一个奇迹！

崔　健：将来应该有个真正懂得音乐的权威来采取措施保护音乐文化。对China，对MTV，应该做出一种量化的改革。就是说你必须标出来这是广告，必须标出来这个是非现场演唱，应该用商业标志来保护真实的艺人。

田　青：应该把真实的个性挖掘出来，你在录音棚里修，修来修去都修成一样的了。

崔　健：这我倒同意，因为它就像油画和国画一样。油画就是反复的添加，国画就是随笔，靠的是很多年的工夫。两种形式都应该有。但是演出就是应该真唱，是现场创造。国画如果再描多一笔，说我明天再给你得了，一下子就没有人证明你的才能了。

田　青：我后来才听他们跟我说假唱的一些技巧，那个麦克风，说话的时候"大家好"，这个时候是真实的声音，说完之后关掉再放，像这种技巧化的东西就变成了计谋。这样就对艺术最真实、最本质的东西的一种否定。

崔　健：其实"真唱运动"可能应该有一个更准确的说法，就是"公开假唱运动"，我也不反对你，我就把你公开，这样估计会击中很多人的要害，破坏你假唱的秩序。

田　青：就是说听众有知情权，有权知道你是真唱还是假唱。你可以假唱，但观众必须知道，必须知道你在假唱。实际上“真唱运动”还要借助法律，利用法律途径来解决。

崔　健：对。其实最近的一些活动里都包括一些法律的东西，但要真的上升到法律阶段的话，还要继续走，还要走着看。

金　燕：我觉得“真唱运动”对大众来说可能更多的是观念和认识上的冲击，就是它会引起特别多的反思——整个中国人的道德、精神、文化都堕落到一定程度，它的根源在哪里？为什么会造成这样的情况？

崔　健：我当初做这个的时候也有和你一样的感觉，其实它更广泛的意义不仅在于唱歌，而是一种行为，类似于行为艺术。因为真正的艺术是对社会有益的，如果没有社会公益性我觉得艺术就是一些茶余饭后的消遣，顶多让人觉得你人很高雅。其实一个真正的现代艺术家的能量，既然积攒了这么多年，学了这么多东西，不用就是烂在肚子里，应该让它充分地释放出来。

田　青：我觉得“真唱运动”还有一个意义，就是它现在看起来很悲壮，这个悲壮的意义在于，你和整个社会还在抗衡。

崔　健：还属于被打时期。他们打得越多越好，越反对越好，对“真唱运动”越有好处，反弹劲儿越大，现在还是打击不够。

田　青:“真唱运动”不仅是在和假唱的歌手做斗争，实际上是和整个社会的商业化、工业化对艺术的阉割做斗争。艺术的本质应该是个体的，而且是非工业化的。现在工业化以后艺术品就没有价值了，现在艺术品的工业化程度越高，艺术品本身的价值就越受阉割。我在一篇文章里说道：“科学、宗教、艺术是人类认识世界的三个不同渠道，没有谁高谁低，而且互不能取代。在这里我们最大的问题一个是把宗教排斥了，另一个就是用科学来统治艺术。”包括假唱，用科学进入艺术领域里，把艺术变没了。所以我觉得你现在这个“真唱运动”是一个真正坚守艺术阵地的行为。我觉得这个行为的英雄性虽然比不了当年的《一无所有》，但这是为艺术本身来争取生存的价值。如果说 20 世纪 80 年代你刚出来时的那些东西，是一代青年人的精神旗帜，现在的这种转向其实也是一种悲哀。摇滚必须要有革命性，必须要有反思现存价值观念的东西。其实，20 世纪 80 年代很多人的理想现在实现了，实现了就没有革命性了。

金　燕：摇滚是精神性的东西，它不是一种物质追求，所以摇滚一直有它的存在空间。

崔　健：布鲁斯音阶，24 点，各种各样的速度不限，这就是摇滚节奏，很简单。这种节奏带来的生理反应就是不可能唱颂歌。你说为什么人上厕所要去厕所里上呢，这是一个非常简单的问题，就是说这个东西是非常有必要的。摇滚乐实际上就是把精神上的垃圾发泄出来，要不憋在心里老想干什么坏事。中国几千年文化应该早就出现摇滚，因为这种文化太深厚了，太正了，太压抑了。一个真正的艺术家应该有足够的敏锐，来认识环境的压抑和来自内心的恐惧，这种对外部环境和对自身的敏锐的感觉，是一个艺术家感到光荣而不是耻辱的事情。但也有一个问题，就是我发现说不出来的未必没有感觉，相反那些能说会道的人未必能感觉到。

田 青：还是要超越语言，因为语言本身是没有能力的，是没有力度的。所以说“不可说不可说，一说就是错”。在我看来，摇滚和我喜欢的这些民间的东西有很大的一致性，因为以前的艺术是综合在一起的，一唱就得跳，而现在越分越细。现在的文学就靠印刷品，可是在印刷术没有发明之前，所有的文学都是靠音乐来记载的。现在是搞音乐的只管音乐，搞文学的只做文学，所以搞得现在好像搞音乐的没文化，念书的又没灵性了。摇滚把这两者结合在一起了，从本质上说，摇滚一方面是最先进的、最前卫的，但它最本质的东西和最原始的一样。这种本质就是，要是有东西感动了你，你就要把它说出来，而且用音乐把它说出来。其实最前卫的东西是最古老的。

金 燕：创新是超越还是回归？

田 青：超越就是回归！摇滚音乐会和原始人的祭祀是很相通的。只有异化了的人，穿上礼服到那里去听，一部分人演奏，听的人都不能出声，其实应该一起出声音才对呢。

金　燕：就是人达到很本能的状态，很放松很自由的状态。

田　青：现在，工业化社会已经把很多艺术，很多艺术的画面都颠倒了。你记得那首歌吗，就那个“我骑着马儿过草原，清清的河水蓝蓝的天，牛羊肥壮驼铃响，远处的工厂冒青烟”，是 20 世纪 50 年代唱的。把远处的工厂冒青烟描绘成理想的追求，是工业化时代的那种渴望。最后的结果就是所有民间的艺术在几十年里基本荒废了，所有所谓的传统文化都是农民的，像唐诗、宋词都是农业的，而在工业化进展取代农业的过程当中完全没落了。现在的牧民都骑摩托车，不是骑马了，牧歌没有了；渔民都是机动船，过去撒网的那种渔歌也没有了；挤奶歌也没有了，因为都用机器挤奶了。我认为，过去那个时代的民间艺术里有最本质的东西。我不知道我的这个理论对不对，我觉得中国整个文化的发展，乃至全世界文化的发展都一样，都是从粗糙文化开始，一点点向精致发展，但发展到精致化以后就开始走下坡路了，没有生命力了。然后靠蛮族入侵，或者自发地从自己的历史或民间找东西，把那些粗糙的东西拿出来代替新鲜的东西。所以无论是从唐诗到宋词再到元曲，也都是从民间找来的。那么我看到现在，比如摇滚，就是像过去历史当中那种为一个已经腐朽了的缺乏动力的文化注进新鲜血液的过程。文化发展必须有这种东西，必须要有反抗有新的东西，造成变化，每个时代必须有这个东西。现在这个时代，我觉得能够承担这个任务的，在音乐里，一个是摇滚，另一个是类似山西左权那帮盲人的歌。那些盲人的歌是真正的歌，他们都看不见，根本无法眉目传情，他们根本不在乎你听不听，我就唱我自己，就唱给天听，他还原了本来的东西。《二泉映月》代表中国民族音乐的顶峰，其实就是这些盲人做的。

金　燕：刚才说到阿炳，一个盲人的东西那么感人，我们能不能这样总结：真正的创作是首先发自内心的能先把自己感动了，或者说用生命来写来唱的艺术人才是真正的艺术。

田　青：对，假如真情要往外挤的话，靠什么呢，靠作秀啊这些。什么声光电、大制作，只是用形式上的舒服掩盖内容上的贫乏和情感的缺乏。我觉得摇滚也是一样，你就是在唱自己心里的感受，我觉得你打动人的就是这些真实的东西。现在音乐界除了摇滚和这帮乞丐的歌，几乎没有什么东西值得珍惜的了。现在的那些演员一上台首先就是描眉打扮，在乎的是外部包装，而把音乐的本质挤到角落里去了，外在表演在前，音乐排到最后。我觉得摇滚应该是能够保持文化向前发展的一个基本的东西。不过我也想，摇滚假如有一天精致化，或者技术的东西越来越多，也会走到另外一面……

崔　健：那另外一种东西就出来了。现在我就非常高兴美国又出来一个埃米纳姆，是搞即兴说唱的，说得特别狠，以至于很多文学化的东西已经从中诞生了，非常厉害的文字。美国有个很有意思的现象，最白人的运动，黑人是王，比如高尔夫球王不是白人，而最黑人的音乐是白人，比如 Hip-Hop……

田　青：就是从外地或者外域找到那种和自己的文化不同新鲜的东西。其实一种文化发展到精致的时候的确缺少一种新鲜的发展动力，需要注入新鲜的血液。民族也是这样，包括“中华民族”这个概念也是这样的，内涵和外延都很模糊。其实汉民族本身就不是一个纯粹的种族的概念，它实际上是一个文化的概念。所以我们现在都是汉族，写字叫汉字，说的话叫汉话，完全是一个文化现象。源头是汉代，刘邦以后才有了汉族。秦朝统一很短，十几年就灭亡了。汉是第一个大一统的帝国，中国第一个巩固了的统一政权给中国的影响太大了。所以汉族是一个文化概念，而不是民族概念。而现在，原有的汉文化可以说发展得太快了，而且都是在发生质变，它不像封建社会的那种变化，比如京剧代替昆曲，它只是一种量变，不是完全断了、完全取代的变化，所以它这种变化还有迹可寻，还可以找到祖宗。现在的变化就像推土机推四合院一样，彻底推没了，已经没有东西了。

金　燕：发展太快了，人们没有时间沉下心来想想以前、看看未来，各种信息扑面而来，人们应接不暇。包括现在的摇滚，为什么要抢占市场，因为你稍微一退步，其他流行音乐的信息就扑面而来，把观众的耳朵占据了，塞满了。就是说大家已经不是能在一桌菜里想选择自己喜欢什么了，而是说那盘好菜还没上来，其他菜就已经把你给撑死了。

田　青：我觉得你说的这个是对的。但是另外一方面，你自己真正觉得有特色的那道菜是别的菜代替不了的。到处都有怀才不遇的人，而我觉得真正的大才是淹没不了的。拿破仑如果赶上 100 年无战事，也许成为一个摇滚歌手，也许成为一个大金融家，他一定会出来。包括崔健也一样，你这十几年，时代已经变化了，环境已经不同了，可你还是崔健，不会随波逐流。如果有一天，崔健不再有自己独立的东西了，那别人再给你提供机会，天天让你上电视，你也就什么都没有了。你坚持，哪怕是站在角落里，别人也会感到你的存在；你不说话，别人也知道你的存在。

金 燕：有人说崔健是时势造英雄，你会有这种感觉吗？

田 青：那时势也不能把狗熊造成英雄啊，时代会选择英雄，会给英雄提供一些机会，但英雄本来就是英雄。和平时代的英雄就是摇滚人。

2004 年 1 月 7 日于北京 CD 咖啡馆